Gi

"Exorcizamus te"

Il vero volto di "Dio".
Le verità occultate dalla teologia cristiana

Prefazione di Mauro Biglino

Primiceri Editore

Tutti i diritti riservati.

*Finito di stampare nel Luglio 2016
presso Universal Book S.r.l.
per conto di Primiceri Editore
Via Savonarola n. 217, 35137, Padova*

ISBN: 978-88-99747-39-8

www.primicerieditore.it

Copertina di Mars (almatempora.it)

Dott. Giulio Perrotta

L'autore, classe 1984, è un Giurista specializzato in professioni legali e notarili (S.S.P.L.), Direttore Amministrativo PE, Direttore Scientifico della rivista bimestrale giuridica "Ratio Legis", Criminologo Forense specializzato in culti settari ed esoterici, sicurezza pubblica/ privata/ ambiente, Mediatore Civile e Commerciale, Collaboratore politico, Capo Redattore della testata giornalistica telematica l'Altra Pagina (www.laltrapagina.it), Relatore in convegni tematici sui temi esoterici, Saggista (www.giulioperrotta.it).

Prefazione

L'attuale Dalai Lama ebbe modo di dire in una intervista che tutte le religioni sono nate per dare all'uomo al risposta alla madre di tutte le angosce: la paura della morte.

Sulla base di questa considerazione, nella sua grande saggezza egli suggerì agli uomini di non abbandonare la religione nella quale erano nati e cresciuti per abbracciarne un'altra: così facendo non avrebbero ottenuto altro risultato che aggiungere frustrazione a frustrazione.

Non è difficile leggere tra le righe la sostanza di un messaggio preciso: le religioni esistono come invenzione finalizzata a rispondere ad una esigenza fondamentale che possiamo così riassumere: l'uomo vuole sentirsi dire che in un qualche modo non morirà in via definitiva, ma continuerà a vivere anche dopo il termine della vita biologica.

Questo è lo strumento principe che garantisce ad ogni struttura di potere religioso il controllo sulle menti e sulle coscienze: ogni gerarchia basata sul pensiero religioso, ogni chiesa costruita su un sistema teologico si pone, e si propone, come intermediario unico e come garante di questa promessa.

Il lavoro di Giulio Perrotta affonda le sue radici nella necessità di mostrare la mistificazione perpetrata per due millenni ai danni dei credenti, utilizzando il marchio "monoteista" in circostanze dove l'unico vero bisogno era quello di assoggettare i popoli per controllarli, da un punto di vista politico ed economico.

Questo è infatti lo scopo finale: creare, impostare, gestire e detenere il più a lungo possibile un sistema di controllo che produce ricchezza per pochi, chiedendo sottomissione e promettendo realizzazione certa di speranze create appositamente per i molti.

Un comportamento che va analizzato alla luce di acquisizioni civili e legali che sono divenute patrimonio delle culture che noi consideriamo più evolute.

Non è forse criminoso promettere ciò che già si sa non si realizzerà mai, facendolo credere vero?

Non è forse criminoso mistificare la storia al fine di creare una cultura che risponde alle esigenze dei governanti e mantiene i governati in una situazione di schiavitù mentale cui corrisponde una situazione materiale fatta di povertà e sfruttamento, sapientemente attutite dalla promessa di un futuro migliore con cui si anticipano e bloccano le giuste velleità di riscatto in questa vita?

Non è forse criminoso giustificare azioni e comportamenti ampiamente descritti e testimoniati nei testi cosiddetti sacri (rapine, assassini, promulgazione di leggi razziali, stermini, genocidi, femminicidi, infanticidi ...) presentandoli come una sorta di necessità storica e sociale cui il presunto Dio si sarebbe adattato per realizzare il suo disegno salvifico?

Non è forse criminoso falsificare gli stessi testi cosiddetti sacri al fine di ricavarne presunte verità allo scopo di creare un sistema di pensiero che contrasta con gli stessi testi da cui lo si vuol fare derivare?

E' quindi necessario e quanto mai utile che lavori come questo inizino a prendere in considerazione questo aspetto.

La domanda che ci si deve porre è la seguente: ci sono dei sistemi di pensiero religioso, con le gerarchie su di essi costruite, che operano e hanno operato in contrasto palese con le leggi che regolano la convivenza civile?

Per il processo di Norimberga sono stati appositamente elaborati ed applicati principi giuridici che potrebbero forse trovare applicazione anche nei confronti di religioni, come quella cristiana, che non solo ha giustificato e continua a giustificare i crimini contro l'umanità commessi dal suo presunto Dio, ma li ha perpetrati essa stessa nel corso dei secoli.

Siamo certi che siano sufficienti le scuse formulate negli ultimi decenni?

Immaginiamo dunque che questo lavoro sia in grado di dimostrare, con dati incontrovertibili, che il Dio Yahweh non è quello che ci viene raccontato e Gesù è il prodotto di tutta una serie di Concili di esponenti clericali: se allora questi elementi venissero provati, quale sarebbe la sorte del culto cristiano?

E cosa sarebbe - o dovrebbe essere - di coloro che oggi ancora avallano la falsità storica avendo come finalità il mantenimento del potere politico, sociale ed economico di quella struttura che su quella falsità è stata costruita nei secoli e che nei secoli è stata spesso imposta anche con indicibile violenza nei confronti di coloro che, avendo compreso l'inganno, cercavano di renderlo evidente?

Lavori come questo aprono vie di indagine e ricerca che, grazie a leggi laiche che impediscono la violenza del potere religioso, non si chiuderanno più.

Mauro Biglino

Introduzione

<<[...] *"Exorcizamus te", omnis immundus spiritus, omnis satanica potestas, omnis incursio infernalis adversarii, omnis legio, omnis congregatio et secta diabolica [...]*>>.
E' una parte del rito latino di esorcismo maggiore, per liberare dal male e dalla possessione del Demonio. Liberaci dal male.

"Exorcizamus te" rappresenta il punto di arrivo di un percorso culturale incentrato sulla ricerca della verità: è l'esperienza letteraria che raccoglie tutte le prove del più grande inganno all'umanità. Ma è anche il punto di partenza, per discutere sui dogmi religiosi più importanti della cultura cristiana e rivivere con lucida esperienza il giusto approccio storico e filologico dei temi che per secoli sono stati di esclusivo dominio dottrinale.

"Exorcizamus te" raccoglie dunque tutte le esperienze editoriali più significative degli ultimi dieci anni, in ambito scientifico e divulgativo, al fine di formulare una puntuale analisi sistematica delle manipolazioni operate dal culto monoteista cristiano, alterando l'originale struttura politeista (o meglio enoteista-Elyioniana).

Diviso in cinque parti e dieci capitoli, il saggio si propone di risvegliare le coscienze e suggerisce di analizzare le proprie posizioni religiose in chiave del tutto rivoluzionaria, provando ad argomentare le possibili risposte in chiave logica, riproponendo i singoli passi biblici secondo l'interpretazione più coerente; dunque evitando di:
a) attaccare la persona e non l'argomento di discussione,
b) usare il particolare per rappresentare il generale;
c) deformare l'argomento per adattarlo ad una particolare teoria;
d) sostenere una causa specifica dando per scontato le premesse;
e) ridurre l'argomento a due sole possibilità (giusto/sbagliato);
f) sostenere la veridità o la falsità di una teoria in assenza di prove

coerenti, significative o verosimili;

g) caricare di eccessive responsabilità probatorie chi contesta l'argomento;

h) sostenere che due eventi sono connessi eziologicamente se manca l'elemento causale che li unisce;

i) sostenere la veridicità di una premessa sulla base del fatto che ha ottenuto consenso popolare.

Il presente lavoro affonda le sue radici nella necessità di dimostrare la mistificazione perpetrata per due millenni ai danni dei credenti, utilizzando il marchio "monoteista" in circostanze dove l'unico vero bisogno era quello di assoggettare i popoli per controllarli, da un punto di vista politico ed economico.

Si farà un uso puntuale delle fonti, dalle più nazional-popolari (*in primis*, wikipedia, spesso snobbata dagli studiosi "eleganti", senza nemmeno prendere in considerazione l'elenco bibliografico presente in ogni ricerca e in fondo alla pagina) a quelli con taglio accademico, per arrivare ad una conclusione coerente. In fondo, è ben risaputo che quando si tratta di fonti antiche, nemmeno tutti i sapienti del mondo possono dare certezze assolute. Saranno citati testi divulgativi e passi delle sacre scritture, per accompagnare il lettore in un viaggio davvero ricco di contenuti e argomentazioni. Ad esempio, se durante la lettura apparirà un "**Isaia 1, 5-28**", questa indicazione vorrà dire che lo scrivente sta facendo riferimento al Libro di Isaia (Antico Testamento), al Capitolo 1 e ai Versetti 5-28.

Ciò che dev'essere chiaro al lettore prima di cominciare l'approfondimento tematico è la seguente regola: non sono in discussione i temi caldi come l'esistenza di Dio, la Fede e cosa sopravvive alla morte, altrimenti si rischierebbe di favorire la superstizione e il credo soggettivo, dando spazio ad interpretazioni allegoriche e metaforiche, figlie del bisogno incessante di credere in un "qualcosa" più grande e più "divino" di noi. La fede è un'esperienza personale che merita rispetto, sempre e comunque, soprattutto se è vissuta nell'amore e nel rispetto verso il prossimo. Che Dio sia Alfa, Beta o Gamma, poco conta: conta quanta l'energia positiva viene investita in quel rapporto.

Qui si contesta una condotta precisa: il credere in qualcosa che è frutto di una menzogna.

Non deve stupire, però, se in questo volume troverete tante risposte relative ai quesiti legati al culto cristiano e all'opera mistificatoria perpetrata per ottenere potere e denaro. Verranno toccate molte "sensibilità", ma senza l'intento di screditare la fede che ognuno prova.

Il percorso culturale comincerà con la disamina puntuale delle fonti tradizionali e dei testi apocrifi, per poi passare alle prove vere e proprie, che dimostreranno come:

a) il Monoteismo sia stato creato *ad hoc* per ottenere il controllo sulle masse, per ragioni politiche ed economiche;

b) l'interpretazione letterale (e reale) dei testi sacri disegnino un percorso nuovo sulla probabile origine (del mito) della razza umana e dei rapporti con delle entità chiamate "Dei", molto più coerente di tante versioni allegoriche che soffrono di un'interpretazione soggettiva e misterica;

c) il parallelismo tra le Divinità delle diverse culture sia il percorso da seguire, in quanto molti di queste sono figlie di quelle precedenti e che diversi protagonisti mitici non sono altro che riproposizioni, spesso con identiche descrizioni e caratteristiche, in funzione del principio di co-morbidità tra le religioni;

d) il Dio giudeo-cristiano, Yahweh, altro non sia che una riproposizione antica di una divinità adesso in carne ed ossa, mandante di genocidi di innocenti, con tendenze megalomani e dal carattere irascibile: tutt'altro che l'entità divina dai tratti pacifici, misericordiosi e caritatevoli a cui siamo abituati, grazie ai racconti pastorali;

e) le figure del culto cristiano, da Gesù alla Madonna, da Lucifero a Satana, dagli Angeli ai Demoni, non siano altro che vere e proprie creazioni a tavolino, da parte di teologi ed esoteristi.

Immaginiamo dunque di dimostrare, con dati incontrovertibili, che il

Dio Yahweh non è quello che ci viene raccontato e Gesù è il prodotto di tutta una serie di manipolazioni estrapolate dai Concili: se allora questi elementi venissero provati, quale sarebbe la sorte del culto cristiano?

Provare l'autenticità di questi dati, però: a) non esclude automaticamente l'esistenza di una o più entità divine che hanno creato la vita; non esclude la vita dopo la morte; b) non esclude l'esistenza di entità spiritiche o biologiche extraterrestri (magari in forme che ancora oggi non possiamo concepire).

L'esistenza certa della mistificazione proverebbe solo ed esclusivamente che l'uomo ha bisogno di credere in qualcosa, e poco importa se queste verità sono false o alterate; insomma, se sono credibili (anche lontanamente), questo basta!

Il mito, che vedremo per lungo e largo in questo lavoro, ci accompagna dalla notte dei tempi per darci la possibilità di spiegare tutto quello che ci circonda, certe volte in maniera del tutto estranea alla realtà.

Nulla di sbagliato, insomma! Tuttavia, questo meccanismo diventa "malato" nel momento in cui si travisa la realtà e si costringono le persone ad accettare un perverso meccanismo di assoggettamento, per fini utilitaristici: esempi eclatanti sono i nuovi culti religiosi che, per ragioni politiche, economiche e di potere, utilizzano sincretismi culturali per creare una nuova linea evolutiva di pensiero, al fine di ottenere un vantaggio personale.

Per onestà intellettuale è giusto avvisare il lettore di un fatto assai sgradevole ma comunque possibile: anche in questo lavoro ci saranno tutta una serie di informazioni che magari si scopriranno (tra qualche tempo) errate: accadrà, sì, perché è normale, in fondo quando si tratta di materie antiche, tutti i sapienti del mondo non potranno mai dare la certezza assoluta di un dato, se non con un'evidenza tecnico-scientifica tale da annullare qualunque dubbio, anche la fallace soluzione proposta in buona fede, ad oggi praticamente impossibile. Non c'è volontà da parte dello scrivente di convincere il lettore, quanto più la speranza che il cuore del presente lavoro venga interpretato nel modo corretto e dunque la dimostrazione che non esistono verità assolute ma solo molte credenze spesso manipolate.

Il "beneficio del dubbio" è legittimo, in ogni caso, anche quando la credibilità logica sembra essere prossima al cento per cento.

La logica non ammette errori anche se non necessariamente rappresenta la verità assoluta: pensiamo, ad esempio, all'ipotesi in cui si stabilisce una determinata diagnosi seguendo un percorso logico determinato dai sintomi, e poi scopriamo che il paziente ha omesso altri sintomi, che avrebbero fatto deviare la diagnosi in altro percorso. In questa circostanza, la logica ha indirizzato la scelta in maniera corretta, ma non dal punto di vista diagnostico, mancando una serie di dati sintomatologici nel profilo anamnestico.

Con buona pace di chi crede che l'esistenza non sia di per sé un mistero affascinante e che l'Universo sia la prova stessa del mistero più grande della presenza "divina", questo viaggio vi accompagnerà nei meandri di una mistificazione lunga due millenni, fino ai giorni nostri.

Buona lettura!

Giulio Perrotta

*Dedicato alla mia famiglia,
che ha sempre creduto in me.*

PRIMA PARTE:

IL CRISTIANESIMO, LE FONTI TRADIZIONALI E I TESTI APOCRIFI NELLA TRADIZIONE CRISTIANA.

I NUOVI CULTI RELIGIOSI.

Capitolo 1:
Il concetto di "religione" e il fondamento del Monoteismo.

1.1. Il concetto di "religione"

Cominciamo il nostro viaggio culturale provando a delineare il concetto di "religione". Con questo termine s'indica quell'insieme di credenze, vissuti, rappresentazioni e riti che coinvolgono l'essere umano nella sua concezione spirituale, o comunque una comunità, nell'esperienza di ciò che viene considerato sacro, in rapporto con la divinità.

Il fenomeno religioso è stato per secoli discusso e analizzato, e poi spiegato, da un punto di vista storico, antropologico, sociologico e psicologico; tra tutti, l'indimenticabile perla di **Karl Marx**: *"la religione è il singhiozzo di una creatura oppressa, il sentimento di un mondo senza cuore, lo spirito di una condizione priva di spirito. E' l'oppio dei popoli"*.

Etimologicamente, il termine deriva dal latino *"religio"*, anche se non è del tutto certo; difatti:

a) **Cicerone**, in *De Natura deorum, II, 28*, fa ricondurre il tutto al verbo *re-legere*, ovvero ripercorrere o rileggere, intendendo una riconsiderazione "diligente" di ciò che riguarda il culto degli Dèi;

b) **Lucrezio**[1] fa invece derivare il termine dalla radice *re-ligare*, ovvero tenere legato, intendendo il legame tra gli uomini e certe pratiche.

Stesso discorso venne poi ripreso e confermato da **Lattanzio** e **Servio**, che puntarono l'accento sul rapporto tra l'uomo e la divinità, correggendo di fatto **Cicerone**. Tuttavia, lo storico **Enrico Montanari**, in *Dizionario delle Religioni*, si oppose fermamente a tali tesi, sostenendo che l'origine del termine sia da ricercarsi

---

[1] **Jean Paulhan**, *Il segreto delle parole*, Alinea Editrice, 1999.

comunque nella coppia dei termini *"religere/relegere"*, intesi come rileggere e raccogliere nuovamente, ovvero osservare con scrupolo e coscienziosità: fu, invece, confermata la responsabilità diretta dei teologi cristiani del IV secolo d.C., che rovesciarono ufficialmente l'originario termine collegandolo al nuovo credo monoteista, per confermare la tesi del Dio unico e solo.

La definizione, dunque, soffre di una certa incertezza interpretativa, che nelle diverse culture assume connotati che ritroviamo anche nella modernità; difatti:

a) nella *cultura religiosa greca*[2], il termine che sta ad indicare "religione" (θρησκεία - thrēskeia) è collegato a θρησκός (thrēskos, ovvero "pio" o "timoroso di Dio"). Pertanto, il collegamento era prettamente legato alla formalità con cui andava celebrato il culto a favore degli Dei, e se ciò non avveniva, allora l'omissione corrispondeva a offesa verso le stesse, che scagliavano la loro ira (**da qui il "timore della divinità"** -θρησκός-).

b) nella *cultura religiosa romana*, il termine *religio* sta ad indicare quel timore reverenziale verso le divinità, alle quali dovevano dedicarsi con riti e ritualità precise. I romani accoglievano comunque tutti i riti che non contrastassero con il *mos maiorum* dei tradizionali riti religiosi, ovvero con il c.d. "costume degli antenati": quelli nuovi e in contrasto (i c.d. *novae religiones*) venivano proibiti (es. quelli derivanti dal culto ebraico, cristiano, manicheo e baccanale), fino a nuova approvazione.

c) nella *cultura religiosa occidentale cristiana*, il discorso assume connotati diversi e a tratti paradossali. Le prime comunità cristiane infatti non utilizzarono il termine *religio* per indicare le proprie credenze e pratiche religiose; solo a partire dal IV secolo d.C., il Cristianesimo adottò tale termine nell'accezione indicata da **Lattanzio**, individuandone l'unicità, in quanto la "religione" doveva essere l'unica via di salvezza per l'uomo.

Da qui nasce il concetto stesso di "salvezza dell'uomo", ripreso poi dalla teologia classica, che lo utilizzerà come scusante per

---

[2] **Paolo Scarpi**: Religione, *Dizionario delle Religioni*, Einaudi, 1993.

ingenerare il timore del futuro rispetto alla vita dopo la morte (e dunque il timore reverenziale verso quel determinato giudizio divino).

Lo storico delle religioni **Michel Despland**[3] osserva sul punto, che: <<[...] *Diventato cristiano l'Impero, si trovano presso i cristiani tre accezioni della parola. La religione è un ordine pubblico mantenuto dall'imperatore cristiano che instaura sulla terra la legislazione voluta da Dio (idea imperiale). Può anche essere l'eros dell'anima individuale verso Dio (idea mistica). Infine religio può designare la disciplina propria ai battezzati che hanno fatto voto di perfezione e sono diventati eremiti o cenobiti (Monachesimo)* [...]>>.

d) nelle *culture religiose dell'Estremo Oriente*, il termine *religione* ha un significato più legato alla crescita spirituale e intellettuale dell'individuo (che al timore di una punizione). In particolare: <<[...] nella lingua cinese, il termine occidentale "religione" viene reso come 宗教, traslitterato in caratteri latini in zōngjiào (Wade-Giles tsung-chiao). Il carattere 教 è formato da 子 (zǐ, bambino, dove la figura stilizzata è avvolta in fasce e agita le braccia) e 父 (fù, padre, dove la figura stilizzata regge un bastone ad indicare una figura severa), mentre 宗 (zōng) indica "scuola", "tradizione acclarata": dunque, "religione" (宗教) è l'"insegnamento di una tradizione acclarata". Il carattere cinese 宗 (zōng), invece, è formato dai caratteri 宀 (mián, tetto di un edificio) e 示 (shì "altare", oggi nel significato di "mostrare") a sua volta composto da 丁 (altare primitivo) con ai lati ㇔ (gocce di sangue o di libagioni); il tutto con il significato di "edificio che contiene un altare" [...]>>[4].

Da qui già si evince chiaramente come le culture monoteiste (tipicamente occidentali) impregnino i loro rapporti spirituali di un certo "timore reverenziale" verso il Dio creatore del tutto, probabil-

---

[3] **Michel Despland**. *Religione. Storia dell'idea in Occidente*, in Dictrionnaire des Religions (a cura di Jacques Vidal). Parigi, Presses universitaires de France, 1984.
[4] Tratto da: https://it.wikipedia.org/wiki/Religione.

mente per poter giustificare la grandezza dello stesso nei confronti delle sue creature.

Così facendo però si giustifica anche la condotta degli esponenti religiosi che, per rispetto verso il loro Dio, muovono guerre "sante" per colpire gli infedeli: la storia è piena di questi avvenimenti, dai Cristiani-Cattolici con le Crociate e l'Inquisizione, agli arabi con la lotta all'infedele nel cuore dell'Europa del XXI secolo d.C., agli ebrei con le lotte intestine nel cuore di Gerusalemme, tra Palestina, Israele.

E viene da sorridere quando si sente per le strade della città, italiani orgogliosi delle proprie origini che rivendicano l'appartenenza a Roma, capitale d'italia e del mondo, aggredendo verbalmente le altre culture e gli stranieri. In questo periodo storico, caratterizzato da forti spinte politiche verso un'immigrazione selvaggia, finalizzata a destabilizzare l'Europa e l'Euro-Zona, oltre l'odio verso i terroristi islamici, non è raro assistere a scene pietose dove si sentono frasi del tipo "l'Italia è nata romana e cristiana e non morirà gay o musulmana". Tanto per la cronaca, non deve passare questo messaggio in alcun modo, e chi prova a sostenerla, con argute argomentazioni, suggerisco al lettore di ricordargli quanto segue: Roma è nata pagana e l'Italia ha conosciuto diverse religioni; l'Imperatore Settimio Severo era nato in Libia, Adriano era gay e Giulio Cesare era bisessuale (soprannominato il marito di tutte le mogli e la moglie di tutti i mariti); Sant'Agostino era algerino e di carnagione olivastrascura; Gesù non era italiano e i romani lo hanno crocifisso; il cristianesimo divenne religione di Stato parecchi secoli dopo la morte di Gesù; l'omosessualità era largamente accettata e praticata nell'Impero Romano, anche frutto di una cultura greca antecedente al loro momento storico e geografico.

Non deve dunque stupire il fatto che le tre religioni monoteiste (Ebraismo, Cristianesimo e Islam) siano anche le tre religioni più litigiose al mondo: proprio quelle che hanno la presenza di un solo, unico e onnipotente Dio, e poi parlano di combattere l'infedele o allontanare chi non crede con la punizione del dolore e della solitudine eterna (frutto della non riconciliazione con il Divino).

L'utilizzo irrazionale della fede come scusante per muovere guerre: questo è l'elemento centrale.

In particolare, tornando al testo sacro per eccellenza nel culto cristiano, si deve fare riferimento all'Antico Testamento: in alcuni versetti, troveremo il decalogo delle azioni criminali commesse dall'ISIS nell'ultimo biennio. Certo, qualcuno potrebbe dire che quest'organizzazione criminale è di natura islamica, appartenente al ramo più estremo dei sunniti, mentre i passi che andremo a leggere sono riferiti ad una cultura monoteista diversa e più antica, ovvero l'Ebraismo e il Cristianesimo. Vero! Tuttavia:

a) l'Islam, proprio perché successivo nel tempo, potrebbe essersi ispirato tranquillamente alla dottrina e alle tradizioni, per poi travisarne i contenuti ed adattarli al mondo arabo;

b) l'Islam nasce nella stessa culla dell'Ebraismo e del Cristianesimo, medesimo utero delle tre principali religioni monoteiste del globo;

c) l'Islam "estremo" sta attuando quello che i Cristiani prima di lui avevano fatto, con le persecuzioni e l'egemonia religiosa e politica nell'Europa occidentale.

Vediamo nel dettaglio i singoli versetti, mantenendo chiaro in mente l'azione distruttiva dell'ISIS nell'ultimo biennio, come gli attentati nel cuore dell'Europa, in Egitto e la distruzione di Palmira, con i suoi templi e altari:

Deuteronomio 7:

Quando il Signore tuo Dio ti avrà introdotto nel paese che vai a prendere in possesso e ne avrà scacciate davanti a te molte nazioni: gli Hittiti, i Gergesei, gli Amorrei, i Periziti, gli Evei, i Cananei e i Gebusei, sette nazioni più grandi e più potenti di te, quando il Signore tuo Dio le avrà messe in tuo potere e tu le avrai sconfitte, tu le voterai allo sterminio; non farai con esse alleanza né farai loro grazia. Non ti imparenterai con loro, non darai le tue figlie ai loro figli e non prenderai le loro figlie per i tuoi figli, perché allontanerebbero i tuoi figli dal seguire me, per farli servire a dei stranieri, e l'ira del Signore si accenderebbe contro di voi e ben presto vi distruggerebbe. Ma voi vi comporterete con loro così: demolirete i loro altari, spezzerete le loro stele, taglierete i loro pali sacri, brucerete nel fuoco i loro idoli. Tu infatti sei un popolo consacrato al Signore tuo Dio; il Signore tuo Dio ti ha scelto per essere il suo popolo privilegiato fra tutti i popoli che sono sulla terra. Il Signore si è legato a voi e vi ha scelti, non perché siete più numerosi di tutti gli altri popoli - siete infatti il più piccolo di tutti i popoli -, ma perché il Signore vi ama e perché ha voluto mantenere il giuramento fatto ai vostri padri, il Signore vi ha fatti uscire con mano potente e vi ha riscattati liberandovi dalla condizione servile, dalla mano del faraone, re di Egitto. <u>Riconoscete dunque che il Signore vostro Dio è Dio, il Dio fedele, che mantiene la sua alleanza e benevolenza per mille generazioni, con coloro che l'amano e osservano i suoi comandamenti; ma ripaga nella loro persona coloro che lo odiano, facendoli perire; non concede una dilazione a chi lo odia, ma nella sua stessa persona lo ripaga.</u> Osserverai dunque i comandi, le leggi e le norme che oggi ti dò, mettendole in pratica. Per aver voi dato ascolto a queste norme e per averle osservate e messe in pratica, il Signore tuo Dio conserverà per te l'alleanza e la benevolenza che ha giurato ai tuoi padri. Egli ti amerà, ti benedirà, ti moltiplicherà; benedirà il frutto del tuo seno e il frutto del tuo suolo: il tuo frumento, il tuo mosto e il tuo olio, i parti delle tue vacche e i nati del tuo gregge, nel paese che ha giurato ai tuoi padri di darti. Tu sarai benedetto più di tutti i popoli e non ci sarà in mezzo a te né maschio né femmina sterile e neppure fra il tuo bestiame. Il Signore allontanerà da te ogni infermità e non manderà su di te alcuna di quelle funeste malattie d'Egitto, che bene conoscesti, ma le manderà a quanti ti odiano. <u>Sterminerai dunque tutti i popoli che il Signore Dio tuo sta per consegnare a te; il tuo occhio non li compianga; non servire i loro dei, perché ciò è una trappola per te.</u> Forse penserai: Queste nazioni sono più numerose di me; come potrò scacciarle? Non temerle! Ricordati di quello che il Signore tuo Dio fece al faraone e a tutti gli Egiziani; ricordati delle grandi prove che hai viste con gli occhi, dei segni, dei prodigi, della mano potente e del braccio teso, con cui il Signore tuo Dio ti ha fatto uscire; così farà il Signore tuo Dio a tutti i popoli, dei quali hai timore. Anche i calabroni manderà contro di loro il Signore tuo Dio finché non siano periti quelli che saranno rimasti illesi o nascosti al tuo passaggio. Non tremare davanti ad essi, perché il Signore tuo Dio è in mezzo a te Dio grande e terribile. Il Signore tuo Dio scaccerà a poco a poco queste nazioni dinanzi a te; tu non le potrai distruggere in fretta, altrimenti le bestie selvatiche si moltiplicherebbero a tuo danno; ma il Signore tuo Dio le metterà in tuo potere e le getterà in grande spavento, finché siano distrutte. <u>Ti metterà nelle mani i loro re e tu farai perire i loro nomi sotto il cielo; nessuno potrà resisterti, finché tu le abbia distrutte. Darai alle fiamme le sculture dei loro dei; non bramerai e non prenderai per te il loro argento e oro che è su di quelle, altrimenti ne resteresti come preso in trappola, perché sono un abominio per il Signore tuo Dio;</u> non introdurrai quest'abominio in casa tua, perché sarai come esso votato allo sterminio; lo detesterai e lo avrai in abominio, perché è votato allo sterminio.

Michea 1, 6-7:

Ridurrò Samaria a un mucchio di rovine in un campo, a un luogo per piantarvi la vigna. Rotolerò le sue pietre nella valle, scoprirò le sue fondamenta. Tutte le sue statue saranno frantumate, tutti i suoi doni andranno bruciati, di tutti i suoi idoli farò scempio perché messi insieme a prezzo di prostituzione e in prezzo di prostituzione torneranno.

Isaia 21, 9:

Ecco, arriva una schiera di cavalieri, coppie di cavalieri». Essi esclamano e dicono: «E' caduta, è caduta Babilonia! Tutte le statue dei suoi dèi sono a terra, in frantumi».

2Cronache 14, 1-4

Asa fece ciò che è bene e retto agli occhi del Signore, suo Dio. Rimosse gli altari degli stranieri e le alture; spezzò le stele ed eliminò i pali sacri. Egli ordinò a Giuda di ricercare il Signore, Dio dei loro padri, e di eseguirne la legge e i comandi. Da tutte le città di Giuda rimosse le alture e gli altari per l'incenso. Il regno fu tranquillo sotto di lui.

Ezechiele 6, 3-10

Monti d'Israele, udite la parola del Signore Dio. Così dice il Signore Dio ai monti e alle colline, alle gole e alle valli: Ecco, manderò sopra di voi la spada e distruggerò le vostre alture; i vostri altari saranno devastati e infranti i vostri altari per l'incenso; getterò i vostri cadaveri davanti ai vostri idoli e disseminerò le vostre ossa intorno ai vostri altari. Su tutto il vostro suolo le vostre città saranno rovinate, le vostre alture demolite, distrutte, e i vostri altari spariranno. Saranno frantumati e scompariranno i vostri idoli, spezzati i vostri altari per l'incenso, periranno le vostre opere. Trafitti a morte cadranno in mezzo a voi e saprete che io sono il Signore. Tuttavia lascerò alcuni di voi scampati alla spada in mezzo alle genti, quando vi avrò dispersi nei vari paesi: i vostri scampati si ricorderanno di me fra le genti in mezzo alle quali saranno deportati; perché io avrò spezzato il loro cuore **infedele** che si è allontanato da me e i loro occhi che si sono prostituiti ai loro idoli; avranno orrore di se stessi per le iniquità commesse e per tutte le loro nefandezze. Sapranno allora che io sono il Signore e che non invano ho minacciato di infliggere loro questi mali.

Ezechiele 30, 13:

Dice il Signore Dio: «Distruggerò gli idoli e farò sparire gli dei da Menfi. Non ci sarà più principe nel paese d'Egitto, vi spanderò il terrore, (…).

Insomma: distruzioni di altari, genocidi di "infedeli" e sottomissione ad un'entità spirituale superiore unica. E tutto l'amore, la misericordia e il perdono dove sono finiti?

Qualcuno ha ancora dubbi? E siamo solo all'inizio.

E se si prendesse direttamente il testo originale senza alcuna traduzione allegorica ma solo letterale?

Lo scopriremo tra poco.

1.2. Il fondamento del Monoteismo

Ora che abbiamo inquadrato la materia, proviamo a capire la differenza tra i concetti di *Politeismo, Enoteismo* e *Monoteismo*. Questo ci servirà, in particolare, per comprendere meglio i motivi politici ed economici che hanno spinto la classe cristiana a preferire l'approccio monoteistico, nonostante attingessero da culture palesemente politeiste. Ci basti sapere che: nel *Politeismo*, c'è l'esistenza contemporanea di più Déi che hanno pari e uguale dignità e anche se qualcuno ha un ruolo più emergente, più o meno sono tutti sullo stesso piano; nell'*Enoteismo*, c'è la presenza plurima di molte divinità ma tra tutte primeggia una soltanto; nel *Monoteismo*, c'è la presenza di un solo Dio, unico creatore onnipotente e onnipresente. A noi interessa in modo particolare il terzo profilo: il *Monoteismo* (dal greco "μόνος" = unico, solo e "θεός" = dio), in quanto è quello scelto dai padri del Cristianesimo.

Nella storia dell'uomo, le principali religioni che hanno questa definizione sono, in ordine di apparizione storica:

a) *Candomblé* nell'Africa Occidentale, intorno al 6.000 a.C.;

b) *Ebraismo*, intorno al 1.800 a.C.

c) *Induismo*, intorno al 1.500 a.C., anche se diversi studi confermano l'esistenza di un culto embrionale già dal 6.500 a.C., facendola diventare la religione monoteista conosciuta più antica al mondo;

d) *Atonismo* nell'Antico Egitto, intorno al 1.300 a.C., anche se già dal 5.000 a.C. si parla del culto del Sole;

e) *Zoroastrismo*, intorno all'800-1.000 a.C.;

f) *Cristianesimo*, intorno all'anno 0, con la presunta nascita di Gesù Cristo;

g) *Islamismo*, intorno al VII secolo d.C.;

h) *Sikhismo*, intorno al XV secolo d.C.;

i) *Bahaismo*, intorno al XIX secolo d.C.;

Come è nata, allora, nell'uomo, l'idea del Dio unico?

Le religioni del mondo antico, fino ad un certo punto, conoscevano il mondo "strutturato" degli Déi, ovvero il *Pantheon*. Nel cuore dell'Africa Occidentale e poi in Egitto, iniziò però a germinare l'idea di un solo Dio; difatti, proprio in Egitto, il concetto di **Akhenaton** prese piede nel 5.000 a.c., rifacendosi al culto del Sole (Aton), ovvero un monoteismo di tipo cosmologico, da cui originò anche lo studio dell'Astrologia. E da un punto di vista politico, questo è forse il primo tentativo ben riuscito di Monoteismo, proprio perché si metteva al centro dell'Universo un solo Dio e si annientavano tutte le altre divinità, con lo strumento della persecuzione, ben noto ai giudei e ai cristiani. Proprio così: annientavano! Ed è alla base del Monoteismo l'intolleranza del prossimo e del diverso, perché se non ti assoggetti all'unica divinità riconosciuta, sei un soggetto da perseguire, proprio come accaduto alle divinità dei culti politeisti che si opponevano all'esclusivo riconoscimento del Monoteismo religioso cristiano.

Non per caso, **R. A. Weatherwax** affermò: *"Non avete bisogno delle religioni per giustificare l'amore, ma la religione è il miglior strumento mai inventato per giustificare l'odio"*.

Non è forse vero che nella storia si sono ripetuti eventi drammatici di guerre tra popoli in nome di una religione? E non è forse vero che questa religione coincideva sempre con una delle tre monoteiste più diffuse? Il vero quesito che dobbiamo porci, allora, è se il Monoteismo non sia la scusa per spingere un popolo a muovere guerra ad un altro popolo, per la conquista del territorio o delle sue ricchezze, in buona sostanza come fece **Yahweh** nell'Antico Testamento. Nell'ebraismo, **Yahweh** non fu inizialmente che un Dio della stirpe ebraica, la cui esistenza non escludeva però quella delle altre divinità semitiche, nonostante **Isaia, 43,10 e 43,11**, riporti la prima e più chiara espressione del Monoteismo d'Israele: <<[…] *Prima di me non è esistito alcun dio, e dopo di me non esisterà alcun altro: io solo sono Dio, e all'infuori di me non vi è salvatore* […]>>.

Il cristianesimo, poi, che trasse la propria forma monoteistica dall'Ebraismo, assunse all'origine dalla predicazione i punti fondamentali del culto, modificandolo poi per gli aspetti dottrinali.

Il monoteismo islamico, analogamente a quello ebraico, si è affermato sulla base di una violenta polemica contro il politeismo e l'idolatria; **Allāh** aveva un posto "speciale" insieme alla divinità femminile Allāt, fra le divinità locali e tribali degli Arabi, ma non un posto "esclusivo": con la negazione del politeismo, invece, divenne *"il Dio unico, il Dio eterno, che non genera e non viene generato, e non ha eguali"*, così come scritto nel **Corano, sura 112**. Tramandata nel pensiero cristiano antico, medievale e moderno, questa teoria rimase incontrastata fino al XVIII secolo: con l'avvento della *filosofia illuminista* di **Voltaire** e la *teoria evoluzionistica* di **Hume, Rousseau e De Brosses**, si ritornò al concetto stesso di politeismo come origine del monoteismo. Un concetto inaccettabile per chi lottò per secoli al fine di giustificare e imporre la presenza del Dio unico.

Come conciliare allora la necessità evoluzionistica del ritorno alle origini con l'imperante bisogno di sentirsi assoggettati ad un solo ed unico Dio? Il problema risiede proprio qui! Il dilemma è inconciliabile perché attiene alla sfera della fede e, dunque, la valutazione è strettamente soggettiva. Piuttosto bizzarro, d'altronde, assistere ad un culto monoteista ritenuto "oggettivo" (es. la presenza di un solo Dio) ma vissuto in maniera "soggettiva" (es. la libertà di seguire o meno i precetti), fatta salva la necessità di chiedere il perdono a Dio attraverso il pentimento): in particolare, la pratica "malsana" di molti cristiani-cattolici che si professano tali ma aggiungono "non praticante" ai loro deliri spirituali, quasi a giustificare il fatto che non hanno interesse nel seguire i precetti del credo religioso, imposto spesso fin da giovane età, in un quadro di timore reverenziale verso il loro unico Dio. Il pericolo dell'inconciliabilità dei bisogni umani con quelli divini porta al rafforzamento dell'odio verso il diverso, secondo una linea di pensiero poi non tanto difficile da comprendere: <<*io credo nel Dio unico e solo, tu non ci credi*>>; dunque, io sono legittimato con ogni mezzo a farti capire l'errore. E se nel "culto cristiano" moderno (salvo ipotesi estremiste determinate da credi più legati alle sette che alla religiosità cristiana), la punizione è l'allontanamento dalla comunità, l'isolamento e il rimprovero sociale, nel "culto islamico" moderno estremista, la punizione diventa la morte, il delitto dell'infedele per purificare la società dalla presenza insulsa di un essere vivente non capace di comprendere tali precetti, come accadeva d'altronde ai cristiani nei primi secoli d.C. o ai pagani nei secoli successivi o ai musulmani nei primi due secoli del primo millennio d.C.

Che lo si voglia o meno, il Monoteismo "estremizzato" crea l'arrogante bisogno di ergersi a catalizzatore di verità, spingendo taluni a ricercare (in quel bisogno di conferme) il significato della vita stessa: *"Credo ergo sum"*, posizione assai cara a quei gruppi ultra-cattolici di chiaro stampo politico (e poco religioso).

Capitolo 2:
Il culto cristiano: origini, storicità e nuove evoluzioni religiose [5]

2.1. La nascita del "Cristianesimo" e le sue correnti principali. Un viaggio tra Antico e Nuovo Testamento

2.1.1. *Il "Cristianesimo" e le sue correnti principali* [6]

Non possiamo affrontare tematiche legate al culto cristiano senza conoscere la storia di questa religione, nata come setta, poi diffusasi come movimento religioso e ora una vera e propria religione.

Dunque, è giusto affrontare, seppur in maniera sommaria, la storia del *"Cristianesimo"* e della sua evoluzione, anche in chiave dottrinale e politica. In senso generale, sappiamo che: è una religione mono-teista a carattere universalistico; è fondata sulla venuta in Terra e sulla predicazione di **Gesù (Cristo)**, inteso come figlio del Dio d'Israele (**Yahweh**) [7], dunque incarnato, morto e risorto per

---

[5] Il presente capitolo introduce brevemente la storia del Cristianesimo, al fine di favorire un maggior approccio teorico alle vicende che verranno raccontate nei capitoli successivi. La pretesa non è dunque quella di cristallizzare il fenomeno storico di questa religione, quanto più quello di permettere al lettore un'analisi generale dei processi evolutivi, per arrivare a scoprire come la "Trinità", la "Beata Vergine" e altri concetti e figure chiave del culto non siano altro che invenzioni riprese da precedenti esperienze religiose.

[6] **AA.VV**, *Storia delle Religioni*, Volume III-IV, Utet, 1971.
Rif.: *https://it.wikipedia.org/wiki/Cristianesimo*

[7] Yahweh (anche Yahveh, talvolta in italiano Jahvè) è il dio del popolo ebraico. Originariamente venne descritto dalla Bibbia come un dio potente e creatore (**Genesi 1**), ma anche legato da un patto agli uomini: severo nel punire le colpe, attento verso i penitenti, viene descritto in diverse fasi sia come un dio locale che come un dio universale. [...] Il nome in questa forma "Yahweh" (e altre) rappresenta una moderna versione accademica dell'ebraico biblico יהוה, parola composta da quattro lettere (yodh, he, waw, he, in qualche modo corrispondenti alle lettere dell'alfabeto latino YHWH, o JHVH) e perciò detta "tetragramma". La lingua ebraica (a tutt'oggi) è dotata di lettere dal valore consonantico, mentre la vocalizzazione (variabile e importante ai fini del significato delle parole) è indicata ortograficamente attraverso altri segni diacritici, notazioni vocaliche introdotte in epoca storica molto più tarda delle consonanti, perché adottate dai Masoreti intorno alla seconda metà del I millennio d.C. Mentre è

la salvezza di tutto il genere umano.

Originatasi dal Giudaismo nel I secolo d.c., il Cristianesimo delle origini (come vedremo) si presenta con un duplice aspetto:

a) *giudeo-cristianesimo*, in quanto si riteneva che solo i circoncisi potessero essere salvati;

b) *etno-cristianesimo* (c.d. Cristianesimo dei *Gentili*), che imponeva l'osservazione della legge di Mosè, come si desume dai racconti degli Atti di Luca e da alcune lettere di Paolo (es. Lettera ai Galati e lettere ai Corinzi).

Potrebbe sembrare strano per chi non è avvezzo allo studio delle religioni, ma il fenomeno della "comorbidità" tra i culti è assai

---

indiscusso che il nome del dio ebraico è indicato nella Bibbia con le quattro lettere summenzionate, resta incerta la sua pronuncia e oggetto di dibattito sia tra gli studiosi, sia tra i fedeli delle diverse confessioni che fanno riferimento al "Dio di Abramo". Gli ebrei evitavano di pronunciarne il nome per non profanarlo ("non nominare il nome di Dio invano", terzo comandamento secondo la tradizione ebraica, secondo comandamento secondo la tradizione cattolica), mentre nella Bibbia è reso per iscritto soltanto con il tetragramma e quindi la pronuncia del nome è a tutt'oggi incerta. [...] Alla luce di quanto ci viene rivelato da scavi e ritrovamenti archeologici, dai quali si intuisce che i primi Israeliti avevano cercato di distinguersi dai popoli vicini al loro territorio, in particolare dai Cananei, appare piuttosto interessante che Yahweh, proprio una delle divinità introdotte nel pantheon cananeo durante la cattività babilonese, sia divenuta durante il VI secolo a.C. il dio nazionale ed unico del popolo d'Israele. Le testimonianze archeologiche dimostrano che gli Israeliti durante questo periodo erano entrati a far parte del popolo dei Cananei. Yahweh (che dai Cananei veniva chiamato anche Yahu o Yahwi) veniva considerato un dio della guerra, al pari quindi di altre divinità simili come ad esempio El, ed era uno dei personaggi del ciclo mitologico di Baal. Asherah, considerata spesso la dèa consorte di El nel pantheon cananeo, in numerose iscrizioni israelite più recenti viene ritenuta essere invece la consorte di Yahweh. Inoltre migliaia di statuette di creta riportate alla luce suggeriscono che in realtà i primi Israeliti non adoravano un solo dio, bensì una moltitudine di dèi, e quindi erano politeisti. Appare quindi probabile che l'adorazione di Yahweh si sia originata nel sud della terra di Canaan (Edom, Moab, Madian) a partire dall'Età del bronzo (XIV secolo a.C.) e che il suo culto sia stato diffuso a nord dalla popolazione nomade dei Cheniti. Cornelis Petrus Tiele, ideatore dell'"ipotesi Chenita" (1872), riteneva che storicamente Yahweh fosse stato una divinità dei Madianiti e che il profeta Mosè fosse uno di loro; sempre secondo Tiele, sarebbe stato Mosè a portare dal nord ad Israele il culto di Yahweh. Quest'idea è basata su un'antica tradizione (**Libro dei Giudici 1, 16** e **4, 11**) che vuole il padre adottivo di Mosè essere stato un sacerdote Madianita di Yahweh, che, per così dire, voleva preservare il ricordo dell'origine Madianita del dio. Mentre dagli studiosi e dagli storici moderni viene ampiamente accettato il ruolo che i Cheniti hanno avuto nel trasmettere il culto di Yahweh, quello di Mosè trova poco supporto negli studi moderni.
[Tratto da: https://it.wikipedia.org/wiki/Yahweh]

frequente e non è nulla di sconvolgente: capita spesso che un nuovo culti, dalla nascita o durante la sua fase espansionistica, assorba o comunque faccia sua -anche solo per conquistare la fiducia di una determinata frangia di fedeli- tutta una serie di elementi tipici del culto che prova a scavalcare. Si chiama per l'appunto *"comorbidità"*, in quanto il nuovo culto fonda le sue radici sulla base di precedenti culti, prendendone alcuni spunti, in tutto o in parte come la liturgia, i miti e le credenze, per poi modificarli e farli sembrare nuovi o comunque rinnovati nella loro presentazione pubblica. L'apparenza, in fondo, è necessaria per ottenere il consenso popolare, anche a costo di lasciare "cadaveri" lungo il cammino, anche se al lettore giova sapere che non è per nulla strana l'acquisizione di una o più divinità nel nuovo panthéon, in quanto tutte le culture del mondo, almeno alla base, condividono l'assegnazione "divina" a ciò che vedono e sentono in natura: pertanto, è perfettamente compatibile la somiglianza o la condivisione di più caratteristiche psico-fisiche di questa o quella divinità, anche se stupisce nel culto giudaico-cristiano, non tanto questa condizione direi "fisiologica", quanto più l'incredibile "scopiazzamento" (o se si preferisce, "prendere ispirazione in maniera massiccia") dei testi più antichi, "spacciati" per nuovi e sinceri, sotto il profilo della rappresentazione del verbo divino.

Ma non pensiate che ciò accada in pochi giorni o poche settimane: spesso ci vogliono secoli per plasmare una realtà, facendola cambiare e servono diversi fattori positivi affinché ciò avvenga.

Così è stato per il culto cristiano, nato giudaico ed evoluto in una serie di "scopiazzamenti" finalizzati poi all'imposizione del pensiero monoteista, mischiando temi cari ai culti egiziani, greci, sumero-accadini e babilonesi. Ed è proprio questo che il presente lavoro cerca di dimostrare: non tanto la falsità dei credi quanto più il fatto che il cristianesimo delle origini è diventato un prodotto commerciale, politico ed economico, sbeffeggiando i culti che compongono le sue stesse radici, riproponendo come verità assolute i contenuti dei testi interpretati in maniera del tutto arbitraria, falsa e tendenziosa, o comunque spaventosamente manipolata dal credo teologico.

I cristiani delle origini ereditarono dunque dal Giudaismo le Sacre scritture, definite successivamente "Antico Testamento", nella versione tradotta in greco ellenico (tenuto conto della prevalente origine greco-romana della maggioranza dei primi *adepti*).

<< *(...) Gli ebrei ammettevano l'esistenza di un regno divino popolato da esseri sovrumani (angeli, arcangeli, principati e potestà), aderivano al culto di una divinità attraverso sacrifici di animali e altri prodotti alimentari, sostenevano che esistesse un particolare luogo sacro dove questo essere divino dimorava qui sulla Terra (il Tempio di Gerusalemme) e dove i sacrifici dovevano essere compiuti (...)* >>[8].

Rispetto a tutte le altre religioni dell'Impero Romano, il Giudaismo era monoteista, ovvero credeva in un unico Dio creatore e onnipotente, che aveva scelto come figlio prediletto "Israele", stringendo con il suo popolo un'alleanza.

Il Cristianesimo delle origini, dunque, prese a piene mani i contenuti, anche testuali, delle sacre scritture e delle parole di "Dio" dal culto ebraico, accettando di fatto quello che ritenevano giusto gli ebrei del I secolo d.C. dispersi in tutto l'Impero Romano, ovvero che il Divino avesse dato istruzioni al suo popolo attraverso gli scritti di Mosé (**da qui la convinzione che i libri che compongono l'Antico Testamento sono sacri ed ispirati da Dio, oltre le imposizioni sotto forma di conferme ispirative provenienti dai Concili cristiani che di volta in volta modificavano le parole originarie delle sacre scritture, frutto soprattutto di uno scopiazzamento dai testi sumero-accadici**), denominati collettivamente "Torah" (letteralmente, *guida* o *legge*) e dunque il Pentateuco, i primi 5 libri dell'Antico Testamento: Genesi, Esodo, Levitico, Numeri e Deuteronomio.

Il Cristianesimo inteso come "religione" distinta da quella ebraica,

---

[8] **Bart D. Ehrman**, *Gesù non l'ha mai detto*, edizione italiana, Oscar Mondadori, settima ristampa, 2013, p. 25.

invece, iniziò a delinearsi dopo il "*Sinodo di Jamnia*" in cui venne rivendicata una propria posizione; vedendosi frammentata, la realtà religiosa dell'epoca decise lentamente di organizzarsi attorno ai cinque (5) patriarcati di Roma, Costantinopoli, Antiochia, Alessandria d'Egitto e Gerusalemme, come vedremo nel dettaglio nel prossimo paragrafo.

In epoca medievale, le tre divisioni principali della cristianità furono il *Cattolicesimo*, l'*Ortodossia orientale* e le varie denominazioni del *Protestantesimo*; in particolare, il Grande Scisma del 1054 d.C. divise la Cristianità calcedoniana fra la Chiesa cattolica romana e la Chiesa ortodossa, mentre il Protestantesimo nacque all'interno della Chiesa cattolica a seguito della riforma protestante nel XVI secolo, dividendosi poi in varie ramificazioni:

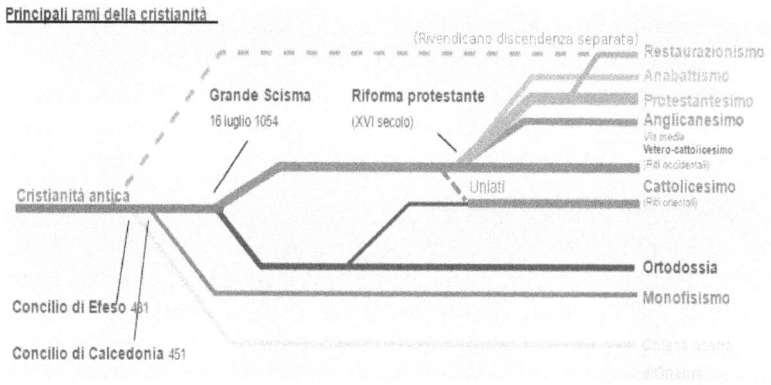

Fig. 1: Tratto da: *https://it.wikipedia.org/wiki/Cristianesimo*

Vediamoli nel dettaglio:

1) il *Cattolicesimo*.

La Chiesa Cattolica Romana deriva dalla Chiesa latina, la cui autorità si estendeva originariamente da Roma su tutta la parte occidentale dell'Impero Romano.

Tra i suoi caratteri tipici spicca il riconoscimento del primato dell'autorità papale, quale Vescovo di Roma e successore dell'Apostolo Pietro. Dopo lo Scisma d'Oriente, avvenuto nel 1054 d.C., la Chiesa Cattolica riconoscerà come ecumenici, oltre che ai sette concili avvenuti tra Nicea I e Nicea II, altri quattordici (14), non riconosciuti però dalla parte orientale.

2) l'*Ortodossia*.

Spingendoci verso l'Oriente, troviamo la presenza cristiana delle Chiese Ortodosse, emanazioni dirette delle Chiese di lingua greca, nate originariamente nel territorio dell'Impero romano d'Oriente. A differenza della chiesa occidentale, questa parte di cristianità non riuscì mai ad imporsi politicamente, oltre una certa indipendenza; nonostante ciò, la Chiesa Cattolica non considera le chiese ortodosse eretiche (a differenza di quanto avviene per le Chiese Protestanti), mentre le chiese ortodosse sospettano di eresia la Chiesa Cattolica per via del loro rapporto prima di tutto politico ed economico con la fede religiosa, anche se ufficialmente non esiste un documento che proclami tale affermazione.

Tra le Chiese ortodosse distinguiamo:

a) la *Chiesa Ortodossa Copta (egiziana)*. E' una chiesa cristiana miafisita (e non monofisita, come erroneamente asserito da alcuni studiosi, senza alcun riscontro oggettivo tra i copti e gli etiopi). In questa corrente, il titolo di "Papa" spetta al Patriarca di Alessandria.

b) la *Chiesa ortodossa pre-calcedoniana*, dal fatto che non accettano le definizioni dogmatiche del concilio di Efeso e del concilio di Calcedonia. Sono anche dette *"nestoriane"* o *"orientali"*:

- *Chiesa ortodossa apostolica assira d'Oriente o Chiesa persiana o Chiesa siro-orientale*, suddivisa in due grandi branche: un patriarca catholicos a Kotchanès (Iran), sulla frontiera turco-persiana, dove vivono circa 100mila assiro-caldei e un patriarca a Baghdad (Iraq).

- *Chiesa ortodossa siro-malabarese*, nata dal rifiuto delle

conclusioni del concilio di Calcedonia del 451 d.C.
- *Chiesa ortodossa etiopica* di Addis Abeba.
- *Chiesa ortodossa siriana* (c.d. giacobita), il cui patriarca è di Antiochia.
- *Chiesa ortodossa siro-malankarese* di Kottayam, nello Stato indiano del Kerala.
- *Chiesa ortodossa apostolica* armena (c.d. gregoriana).

3) il *Protestantesimo*.

Altra corrente cristiana è rappresentata dalle Chiese della *Riforma protestante*, sorte dalla Chiesa latina nel XVI secolo, in seguito alla rivoluzione teologica di personaggi come **Martin Lutero**, **Giovanni Calvino** e **Ulrico Zwingli**, dietro una forte spinta politica.

Le principali Chiese protestanti sono:

a) *Chiesa anglicana*, coerente con i punti dottrinali della Riforma, pur conservando la liturgia e l'aspetto ecclesiastico proprio della Chiesa cattolica);

b) *Chiese della Confessio augustana o "luterane"*;

c) *Chiese riformate o "calviniste"*;

d) *Chiese "libere"*, come l'*anabattista*, la *mennonita*, l'*amish*, la *quacchera* e l'*unitariana*;

e) *Chiese Evangeliste e correnti diverse dalle precedenti elencate.*

4) le *Chiese del Restaurazionismo*.

Appartengono a questa corrente un complesso di Chiese e comunità che nascono dal desiderio di tornare alla Chiesa Cristiana primitiva; spesso, non sono riconosciuti come cristiani, pur avendo caratteri molto simili. Tra i più famosi e diffusi ricordiamo:

a) i Mormoni, nati grazie all'idea del suo fondatore **Joseph Smith** nei primi anni del 1800 d.C., utilizzano la Bibbia, il Libro di Mormon e altri testi aggiuntivi mutuati dallo stesso fondatore.

b) i Testimoni di Geova, nati dall'idea di **Charles Taze Russell** nel

1870, praticano il Cristianesimo delle origini, secondo il credo millenaristico, identificato nell'opera missionaria di Gesù Cristo e dei suoi apostoli.

c) la Chiesa di Cristo, quale congregazione cristiana nata dal Movimento di Restaurazione, al fine di ritornare all'Età apostolica del Cristianesimo. Il Movimento ebbe 2 correnti: quella di **Barton W. Stone** nel Kentucky (c.d. cristiani) e **Thomas Campbell** nella Pennsylvania occidentale (c.d. discepoli di Cristo).

d) gli Avventisti, nati dall'idea di **William Miller** nel 1830, che predicava l'avvento di Gesù nel 1843-1844. In seguito al mancato avveramento della predizione, i milleriti si dispersero ma uno dei gruppi formò la Chiesa Avventista del settimo giorno, nel 1863, ad opera di **Ellen Gould White**, una donna dotata di qualità profetiche.

Tra i *culti cristiani* ormai sostanzialmente *estinti*, invece, meritano menzione:

a) gli Ebioniti, una costola del Giudeo-Cristianesimo. Credevano che il figlio fosse subordinato al Padre essendo non più di un umano con delle caratteristiche "speciali". Essi sostenevano che Gesù non era figlio di Dio, ma piuttosto un uomo comune dotato di capacità profetiche. Sicuramente, una tesi di pensiero molto più coerente con l'Antico Testamento.

b) gli Gnostici Cristiani. Credevano che la salvezza dipendesse da una forma di conoscenza superiore e illuminata, frutto del vissuto personale e di un percorso di Verità.

c) la Chiesa Marcionita. Credevano nell'esistenza di 2 entità divine diverse, una nell'Antico Testamento e uno nel Nuovo Testamento.

d) i Montanisti, un Movimento profetico-escatologico che espresse tutta una serie di chiese locali del tutto autonome e scollegate tra di loro, frutto di anarchia religiosa;

e) gli Ariani, una dottrina cristologica elaborata dal monaco e teologo cristiano **Ario**, condannata al primo concilio di Nicea, perché credeva che il Figlio fosse subordinato al Padre, dichiarandolo "sorgente non originata di tutta la realtà", una creatura di ordine superiore, generato dal Padre come primogenito di tutta la creazione e avente uno status divino; tuttavia, egli non è veramente Dio e quindi non della stessa sostanza del Padre.

f) i <u>Càtari</u>, detti anche Albigesi, diffusi tra il XII e il XIV secolo.

g) la <u>Chiesa bosniaca</u>, diffusa nella Bosnia ed Erzegovina medievale ed estintasi dopo la conquista ottomana.

Singolare, dunque, il rapporto tra i credi estinti e le Sacre Scritture, sicuramente molto più vicini alla traduzione letterale dei testi, come vedremo nel capitolo dedicato alla scelta interpretativa tra la "lettera" delle composizioni e la posizione allegorica (e metaforica).

Possibile che l'estinzione sia dipeso dal fatto che tali credi fossero scomodi per la versione monoteista e assolutista della Chiesa Cattolica? Risponderò a questa domanda con l'evoluzione di questa analisi tecnica. Premetto però la risposta: Si, certamente!

D'altronde i temi "caldi" che hanno dal 1054 d.C. diviso i cristiani sono stati non tanto argomenti pratici, quanto più teologici (per questo tra di loro non si parla di "eresia" ma di "scisma"):
a) il *"peccato originale"*
b) la *"supremazia in Terra del Papa e dell'Immacolata Concezione"*;
c) la variazione del *"Credo"*;
d) i *"testi sacri"* di riferimento;
d) la *"liturgia eucaristica"* e i *"sacramenti"*.

In particolare:

a) in tema di *"peccato originale"*, gli Ortodossi, al contrario dei Cattolici, ritengono che il Peccato Originale non abbia conseguenze morali sull'uomo ma solo fisiche e, dunque, in seguito al peccato di Adamo, infatti, l'uomo diventa mortale. Pertanto, per la Chiesa Cattolica, l'uomo nasce nel peccato, mentre per la Chiesa Ortodossa l'uomo nasce puro. Vedremo nei capitoli successivi il vero significato del "Peccato" e della "Tentazione".

b) in tema di *"supremazia in Terra del Papa e dell'Immacolata Concezione"*, la Chiesa Ortodossa non riconosce il dogma di infallibilità del Papa (definito nel Concilio Ecumenico Vaticano I del 1870), né crede nell'Immacolata Concezione (e dunque la preservazione di Maria dal Peccato Originale); anzi, tali temi li ritiene eretici.

c) in tema di variazione del *"Credo"*, le divergenze nascono intorno al Credo Niceno-Costantinopolitano: *"Credo nello Spirito Santo che procede dal Padre* (e dal Figlio, *Filioque)"*. Il *filioque*, non presente nella versione originale del Credo, viene aggiunto per la prima volta nel 589 d.C., nel concilio Toletano III, a ribadire sicuramente la divinità di Gesù contro l'eresia ariana che lo voleva un umano "speciale". Questo tema, sulla natura umana o divina del figlio di Dio, fu la causa scatenante del Grande Scisma del 1054 d.C.

d) in tema di *"testi sacri"* è sufficiente, infine, dire che i protestanti considerano quale unica fonte di Verità la Bibbia, mentre la dottrina cattolica aggiunge anche i "Testi della Tradizione", composta dai contributi dei Santi, dei Padri della Chiesa, delle encicliche papali, escludendo (guarda caso) i testi apocrifi, sconvenienti alle versioni ufficiali del culto. Nulla di strano: d'altronde, le correnti cristiane distaccatesi dal grembo originario hanno da sempre contestato l'enorme potere politico del clero che ha modificato a piacimento, secondo le circostanze storiche, la parola originaria contenuta nei testi sacri, come vedremo nei capitoli successivi.

2.1.2. La sorgente comune tra tutte le correnti cristiane principali e l'Ebraismo: l'Antico Testamento

Il termine *"Antico Testamento"* (o Vecchio o Primo Testamento) è di matrice cristiana ma è mutuato dal greco antico Παλαιά Διαθήκη (palaia diateke, lett. "*antico patto*"), con cui alcuni scrittori e teologi cristiani dei primi secoli, come **Ireneo di Lione**, legittimavano l'indebita appropriazione da loro operata degli scritti ebraici. Il termine, dunque, indica una collezione di libri ammessa nel canone delle diverse confessioni cristiane; difatti, a secondo della confessione religiosa, il canone cambia: come detto, per i Cattolici e gli Ortodossi, i canoni sono più antichi e ampi (c.d. *canone alessandrino*, derivato dalla versione dei Settanta della Bibbia), mentre per i Protestanti conta solo il testo a cui si affidavano i cristiani dei primi secoli.

Da un punto di vista temporale, anche se non tutti gli esegeti sono d'accordo con le seguenti datazioni (spesso stimate e non confermate), gli eventi raccontati passano per alcuni eventi fondamentali divenuti storici nella vita biblica, come la creazione, il diluvio universale, il ruolo centrale di personaggi come Abramo, Giacobbe, Yahweh, Davide, Salomone e le lotte intestine tra i popoli dell'area descritta nei sacri testi guidaici.

La "sacra" storia si interrompe a circa 400 anni prima della nascita di Gesù, tenuto conto che i testi apocrifi narrano proprio di fatti avvenuti tra il 70 a.C. e il 300 a.C.: tuttavia, proprio per le loro caratteristiche, non sono stati accolti nel canone classico.

Dai tempi di Mosé fino a **Gutenberg**, però, i testi sacri sono stati copiati e ricopiati centinaia di volte: dunque, nulla di strano se in tutte queste operazioni, ci possano essere un numero straordinario di errori ed inesattezze, soprattutto perché chi ricopiava molto spesso non conosceva nemmeno la lingua che si stava leggendo/ricopiando. Se poi pensiamo che l'ebraico antico nemmeno conosceva le vocali, questo ci può dare la misura della percentuale di errore possibile.

Intorno al 100 d.C., alcuni studiosi hanno cercato di stabilire un testo ebraico standard; alla base di questa idea, tra il V e il X secolo d.C., i masoreti (ovvero rabbini eruditi e scribi ebrei) svolsero un lavoro straordinario di revisione e studio della Bibbia ebraica, nella regione di Tiberiade (in Palestina).

Costoro idearono un sistema di vocalizza-zione (consistenti in piccoli segni diacritici posti accanto alle consonanti), con l'obiettivo di fissare e preservare il significato, perfezionando la pronuncia.

Nonostante ciò, però, non ci sono pervenuti oggi né manoscritti originali né primissime copie dell'Antico Testamento, e fino al 1947, i testi più antichi risalivano al IX secolo d.C. (ovvero tra i nove e i dieci secoli dopo la nascita di Gesù); con la scoperta dei Rotoli del Mar Morto, la datazione passerà invece tra il 70 e il 300 d.C., anche se poi l'attendibilità storica dei contenuti è tutta da discutere.

<<[...] *L'Ebraismo suddivide le Scritture in tre sezioni: 1: Torah. 2: Neviim (Profeti). 3: Ketuvim (Scritti). Con il termine Torah, tradotto col termine greco Pentateuco, s'intende la raccolta dei primi cinque libri della Bibbia, cioè Genesi, Esodo, Levitico, Numeri, Deuteronomio. Il cosiddetto Antico Testamento dei cattolici è identico alla Bibbia dell'Ebraismo, ma comprende sette libri in più e alcuni testi aggiuntivi. Attualmente si contano sette canoni biblici: ebraico, samaritano, cristiano ortodosso, cattolico, protestante, cristiano copto, cristiano siriaco. La maggiore differenza tra i canoni ebraici e samaritano, e quello cristiano riguarda il Nuovo Testamento, non riconosciuto dai primi due. Bisogna menzionare la Septuaginta, la Bibbia dei Settanta redatta in greco ad Alessandria d'Egitto verso il III secolo a.C., in cui troviamo libri non presenti nel canone ebraico. La Chiesa ortodossa orientale utilizza tutt'ora la Bibbia dei Settanta per la liturgia. La definizione del canone ufficiale, che identificava i soli libri che dovevano essere nella Chiesa, è stata decisa nel 363 d.C. durante il Concilio di Laodicea. Tutte le bibbie sono attendibili, tenuto conto del principio di faziosità alla radice dell'esegesi biblica stessa. Diversi termini ebraici antichi vengono volutamente tradotti in modo errato per far coincidere il significato con l'idea di Dio. Facciamo un esempio: El Shaddai la cui traduzione più accreditata dagli esegeti biblici è "Dio della steppa" viene reso come "onnipotente"* [...]>>[9].

Rifacendoci dunque al culto cattolico (che riprende a piene mani dal testo sacro ebraico con l'elenco dei testi approvati e ispirati da Dio, secondo la decisione di una serie di Rabbini e studiosi, tra il 450 a.C. e il 90 a.C.), l'Antico Testamento, quale testo che racchiude la storia 400 anni prima dell'avvento di Gesù, è composto da 46 libri, che formano il *canone antico*, così suddivisi:

---

[9] Tratto dall'intervista a Stefania Tosi:
http://www.laltrapagina.it/mag/yahweh-dio-della-guerra-intervista-esclusiva-alla-ricercatrice-stefania-tosi .

1) *Pentateuco (contenuti originariamente in cinque rotoli) o Torah o Legge*, composto da cinque (5) libri:

a) *Genesi* (Gn o Gen), in ebraico, consta di 50 capitoli in 1.533 versetti, viene rielaborato definitivamente in Giudea nel V secolo a.C. riprendendo fonti precedenti risalenti anche al XIII secolo a.C., e tratta della preistoria biblica e del diluvio universale (1-11) e delle storie di Abramo (12-24), Isacco e Giacobbe (25-36) e Giuseppe (37-50), descrivendo un periodo storico che va dal 1.800 al 1.300 a.C. circa.

b) *Esodo* (Es), in ebraico, consta di 40 capitoli in 1.213 versetti, viene rielaborato definitivamente in "Giudea" [10] nel V secolo a.C. riprendendo fonti precedenti risalenti anche al XIII secolo a.C., e tratta del soggiorno degli Ebrei in Egitto -con la liberazione tramite Mosé- (1-14) dopo la serie di castighi mandati da Dio (c.d. piaghe d'Egitto) [11] e nel deserto del Sinai (15-40), descrivendo un periodo storico che va dal 1.300 al 1.200 a.C. circa.

---

[10] E' una regione storica del Vicino Oriente; è localizzata a sud della Samaria ed è coincidente con il territorio assegnato alla tribù biblica di Giuda. La sua città principale è Gerusalemme. Fece parte del Regno di Israele fino alla morte del Re Salomone (931 a.C.), quando il regno si divise in due gruppi, il Regno di Israele a Nord e il Regno di Giuda a Sud. L'area Nord cadde sotto i colpi degli Assiri nel 722 a.C., mentre la Giudea resistette fino alla conquista babilonese del 587 a.C.. Poi passò sotto mani persiane e dopo elleniche; ancora, con la rivolta dei Maccabei vissero un periodo di indipendenza sotto la dinastia degli Asmonei, per poi finire di nuovo sotto conquista da parte dei romani e successivamente dei bizantini. L'area venne poi conquistata dagli arabi, dagli ottomani e dai britannici. Nel 1948, con la fondazione dello Stato di Israele, la Giudea è stata divisa con la Giordania fino al 1967, quando la guerra dei 6 giorni decise la dominanza israelita; nel 1988 la Giordania decise di ritirare le sue pretese sul territorio Cisgiordano di Giudea e nel 1993 l'area venne regolata dagli Accordi di Oslo tra Israele e l'Autorità Nazionale Palestinese.

[11] In ordine, al rifiuto del Faraone di lasciar andare gli Ebrei, Dio mandò le seguenti piaghe:
1) *il Nilo si colorò di rosso sangue* (probabilmente dovuto ad un'esondazione anomala che ha provocato lo smottamento e il drenaggio dell'argilla rossa);
2-3) *l'invasione delle rane e lo sciame di zanzare e mosche* (sicuramente attratti dall'eccesso di umidità prodotto dall'inquinamento del Nilo, dei pesci morti e delle carcasse degli animali avvelenati dalle acque ricche di argilla);
4-5-6) *il bestiame si ammala e muore e gli uomini si riempiono di pustole e ulcerazioni* (sicuramente causate dalle infezioni diffuse e dal clima tossico che si respirava in quell'area);
7-8-9) *la grandine che distrugge le colture e lascia quel poco che serve alle cavallette per divorare la rimanenza*, oltre *tre giorni di buio* (complice, sicuramente, il vento etiope che in quelle zone è forte e riesce a sollevare tanta di quella polvere da oscurare anche il cielo);
10) *la morte dei primogeniti di tutte le famiglie egiziane*.

c) *Levitico* (Lv), in ebraico, consta di 27 capitoli in 859 versetti, viene rielaborato definitivamente in Giudea nel V secolo a.C. riprendendo fonti precedenti risalenti anche al XIII secolo a.c., ed è un decalogo delle leggi religiose e sociali che il popolo di Jahweh doveva seguire, ben 613 (c.d. *mitzvot*) -altro che i dieci comandamenti presenti nell'**Esodo 20** e comunque rientranti tra i 613 comandi-. In questo caso non è indicato il periodo storico di riferimento ma si pensa che riguardi sempre gli anni in cui Jahweh era il punto di riferimento del popolo ebraico (1.200 a. C.), essendo sue quelle regole. L'elenco è lungo ed impegnativo, ma è importante per comprendere alcuni passaggi fondamentali, ovvero come queste regole (soprattutto alcune veramente assurde) fossero la prova che di divino c'era veramente poco e che servivano a ristabilire l'ordine negli accampamenti e per gestire le genti controllate da Jahweh (Dio). Il numero 613 deriva dalla somma di 248 comandamenti positivi (derivanti dal numero presunto all'epoca delle ossa di un essere umano, quando invece oggi sappiamo essere 206 nell'adulto e 270 nel neonato) e 365 comandamenti negativi/divieti (derivanti dai giorni dell'anno). In grassetto quelle più stravaganti, imbarazzanti o assurde, con la loro posizione nell'Antico Testamento[12]:

Sappi che esiste Dio. - Esodo 20:2
Non amare altri dei a parte Lui. - Esodo 20:3
Sappi che Dio è uno. - Deut. 6:4
Ama Dio. - Deut. 6:5
Temi Dio. - Deut. 10:20
Santifica il Suo Nome. - Lev. 22:32
Non profanare il Suo Nome. - Lev. 22:32
Non distruggere gli oggetti associati al Suo Nome. - Deut. 12:4
Ascolta i profeti che parlano in Suo Nome. - Deut. 18:15
Non tentare eccessivamente i profeti. - Deut. 6:16
Cammina sulle Sue vie. - Deut. 28:9
Restagli fedele - Deut. 10:20
Ama gli altri ebrei. - Lev. 19:18
Ama i forestieri. - Deut. 10:19
Non odiare gli altri ebrei. - Lev. 19:17
Rimprovera apertamente il tuo prossimo. - Lev. 19:17
Non imbarazzare gli altri. - Lev. 19:17
Non opprimere il debole. - Esodo 21:22

---

[12] Tratto da: http://www.claudiopenna.it/terze/maimonide.html.

Non spargere calunnie riguardo al prossimo. - Lev. 19:16
Non cercare vendetta. - Lev. 19:18
Non serbare rancore. - Lev. 19:18
Impara la Torah. - Deut. 6:7
Onora coloro che insegnano e conoscono la Torah. - Lev. 19:32
Non cadere nell'idolatria. - Lev. 19:4
Non seguire i desideri del tuo cuore o ciò che vedi. - Numeri 15:39
Non bestemmiare. - Esodo 22:27
Non adorare gli idoli nel modo in cui sono adorati. - Esodo 20:5
Non adorare gli idoli nei 4 modi in cui si adora Dio. - Esodo 20:5
Non costruire idoli per te. - Esodo 20:4
Non costruire idoli per gli altri. Lev. 19:4
Non fare forme umane solo per scopi decorativi. - Esodo 20:20
Non portare una città verso l'idolatria. - Esodo 23:13
Brucia le città che adorano gli idoli. - Deut. 13:17
Non ricostruirle. - Deut. 13:17
Non ricevere benefici da loro. - Deut. 13:18
Non istigare gli altri ad adorare gli idoli. - Deut. 13:12
Non amare chi predica altri idoli. - Deut. 13:9
Non cessare di odiare chi predica altri idoli. - Deut. 13:9
Non salvare chi predica altri idoli. - Deut. 13:9
Non dire niente in sua difesa. - Deut. 13:9
Non astenerti dall'incriminarlo. - Deut. 13:9
Non profetizzare in nome di altri dei. - Deut. 13:14
Non ascoltare i falsi profeti. - Deut. 13:4
Non profetizzare falsamente nel nome di Dio. - Deut. 18:20
Non avere paura di uccidere i falsi profeti. - Deut. 18:22
Non pronunciare il nome di altri dei. - Esodo. 23:13
Non consultare gli indovini. - Lev. 19:31
Non operare profezie - Lev. 19:31
Non far passare i tuoi figli nel fuoco per Moloch. - Lev. 18:21
Non erigere alcuna stele in pubblico per adorare idoli. - Deut. 16:21
Non inchinarti davanti alla pietra lavorata - Lev. 26:1
Non piantare alcun albero vicino all'altare di Dio. - Deut. 16:21
Distruggi gli idoli e i loro accessori. - Deut. 12:2
Non avere benefici dagli idoli e dai loro accessori. - Deut. 7:26
Non avere benefici dagli ornamenti degli idoli. - Deut. 7:25
Non avere rapporti con gli idolatri. - Deut. 7:2
Non fare grazia agli idolatri. - Deut. 7:2
Non permettere loro di abitare nel tuo paese. - Esodo 23:33
Non imitare le loro abitudini e il loro abbigliamento. - Lev. 20:23
Non essere superstizioso. - Lev. 19:26
Non entrare in trance per prevedere il futuro - Deut. 18:10
Non dedicarti all'astrologia. - Lev. 19:26
Non fare incantesimi. - Deut. 18:11
Non tentare di metterti in contatto con i morti. - Deut. 18:11
Non consultare gli indovini. - Deut. 18:11

Non consultare gli spiriti. - Deut. 18:11
Non compiere atti di magia. - Deut. 18:10
L'uomo non si tagli i capelli ai lati della testa. - Lev. 19:27
L'uomo non si rada la barba con il rasoio. - Lev. 19:27
L'uomo non si vesta da donna. - Deut. 22:5
La donna non si vesta da uomo. - Deut. 22:5
Non tatuarti la pelle. - Lev. 19:28
Non incidere la pelle. - Deut. 14:1
Non radere la pelle. - Deut. 14:1
Pentiti e confessa il peccato compiuto. - Numeri 5:7
Recita lo Shema due volte al giorno. - Deut.6:7
Servi l'Onnipotente e prega ogni giorno. - Esodo. 23:25
Il sacerdote benedica ogni giorno gli Ebrei. - Numeri 6:23
Indossa i filatteri sul capo. - Deut. 6:8
Tieni i filatteri sulle braccia. - Deut. 6:8
Metti una mezuzah in ogni stipite della porta. - Deut. 6:9
Ogni uomo scriva un Sefer Torah. - Deut. 31:19
Il re abbia un Sefer Torah solo per se stesso. - Deut. 17:18
Abbi tzitzit ai quattro angoli dei vestiti. - Numeri 15:38
Benedici l'Onnipotente dopo avere mangiato. - Deut. 8:10
Circoncidi tutti i maschi otto giorni dopo la loro nascita. - Lev. 12:3
Riposati il settimo giorno. - Esodo 23:12
Non fare alcun lavoro proibito il settimo giorno. - Esodo 20:10
Non infliggere punizioni nel giorno di Shabbat. - Esodo. 35:3
Non uscire dalla città nel giorno di Shabbat. - Esodo 16:29
Santifica il sabato con il Kiddush e la Havdalah. - Esodo 20:8
Riposati da ogni lavoro proibito. - Lev. 23:32
Non fare lavori proibiti nel giorno dello Yom Kippur. - Lev. 23:32
Umiliati nel giorno dello Yom Kippur. - Lev. 16:29
Non bere né mangiare nel giorno dello Yom Kippur. - Lev. 23:29
Riposati nel primo giorno di Pesah. - Lev. 23:7
Non fare alcun lavoro proibito nel primo giorno di Pesah. - Lev. 23:8
Riposati nel settimo giorno di Pesah. - Lev. 23:8
Non fare lavori proibiti nel settimo giorno di Pesah. - Lev. 23:8
Riposati durante lo Shavuot. - Lev. 23:21
Non fare alcun lavoro proibito durante lo Shavuot. - Lev. 23:21
Riposati durante lo Rosh haShana. - Lev. 23:24
Non fare alcun lavoro proibito durante Rosh haShana. - Lev. 23:25
Riposati durante il Sukkot. - Lev. 23:35
Non fare alcun lavoro proibito durante il Sukkot. - Lev. 23:35
Riposati durante lo Shmini Atzeret. - Lev. 23:36
Non fare lavori proibiti durante lo Shemini Atzeret. - Lev. 23:36
Non mangiare pane lievitato la sera del 14 di Nissan. - Deut. 16:3
Distruggi tutti i pani lievitati il giorno 14 di Nissan. - Esodo 12:15
Non mangiare pane lievitato durante i 7 giorni di Pesah. - Esodo 13:3
Non mangiare nulla di lievitato durante i sette giorni di Pesah. - Esodo 12:20
Non tenere presso di te cose lievitate in quei sette giorni. - Esodo 13:7

Non trovare presso di te cose lievitate in quei sette giorni. - Esodo 12:19
Mangia mazzà la prima notte di Pesah. - Esodo 12:18
Racconta l'uscita dall'Egitto durante quella notte. - Esodo 13:8
Ascolta la Shofar nel primo giorno di Tishri (Rosh haShana). Numeri 9:1
Abita nelle capanne durante i sette giorni del Sukkot. - Lev. 23:42
Prendi un ramo di palma (Lulav) e un frutto del cedro (Etrog) durante quei sette giorni. - Lev. 23:40
Ogni uomo dia ogni anno mezzo siclo al santuario. - Esodo 30:13
I sacerdoti ogni anno effettuino i calcoli utili a capire quando inizia un nuovo mese. - Esodo 12:2
In tempo di guerra, suona le trombe con squilli di acclamazione, per essere ricordato davanti al Signore tuo Dio - Numeri 10:9
Prendi moglie secondo ketubah e kiddushin – Deut. 22:13
Non avere rapporti sessuali con donne non ancora sposate. - Deut. 23:18
Non togliere il nutrimento, i vestiti e le relazioni sessuali a tua moglie. - Esodo 21:10
Abbi figli solo con una donna. - Genesi 1:28
In caso di divorzio, scrivi un atto di ripudio. - Deut. 24:1
Un uomo non si risposi con la propria moglie se lei è stata sposata con un altro. - Deut. 24:4
L'uomo sposi la vedova del proprio fratello se questa è senza figli. - Deut. 25:5
Se il fratello non vuole sposare la vedova del proprio fratello si faccia la cerimonia della chalitzah. - Deut. 25:9
La vedova non si risposi fino a quando non saranno rimossi i legami con i fratelli del marito. - Deut. 25:5
Chi seduce una vergine non ancora fidanzata le paghi la dote nuziale o, se il padre di lei non acconsente, una somma pari alla dote nuziale. Esodo 22:15-16
Chi seduce una vergine la sposi. - Deut. 22:29
In questo caso non la si ripudi. - Deut. 22:29
Il marito calunniatore resti sposato a sua moglie. - Deut. 22:19
Non divorzi da lei. - Deut. 22:19
Adempi alle leggi della Sotah Numeri 5:30
Non mettere l'olio nelle offerte di cibo. - Numeri 5:15
Non mettere l'incenso nelle offerte di cibo. - Numeri 5:15
Non avere relazioni sessuali con tua madre. - Lev. 18:7
Non avere relazioni sessuali con la moglie di tuo fratello. - Lev. 18:8
Non avere relazioni sessuali con tua sorella. - Lev. 18:9
Non avere relazioni sessuali con la figlia della moglie di tuo padre. - Lev. 18:11
Non avere relazioni sessuali con la figlia di tuo figlio. - Lev. 18:10
Non avere relazioni sessuali con tua figlia. - Lev. 18:10
Non avere relazioni sessuali con la figlia di tua figlia. - Lev. 18:10
Non avere relazioni sessuali con una donna e la sua figlia. - Lev. 18:17
Non avere relazioni sessuali con una donna e la figlia di suo figlio. - Lev. 18:17
Non avere relazioni sessuali con una donna e la figlia della sua figlia. - Lev. 18:17
Non avere relazioni sessuali con la sorella di tuo padre. - Lev. 18:12
Non avere relazioni sessuali con la sorella di tua madre. - Lev. 18:13
Non avere relazioni sessuali con la moglie del fratello di tuo padre. - Lev. 18:14
Non avere relazioni sessuali con la moglie di tuo figlio. - Lev. 18:15

Non avere relazioni sessuali con la moglie di tuo fratello. - Lev. 18:16 (ripetuto nel Lev. 18:8)
Non avere relazioni sessuali con la sorella di tua moglie. - Lev. 18:18
L'uomo non abbia rapporti sessuali con le bestie. - Lev. 18:23
La donna non abbia rapporti sessuali con le bestie. - Lev. 18:23
Non avere relazioni omosessuali. - Lev. 18:22
Non avere relazioni omosessuali con tuo padre. - Lev. 18:7
Non avere relazioni omosessuali con il fratello di tuo padre. - Lev. 18:14
Non avere relazioni sessuali con una donna sposata. - Lev. 18:20
Non avere relazioni sessuali con una donna in periodo mestruale. - Lev. 18:19
Non sposati con chi non è ebreo. - Deut. 7:3
Non permettere a un Moabita o a un Ammonita di prendere moglie tra gli ebrei. - Deut. 23:4
Non vietare all' egiziano convertito della terza generazione di prendere moglie tra il popolo ebreo. - Deut. 23:8-9
Non impedire all'idumeo convertito della terza generazione di prendere moglie tra il popolo ebreo. - Deut. 23:8-9
Non permettere ad un bastardo di prendere moglie tra il popolo ebreo. - Deut. 23:3
Non permettere ad un eunuco di prendere moglie tra il popolo ebreo. - Deut. 23:2
Non castrare nessun maschio (compresi gli animali). - Lev. 22:24
Il Sacerdote non sposi una vedova. - Lev. 21:14
Il Sacerdote non abbia relazioni sessuali né con vedove, né con divorziate. - Lev. 21:15
Il Sacerdote sposi una vergine. - Lev. 21:13
Il Sacerdote non sposi una divorziata. - Lev. 21:7
Il Sacerdote non sposi una prostituta. - Lev. 21:7
Il Sacerdote non sposi una donna disonorata. - Lev. 21:7
Non accostarti per aver piacere sessuale ad una consanguinea. - Lev. 18:6
Esamina i segni degli animali per valutare se sono casher o non casher. - Lev. 11:2
Esamina i segni del pollame per valutare se è casher o non casher. - Deut. 14:11
Esamina i segni dei pesci per valutare se sono casher o non casher. - Lev. 11:9
Esamina i segni degli insetti per valutare se sono casher o non casher. - Lev. 11:21
Non mangiare animali non casher. - Lev. 11:4
Non mangiare pollame non casher. - Lev. 11:13
Non mangiare pesci non casher. - Lev. 11:11
Non mangiare insetti volanti non casher. - Deut. 14:19
Non mangiare creature che strisciano sulla terra. - Lev. 11:41
Non mangiare larve. - Lev. 11:44
Non mangiare vermi trovati nei frutti della terra. - Lev. 11:42
Non mangiare creature che vivono nell'acqua e non sono pesci. - Lev. 11:43
Non mangiare la carne di animali che sono morti in maniera diversa dalla macellazione rituale. - Deut. 14:21
Non trarre beneficio dalla carne di un bue condannato per essere lapidato. Esodo 21:28
Non mangiare la carne di animali feriti a morte. - Esodo 22:30
Non mangiare parti di animali strappati ad animali ancora viventi. - Deut. 12:23
Non mangiare sangue. - Lev. 3:17
Non mangiare parti grasse di animali puliti. - Lev. 3:17

Non mangiare il nervo sciatico. - Genesi 32:33
Non mangiare carne e latte cotti insieme. - Esodo 23:19
Non cuocere carne e latte insieme. - Esodo 34:26
Non mangiare pane ottenuto da grano fresco prima dell'offerta di un omer dovuta nel secondo giorno della Pasqua. - Lev. 23:14
Non mangiare grano abbrustolito prima dell'offerta di omer. - Lev. 23:14
Non mangiare grano appena maturato prima dell'offerta di omer. - Lev. 23:14
Non mangiare i frutti di alberi che non siano piantati da più di tre anni. - Lev. 19:23
Non mangiare semi differenti piantati in una vigna. - Deut. 22:9
Non mangiare i frutti prima di aver sottratto la decima. - Lev. 22:15
Non bere del vino versato per i sacrifici degli idoli. - Deut. 32:38
Macella in maniera rituale un animale prima di mangiarlo. - Deut. 12:21
Non macellare un animale e i suoi figli lo stesso giorno. - Lev. 22:28
Ricopri con la terra il sangue di un animale macellato. - Lev. 17:13
Se trovi un nido con uccellini o uova non staccare la madre dai propri figli. - Deut. 22:6
Lascia andare la madre se è presa dal nido. - Deut. 22:7
Non giurare il falso in nome di Dio. - Lev. 19:12
Non nominare il nome di Dio invano. Esodo 20:7
Non rubare – Lev. 19:11
Non negare giurando di avere ricevuto un prestito monetario. - Lev. 19:11
Giura nel nome di Dio solo per confermare la verità e solo se richiesto da una corte. - Deut. 10:20
Mantieni quanto promesso e quanto dichiarato dalla tua bocca. - Deut. 23:24
Non rompere giuramenti o voti. - Numeri 30:3
Per annullare un giuramento o un voto rispetta le leggi di annullamento specifiche della Torah. - Numeri 30:3
Chi ha fatto voto di Nazireato lasci crescere i propri capelli. - Numeri 6:5
Non tagli i capelli. - Numeri 6:5
Non beva vino, aceto o liquori ottenuti dall'uva. - Numeri 6:3
Non mangi uva fresca. - Numeri 6:3
Non mangi uva passa. - Numeri 6:3
Non mangi semi di uva. - Numeri 6:4
Non mangi la pelle dell'uva. - Numeri 6:4
Non stia sotto lo stesso tetto di un cadavere. - Numeri 6:6
Non entri in contatto con un cadavere. - Numeri 6:7
Si rada dopo avere offerto i sacrifici previsti al completamento del periodo del suo Nazireato. - Numeri 6:9
Valuta il valore della gente secondo quanto è scritto nella Torah. - Lev. 27:2
Valuta il valore degli animali consacrati. - Lev. 27:12-13
Valuta il valore delle case consacrate. - Lev. 27:14
Valuta il valore dei campi consacrati. - Lev. 27:16
Rispetta le leggi sul voto di sterminio (cherem) Lev. 27:28
Non vendere ciò che è stato consacrato secondo il voto di sterminio. - Lev. 27:28
Non riscattare ciò che è stato consacrato secondo il voto di sterminio. - Lev. 27:28
Non piantare insieme semi di due specie diverse. - Lev. 19:19
Non piantare in una vigna semi diversi. - Deut. 22:9
Non accoppiare bestie di specie differenti. - Lev. 19:19

Non far lavorare insieme animali differenti. - Deut. 22:10
Non indossare vestiti fatti di lana e lino insieme. - Deut. 22:11
Lascia al povero i racimoli e gli acini caduti sul tuo campo. - Lev. 19:10
Non mietere e non raccogliere ai margini del tuo campo. - Lev. 19:9
Lascia la spigolatura. - Lev. 19:9
Non raccogliere la spigolatura. - Lev. 19:9
Lascia i racimoli di una vigna. - Lev. 19:10
Non raccogliere i racimoli di una vigna. - Lev. 19:10
Lascia gli acini dell'uva. - Lev. 19:10
Non raccogliere gli acini dell'uva. - Lev. 19:10
Lascia i mannelli dimenticati nel campo. - Deut. 24:19
Non tornare a riprenderli. - Deut. 24:19
Separa le decime per i poveri. - Deut. 14:28
Fai la carità. - Deut. 15:8
Non trattenere la carità dei poveri. - Deut. 15:7
Riserva al Signore le primizie del tuo frumento, del tuo mosto e del tuo olio e le primizie della tosatura delle tue pecore - Deut. 18:4
I Leviti mettano da parte la decima parte della decima. - Numeri 18:26
Non ritardare l'offerta di ciò che riempie il tuo granaio e di ciò che stilla dal tuo frantoio. - Esodo 22:28
Nessun estraneo potrà mangiare le cose sante. - Lev. 22:10
Né l'ospite di un sacerdote, né un salariato se non sono ebrei potranno mangiare le cose sante. - Lev. 22:10
Un non circonciso non potrà celebrare la Pasqua. – Esodo 12:48
Un impuro non potrà mangiare le cose sante. - Lev. 22:4
La figlia di un sacerdote sposata con un estraneo non potrà mangiare le cose sante. - Lev. 22:12
Metti da parte ogni anno la decima parte di quanto piantato per darla ai Leviti. - Numeri 18:24
Metti da parte la decima parte di quanto prodotto dalla tua semente. - Deut. 14:22
Non mangiare durante il lutto, né togli nulla quando sei immondo e non dare nulla per un cadavere. Deut. 26:14
Non mangiare la decima triennale se sei impuro. - Deut. 26:14
Non mangiare la decima triennale durante il lutto. - Deut. 26:14
Non mangiare le decime di frumento al di fuori di Gerusalemme. - Deut. 12:17
Non mangiare le decime dei prodotti del vino al di fuori di Gerusalemme. - Deut. 12:17
Non mangiare le decime dell'olio al di fuori di Gerusalemme. - Deut. 12:17
Ogni quattro anni tutti i frutti siano consacrati come offerta. - Lev. 19:24
Ogni quarto e settimo anno si offrano a Dio le proprie primizie. - Deut. 26:13
Metti da parte i primi frutti raccolti e portali al tempio. - Esodo 23:19
Il Sacerdote non mangerà i primi frutti al di fuori di Gerusalemme. - Deut. 12:17
Leggi la parte di Torah opportuna durante l'offerta delle primizie. - Deut. 26:5
Metti una focaccia per offrirla al Sacerdote. - Numeri 15:20
Dai la spalla, le mascelle e lo stomaco degli animali macellati al Sacerdote. - Deut. 18:3
Dai le primizie della tosatura al Sacerdote. - Deut. 18:4
Riscatta il tuo primogenito offrendo dei soldi al Sacerdote. - Numeri 18:15
Riscatta il primogenito dell'asino dando del bestiame minuto al Sacerdote. - Esodo 13:13

Rompi il collo dell'asino se il proprietario non intende riscattarlo. - Esodo 13:13
Fai riposare la terra durante il settimo anno non facendo nessun lavoro che permetta lo sviluppo. - Esodo 34:21
Non lavorare la terra durante il settimo anno. - Lev. 25:4
Non lavorare con alberi che producono frutti durante il settimo anno. - Lev. 25:4
Non raccogliere quello che si svilupperà in maniera spontanea. - Lev. 25:5
Non vendemmiare l'uva della vigna che si sarà sviluppata in quell'anno. - Lev. 25:5
Permetti a tutti i prodotti della terra di crescere liberamente in quell'anno. - Esodo 23:11
Non esigere i crediti durante il settimo anno. - Deut. 15:2
Non opprimere o richiamare il debitore. - Deut. 15:2
Non astenerti dal prestare immediatamente prima del settimo anno per timore di perdere i soldi. Deut. 15:9
Il Sinedrio conti sette gruppi di sette anni. - Lev. 25:8
Il Sinedrio santifichi il cinquantesimo anno. - Lev. 25:10
Suona la Shofar il decimo giorno di Tishrei per liberare gli schiavi. - Lev. 25:9
Non lavorare la terra durante il cinquantesimo anno, (Giubileo). - Lev. 25:11
Non raccogliere quello che si svilupperà in maniera spontanea durante il cinquantesimo anno. - Lev. 25:11
Non vendemmiare l'uva della vigna che si sarà sviluppata durante il cinquantesimo anno. - Lev. 25:11
Si permettano leggi per riscattare le proprietà familiari durante il cinquantesimo anno. - Lev. 25:24
Non vendere mai la terra in Israele. - Lev. 25:23
Si permettano leggi per le case in città con mura. - Lev. 25:29
La Tribù di Levi non possieda terra in Israele ma abiti in città. - Deut. 18:1
I Leviti non prendano alcuna parte del bottino di guerra. - Deut. 18:1
Si diano ai Leviti città da abitare con campi attorno. - Numeri 35:2
Non vendere i campi delle città levitiche, resteranno ai Leviti sia prima sia dopo l'anno giubilare. - Lev. 25:34
Costruisci un Santuario. - Esodo 25:8
Non costruire altari con pietre ottenute con utensili metallici. - Esodo 20:23
Non salire gradini per arrivare all'altare. - Esodo 20:26
Abbi rispetto del Tempio. - Lev. 19:30
Custodisci la zona del Tempio. - Numeri 18:2
Non lasciare incustodita l'area del Tempio. - Numeri 18:5
Prepara l'olio per le unzioni sacre. - Esodo 30:31
Non riprodurre l'olio per le unzioni sacre - Esodo 30:32
Non versare sul corpo di un uomo l'olio per le unzioni sacre - Esodo 30:32
Non riprodurre la formula dell'incenso. - Esodo 30:37
Non bruciare altro che incenso sull'Altare d'Oro - Esodo 30:9
I Leviti trasportino l'arca sulle proprie spalle - Numeri 7:9
Non rimuovere le doghe dall'arca - Esodo 25:15
I Leviti lavorino nel Tempio – Numeri 18:23
Un Levita non faccia il lavoro di un altro Levita o di un Cohen – Numeri 18:3
Considera il sacerdote come santo, perché egli offre il pane del tuo Dio. - Lev. 21:8
Il levita che risieda dove il Signore ha scelto e fa il servizio nel nome del Signore tuo Dio, riceva per il suo mantenimento una parte uguale a quella degli altri, senza contare il

ricavo dalla vendita della sua casa paterna. - Deut. 18:6-8
I Cohen indossino i loro abiti sacerdotali durante il servizio al tempio - Esodo 28:2
Non stracciare i paramenti sacerdotali - Esodo 28:32
Il pettorale non venga allontanato dall'Efod - Esodo 28:28
Un Cohen non entri nel Tempio ubriaco - Lev. 10:9
Un Cohen non entri nel Tempio con i capelli lunghi. - Lev. 10:6
Un Cohen non entri nel Tempio con gli abiti lacerati. - Lev. 10:6
Un Cohen entri nel Tempio solo nei momenti opportuni - Lev. 16:2
Un Cohen non lasci il Tempio durante il servizio. - Lev. 10:7
Allontana l'impuro dal Tempio. - Numeri 5:2
Le persone impure non accedano al Tempio. - Numeri 5:3
Le persone impure non accedano all'area del Monte del Tempio - Deut. 23:11
I Cohanim impuri non servano al Tempio. - Lev. 22:2
Un Cohen impuro, dopo l'immersione rituale, attenda fin dopo il tramonto per tornare al servizio. - Lev. 22:7
Un Cohen lavi le mani e i piedi prima del servizio - Esodo 30:19
Un Cohen con un'imperfezione fisica non entri nel santuario e non si avvicini all'altare. - Lev. 21:23
Un Cohen con un'imperfezione fisica non presti servizio. - Lev.21:17
Un Cohen con un'imperfezione temporanea non presti servizio. - Lev. 21:17
Chi non è Cohen non presti servizio. - Numeri 18:4
Sacrifica solamente animali privi di imperfezioni. - Lev. 22:21
Non sacrificare un animale imperfetto sull'altare. - Lev. 22:20
Non macellarlo. - Lev. 22:22
Non schizzare il suo sangue. - Lev. 22:24
Non bruciare il suo grasso. - Lev. 22:22
Non sacrificare un animale con un'imperfezione temporanea. - Deut. 17:1
Non sacrificare animali imperfetti, anche se offerti da non Ebrei. - Lev. 22:25
Non causare ferite ad animali offerti in sacrificio. Lev. 22:21
Riscatta un animale che sia stato escluso dal sacrificio. - Deut. 12:15
Sacrifica solo animali che abbiano almeno 8 giorni. - Lev. 22:27
Non portare il dono di una prostituta né il salario di un cane. - Deut. 23:19
Non bruciare miele o lievito sull'altare. - Lev. 2:11
Sala tutti i sacrifici. - Lev. 2:13
Non omettere la salatura dai sacrifici. - Lev. 2:13
Esegui la procedura dell'incenerimento dei sacrifici secondo le prescrizioni della Torah. Lev. 1:3
Non mangiarne le carni. - Deut. 12:17
Immola la vittima per il peccato. - Lev. 6:18
Non mangiare la vittima immolata per il sacrificio espiatorio. - Lev. 6:23
Non decapitare la gallina offerta come sacrificio espiatorio. - Lev. 5:8
Rispetta la legge per il sacrificio espiatorio. - Lev. 7:1
I Cohanim mangino la carne sacrificale all'interno del Tempio. - Esodo 29:33
I Cohanim non mangino la carne al di fuori dei confini del Tempio. - Deut. 12:17
Solo i Cohanim mangino la carne sacrificale. Esodo 29:33
Rispetta la legge per l'offerta di pace. - Lev. 7:11
Non mangiare la carne dei sacrifici minori prima di averne versato il sangue. - Deut.

12:17
Porta pasti in offerta come prescritto dalla Torah - Lev. 2:1
Non spargere olio sul pasto offerto dal peccatore. - Lev. 5:11
Il sacerdote bruci sull'altare gli alimenti offerti secondo il rituale. - Lev. 3:11
Non mangiare le offerte del Sacerdote – Lev. 6:16
Non offrire cibi lievitati. - Lev. 6:10
I Cohanim mangino ciò che rimane dei pasti offerti. - Lev. 6:9
Cerca il Signore nella sua dimora, stabilisciti nel Suo nome e a Lui solo presenta i tuoi olocausti e i tuoi sacrifici. - Deut. 12:5-6
Non tardare a soddisfare un voto fatto al Signore. 23:22
Offri tutti i sacrifici nel Tempio. - Deut. 12:11
Porta tutti i sacrifici al Tempio nel luogo scelto dal Signore. Deut. 12:26
Non consumare sacrifici senza presentarli all'ingresso della dimora del Signore. - Lev. 17:4
Non offrire i tuoi sacrifici in un luogo qualsiasi. - Deut. 12:13
Offri due agnelli ogni giorno. - Numeri 28:3
Accendi una luce sull'altare ogni giorno. - Lev. 6:6
Non spegnere questa fiamma. - Lev. 6:6
Rimuovi la cenere dall'altare tutti i giorni. - Lev. 6:3
Brucia l'incenso tutti i giorni. - Esodo 30:7
Accendi la Menorah tutti i giorni. - Esodo 27:21
Il Cohen Gadol porti un'offerta tutti i giorni. - Lev. 6:13
Nel giorno di sabato offri due agnelli dell'anno. - Numeri 28:9
Colloca i pani dell'offerta ben in vista sulla tavola. - Esodo 25:30
Porta ulteriori offerte durante all'inizio del mese ("Rosh Chodesh") - Numeri 28:11
Porta ulteriori offerte durante Pesah. - Numeri 28:19
Porta al Sacerdote la primizia del raccolto. - Lev. 23:10
Ogni uomo conti l'Omer sette settimane dopo l'offerta del nuovo frumento. - Lev. 23:15
Porta ulteriori offerte durante Shavuot. - Numeri 28:26
Porta due pani con rito di agitazione. - Lev. 23:17
Porta ulteriori offerte durante Rosh haShana. - Numeri 29:2
Porta ulteriori offerte durante Yom Kippur. - Numeri 29:8
Porta ulteriori offerte durante Sukkot. - Numeri 29:13
Porta ulteriori offerte durante Shemini Atzeret. – Numeri 29:35
Non mangiare da sacrifici che siano divenuti impropri o imperfetti. - Deut. 14.3
Non mangiare da sacrifici offerti con intenzioni non rette. - Lev. 7:18
Non lasciare i sacrifici oltre il tempo concesso per mangiarli. - Lev. 22:30
Non mangiare dagli avanzi che ne rimangano. - Lev. 19:8
Non mangiare da sacrifici resi impuri. - Lev. 7:19
Una persona impura non mangi da sacrifici. - Lev. 7:20
Brucia gli avanzi. - Lev. 7:17
Brucia tutti i sacrifici impuri. - Lev. 7:19
Esegui il rituale dello Yom Kippur secondo quanto prescritto nella Parasha "Acharei Mot". - Lev. 16:3
Chi abbia profanato una proprietà ripaghi ciò che ha profanato maggiorato di un quinto e offra un sacrificio. - Lev. 5:16
Non mettere al lavoro animali consacrati. - Deut. 15:19

Non mettere al lavoro il primo parto della tua vacca e non tosare il primo parto della tua pecora. - Deut. 15:19
Macella il sacrificio di Pesach all'ora stabilito. - Esodo 12:6
Non eseguire la macellazione finché possiedi del lievito. - Esodo 23:18
Non lasciare il grasso durante la notte. Esodo 23:18
Macella il secondo sacrificio di Pesach. - Numeri 9:11
Mangia l'agnello di Pesach con la matzah e il maror nella notte del 15 di Nissan. Esodo 12:8
Mangia il secondo Agnello di Pesach durante la notte del 15 di Iyar. Numeri 9:11
Non mangiare il pasto di Pesach crudo o bollito. - Esodo 12:9
Non consumare il cibo pasquale al di fuori dei confini della tua casa. - Esodo 12:46
L'apostata non mangia il pasto di Pesach. - Esodo12:43
Il lavoratore assunto permanentemente o temporaneamente non ne mangi. - Esodo 12:45
Il maschio non circonciso non ne mangi. - Esodo 12:48
Non rompere alcun osso del sacrificio di Pesach. - Esodo 12:46
Non rompere alcun osso neppure dal secondo sacrificio di Pesach. - Numeri 9:12
Non lasciare nulla del pasto di Pesach sino alla mattina successiva. - Esodo 12:10
Non lasciare nulla del secondo pasto di Pesach sino alla mattina successiva. - Numeri 9:12
Non lasciare nulla delle offerte festive del giorno 14 sino al giorno 16 - Deut. 16:4
Visita il Tempio a Pesach, Shavuot e Sukkot. - Deut. 16:16
Santifica queste tre ricorrenze portando offerte di pace. - Esodo 23:14
Sii allegro in occasione delle tre feste (portare un offerta di pace). - Deut. 16:14
Non presentarti al Tempio senza offerte. - Deut. 16:16
Non astenerti dal rallegrarti con i Leviti ed offri loro doni. - Deut. 12:19
Raduna il popolo affinché ascolti e metta in pratica tutte le parole di questa legge. - Deut. 31:12
Metti da parte gli animali primogeniti. - Esodo 13:12
I Cohen non si cibino di animali puri primogeniti al di fuori di Gerusalemme. - Deut. 12:17
Non riscattare gli animali primogeniti. - Numeri 18:17
Tieni distanti le decime dagli animali. - Lev. 27:32
Non riscattare le decime. - Lev. 27:33
Ogni persona porti un'offerta di colpa per le proprie trasgressioni. - Lev. 4:27
Porta asham talui se non sei sicuro della colpevolezza. - Lev. 5:17-18
Porta asham vadai quando la colpa sia accertata. - Lev. 5:25
Se non hai né una pecora né una capra, porta due tortore o due colombi; e se sei ancora più povero, porta un decimo di efa di fior di farina, come sacrificio espiatorio. - Lev. 5:7-11
Il Sinedrio porti un'offerta quando cade in errore. - Lev. 4:13
Una donna porti un'offerta dopo essere stata al Mikveh in seguito alle mestruazioni. - Lev. 15:28-29
Una donna che abbia partorito porti un'offerta dopo essersi recata al Mikve. - Lev. 12:6
Un uomo guarito dalla gonorrea presenti un'offerta prima di recarsi al Mikve. - Lev. 15:13-14
Un uomo guarito dalla lebbra presenti un'offerta dopo essersi recato al Mikve. - Lev. 14:10

Non sostituire l'animale destinato al sacrificio. - Lev. 27:10
Il nuovo animale, in aggiunta o al posto di un altro, è anch'esso santo. - Lev. 27:10
Non cambiare tipo di animale destinato al sacrificio. - Lev. 27:26
Applica le leggi dell'impurità del morto. - Numeri 19:14
Rispetta il rituale della giovenca rossa ("Para Aduma"). - Numeri 19:2
Applica le leggi dell'acqua aspersa Numeri 19:21
Decreta le leggi sull'umana tzara'at (Lebbra) come prescritto dalla Torah. - Lev. 13:12
Il lebbroso non rimuova i segni della sua impurità. - Deut. 24:8
Il lebbroso non rada i segni dell'impurità dai suoi capelli. - Lev. 13:33
Il lebbroso renda nota la sua condizione stracciandosi le vesti, lasciandosi crescere i capelli e coprendo il suo labbro. - Lev. 13:45
Rispetta il rituale prescritte per la purificazione del lebbroso. - Lev. 14:2
Il lebbroso rada tutti i suoi peli prima della purificazione. - Lev. 14:9
Rispetta il rituale della lebbra per il vestiario. - Lev. 13:47
Rispetta il rituale della lebbra per le abitazioni. - Lev. 13:34
Osserva le leggi sull'impurità delle mestruazioni. - Lev. 15:19
Osserva le leggi sull'impurità della gravidanza. - Lev. 12:2
Osserva le leggi sull'impurità causata dal flusso mestruale. - Lev. 15:25
Osserva le leggi sull'impurità causata dalla gonorrea. - Lev. 15:3
Osserva le leggi sull'impurità provocata da un animale morto. - Lev. 11:39
Osserva le leggi sull'impurità casata dagli otto animali immondi. - Lev. 11:29
Osserva le leggi sull'impurità dell'emissione del seme maschile. - Lev. 15:16
Osserva le leggi sull'impurità riguardanti i cibi liquidi e solidi. - Lev. 11:34
Ogni persona impura compia un'immersione nel Mikve per tornare pura. - Lev. 15:16
Il tribunale giudichi i danni provocati all'incornata di un bue. - Esodo 21:28
Il tribunale giudichi i danni provocati dagli animali che si nutrono. - Esodo 22:4
Il tribunale giudichi i danni provocati da un fosso o una cisterna scoperti. - Esodo 21:33
Il tribunale giudichi i danni provocati dal fuoco. - Esodo 22:5
Non usare menzogna o inganno a danno dei tuoi simili. - Lev. 19:11
Il tribunale infligga al ladro la giusta punizione. - Esodo 21:37
Ognuno verifichi che i propri metri e misure siano accurati. - Lev. 19:36
Non commettere ingiustizia con le misure ed i pesi. - Lev. 19:35
Non possedere metri e pesi imprecisi anche se non sono utilizzati. - Deut. 25:13
Non muovere un ceppo di confine per rubare la proprietà di qualcun altro. Deut. 19:14
Non rapire. - Esodo 20:13
Non rubare in pubblico. - Lev. 19:13
Non trattenere i loro salari e non mancare di ripagare i tuoi debiti. - Lev. 19:13
Non desiderare e non tramare per ottenere i beni altrui. - Esodo 20:14
Non desiderare i possedimenti altrui. - Deut. 5:18
Restituisci gli oggetti rubati o il loro controvalore. - Lev. 5:23
Non ignorare un oggetto smarrito. - Deut. 22:3
Restituisci gli oggetti smarriti. - Deut. 22:1
Il tribunale realizzi leggi contro colui che aggredisce il prossimo o danneggia l'altrui proprietà. - Esodo 21:18
Non uccidere. - Esodo 20:13
Non accettare un risarcimento economico quale espiazione di un omicida. - Numeri 35:31

Il tribunale esilii l'assassino accidentale in una città di rifugio. - Numeri 35:25
Non accettare un risarcimento economico in vece dell'esilio. - Numeri 35:32
Non uccidere l'assassino prima che abbia avuto un processo. - Numeri 35:12
Salva il perseguitato anche togliendo la vita al persecutore. -
Non avere pietà del persecutore. - Numeri 35:12
Non rimanere ozioso se la vita di qualcuno è in pericolo. - Lev. 19:16
Indica le città di rifugio e prepara le strade per raggiungerle. - Deut. 19:3
Spezza il collo ad un vitello presso la valle del fiume in seguito ad un omicidio irrisolto. - Deut. 21:4
Non lavorare né piantare presso la valle del fiume. - Deut. 21:4
Non lasciare buche o ostacoli sulla tua proprietà. - Deut. 22:8
Costruisci un parapetto attorno alla tua terrazza. - Deut. 22:8
Non porre ostacoli davanti ad un cieco (né dare consigli dannosi) (Lifnei iver). - Lev. 19:14
Aiuta gli altri a togliere il peso da un animale che non possa più trasportarlo. - Esodo 23:5
Aiuta gli altri a caricare le proprie bestie. - Deut. 22:4
Non lasciare che gli altri si estenuino con i propri carichi, (piuttosto aiutali a caricare oppure scaricare). - Deut. 22:4
Vendi ed acquista secondo la legge della Torah. - Lev. 25:14
Non sopravvalutare o sottostimare un oggetto a tuo vantaggio. - Lev. 25:14
Non insultare gli altri e non nuocere loro con le parole. - Lev. 25:17
Non ingannare un sincero convertito su questioni di soldi. - Esodo 22:20
Non insultare né ferire con le tue parole un sincero convertito. - Esodo 22:20
Acquista uno schiavo Ebreo secondo le leggi prescritte. - Esodo 21:2
Non venderlo come viene venduto uno schiavo. - 25:42
Non farlo lavorare in maniera oppressiva. - Lev. 25:43
Non permettere che un non ebreo lavori in maniera oppressiva. - Lev. 25:53
Non far lavorare il tuo fratello come schiavo. - Lev. 25:39
Consegnagli doni quando va via libero. - Deut. 15:14
Non mandarlo via a mani vuote. - Deut. 15:13
Riscatta la schiava Ebrea. - Esodo 21:8
Non agire con frode verso di lei. - Esodo 21:8
Non venderla come straniera. - Esodo 21:8
Non trattare gli schiavi Canaanite con asprezza. - Lev. 25:46
Non riconsegnare al padrone uno schiavo fuggito e rifugiato presso di te. - Deut. 23:16
Non molestare uno schiavo fuggito e rifugiato presso di te. - Deut. 23:17
Il tribunale legiferi sulla disciplina dei rischi provenienti dal lavoro di guardiano. - Esodo 22:9
Paga il salario il giorno stesso che è guadagnato. - Deut. 24:15
Non ritardare il pagamento del salario oltre il tempo pattuito. - Lev. 19:13
Il lavoratore salariato mangi, senza portarne via, dalla vigna del suo padrone. - Deut. 23:25
Il lavoratore non mangi mentre presta servizio. - Deut. 23:26
Il lavoratore non prenda più di quanto possa mangiare. - Deut. 23:25
Non mettere la museruola al bue durante la trebbiatura. - Deut. 25:4
Il tribunale legiferi sulla disciplina della perdita dei beni presi in prestito. - Esodo 22:13

Il tribunale legiferi sulla disciplina del furto dei beni presi in prestito. - Esodo 22:6
Non prestare ad usura a gente del tuo popolo. - Esodo 22:24
Non insistere per essere pagato se sai che non hanno denaro. - Esodo 22:24
Insisti con l'idolatra perché ti paghi. - Deut. 15:3
Il creditore non prenda pegno dal debitore. - Deut. 24:10
Restituisci il pegno al debitore quando ne ha bisogno. - Deut. 24:13
Non ritardarne la restituzione quando necessaria. - Deut. 24:12
Non chiedere pegno alla vedova. - Deut. 24:17
Non prendere in pegno utensili atti a preparare il cibo. - Deut. 24:6
Non prestare ad usura. - Lev.25:37
Non prendere a prestito ad usura. - Deut. 23:20
Non prestare ad usura a gente del tuo popolo. - Esodo 22:24
Presta e prendi a prestito dagli idolatri con l'interesse. - Deut. 23:21
Il tribunale legiferi in materia di frode. - Esodo 22:8
Il tribunale legiferi in materia di eredità. - Numeri 27:8
Si nominino dei giudici. - Deut. 16:18
Non nominare giudici che non abbiano conoscenza delle procedure giudiziarie procedure. - Deut. 1:17
Si decida a maggioranza in caso di disaccordo. - Esodo 23:2
Il tribunale, al fine di emettere una sentenza, non si accontenti della maggioranza di uno, ma acquisisca quella di almeno due. - Esodo 23:2
Non entri nella comunità del Signore chi ha il membro contuso o mutilato. - Deut. 23:2
Il tribunale applichi la pena di morte per lapidazione. - Deut. 22:24
Il tribunale applichi la pena di morte tramite rogo. - Lev. 20:14
Il tribunale applichi la pena di morte per trafittura da spada. - Esodo 21:20
Il tribunale applichi la pena di morte per strangolamento. - Lev. 20:10
Il tribunale appenda i lapidati per blasfemia o idolatria. - Deut. 21:22
Seppellisci il condannato a morte il giorno stesso in cui è stato ucciso. - Deut. 21:23
Non rimandare la sepoltura oltre la notte. – Deut. 21:23
Il tribunale non lasci in vita lo stregone. - Esodo 22:17
Il tribunale infligga frustate al malfattore. - Esodo 25:2
Il tribunale non infligga un numero maggiore di frustate rispetto a quanto prescritto. - Deut. 25:3
Il tribunale non condanni a morte alcuno sulla base di prove circostanziali. - Esodo 23:7
Il tribunale non punisca alcuno che sia stato costretto a compiere un delitto. - Deut. 22:26
Il giudice non abbia pietà di un assassino o di un aggressore durante un processo. - Deut. 19:13
Il giudice non abbia compassione del povero durante un processo. - Lev. 19:15
Il giudice non abbia riguardo per un grand'uomo durante un processo. - Lev. 19:15
Il giudice non giudichi in maniera iniqua la causa di un criminale abituale. - Esodo 23:6
Il giudice non distorca la legge. - Lev. 19:15
Il giudice non distorca un caso che coinvolga un convertito od un orfano. - Deut. 24:17
Giudica con correttezza. Lev. 19:15
Il giudice non si faccia intimorire da una persona violenta durante il giudizio. - Deut. 1:17
Il giudice non accetti tangenti. - Esodo 23:8
Il giudice non accetti testimonianze se non sono presenti entrambe le parti. - Esodo 23:1
Non maledire i giudici. - Esodo 22:27

Non maledire il Capo di Stato o il Capo del Sinedrio. - Esodo 22:27
Non maledire un Ebreo onesto. - Lev. 19:14
Chiunque possieda prove testimonii in tribunale. - Lev. 5:1
Interroga con attenzione il testimone. - Deut. 13:15
Un testimone non faccia da giudice in un processo per un crimine capitale. - Deut. 19:17
Non considerare valida la testimonianza di un singolo. - Deut. 19:15
I colpevoli non siano chiamati a testimoniare sotto giuramento. - Esodo 23:1
I parenti dei contendenti non testimonino. - Deut. 24:16
Non testimoniare il falso. - Esodo 20:13
Punisci le false testimonianze poiché hanno tentato di penalizzare l'imputato. - Deut. 19:19
Comportati secondo le regole dettate dal Sinedrio. - Deut. 17:11
Non deviare dalle parole del Sinedrio. - Deut. 17:11
Non aggiungere ai comandamenti della Torah o alle loro spiegazioni orali. - Deut. 13:1
Non diminuire la Torah di alcun comandamento, per intero o in parte. - Deut. 13:1
Non maledire tuo padre e tua madre. - Esodo 21:17
Non picchiare tuo padre e tua madre. - Esodo 21:15
Rispetta tuo padre e tua madre. - Esodo 20:12
Temi tua madre e tuo padre. - Lev. 19:3
Non essere un figlio ribelle. - Deut. 21:18
Piangi i parenti defunti. - Lev. 10:19
Il Sommo Sacerdote non si renda immondo neppure per suo padre o per sua madre. - Lev. 21:11
Il Sommo Sacerdote non si avvicini ad alcun cadavere. - Lev. 21:11
Il Cohen non si renda immondo per il contatto con un cadavere se non quello di un parente stretto. - Lev. 21:1
Si nomini un Re che sia d'Israele. - Deut. 17:15
Non nominare un convertito. - Deut. 17:15
Il Re non abbia troppe mogli. - Deut. 17:17
Il Re non possieda troppi cavalli. - Deut. 17:16
Il Re non possieda troppo oro ed argento. - Deut. 17:17
Distruggi le sette nazioni Canaanite. - Deut. 20:17
Non permettere che alcuno di loro rimanga in vita. - Deut. 20:16
Distruggi l'intera discendenza di Amalek. - Deut. 25:19
Ricorda ciò che Amalek fece al popolo ebraico. - Deut. 25:17
Non dimenticare le atrocità e gli agguati di Amalek durante il viaggio dall'Egitto attraverso il deserto. - Deut. 25:19
Non risiedere permanentemente in Egitto. - Deut. 17:16
Offri condizioni di pace agli abitanti di una città durante l'assedio, e trattali secondo le leggi della Torah se essi le accetteranno. - Deut. 20:10
Non offrire la pace agli Ammoniti ed ai Moabiti durante l'assedio. - Deut. 23:7
Non abbattere alberi da frutto neppure durante una battaglia. - Deut. 20:19
Organizza delle latrine al di fuori degli accampamenti. - Deut. 23:13
Predisponi un badile per ogni soldato, col quale egli possa scavare. - Deut. 23:14
Nomina un sacerdote che parli coi soldati durante la guerra. - Deut. 20:2
Colui il quale ha preso moglie, costruito casa o piantato una vigna, abbia un anno per

rallegrarsi di ciò che ora possiede. - Deut. 24:5
Non esigere per ciò alcun obbligo, né civile né militare. - Deut. 24:5
Non farti prendere dal panico e non ritirarti durante uno scontro. - Deut. 20:3
Rispetta le leggi della donna catturata. - Deut. 21:11
Non venderla come schiava. - Deut. 21:14
Non ridurre in schiavitù la donna con cui hai avuto una relazione. - Deut. 21:14

d) *Numeri* (Nm), in ebraico, consta di 36 capitoli in 1.288 versetti, viene rielaborato definitivamente in Giudea nel V secolo a.c. riprendendo fonti precedenti risalenti anche al XIII secolo a.c., e tratta della storia di Israele nel deserto, descrivendo un periodo storico intorno al 1.200 a.C. circa.

e) *Deuteronomio* (Dt), in ebraico, consta di 34 capitoli in 959 versetti, viene rielaborato definitivamente in Giudea nel V secolo a.c. riprendendo fonti precedenti risalenti anche al XIII secolo a.c., e tratta della storia di Israele nel deserto e varie leggi religiose e sociali, descrivendo un periodo storico intorno al 1.200 a.C. circa.

2) <u>Libri storici</u>, composto da sedici (16) libri:

a) *Giosué* (Gs), in ebraico, consta di 24 capitoli in 658 versetti, viene rielaborato definitivamente in Giudea nel V secolo a.C. riprendendo fonti precedenti risalenti al VI secolo a.C. durante l' "Esilio di Babilonia" [13], e tratta della conquista della terra di

---

[13] L'Esilio o cattività babilonese è definita la "deportazione" a Babilonia dei Giudei di Gerusalemme e del Regno di Giuda al tempo di Nabucodonosor II: periodo di riferimento intorno al VII-VI secolo a.C., con non forti perplessità. Secondo la versione tramandata dalla Bibbia, solo nella tribù di Giuda era sopravvissuto il culto di YHWH, dopo la distruzione del Regno del Nord ad opera degli Assiri; questo dato, tuttavia, viene smentito dalle scoperte storiche e archeologiche, che vedono la persistenza nell'ex Regno del Nord, divenuto la Samaria, del culto di YHWH anche in epoca successiva, arrivando addirittura alla costruzione di un Tempio rivale sul Monte Garizim, che officiò sotto un sacerdozio legittimamente aronnico fino alla sua distruzione da parte dei Giudei sotto gli Asmonei. La deportazione dell'élite dei Giudei è avvenuta in tre momenti: a) la prima si verificò al tempo di Ioiakìm (597 a.C.) a seguito della sconfitta del Regno di Giuda a causa dei Babilonesi e il Tempio di Gerusalemme fu parzialmente distrutto ed alcuni cittadini di chiara impronta politica e sociale furono esiliati; la seconda si verificò dopo una rivolta contro l'Impero al tempo del Regno di Sedecia (587 a.C.), dove la città di Gerusalemme fu completamente distrutta e vi fu una nuova deportazione, sancendo la definitiva fine del Regno di Giuda; la terza fu una fase di completamento avvenuta cinque anni più tardi dalla seconda deportazione. Dopo la presa di Babilonia da parte dei Persiani, però, Ciro diede ai Giudei il permesso di

Canaan (Palestina) da parte delle dodici (12) tribù guidate da Giosué, descrivendo un periodo storico che va dal 1.200 al 1.150 a.C. circa.

b) *Giudici* (Gdc), in ebraico, consta di 21 capitoli in 618 versetti, viene rielaborato definitivamente in Giudea nel V secolo a.C. riprendendo fonti precedenti risalenti al VI secolo a.c. durante l'Esilio di Babilonia, e tratta della storia delle dodici (12) tribù in Canaan (Palestina) e dei "Giudici" -capi militari carismatici-, descrivendo un periodo storico che va dal 1.150 al 1.050 a.C. circa.

c) *Rut* (Rt), in ebraico, consta di 4 capitoli in 85 versetti, viene rielaborato definitivamente in Giudea nel V secolo a.c. riprendendo fonti precedenti risalenti al VI secolo a.C. durante l'Esilio di Babilonia, e tratta della storia di Rut, la gentile (non ebrea ma moabita) bisnonna del futuro re Davide e del rapporto con la suocera Noemi (o Naomi) -a tratti così viscerale da far supporre ai più estremisti una certa "omosessualità"-, descrivendo un periodo storico intorno al XI secolo a.C. circa. E' uno dei cinque testi facenti parte del Meghillot, ovvero le letture a scopo liturgico della tradizione ebraica.

d) *Samuele 1* (1Sam), in ebraico, consta di 31 capitoli in 810 versetti, viene rielaborato definitivamente in Giudea nel V secolo a.C. riprendendo fonti precedenti risalenti al VI secolo a.C. durante l'Esilio di Babilonia, e tratta del Ministero profetico di Samuele, del Regno di Saul e della gioventù di Davide, descrivendo un periodo storico tra il 1.100 e il 1.010 a.C. circa.

e) *Samuele 2* (2Sam), in ebraico, consta di 24 capitoli in 695 versetti, viene rielaborato definitivamente in Giudea nel V secolo a.C. riprendendo fonti precedenti risalenti al VI secolo a.C. durante l'Esilio di Babilonia, e tratta del Regno di Davide, descrivendo un periodo storico tra il 1.010 e il 970 a.C. circa.

f) *Re 1* (1Re), in ebraico, consta di 22 capitoli in 816 versetti, viene rielaborato definitivamente in Giudea nel V secolo a.C. riprendendo

---

ritornare nel loro paese di origine (539 a.C.) e di ricostruirvi il Tempio di Gerusalemme (515 a.C.).

fonti precedenti risalenti al VI secolo a.C. durante l'Esilio di Babilonia, e tratta della morte di Davide, di Salomone, della scissione del Regno di Israele dal Regno di Giudea, del Ministero del profeta Elia e di vari Re di Israele, descrivendo un periodo storico piuttosto stretto, tra il 970 e l'850 a.C. circa.

g) *Re 2* (2Re), in ebraico, consta di 25 capitoli in 719 versetti, viene rielaborato definitivamente in Giudea nel V secolo a.C. riprendendo fonti precedenti risalenti al VI secolo a.C. durante l'Esilio di Babilonia, e tratta del Ministero dei profeti Eliseo e Isaia, oltre che l'avvento di vari Re di Israele e la distruzione e deportazione dello stesso Regno, descrivendo un periodo storico tra l'850 e il 587 a.C. circa.

h) *Cronache 1* (1Cr), in ebraico, consta di 29 capitoli in 942 versetti, viene redatto in Giudea tra il 330 e il 250 a.C., e tratta della genealogia da Adamo a Davide, oltre la storia del suo Regno, descrivendo dunque il periodo storico legato al personaggio e conclusosi nel 970 a.C. circa.

i) *Cronache 2* (2Cr), in ebraico, consta di 36 capitoli in 822 versetti, viene redatto in Giudea tra il 330 e il 250 a.C., e tratta del Regno di Salomone e del Regno di Giuda, descrivendo un periodo storico tra il 970 e il 538 a.C. circa.

l) *Esdra* (Esd), in ebraico e aramaico, consta di 10 capitoli in 280 versetti, viene redatto in Giudea tra la fine del IV secolo e la metà del III secolo a.C., e tratta del ritorno dall'esilio di Babilonia (1-6) e dell'attività riformatrice di Esdra a Gerusalemme (7-10), descrivendo un periodo storico che va dal 538 al 515 a.C. per i capitoli 1-6 e del 398 a.C. circa per restanti capitoli.

m) *Neemia* (Ne), in ebraico, consta di 13 capitoli in 406 versetti, viene redatto in Giudea tra la fine del IV secolo e la metà del III secolo a.C., e tratta dell'attività riformatrice di Neemia a Gerusalemme, descrivendo un periodo storico che va dal 445 al 432 a.C..

n) *Tobia* (Tb), in greco (su prototesto aramaico ormai perduto), consta di 14 capitoli in 249 versetti, viene rielaborato in Giudea nel 200 a.C., e tratta di Tobi, un pio ebreo cieco deportato dagli Assiri e del figlio Tobia che compie un viaggio per farlo guarire con l'aiuto di Raffaele. E' ambientato nel VIII-VII secolo a.c..

o) *Giuditta* (Gdt), in greco (su prototesto ebraico ormai perduto), consta di 16 capitoli in 340 versetti, viene rielaborato definitivamente in Giudea alla fine del II secolo a.c. e tratta della liberazione della città giudea di Betulia dall'assedio del Generale assiro Oloferne, descrivendo un periodo storico riferito al tempo del Re degli Assiri, Nabucodonosor (605-562 a.C.).

p) *Ester* (Est), in greco, consta di 10 capitoli in 260 versetti, viene elaborato in Egitto in un periodo imprecisato tra il 114 e il 47 a.C., e tratta della leggenda eziologica della festa dei Purim (testo ebraico) arricchito però di vicende a carattere miracoloso e meraviglioso, descrivendo una serie di eventi ambientati nel 485 o nel 464 a.C.. E' uno dei cinque testi facenti parte del Meghillot, ovvero le letture a scopo liturgico della tradizione ebraica.

q) *Maccabei 1* (1Mac), in greco (su prototesto ebraico ormai perduto), consta di 16 capitoli in 923 versetti, viene rielaborato definitivamente in Giudea nel 100 a.C. circa, e tratta della lotta per l'indipendenza della Giudea dei fratelli Maccabei (Giuda, Gionata e Simone) contro i Re seleucidi, descrivendo un periodo storico che va dal 332 al 134 a.C..

r) *Maccabei 2* (2Mac), in greco, consta di 15 capitoli in 554 versetti, è un riassunto del 124 a.C. circa di un'opera di Giasone di Cirene del 160 a.C. e redatta forse ad Alessandria d'Egitto, e tratta della lotta per l'indipendenza della Giudea di Giuda Maccabeo contro i Re seleucidi, descrivendo un periodo storico che va dal 180 al 161 a.C..

3) *Libri profetici (o Nebum)*, composto da diciotto (18) libri, tra maggiori e minori:

a) *Isaia* (Is), in ebraico, consta di 66 capitoli in 1.292 versetti, viene rielaborato definitivamente in Giudea nel V secolo a.C., riprendendo fonti di oracoli precedenti; in particolare: i capitoli 1-39 sembrano redatti dal vero Isaia (c.d. Proto-Isaia), soltanto perché non ci sono prove che confermano una diversa versione, in un periodo indicativo tra il 770 e il 740 a.c.; i capitoli 40-55 sono stati redatti sicuramente da un diverso Isaia (c.d. Deutero-Isaia), in un periodo indicativo tra il 550 e il 539 a.c.; i capitoli 56-66 sono stati redatti sicuramente da un altro Isaia ancora (c.d. Trito-Isaia), in un periodo indicativo tra il 537 e il 520 a.c.. Tratta della fiducia in Dio (1-39), dell'esortazione al popolo oppresso (40-55) e delle lotte contro l'idolatria al fine di convertire le nazioni pagane (56-66). Nonostante qualche esegeta provi a dimostrare la falsità di quanto detto, le prove storiche e filologiche smentiscono puntualmente anche il più coraggioso: il Libro di Isaia è stato scritto da almeno sei mani differenti, in tre epoche diverse. E' un profeta maggiore.

b) *Geremia* (Gs), in ebraico, consta di 52 capitoli in 1.292 versetti, viene rielaborato definitivamente in Giudea nel V secolo a.C. riprendendo fonti precedenti risalenti anche al VII-VI secolo a.C. circa, e tratta degli oracoli esortanti alla sottomissione a Babilonia. E' un profeta maggiore.

c) *Lamentazioni* (Lam), in ebraico, consta di 5 capitoli in 154 versetti, viene rielaborato definitivamente in Giudea poco dopo la distruzione di Gerusalemme del 587 a.C., e tratta di inni poetici descriventi la desolazione di Gerusalemme distrutta quale castigo divino per i peccati commessi. E' uno dei cinque testi facenti parte del Meghillot, ovvero le letture a scopo liturgico della tradizione ebraica.

d) *Baruc* (Bar), in greco, consta di 5 capitoli, viene elaborato probabilmente in Babilonia (ma non è sicuro) da Baruc, segretario del profeta Geremia, nel II secolo a.C., e tratta di una preghiera penitenziale, di una meditazione della Sapienza e un'esortazione e consolazione di Gerusalemme, ambientando l'opera nel 582 a.C.. La seconda parte pare sia stata ripresa da un testo originale in ebraico.

e) *Ezechiele* (Ez), in ebraico, consta di 48 capitoli in 1.273 versetti, viene rielaborato definitivamente in Giudea nel V secolo a.C. riprendendo fonti precedenti risalenti al Regno di Giuda e nell'Esilio di Babilonia, e tratta della convinzione che Dio è sempre accanto al suo popolo, anche se questo è in esilio a Babilonia e che Israele sarà vittorioso e Gerusalemme ricostruita. E' un profeta maggiore.

f) *Daniele* (Dan), in ebraico e aramaico, consta di 12 capitoli in 357 versetti, viene rielaborato definitivamente in Giudea attorno al 164 a.c., e tratta delle vicende del saggio ebreo Daniele e delle visioni apocalittiche preannuncianti del Messia e il Regno di Dio, descrivendo un periodo ambientato nell'Esilio di Babilonia, intorno al 587-538 a.c..

g) *Osea* (Os), in ebraico, consta di 14 capitoli in 197 versetti, viene elaborato nel Regno di Israele nel 750-725 a.c., e tratta dell'Amore di Dio per Israele, che però è infedele con l'idolatria, e dell'annuncio del Castigo per Efraim-Samaria (ovvero la conquista assira).

h) *Gioele* (Gi), in ebraico, consta di 3 capitoli in 73 versetti, viene elaborato nel "Regno di Giuda"[14] intorno al VII-VI secolo a.c., e tratta delle calamità su Giuda e della sua salvezza.

i) *Amos* (Am), in ebraico, consta di 9 capitoli in 146 versetti, viene elaborato nel Regno di Giuda tra il 750 e il 725 a.c., e tratta di una serie di inviti alla preghiera, minacce di castighi ed esortazioni alla speranza.

l) *Abdia* (Abd), in ebraico, consta di 1 capitolo in 21 versetti, viene elaborato in Giudea nel 587 a.C., e tratta degli oracoli di Edom e della rivincita finale degli Israeliti.

m) *Giona* (Gio), in ebraico, consta di 4 capitoli in 48 versetti, viene rielaborato definitivamente in Giudea dopo l'Esilio di Babilonia, tra il 530 e il 500 a.C., e tratta della predicazione di Giona a Ninive,

---

[14] Il Regno di Giuda si formò dopo la morte del Re Salomone (circa 933 a.C.), quando il Regno di Giuda e Israele si scisse in due entità autonome: il Regno di Israele nel Nord della Palestina, composto dalla maggior parte delle tribù ebraiche; il Regno di Giuda nel Sud, comprendente il territorio della tribù di Giuda, quello della tribù di Simeone (scomparsa e assorbita dalle altre due) e la maggior parte della tribù di Beniamino, oltre che numerosi membri della tribù di Levi, che non possedeva terra. Il regno gravitò attorno alla capitale Gerusalemme e al suo tempio e ttti i Re furono della dinastia davidica. Venne distrutto nel 587 a.C. quando il re babilonese Nabucodonosor conquistò Gerusalemme e deportò gran parte della popolazione ebraica. Durante l'epoca asmonea ed erodiana venne chiamato *Regno di Giudea*.

finalizzata alla conversione di tutti i popoli, descrivendo un periodo storico intorno al VIII a.C..

n) *Michea* (Mic), in ebraico, consta di 7 capitoli in 48 versetti, viene elaborato nel Regno di Giuda tra il 750 e il 680 a.C., e tratta di esortazioni contro l'ingiustizia sociale, idolatria, l'annuncio del castigo e la speranza messianica.

o) *Naum* (Na), in ebraico, consta di 3 capitoli in 47 versetti, viene elaborato nel Regno di Giuda tra il 663 e il 612 a.C., e tratta della minaccia degli Ebrei della conquista e distruzione di Ninive, capitale degli Assiri.

p) *Abacuc* (Ab), in ebraico, consta di 3 capitoli in 56 versetti, viene elaborato nel Regno di Giuda tra la fine del VII e l'inizio del VI secolo a.C., e tratta dell'esortazione alla fedeltà a Dio, nonostante le avversità.

q) *Sofonia* (Sof), in ebraico, consta di 3 capitoli in 53 versetti, viene elaborato nel Regno di Giuda tra il 630 e il 609 a.C., e tratta dell'esortazione agli Ebrei e della promessa di restaurazione.

r) *Aggeo* (Ag), in ebraico, consta di 2 capitoli in 38 versetti, viene elaborato nel Regno di Giuda intorno al 520 a.C., e tratta dell'esortazione a ricostruire il tempio di Gerusalemme e della speranza messianica.

s) *Zaccaria* (Zac), in ebraico, consta di 14 capitoli in 211 versetti, viene rielaborato definitivamente in Giudea in diversi periodi; difatti, i capitoli 1-8 sono stati scritti intorno al 520-518 a.C. (c.d. Proto-Zaccaria), mentre i capitoli 9-14 sono stati scritti intorno al 330-300 a.C. (c.d. Deutero-Zaccaria), e tratta dell'esortazione a ricostruire il tempio di Gerusalemme e della speranza messianica (capitoli 1-8) e ancora dell'esaltazione del Re-Messia (capitoli. 9-14). Anche qui, come nel caso di Isaia, vale lo stesso discorso: l'autore non è unico e le mani che hanno sapientemente redatto questo Libro sono almeno quattro.

t) *Malachia* (Mal), in ebraico, consta di 4 capitoli in 55 versetti, viene elaborato in Giudea tra il 480 e il 460 a.C., e tratta dell'esortazione al culto di Dio contro l'infedeltà.

4) *Libri sapienzali*, composto da sette (7) libri:

a) *Giobbe* (Gb), in ebraico, consta di 42 capitoli in 1.070 versetti, viene rielaborato definitivamente in Giudea verso il 575 a.c. riprendendo un racconto poetico sapienziale del XI-X secolo a.c., e tratta della meditazione sul motivo per cui Dio permette il male all'uomo giusto. E' dunque una riflessione senza alcuna contestualizzazione spazio-temporale.

b) *Salmi* (Sal), in ebraico, consta di 150 capitoli in 2.461 versetti, viene rielaborato definitivamente in Giudea alla fine del III secolo a.c. riprendendo una variegata composizione precedente, e tratta di 150 salmi (o inni), quali lodi, suppliche e meditazioni sapienziali. E' dunque una serie di riflessioni senza alcuna contestualizzazione spazio-temporale.

c) *Proverbi* (Pr), in ebraico, consta di 31 capitoli in 915 versetti, viene rielaborato definitivamente in Giudea nel V secolo a.c. riprendendo fonti precedenti risalenti anche al XI secolo a.c., e tratta di vari proverbi e detti "sapienziali". E' dunque una serie di riflessioni senza alcuna contestualizzazione spazio-temporale.

d) *Qoèlet* (Qo), in ebraico, consta di 12 capitoli in 222 versetti, viene elaborato in Giudea nel III secolo a.c., e tratta di considerazioni pessimistiche sulla vita, senza alcuna contestualizzazione spazio-temporale.

e) *Cantico dei Cantici* (Ct), in ebraico, consta di 8 capitoli in 117 versetti, viene rielaborato definitivamente in Giudea nel V-III secolo a.C., riprendendo fonti precedenti risalenti anche al X secolo a.c., e tratta di poemi in forma dialogica tra un uomo (sconosciuto) e una donna (sulammita), senza alcuna contestualizzazione spazio-temporale. E' uno dei cinque testi facenti parte del Meghillot, ovvero le letture a scopo liturgico della tradizione ebraica.

f) *Siracide* (Sir), in greco (da prototesto ebraico in parte perduto), consta di 51 capitoli e viene elaborato a Gerusalemme nel 180 a.C. da Giosué figlio di Sirach, e solo dopo tradotto in greco dal nipote. E' una sintesi della religione tradizionale e della sapienza comune dell'epoca.

g) *Sapienza* (Sap), in greco, consta di 19 capitoli in 435 versetti, viene elaborato ad Alessandria d'Egitto tra il 20 a.C. e il 38 d.C. da Filone (o da un filoniano-alessandrino), e tratta dell'esaltazione della sapienza divina. Descrive alcuni eventi di Caligola legati alle statue del Dio Imperatore nei luoghi di culto ed è l'ultimo libro dell'Antico Testamento.

Da questa breve elencazione, rifacendoci anche al testo letterale di ogni libro, cosa possiamo evincere in prima battuta? Sicuramente che:

1) molti dei libri dell'Antico Testamento sono riproposizioni modificate di testi e racconti orali più antichi e di culti precedenti (es. Siracide e Genesi riprendono i racconti sumerici, fenici e assiro-babilonesi);

2) non abbiamo certezza né sulle date di elaborazione dei testi né sulla paternità delle opere (Isaia è forse il caso più emblematico, nonostante qualche esegeta particolarmente legato alla dottrina provi a sostenere con tesi storicamente infondate la perfetta attribuzione dell'opera all'autore);

3) la presenza del Dio Jahweh come unica fonte è stata smentita dalla storia e dall'archeologia; difatti, secondo la versione tramandata dalla Bibbia, solo nella tribù di Giuda era sopravvissuto il culto di YHWH, dopo la distruzione del Regno del Nord ad opera degli Assiri. Questo dato, però, viene smentito dalla realtà che dimostra la persistenza nell'ex Regno del Nord, divenuto la Samaria, del culto di YHWH anche in epoca successiva, arrivando addirittura alla costruzione di un Tempio rivale sul Monte Garizim, che officiò sotto un sacerdozio legittimamente aronnico fino alla sua distruzione da parte dei Giudei sotto gli Asmonei. Però i compilatori volevano che emergesse solo la tesi a favore del Monoteismo, spazzando via tutte le prove delle presenze politeiste delle culture limitrofi, anche in coerenza con le fonti ebraiche da cui si attingeva.

4) si insiste sulla natura divina della Bibbia e sul fatto che sia un testo "ispirato"; tuttavia, non si capisce come questo possa essere possibile, tenuto conto che l'Antico Testamento parla di un essere in carne ed ossa, chiamato Jahweh (ovvero "*Io sono quello che sono*"), autore e mandante di stragi in danni anche di donne, anziani e bambini. Se l'ispirazione viene da un essere di siffatte caratteristiche, il problema è capire come sia possibile rendere compatibile la figura di Gesù, quale figlio di Dio, con Jahweh, ovvero suo padre. Vedremo nei capitoli successivi il ruolo di Jahweh e l'insostenibilità della tesi che lo vuole l'incarnazione di Dio.

2.1.3. *La Bibbia "moderna": Il Nuovo Testamento*

Il "*Nuovo Testamento*" (approvato in tutte le sue parti nel 389 d.C. durante il terzo Concilio di Cartagine), invece, per il culto cattolico, è composto da ventisette (27) documenti, che formano il *canone nuovo o moderno*, così suddivisi:

1) <u>*Vangeli o Atti degli Apostoli*</u>, composto da 4 documenti (anche se poi gli Apostoli erano effettivamente 12):

a) *Matteo* (Mt), in greco, consta di 28 capitoli in 1.071 versetti, viene elaborato ad Antiochia (anche se il dato è discusso) tra l'80 e il 90 d.C. circa da Levi (detto Matteo) figlio di Alfeo, e tratta del Ministero di Gesù, del Messia atteso e descritto ai giudeo-cristiani e il riscatto dello stesso come Figlio di Dio. Matteo, detto Levi, perché proveniva da una delle tribù più importanti (i Leviti), ovvero quella a cui Mosé affidò l'organizzazione dei riti religiosi e delle procedure legate al culto.

b) *Marco* (Mc), in greco, consta di 16 capitoli in 678 versetti, viene elaborato a Roma tra il 65 e il 70 d.C. da Giovanni (detto Marco), e tratta del Ministero di Gesù e del Figlio di Dio. Marco, o meglio Giovanni detto Marco, fu vicinissimo a Pietro e per un periodo compagno di viaggio di Paolo e Barnaba, per poi separarsi dopo un diverbio e un severo rimprovero nei suoi confronti. Gli ultimi 12 versetti sembrano però non essere suoi, per via di uno stile di scrittura e di contenuti che farebbero pensare ad un'aggiunta successiva.

c) *Luca* (Lc), in greco, consta di 24 capitoli in 1.151 versetti, viene elaborato in Grecia (anche se il dato è discusso) tra l'80 e il 90 d.C. circa da Luca, e tratta del Ministero di Gesù, quale Salvatore di tutti gli uomini. Non era ebreo ma greco, non era apostolo ma collaboratore dell'Apostolo Paolo, nonché suo medico personale. Fu anche l'autore del libro "Atti degli Apostoli".

d) *Giovanni* (Gv), in greco, consta di 21 capitoli in 879 versetti, viene elaborato ad Efeso intorno al 100 d.C. da Giovanni figlio di Zebedeo, e tratta del Ministero di Gesù e degli incarichi di Pietro. Giovanni fu il discepolo prediletto di Gesù, uno dei tre della cerchia più ristretta dei dodici Apostoli, insieme a Pietro e Giacomo.

2) <u>Atti</u>:

a) *Atti degli Apostoli* (At), in greco, consta di 28 capitoli in 1.007 versetti, viene elaborato in Grecia (anche se il dato è discusso) tra l'80 e il 90 d.C. da Luca, e tratta della comunità cristiana dopo la morte di Gesù, avvenuta pare nel 30 d.C., fino al 63 d.C., con una minuziosa descrizione dell'operato di Pietro e Paolo.

3) <u>Lettere</u>, composto da ventidue (22) documenti:

a) *Lettera ai Romani* (Rm), in greco, consta di 16 capitoli in 433 versetti, viene elaborato a Corinto tra il 57 e il 58 d.C. da Paolo, e tratta dell'importanza della fede in Gesù per la salvezza (capitoli 1-11) e di una serie di esortazioni (capitoli 12-16).

b) *Lettera ai Corinzi I* (1Cor), in greco, consta di 16 capitoli in 437 versetti, viene elaborato ad Efeso tra tra il 55 e il 56 d.C. da Paolo, e tratta di vari temi discussi tra le primitive comunità cristiane, come il matrimonio, il celibato, le divisioni nella comunità, l'eucarestia e il rapporto con il mondo pagano.

c) *Lettera ai Corinzi II* (2Cor), in greco, consta di 13 capitoli in 257 versetti, viene elaborato in Macedonia tra il 56 e il 57 d.C. da Paolo, e tratta delle direttive alla comunità di Corinto (capitoli 1-7), della colletta per i cristiani di Gerusalemme (capitoli 8-9) e della difesa del proprio ministero (capitoli 10-13).

d) *Lettera ai Galati* (Gal), in greco, consta di 6 capitoli in 149 versetti, viene elaborato ad Efeso tra il 56 e il 57 d.c. da Paolo, e tratta della difesa del proprio ministero, dell'importanza della fede in Gesù e di diverse esortazioni.

e) *Lettera agli Efesini* (Ef), in greco, consta di 6 capitoli in 155 versetti, viene elaborato presumibilmente a Roma intorno al 62 d.C. da Paolo; tuttavia, diverse prove storiche sembrerebbero smentire tale paternità, riconducendola ad un autore sconosciuto e comunque dopo il 64-67 d.C., data della morte di Paolo. Il documento tratta di una serie di meditazioni teologiche su Gesù, sulla condotta morale e sulla salvezza per grazia divina.

f) *Lettera ai Filippesi* (Fil), in greco, consta di 4 capitoli in 104 versetti, viene elaborato ad Efeso tra il 56 e il 57 d.C. da Paolo, e tratta degli stessi argomenti contenuti nella lettera agli Efesini.

g) *Lettera ai Colossesi* (Col), in greco, consta di 4 capitoli in 95 versetti, viene elaborato presumibilmente a Roma intorno al 62 d.C. da Paolo; tuttavia, diverse prove storiche sembrerebbero smentire tale paternità, riconducendola ad un autore sconosciuto e comunque dopo il 64-67 d.C., data della morte di Paolo. Il documento tratta del ruolo di Gesù, identificato come primogenito della creazione e della condotta morale da seguire per ricevere la salvezza.

h) *Lettera ai Tessalonicesi I* (1Ts), in greco, consta di 5 capitoli in 89 versetti, viene elaborato a Corinto nel 51 d.C. da Paolo, e tratta di una serie di elogi ed esortazioni.

i) *Lettera ai Tessalonicesi II* (2Ts), in greco, consta di 3 capitoli in 47 versetti, viene elaborato presumibilmente da Paolo; tuttavia, diverse prove storiche sembrerebbero smentire tale paternità, riconducendola ad un autore sconosciuto e comunque dopo il 64-67 d.C., data della morte di Paolo. Il documento tratta della fermezza nella fede, nonostante il ritardo della "parusia", ovvero la presenza del divino nel mondo materiale.

j) *Lettera a Timoteo I* (1Tm), in greco, consta di 6 capitoli in 113 versetti, viene elaborato presumibilmente da Paolo dopo il 63 d.C. a Roma; tuttavia, diverse prove storiche sembrerebbero smentire tale paternità, riconducendola ad un autore sconosciuto e comunque dopo il 64-67 d.C., data della morte di Paolo. Il documento tratta di una serie di esortazioni.

l) *Lettera a Timoteo II* (2Tm), in greco, consta di 16 capitoli in 433 versetti, viene elaborato presumibilmente da Paolo nel 62 d.C. durante la prigionia a Roma; tuttavia, diverse prove storiche sembrerebbero smentire tale paternità, riconducendola ad un autore sconosciuto e comunque dopo il 64-67 d.C., data della morte di Paolo. Il documento tratta di una serie di esortazioni.

m) *Lettera a Tito* (Tt), in greco, consta di 3 capitoli in 46 versetti, viene elaborato presumibilmente da Paolo dopo il 63 d.C. a Roma; tuttavia, diverse prove storiche sembrerebbero smentire tale paternità, riconducendola ad un autore sconosciuto e comunque dopo il 64-67 d.C., data della morte di Paolo. Il documento tratta di una serie di esortazioni circa la guida della comunità.

n) *Lettera a Filemone* (Fm), in greco, consta di 1 capitolo e 25 versetti, viene elaborato a Roma o Cesarea nel 62 d.C. da Paolo durante la prigionia, e tratta di una serie di esortazioni a Filemone a considerare lo schiavo Onesimo come un fratello.

o) *Lettera agli Ebrei* (Eb), in greco, consta di 13 capitoli in 303 versetti, viene elaborato tra il 69 e il 70 d.C. da Paolo (anche se alcuni dati sembrerebbero smentire questa paternità), e tratta dell'esaltazione del sacrificio di Gesù.

p) *Lettera a Giacomo* (Gc), in greco, consta di 5 capitoli in 108 versetti, viene elaborato tra il 64 e l'80 d.C. da Giacomo (anche se molti dati sembrerebbero smentire sia la paternità che l'autenticità del documento), e tratta dell'importanza della fede e delle opere.

q) *Lettera di Pietro I* (1Pt), in greco, consta di 5 capitoli in 105 versetti, viene elaborato tra il 64 e l'80 d.C. da Pietro (anche se molti dati sembrerebbero smentire sia la paternità che l'autenticità del documento), e tratta di una serie di esortazioni.

r) *Lettera di Pietro II* (2Pt), in greco, consta di 3 capitoli in 61 versetti, viene elaborato nel 125 d.C. (anche se molti dati sembrerebbero smentire sia la paternità, che la datazione che l'autenticità del documento), e tratta di una serie di esortazioni in attesa della materiale apparizione del divino.

s) *Lettera di Giovanni I* (1Gv), in greco, consta di 5 capitoli in 105 versetti, viene elaborato ad Efeso alla fine del I secolo d.C. da Giovanni (anche se molti dati sembrerebbero smentire sia la paternità, che la datazione che l'autenticità del documento), e tratta di una serie di esortazioni e dell'Anticristo.

t) *Lettera di Giovanni II* (2Gv), in greco, consta di 1 capitolo in 13 versetti, viene elaborato ad Efeso alla fine del I secolo d.C. da Giovanni (anche se molti dati sembrerebbero smentire sia la paternità, che la datazione che l'autenticità del documento), e tratta di una serie di esortazioni e dell'Anticristo.

u) *Lettera di Giovanni III* (3Gv), in greco, consta di 1 capitolo in 14 versetti, viene elaborato ad Efeso alla fine del I secolo d.C. da Giovanni (anche se molti dati sembrerebbero smentire sia la paternità, che la datazione che l'autenticità del documento), e tratta di una serie di esortazioni.

v) *Lettera di Giuda* (Gd), in greco, consta di 1 capitoli in 25 versetti, viene elaborato tra l'80 e il 90 d.C. da Giuda, fratello di Giacomo (anche se molti dati sembrerebbero smentire sia la paternità, indicando come autore uno molto vicino a lui), e tratta di una serie di esortazioni e un ammonimento sui falsi maestri.

w) *Apocalisse di Giovanni* (Ap), in greco, consta di 22 capitoli in 404 versetti, viene elaborato nell'isola di Patmos alla fine del I secolo d.C. da Giovanni (anche se molti dati sembrerebbero smentire sia la paternità che la datazione), e descrive simbolicamente la vittoria dell'agnello (Gesù) sui re della Terra e della venuta del Regno di Dio.

Anche in questo caso, da questa breve elencazione, rifacendoci anche al testo letterale di ogni documento, cosa possiamo evincere chiaramente? Sicuramente che:

1) tutti i documenti di riferimento sono produzioni postume alla morte di Gesù Cristo e, dunque, molti di quegli autori probabilmente non hanno avuto nemmeno occasione di conoscerlo personalmente o in maniera così profonda; difatti, una delle critiche più consolidate che si oppongono al credo cristiano è proprio quella legata al fatto che dagli scritti degli Apostoli si evince chiaramente che le visioni tra loro spesso divergenti sono frutto di valutazioni soggettive, sulla base tra l'altro degli scritti di San Paolo, uno dei primi padri del Cristianesimo e forse il più importante.

2) non abbiamo certezza né sulle date di elaborazione dei testi né sulla paternità delle opere stesse; tra l'altro, la datazione della nascita e della morte di Gesù Cristo è errata, essendo frutto di un calcolo approssimativo del Monaco **Dionigi il Piccolo**, così come la storia ha dimostrato in più occasioni, provando il fatto che il calendario oggi in uso in tutto l'Occidente andrebbe completamente riformulato[15].

---

[15] Si fa riferimento a **Dionigi il Piccolo** (V-VI secolo d.C.), un dotto monaco originario della Scizia, che visse a Roma tra la fine del V e l'inizio del VI secolo. <<*Intorno all'anno 525 d.C., Dionigi il Piccolo ricevette dal cancelliere di Papa Giovanni I l'incarico di elaborare un metodo matematico per prevedere la data della Pasqua in base alla regola adottata dal Concilio di Nicea (chiamata anche "regola alessandrina"). Dionigi scoprì che nel calendario giuliano, che vigeva all'epoca, le date della Pasqua si ripetono ciclicamente ogni 532 anni, e compilò una tabella che conteneva l'elenco delle date lungo tutta la durata di tale ciclo. La tabella di Dionigi venne adottata ufficialmente e fu usata dalla Chiesa cattolica fino alla riforma gregoriana del calendario nel 1582, mentre quella ortodossa, che non ha aderito alla riforma, la usa tuttora. Nel compilare la sua tabella delle date di Pasqua, Dionigi scelse di numerare gli anni secondo un criterio del tutto nuovo: all'epoca si usava contare gli anni a partire dalla fondazione di Roma oppure dall'inizio del regno di Diocleziano, o ancora dal principio dei tempi, calcolato secondo le età convenzionali dei patriarchi biblici; Dionigi invece li contò ab Incarnatione Domini nostri Iesu Christi, cioè "dall'Incarnazione del nostro Signore Gesù Cristo". La data di nascita di Gesù era stata da lui stesso determinata con un calcolo basato sui Vangeli e sui documenti storici che aveva a disposizione. Propriamente, secondo la dottrina cristiana, il momento dell'Incarnazione di Gesù è quello del suo concepimento e non della sua nascita; ma poiché Gesù, secondo la tradizione, nacque il 25 dicembre, concepimento e nascita avvennero nello stesso anno (il concepimento si celebra nella festa dell'Annunciazione il 25 marzo, esattamente nove mesi prima del Natale). Una peculiarità di questa numerazione è che non esiste l'anno zero: Dionigi infatti non conosceva lo zero (la parola latina nulla nella terza colonna della sua tabella di Pasqua non significa "zero"); nell'Europa medioevale, lo zero venne introdotto non prima del secondo millennio dell'era cristiana. Egli stabilì quindi che l'anno immediatamente precedente all'1 (cioè l'anno nel quale era nato Gesù secondo il suo calcolo) fosse l'1 a.C. Attualmente, però, la maggior parte degli storici ritiene che Dionigi abbia sbagliato il suo calcolo di alcuni anni. La data comunemente accettata per la morte di Erode il Grande, sotto il cui regno nacque Gesù, è infatti il 4 a.C.: Gesù quindi non può essere nato dopo quella*

2.2. Il Cristianesimo delle origini: da Gesù al IV secolo d.C. [16]

Da qui comincia il nostro viaggio storico nel *Cristianesimo*, per comprendere meglio le origini e le sue evoluzioni e per capire come abbia fatto ad arrivare ai massimi vertici politici di tutte le nazioni.

Le origini del *Cristianesimo* vanno individuate negli atti di Gesù e nella predicazione effettuata da quest'ultimo e dai suoi seguaci (c.d. Apostoli), rappresentando di fatto la piena realizzazione delle aspettative messianiche presenti da diversi secoli nella tradizione sacra della civiltà ebraica.

L'epoca storica nella quale si trovavano i popoli mediorientali richiedeva un sempre crescente bisogno di risposte spirituali e il paganesimo tradizionale di matrice greca non sembrava più idoneo a soddisfare le domande; tra l'altro, la diffusione in quel periodo di culti esoterici, legati alla magia e alla stregoneria rudimentale, come quelli dionisiaci, orfici ed eleusini in Grecia, o ancora quelli di **Adone** in Siria, quelli di **Cibele** in Asia minore, quelli di **Mitra** in Persia e quelli di **Osiride** in Egitto, incitavano alla ricerca di qualcosa di più concreto e immediato, una vera e propria manifestazione corporea in Terra di una diretta discendenza divina.

Su questo presupposto, tutt'altro che divino, oltre l'instabilità economica e politica dell'area, si favorì la ricerca della verità attraverso l'avvento di una nuova religione e di un nuovo simbolo, tanto cercato dei decenni precedenti.

Il *Messia* era così arrivato e tutto sembrava coerente: finalmente, i testi sacri che parlavano dell'avvento di questa misteriosa figura si

---

data. Non è avvalorata dagli storici l'ipotesi che Erode fosse morto nel 3 d.C., mentre nel 4a.C. avrebbe soltanto associato a sé i propri figli nel regno: in questo caso il calcolo di Dionigi risulterebbe esatto. La numerazione di Dionigi però si diffuse in tutto il mondo cristiano, inizialmente in Italia, nelle tavole di cicli pasquali e nelle cronache. Intorno al VII secolo passò ai documenti pubblici e privati, sostenuta da chierici come Beda il Venerabile. Già nell'VIII secolo lo si trova negli atti dei sovrani franchi e inglesi, mentre nel X secolo è conosciuto in tutta l'Europa occidentale, imponendosi a misura della diffusione della cultura. L'uso di contare in base all'anno Domini anche gli anni prima di Cristo fu adottato solo nel corso del XVIII secolo>> (Tratto da: https://it.wikipedia.org/wiki/Dionigi_il_Piccolo)
[16] **AA.VV**, *Storia delle Religioni*, Volume IV, Utet, 1971.

erano dimostrati veri. Per lo meno, in apparenza. Tuttavia, l'assenza di scritti ebraici e greci chiari e inequivocabili sull'argomento rendono complessa una valida indagine storica, che si affida quasi esclusivamente ai vangeli e alle lettere del Nuovo Testamento; chi poi utilizza gli apocrifi e i testi degli storici dell'epoca arriva anche a sostenere l'appartenenza zelota antiromana di Gesù o la sua discendenza re(g)ale di sangue egizio e romano. Tutte ipotesi plausibili, se viste in un contesto organico di fonti e citazioni.

Il Cristianesimo è così profondamente radicato nella religione ebraica che il nascente gruppo di fedeli alla dottrina gesuita continuò ad assorbire energia vitale dell'Ebraismo per tutti i primi secoli dopo l'avvento dichiarato di Gesù.

In particolare, a Gerusalemme[17], i credenti cristiani si radunavano nel portico del Tempio già dai primi anni del 30 d.C., al fine di

---

[17] Nel 66 d.C., gli ebrei insorsero contro Roma, e Roma assediò Gerusalemme per quattro anni, abbattendola nel 70 d.C.. La città fu distrutta, compreso il Tempio, e la popolazione fu sterminata o deportata. Sebbene, secondo Epifanio di Salamina il Cenacolo ebbe a sopravvivere per lo meno fino alla visita di Adriano nel 130 d.C.. Comunque minima parte della popolazione scampò alla devastazione:[10] Eusebio di Cesarea (nella sua opera "Storia ecclesiastica") e Giuseppe Flavio (in "Guerra giudaica") riferiscono che i cristiani di Gerusalemme si rifugiarono a Pella nella Decapoli e lì attesero che si concludessero le guerre giudaiche. Il Sinedrio si trasferì a Jamnia. Profezie della distruzione del Secondo Tempio si possono trovare nei Vangeli Sinottici. Nel II secolo d.C., Adriano ricostruì Gerusalemme come città paga-na chiamandolo Aelia Capitolina,[19] e collocando statue di Giove e di se stesso sul sito del Tempio distrutto, il Monte del Tempio. Bar Kokhba condusse una fallimentare rivolta come Messia, ma i cristiani si rifiutarono di accetterlo come tale. Quando Bar Kokhba fu sconfitto, Adriano escluse gli ebrei dalla città, eccetto nel giorno di Tisha b'Av, di conseguenza i successivi vescovi di Gerusalemme furono gentili ("incirconcisi") per la prima volta. Il significato generale di Gerusalemme per i cristiani subì un periodo di declino durante la persecuzione dei cristiani nell'Impero romano, ma riacquistò importanza col pelle-grinaggio di Elena (madre di Costantino il Grande) in Terra santa verso il 326–28 circa d.C.. Secondo lo storico della Chiesa Socrate Scolastico, Elena (con l'assistenza del vesco-vo Macario di Gerusalemme) affermò di aver rinvenuto la croce di Cristo, dopo aver fatto rimuovere un tempio di Venere (attribuito ad Adriano) che era stato costruito sul sito. (Per quella ragione ella venne ritenuta la santa patrona degli archeologi.) Gerusalemme aveva ricevuto uno speciale riconoscimento nel Canone VII di Nicea nel 325 d.C.. La data tradizionale della fondazione della Fratellanza del Santo Sepolcro (che protegge i luoghi sacri cristiani in Terra Santa) è il 313 d.C., che corrisponde alla data dell'Editto di Milano sulla legittimità del cristianesimo nell'Impero romano. Gerusalemme fu in seguito eletta nella Pentarchia, ma mai accettata dalla Chiesa di Roma.
(Tratto da: https://it.wikipedia.org/wiki/Primi_centri_del_cristianesimo)

convertire quante più persone possibili al nuovo credo.pare proprio, tesi più coerente con la storia,che a seguito di un incidente proprio al Tempio o di un tentativo di rivolta di un gruppo zelota, Gesù fu crocifisso (come rivoltoso) a Gerusalemme in un posto chiamato *Golgotha* e sepolto nei suoi pressi.

Le violente reazioni farisaiche e sacerdotali rallentarono però il percorso di nascita delle nuove comunità, che vennero alla luce dopo Gerusalemme, Antiochia, Alessandria d'Egitto, Cesarea di Palestina e Damasco, e dopo decenni di predicazioni, testimoniate anche da **Giustino**, **Girolamo** ed **Epifanio**.

La conversione di **Paolo** (Shaul) di Tarso (noto ai credenti cattolici come San Paolo), però, sancisce la definitiva esplosione della dottrina, chiarendo l'orientamento universalistico della fede cristiana, improntata alla diffusione tra tutte le genti, pagani compresi. Certo, sarebbe da chiederci come mai un uomo che non conobbe mai Gesù personalmente (salvo alcune ipotesi non ancora confermate dagli storici) avesse tutto questo spirito e credo cieco; di fatto, però, l'energia impressa nelle missioni pellegrine di Paolo lungo tutto il Medioriente e l'attuale Turchia, fecero di questa religione la novità assoluta, anche se le sue radici affondavano nella tradizione ebraica ed egizia, soprattutto per i riti iniziatici.

Gli scritti di Paolo furono fonte di ispirazione per molte comunità, soprattutto nei primi quattro secoli d.C., soprattutto perché tramandava ciò che Gesù in vita predicava, nonostante una palese discordanza in merito ai pagani: infatti, dall'analisi dei dati in possesso, emerge chiaramente che Gesù, in un primo momento, proibì di predicare ai pagani, salvo due eccezioni: quella del centurione a Cafarnao (**Matteo 8, 5**) e quella della donna siro-fenicia (**Matteo 7, 27**), mentre, dopo la resurrezione, lo stesso affidò agli apostoli il compito di annunciare la lieta novella senza distinzioni (**Marco 16, 15** e **Matteo 29, 19**).

Si rese forse conto dell'errore? Come mai questo cambiamento? Se la novella era per tutti, come deciso in un secondo momento, perché anche i pagani non meritavano una *chance* di conversione, e dunque di salvezza, nella prima versione?

Fu **Paolo di Tarso**, a questo punto, a farsi carico di questo mandato, soddisfacendo anche i bisogni curiosi delle comunità che chiedevano sempre più dettagli sulla vita di Gesù e degli Apostoli: per tale motivo, dopo la sua morte, vennero accettati (**non prima ma dopo**) come parte del canone tutta una serie di scritti, come i quattro vangeli, gli Atti degli Apostoli e le narrazioni profetiche (es. *Apocalisse di Giovanni*), anche se vennero escluse altre come l'*Apocalisse di Pietro* e il *Pastore di Erma* (rilegate a letture popolari).

Sarà poi il *Concilio di Gerusalemme* intorno al 46-47 d.C. a sancire il riconoscimento della nuova fede e il distacco dall'osservanza dei dettami dell'Ebraismo; difatti, fino a quel momento, i concetti cardini delle due religioni era comuni, come il monoteismo, il ritualismo del Tempio, le Scritture e la tradizione antica, nonostante le diverse correnti presenti all'epoca nel culto ebraico, come ci testimoniano **Giuseppe Flavio** e i *Vangeli*: i sadducei, gli erodiani, i farisei, gli zeloti, i samaritani, gli esseni e i battisti.

La verità è che fino alla metà del I secolo d.C., neanche i Romani erano in grado di distinguere tra cristiani ed ebrei, considerando i primi una vera e propria setta religiosa estremista e profondamente litigiosa dei secondi (una verità non tanto diversa dalla realtà); difatti, cominciarono le persecuzioni solo dopo che si resero conto di aver a che fare con un culto "teorico" e "popolare" di status speciale, ovvero una *religio lecita*, negato ufficialmente dal Senato di Roma qualche anno dopo.

Il primo Imperatore che entrò in contatto indirettamente con la nascente religione cristiana fu **Tiberio**: **Giustino** e **Tertulliano**, infatti, riferirono di un messaggio inviato dal Prefetto di Giudea **Ponzio Pilato** proprio a **Tiberio**, riguardante la crocifissione di un certo "*Gesù di Nazareth*": siamo tra il 26 d.C. e il 36 d.C. (verosimilmente più nel 28 d.C.). Eppure l'Imperatore, dopo un primo tentativo andato a vuoto di riconoscere il Cristianesimo come religione, per evitare bagni di sangue, riuscì solo a vietare la persecuzione con i seguaci della stessa. **Questo atto di indulgenza** provocherà però nei secoli l'ascesa del Cristianesimo, nel suo ramo Cattolico.

Da qui in avanti, e per i primi trent'anni (30) dalla morte di Gesù, si visse una serena quiete fatta di tolleranza, fino all'avvento del Grande Incendio di Roma, ad opera dell'Imperatore **Nerone**, nel 64 d.C., per poter accusare i cristiani di odiare il genere umano (come riportava **Tacito**). L'imperatore così tentò con ogni mezzo di sembrare più vicino al popolo di quanto fossero i cristiani, alleviando le sofferenze delle vittime della catastrofe e dei senza-tetto, offrendo ospitalità nei giardini imperiali, costruendo ripari e distribuendo grano e viveri. Tuttavia, il popolo non si dimenticò che lui era quello che uccise il fratello, la madre e la moglie; pertanto, cominciarono a crescere i sospetti che l'autore del Grande Incendio fosse proprio lui, anche in virtù del fatto che si accanì selvaggiamente contro i seguaci di Gesù, arrivando a crocifiggere **Pietro** e decapitare **Paolo**, dei veri e propri simboli amati dalla gente comune e dai nuovi cristiani convertiti. **Svetonio** e **Tacito** descrissero con molti dettagli le atrocità che **Nerone** impose alle sue vittime[18].

L'atteggiamento diffidente ed ostile dell'Impero nei confronti della nuova "setta" (o per meglio dire del nuovo "movimento religioso") era giustificato dal loro rifiuto di sottomettersi all'Imperatore, nonostante l'apparente carattere messianico privo di portata politica (anche se poi era risaputo che la tendenza era spiccatamente anti-imperialista).

Dopo la caduta di Gerusalemme (70 d.C.), però, il giudaismo palestinese iniziò a riorganizzarsi, guidato dallo schieramento farisaico e uno dei primi provvedimenti dopo la costituzione del nuovo Sinedrio, a Iamnia (e non più Gerusalemme), fu quello di espellere la componente giudeo-cristiana, creando disorientamento interno proprio di quei rami convertiti al cristianesimo, come i farisei, gli esseni e i messianisti: questo per distaccarsi dal passato

---

[18] **Tacito, Annales, XV, 44, 4**: «*E coloro che morivano furono pure scherniti: coperti di pelli di bestie perché morissero dilaniati dai cani oppure affissi alle croci e dati alle fiamme perché, caduto il giorno, bruciassero come fiaccole notturne.*».

"scomodo".

<<[...] *Le prime comunità cristiane* (nel resto del territorio romano) *si moltiplicarono e crebbero, a cominciare dall'epoca di Paolo, e proseguendo nelle generazioni successive. [...] In seguito, però, con l'aspettativa di un'imminente fine del mondo, fu chiaro che sarebbe stata necessaria una struttura ecclesiastica più rigida, speciese la Chiesa avesse dovuto esistere per lungo tempo (Matteo, 16,18). Le chiese nel Mediterraneo), comprese quelle create da Paolo, iniziarono a nominare dei capi a cui affidare responsabilità e decisioni, si cominciarono a formulare regole, praticare i riti sacri come il battesimo e l'eucarestia, preparare nuovi membi e così via* [...]>>[19]: <u>**da qui nasce la necessità dell'istituzione della Chiesa e degli ordini ecclesiastici,**</u> fino a raggiungere il bisogno di ergere come martiti eminenti figure legate al culto (c.d. *martiri*), al fine di avallare l'ipotesi positivia di un culto preso di mira dai poteri forti e dalle altre fedi religiose.

Fu anche in questo contesto storico e religioso che venne "ideata" la *Trinità*, come concetto unitario di Dio, non come fusione di tre persone, quanto più come tre manifestazioni della stessa divinità: padre, figlio e spirito santo.

Tra i pensatori di questa tesi ricordiamo **Noeto di Smirne** e **Prassea**: il primo affermava che Cristo, essendo Dio, andava identificato col Padre, il quale quindi avrebbe sofferto sulla croce, presentandosi in forma umana come Figlio e sarebbe poi risuscitato di nuovo come "sé stesso" (c.d. *patripassianesimo*); il secondo preferiva invece una tesi più pratica della figura di Gesù, ovvero un semplice uomo di straordinarie virtù, adottato come Figlio di Dio e accreditato per mezzo di opere potenti in qualità di messia. **Cerinto**, poi, secondo **Ireneo di Lione**, riteneva che Gesù fosse figlio di Giuseppe e Maria.

<u>Da qui nasce:</u>

---

[19] **Bart D. Ehrmann**, Gesù non l'ha mai detto, edizione italiana, Oscar Mondadori, settima edizione, 2013, p. 34-35.

a) **il concetto di Trinità**[20], ripresa dalla tradizione etrusca (Tinia, Uni e Menrva) e da quella egizia (Osiride-Padre, Iside-Madre e Horus-Figlio), depurata la figura femminina sacra, sostituita dallo Spirito Santo, anche per riprendere il concetto antico-testamentario di "Ruach";

b) **la novella della nascita di Gesù dalla Vergine Maria**[21], in quanto << [...] *il novello culto cristiano si dotò di una figura femminile nel suo apparentemente esiguo panthéon, al fine di sopperire alla mancanza di dée tanto presenti nei culti rivali e per aggrazziarsi il pubblico femminile. La scelta ricadde sulla figura evangelica di Maria, la madre di Gesù, come figura materna e protettrice (...), ispirandosi alla dea egizia più amata dagli italici di quel periodo: Iside* [...] >>. Difatti: << [...] *i molteplici templi in cui*

---

[20] **Riccardo Tristano Tuis**, *L'aristocrazia nera*, Uno Editori, 2016, p. 152- 153.

NOTA BENE:

L'autore ricorda che anche **Sigmund Freud**, padre della psicanalisi, nel suo saggio "*Mosé e il Monoteismo*", evidenziò come il nome Mosé e la sua storia non siano altro che riproposizioni babilonesi che nascondevano la vera identità egizia: <<[...] Non è un mistero che gli israeliti abbiano acquisito molti elementi egizi e mesopotamici; ad esempio l'Arca dell'Alleanza mostra una certa somiglianza con la Barca degli Déi Egizi, mentre la Genesi biblica rimanda all'*Enuma Elis*, il poema mesopotamico che tratta il mito della creazione, oppure i dieci comandamenti di Mosé che tradiscono la spiccata origine egizia, dato che sono estrapolati dal Capitolo CXXV del Libro dei Morti egizio, simile al Libro Tibetano dei Morti o *Bardo Todol*. Mosé propose il suo monoteismo ai popoli che arrivavano da oltre il Giordano presenti in Egitto e professanti culti politeisti. Ciò rimanda al culto del *Faraone Amenofi IV (Akhenaton)*, che fu il primo monoteista con l'unico Dio *Aton*. Di fatto, uno dei nomi del Dio ebraico fu quello di *Adonai*, nome che ha la stessa radice di Aton. [...]>>. L'autore conclude il passo puntando l'accento sul fatto che molti ricercatori trovano un legame di vissuto tra il Faraone Akhenaton e Mosé, in quanto il primo (come il secondo) fuggì dall'Egitto per via di una minaccia concreta portata avanti dalla classe sacerdotale egizia e il popolo ebraico guidato da Mosé non sarebbe stato composto da schiavi ma dalla casta sacerdotale e guerriera, mentre il resto del popolo (*Hyksos*) fu fatto "schiavo" dagli Egizi in ribellione. Lo scrivente puntualizza però la necessità di contestualizzare il termine "schiavo", in quanto era ben nota la propensione del popolo ebraico di far guerra anche e soprattutto per denaro: erano infatti mercenari, al soldo del miglior offerente; parlano dunque di "schiavitù" credo sia tecnicamente errato.

[21] **Riccardo Tristnao Tuis**, *L'aristocrazia nera*, Uno Editori, 2016, p. 158- 160.

si adorava la dea egizia furono in seguito trasformati in Chiese Cristiane, con la denominazione "Nostra Signora", epiteto dato a Maria ma che rimanda ad Iside. Con l'avvento del Cristianesimo, la Dea Madre chiamata Tanit dai Fenici, Iside dagli Egizi, Afrodite dai Greci, Venere o Diana Luciferina dai Romani e Cibele dai popoli dell'Asia Minore, venne camuffata nella figura della Madonna, certe volte sotto l'epiteto di Stella Maris, in riferimento alla stella di Sirio della Dea Iside [...] >>.

Fig. 2: Iside-Horus / Madonna-Gesù in antroposofia.
Tratto da: http://www.faredelbene.net/public/news/articoli/3832/liside-egizia-e-la-madonna-cristiana-in-antroposofia.html

Durante l'Imperatore **Domiziano**, tra l'81 e il 96 d.C., invece, ricominciarono le persecuzioni, con accuse esplicite di "ateismo" e di "adozione di usanze ebraiche", anche contro alcuni senatori e consoli, come **Acilio Gabrione** e **Flavio Clemente** (anche se questa accusa pare venne mossa per sconfessare pubblicamente il rivale dell'Imperatore): furono comunque tutti giustiziati.

Delle persecuzioni cristiane all'epoca dell'Imperatore **Traiano** ci restano soltanto alcuni documenti, sicuramente rilevanti:

a) la *lettera* inviata da **Plinio il Giovane** all'Imperatore, quando, intorno al 110 d.C., era legato nella provincia di Bitinia. In questo documento si trova il giudizio negativo contro la religione cristiana e ritenuta dallo stesso "null'altro che superstizione".

b) il *rescritto* (ovvero la risposta ufficiale) dell'Imperatore che non imponeva la cacciata dei cristiani e non dovevano essere prese in considerazione le denunce anonime (cosa diversa nell'ipotesi di Inquisizione, quando la Chiesa considerava valide anche queste forme di segnalazione) ma chiedeva la loro condanna solo se questi si rifiutavano di sottostare al suo volere; andavano dunque sacrificati agli Dèi. Addirittura, l'Imperatore **Adriano** e il suo successore **Antonino Pio** (e pare anche **Marco Aurelio**, secondo **Eusebio**), nel confermare il *rescritto* di Traiano, ponevano severe condanne a chi accusava ingiustamente o falsamente taluno di appartenere alla fede cristiana.

Intorno al 155 d.C., proprio sotto l'Imperatore **Antonino Pio**, morì martire **Policarpo**, il Vescovo di Smirne, e anche sotto il regno di **Marco Aurelio**, spesso segnato da epidemie, ed invasioni, più volte venne dato comando di cacciare i cristiani, ritenuti responsabili della collera degli Dèi; in questo contesto, molti furono i martiri (tra tutti **Giustino**).

Intorno al 178-180 d.C., il filosofo platonico **Celso** scrisse contro la religione cristiana (e in difesa di quella tradizionale) il *Logos arethes* ("Discorso della verità"), mai giunto a noi se non attraverso le critiche politiche fatte dal teologo cristiano **Origene**, con la sua opera del 248 d.C., intitolata, appunto, *Contra Celsum* ("*Contro Celso*"), che tra l'altro si occupava anche di ridimensionare il numero dei martiri, vergognosamente gonfiato in maniera eccessiva dai primi pensatori cristiani.

Ancora, risale al 180 d.C., sotto il regno dell'Imperatore **Commodo**, l'episodio dei dodici (12) martiri scillitani.

Sulla scia di queste posizioni spesso contrastanti e violente, il culto giudeo-cristianesimo cominciò nel II secolo d.C. la sua diffusione oltre i confini della Palestina e della Siria: in particolare, le chiese del culto iniziarono a prendere coscienza della propria indipendenza nei confronti della religione ebraica, sentendo sempre più forte il bisogno di un distacco, orientando l'organizzazione verso le terre limitrofi (l'attuale Turchia e Grecia), favorendo la propria crescita anche in virtù del fatto che l'azione di conversione fu capillare e finalizzata all'assistenza degli emarginati.

Nel II secolo d.C., le comunità cristiane si erano ormai diffuse in tutte le città dell'Impero, nonostante le persecuzioni e i bagni di sangue, mentre nel III secolo d.C., ormai alle porte, si cominciava ad assistere alla grande diffusione nell'Impero Romano del Cristianesimo, grazie a quattro (4) favorevoli elementi:

a) la situazione politica di Roma, sempre impegnata in guerre intestine, invasioni barbariche e intrighi "di Senato";

b) la situazione economica di Roma, in continua crisi, per via delle eccessive spese da sostenere;

c) la robusta solidità finanziaria della ormai consolidata comunità cristiana;

d) l'eccessiva tollerabilità dell'Impero nei confronti del Cristianesimo, sottovalutato rispetto al suo potenziale sociale e politico, più presente in maniera capillare nel territorio, soprattutto nei confronti dei deboli e degli indifesi.

A quanto pare, dunque, la tolleranza da parte di Roma aveva favorito la crescita di un nemico, una serpe in seno che ormai non poteva essere più allontanata, e che mieteva vittime tra i sostenitori più accaniti del regime. E' legge "di mercato" d'altronde: *chi ha capitali può decidere le sorti del gioco*. E la Chiesa Cristiana non è mai stata in difficoltà da un punto di vista economico e finanziario, se non nei primi secoli, quando poteva fare affidamento solo sui predicatori e sulla tolleranza dei potenti. Non a caso, con un patrimonio composto da beni mobili e soprattutto immobili (tra le quali terre e fattorie), la Chiesa poteva contare su alcune forme primitive di gestione del risparmio e su una fiorente capacità finanziaria di scambi commerciali; insomma, delle vere e proprie "banche"[22] con finalità religiose, che nei primi anni subivano sequestri da parte di Roma, senza tuttavia intaccare il vero patrimonio.

---

[22] **Giorgio Ruffolo**, *Quando l'Italia era una superpotenza*, Einaudi, 2004

Il *Monoteismo* stava colpendo al cuore la cultura politeista, prima in maniera subdola e meschina (utilizzando la speranza di una vita migliore ultraterrena, mischiando gli elementi di culto religioso appartenenti alla tradizione pagana ed ebraica), poi imponendo la propria presenza con il riscatto politico ed economico nascente dalla imponente presenza nel territorio.

Il III secolo, segnato anche da una grave crisi politica dell'Impero, fu il palcoscenico di una profonda trasformazione del concetto di "religiosità": il culto romano si fuse con altri culti locali che trovano sempre maggiore spazio (es. Mitra e Iside) e il culto del Sole venne integrato con la religione ufficiale, mentre l'Ebraismo e il Cristianesimo continuarono ad essere osteggiati (e i suoi seguaci perseguitati), come accadde in Tebaide, nei proconsolati d'Africa ed Oriente e ad Alessandria d'Egitto. Un vero e proprio bagno di sangue, anche in Africa Occidentale, tra il 197 e il 203 d.C., e nel 211 d.C. sotto il proconsole **Scapula**, specialmente in Numidia e Mauritania.

Ciclicamente, ad ogni persecuzione, segue sempre un altro periodo di tolleranza; in questo caso accadde sotto l'Imperatore **Filippo l'Arabo** (244-249 d.C.), tacciato di essere egli stesso un cristiano. Con la sua morte, però, per mano del **Generale Decio**, che si insediò a Roma subito dopo, venne nuovamente uniformato il culto precedente, consistente nell'offerta pubblica di un sacrificio in favore degli Dèi e dell'Imperatore e il rifiuto venne equiparato alla lesa maestà medievale, con la condanna di empietà, punita con l'arresto, la tortura e la morte. Di fatto, non era una diretta persecuzione ai cristiani ma la loro condotta anti-imperialista e contraria all'ubbidienza, comportò anche la loro pubblica condanna.

Secondo le testimonianze di **Cipriano** ed **Eusebio**: <<[...] *le autorità non miravano tanto a fare martiri quanto ad ottenere l'apostasia con le prigioni e la tortura; in effetti gran parte dei cristiani cedette alla forza (c.d. lapsi), accettando di sacrificare o acquistando un libello o nascondendosi in rifugi nelle campagne. Il devoto fervore dei martiri non apparteneva però a tutti i cristiani; l'amore per la vita e la paura della pena non sempre potevano essere scavalcati dall'ardore mistico che in qualche caso aveva* *spinto alcuni a gettarsi volontariamente tra le braccia dei carnefici in nome della fede. Tra l'altro, alcuni vescovi dovettero anche frenare un ardore che troppe volte aveva abbandonato questi aspiranti martiri nel momento supremo. Esistevano almeno tre modi per evitare la persecuzione: la fuga, l'acquisto del libello, l'abiura. Il primo caso dimostra una singolare procedura seguita dai magistrati romani in caso di denuncia del delitto di cristianesimo (e conferma quanto già detto in merito ad una sostanziale renitenza nei confronti di una repressione dura e generalizzata): agli accusati veniva concesso un congruo periodo di tempo per sistemare i loro affari e preparare la difesa; nel frattempo costoro erano liberi, e la fuga si rivelava un ottimo sistema, ancorché non censurato dalla Chiesa, di salvare la vita aspettando tempi migliori. Tra l'altro, anche diversi Padri della Chiesa (compreso il Vescovo Cipriano di Cartagine) erano ricorsi a questo espediente che avrebbe potuto permettere loro di proseguire il sacro ufficio, una volta tornata la normalità. Il secondo caso era particolarmente gradito a quei governatori che anteponevano la cupidigia al rispetto degli editti imperiali, e d'altra parte l'acquisto di un salvacondotto metteva i cristiani (almeno quelli benestanti) in una posizione di sicurezza: il gesto era riprovevole, e a parte le numerose discussioni sorte in merito, una lieve penitenza era in genere sufficiente per scontare il gesto profano. La terza ipotesi poteva riguardare sia alcuni che si tiravano indietro al primo pericolo, sia coloro che erano vinti da una prolungata paura o dallo sfinimento per le torture subite. Di solito, passato il pericolo della persecuzione, tutti costoro si presentavano come penitenti per ottenere il perdono e il rientro nella società dei cristiani, che però non sempre poteva essere accordato [...]>>*[23].

Le ostilità continuarono anche nel regno del successore di Decio, **Treboniano Gallo,** ma dopo un ulteriore periodo di estrema clemenza, l'Imperatore **Valeriano** riprese le persecuzioni:

a) nel 257 d.C., con un primo editto, impose ai vescovi, preti e

---

[23] **E. Gibbon**, *Decadenza e caduta dell'Impero Romano*, Avanzini e Torraca Ed., Roma, 1968 Tratto da: https://it.wikipedia.org/wiki/Persecuzione_dei_cristiani_nell%27Impero_romano.

diaconi di sacrificare agli dèi, pena l'esilio, e proibiva inoltre ai cristiani le assemblee di culto, sequestrando chiese e cimiteri.

b) nel 258 d.C., con un secondo editto, sancì la pena di morte per chi rifiutava il sacrificio, aggiungendo la confisca dei beni per i senatori e i cavalieri.

Quando però, nel 260 d.C., **Valeriano** venne fatto prigioniero dai persiani, suo figlio **Gallieno** concesse a tutti di rientrare dall'esilio, restituendo alle chiese i loro beni e permettendo un periodo di tranquillità per i cristiani lungo quasi quarant'anni (40), solo raramente interrotto da qualche piccola scaramuccia intestina. In questo contesto, nonostante l'intervento di **Aureliano**, nel 274 d.C., di anteporre a tutte le divinità pagane il *"Sol Invictus"*[24], istituendo di fatto una sorta di "monoteismo ufficiale"[25], i cristiani continuarono a professare una religione illecita, seppur non in regime di persecuzione, potendo di fatto tornare a cercare nuovi fedeli[26].

---

[24] *Sol Invictus* ("Sole invitto") o, per esteso, Deus Sol Invictus ("Dio Sole invitto") era un appellativo religioso usato per diverse divinità nel tardo Impero romano: Helios, El-Gabal, Mitra, che finirono per essere assimilate, nel periodo della dinastia dei Severi, all'interno di un monoteismo "solare". Il culto del Sol Invictus ha origine in oriente. In particolare, è l'apologeta cristiano **Epifanio di Salamina** a segnalare che in alcune città d'Arabia e d'Egitto i pagani celebravano una festa dedicata al trionfo della luce sulle tenebre, e incentrata sulla nascita del dio Aîon, generato dalla vergine Kore, con un evidentissimo rimando alla dottrina dell'eterno ritorno: si noti che nella tradizione cosmologica greca "Aîon" era uno degli aspetti del Tempo, inteso nella sua valenza di eterno presente; in greco, inoltre, "kore" è la parola che designa genericamente la "fanciulla" ossia il femminile nelle sue infinite potenzialità, e Kore è anche il nome con cui è nota la figura mitologica di Persefone. Il culto acquisì importanza a Roma per la prima volta con l'imperatore **Eliogabalo** (sebbene vi siano emissioni monetali antecedenti del Sole, almeno dell'epoca di **Caracalla**), che tentò prematuramente di imporre il culto di Elagabalus Sol Invictus, il Dio-Bolide solare della sua città natia, Emesa, in Siria. Eliogabalo fece costruire un tempio dedicato alla nuova divinità sul Palatino[7]. Con la morte violenta dell'imperatore nel 222 questo culto cessò di essere coltivato a Roma, anche se molti imperatori continuarono ad essere ritratti sulle monete con l'iconografia della corona radiata solare per quasi un secolo. Il Sol Invictus, inoltre, compare come divinità subordinata associata al culto di Mitra. Il termine Invictus compare anche riferito a Mitra stesso e al dio Marte nelle iscrizioni private dei dedicanti e dei devoti.
Tratto da: https://it.wikipedia.org/wiki/Sol_Invictus

[25] W. Liebeschültz, *La religione romana*, in AA.VV. Storia di Roma, Vol. II, L'Impero mediterraneo, tomo III, La cultura e l'Impero, Einaudi, 1992.
Tratto da: https://it.wikipedia.org/wiki/Persecuzione_dei_cristiani_nell%27Impero_romano

[26] **Frend**, *Persecutions: genesis and legacy* in AA.VV., The Cambridge History of

<<[…] La posizione di Aureliano andava però oltre quella di una semplice tolleranza nei confronti della religione cristiana, che era invece riconosciuta come un dato di fatto e una presenza comunque importante nella società (il patrimonio della Chiesa cominciava d'altronde ad essere tutt'altro che trascurabile). Si colloca, infatti, nel suo regno l'episodio che riguarda il vescovo di Antiochia Paolo di Samosata, che considerava il suo ministero come una professione lucrosa e lo esercitava con metodi più consoni ad un magistrato imperiale che ad un vescovo, senza trascurare una condotta libertina. Lo scandalo destato dalla gestione del suo ufficio non scosse tanto la Chiesa ufficiale quanto le sue eretiche convinzioni in merito alla Trinità. Venne destituito da due concili ma riuscì a rimanere al suo posto finché, temendo che la questione sfociasse in disordini, dovette intervenire lo stesso imperatore. Lungi dall'addentrarsi in questioni teologiche e in giudizi sull'ortodossia, delegò il giudizio ai vescovi italici, giudicati i più imparziali e rispettabili, e diede immediatamente esecuzione al loro giudizio di condanna di Paolo, costringendolo ad abbandonare la sua sede e ponendo un successore al suo posto. L'avvenimento ha una notevole rilevanza, in quanto dimostra quanto ormai neanche l'imperatore potesse prescindere dal riconoscere la presenza e l'influenza delle istituzioni cristiane […]>>[27].

Nel 284 d.C. fu il turno di **Diocleziano** che decise di:

a) istituire la "*tetrarchia*", un sistema di governo fondato su due "Augusti" (detti *Iovius* -lui stesso- e *Herculius*) e due "Cesari", con gli stessi appellativi, destinati a diventare Augusti dopo almeno dieci anni.

b) uniformare la lingua dell'Impero (imponendo il latino), la moneta (il follis), il sistema dei prezzi e la religione ufficiale (il culto del *Sol Invictus*, associato a Mitra).

Christianity - Vol. 1: Origins to Constantine, 2006, New York, Cambridge University Press.
Tratto da: https://it.wikipedia.org/wiki/Persecuzione_dei_cristiani_nell%27Impero_romano
[27] **E. Gibbon**, *Decadenza e caduta dell'Impero Romano*, Avanzini e Torraca Ed., Roma, 1968
Tratto da: https://it.wikipedia.org/wiki/Persecuzione_dei_cristiani_nell%27Impero_romano

I cristiani, nonostante questa imposizione, vissero per diciotto (18) anni una situazione di pace e tolleranza, fino a quando il Cristianesimo si pose nei confronti delle altre culture religiose come l'unica depositaria della verità, condannando pubblicamente la fede negli Dèi.

Questi fatti non passarono inosservati e i due tetrarchi **Massimiano** e **Galerio** colsero l'occasione per ricominciare la persecuzione contro i cristiani, etichettandoli come pericolosi per la sicurezza pubblica e per lo stesso Impero. In particolare, **Galerio**, secondo le testimonianze di **Eusebio** e **Lattanzio**, convinse l'Imperatore **Diocleziano**:

1) nel 297 d.C., a perseguire l'intento di distruggere i cristiani, con argomenti piuttosto persuasivi, ovvero che avevano creato uno Stato nello Stato, possedevano un tesoro e mantenevano la coesione grazie alle frequenti riunioni tenute dai vescovi, ai cui le comunità, per mezzo dei loro decreti, obbedivano ciecamente;

2) nel 303 d.C., ad emettere il *primo editto* nella Capitale Nicomedia che ordinava:

a) il rogo dei libri sacri (tecnica poi utilizzata dagli emissari della Chiesa nel periodo della Santa Inquisizione);

b) la confisca dei beni delle chiese e la loro distruzione;

c) il divieto per i cristiani di riunirsi e di tentare qualunque difesa secondo le norme di legge;

d) la perdita di carica e privilegi per i cristiani di alto rango;

e) l'impossibilità di raggiungere onori ed impieghi per i nati liberi, e di poter ottenere la libertà per gli schiavi;

f) l'arresto di alcuni funzionari statali inseriti in posizioni strategiche.

L'esasperazione crebbe al punto che due incendi di natura dolosa appiccati nelle stanze di **Diocleziano** lo convinsero definitivamente sulla pericolosità sociale dei cristiani e, sentendosi minacciato personalmente, rafforzò i propositi bellici contro questi ultimi, ordinando numerosi arresti, torture ed esecuzioni, arrivando ad emettere un *secondo editto* sempre nel 303 d.C. ancora più severo, consistente nell'arresto di tutto il clero, cercando così di annientare la struttura gerarchica della Chiesa Cristiana.

Un *terzo editto* nello stesso anno e il *quarto* ed ultimo, datato 304 d.C., rafforzarono la pratica del sacrificio agli Dèi e l'emissione di pene sempre più puntuali per chi favoriva la protezione dei cristiani.

Nemmeno l'abdicazione di **Diocleziano** e **Massimiano**, nel 305 d.C., e la morte di **Costanzo Cloro** l'anno successivo, fermarono completamente le persecuzioni, che continuarono senza sosta soprattutto in Oriente, per opera di **Galerio**, diventato intanto *Augusto*, e suo nipote **Massimino Daia**; tuttavia, anziché uccidere i cristiani, venne deciso di imprigionarli, torturarli ed inviarli ai lavori forzati nelle miniere in Egitto, fino alla loro morte. **Galerio** continuò su questa linea fino al 311 d.C., quando emanò l'*editto di Tolleranza* che ordinava la cessazione delle persecuzioni, motivando l'atto con il fatto che i risultati non fossero quelli sperati; in realtà, la motivazione era più politica ed economica: muovere guerra contro i cristiani costava e politicamente, lo status di perseguitati, rafforzava la loro considerazione verso i ceti più bassi. **Massimino Daia**, però, convinto anticristiano, per alcuni mesi tollerò la rinnovata libertà concessa ai cristiani, riprendendo le ostilità nello stesso anno, tentando con ogni mezzo di ristabilire le pratiche della religione pagana, arrivando a creare persino una "gerarchia pagana" sul modello della gerarchia ecclesiastica.

Tutto inutile, in quanto nel 313 d.C. venne sconfitto definitivamente dal **Generale Licinio**, mandato da **Costantino I**, e venne confermato l'editto di Galerio, consentendo la definitiva libertà di culto ai cristiani in tutta la parte occidentale dell'Impero, con il successivo *Editto di Milano*.

Secondo **Eusebio**, **Licinio**, che aveva condiviso a Milano la linea tollerante, si rese poi protagonista di una nuova fase di ostilità, di poca importanza, in quanto **Costantino**, convinto sostenitore del Monoteismo, nel 313 d.C., si pose in qualità di garante della sicurezza del culto cristiano, arrivando a:

a) emettere un editto, nel 320-321 d.C., con il quale proibiva i sacrifici cruenti e le pratiche divinatorie private (non quelle pubbliche, in mano a flamini e sacerdoti);

b) convocare, nel 325 d.C., a Nicea, il primo concilio ecumenico generale della Chiesa, durante il quale vennero condannate le dottrine eretiche del prete alessandrino **Ario** e venne elaborata la prima organica stesura del credo cristiano, favorendo un primo germoglio di "patristica", cioè la formazione di un *corpus* di commenti alle scritture e di testi sul rapporto con la tradizione classica greco romana e il giudaismo.

Questo però non bastò alle comunità cristiane, che vollero rafforzare il proprio dominio religioso sul popolo, già ben oltre superiore al 50% dei consensi: la Chiesa così divenne intollerante e autoritaria, non accettava idee diverse dalla sua ed evitava quanto più possibile la libertà di pensiero, perché sapeva in fondo che la tolleranza era stata la causa della loro salvezza politica e religiosa.

Il Cristianesimo, da religione messianica di matrice ebraica, acquistò così una forza tale da cambiare lo *status* giuridico.

Anche dopo la morte di **Costantino I**, i figli proseguirono il suo indirizzo politico, forti dell'educazione cristiana impartita fin dalla tenera età, e nel 341 d.C., **Costanzo II** emanò due editti, uno che proibiva nuovamente i sacrifici pagani e un altro che stabiliva che tutti i templi pagani dovessero essere chiusi e il loro accesso proibito (anche se quest'ultimo venne disatteso per molto tempo dopo l'emissione dell'editto stesso). Stesso discorso avvenne con l'editto del 356 d.C., sempre di **Costanzo II**, che punì con la condanna a morte i trasgressori degli editti precedenti. Fu in seguito ribadita a più riprese la proibizione delle pratiche divinatorie.

L'Imperatore **Giuliano**, cugino e successore di **Costanzo II**, tra il 360 e il 363 d.C., fiutando le pretese cristiane e rifiutando le vessazioni ai danni dei pagani, tentò inutilmente di tornare al *Politeismo* (fede che egli stesso abbracciava, nonostante fosse stato educato al culto cristiano); la società però aveva subito radicali cambiamenti interiori e il carattere "spirituale" del Cristianesimo aveva fatto breccia nei cittadini dell'Impero, che riteneva ormai tutto una concessione volontaristica di un solo Dio onnipotente. Difatti, dopo la breve restaurazione pagana di **Giuliano**, con la sua morte, gli Imperatori che lo succedettero (**Gioviano** e **Valentiniano I** in Occidente e **Valente** in Oriente), tutti cristiani, abolirono immediatamente i suoi provvedimento a favore del Paganesimo.

Dopo la morte di **Valentiniano I**, avvenuta nel 375 d.c., presero il potere in Occidente i giovani figli **Graziano** e **Valentiniano II**, mentre alla morte dello zio **Valente**, nel 378 d.C, venne associato al trono dell'Oriente **Teodosio I**. E fu proprio nel 380 d.C. che i tre augusti **Graziano**, **Valentiniano II** e **Teodosio I** promulgarono l'*editto di Tessalonica,* con il quale il "Cristianesimo" ebbe lo status di religione ufficiale nella forma definita "cattolica", stabilendo negli anni successivi: **a)** il divieto di partecipazione a qualunque rito pagano; **b)** la perdita del diritto di fare testamento legale se si fosse abbracciato il culto pagano; **c)** la conservazione di un gran numero di tempi dal valore artistico, salvati dagli atti vandalici cristiani, frutto di zelo e fanatismo; **d)** l'abolizione delle immunità per i collegi sacerdotali, compreso quello delle Vestali, confiscandone i beni, intaccando la struttura ecclesiastica della religione romana, che si basava su una serie rigida e definita di figure (c.d. collegi sacerdotali) con compiti e prerogative ben definite e una precisa struttura gerarchica: al vertice i 15 pontefici, poi i 15 àuguri, i 15 custodi dei Libri Sibillini, le 6 vestali, i 7 epuloni, i 3 flàmini maggiori e i 12 minori, nonché le varie confraternite.

Dopo la morte di **Graziano**, nel 383 d.C., i senatori pagani, rappresentati da **Quinto Aurelio Simmaco**, dovettero convertirsi o cedere il passo anche dinanzi al nuovo Imperatore **Valentiniano II**, dichiaratamente cristiano, mentre tra il 391 e il 392 d.C. furono emanati una serie di decreti (c.d. "decreti teodosiani") che attuarono in pieno l'*editto di Tessalonica* del 380 d.C.: **a)** venne interdetto l'accesso ai templi pagani; **b)** venne ribadita la proibizione di qualsiasi forma di culto; **c)** vennero inasprite le pene amministrative per i cristiani che si convertivano al Paganesimo; **d)** venne stabilito che l'immolazione di vittime nei sacrifici e la consultazione delle viscere erano atti equiparati al "delitto di alto tradimento".

2.3. Dal Paganesimo al Cristianesimo, passando per le Crociate: dal 391 al 1386 d.c.. Come l'Europa venne convertita [28]

Il Cristianesimo, nella sua prima forma embrionale cattolica, al riparo da ulteriori persecuzioni e tentativi di altri culti di prendere il potere, divenne definitivamente l'unica religione legale (c.d. religione di Stato), nel 391 d.c., con l'Imperatore **Teodosio I**, tanto che tra Stato e Chiesa furono stipulati degli accordi talmente stringenti da far sentire i cittadini apparentemente protetti, persino dagli attacchi esterni provenienti dai "barbari", la nuova minaccia per l'Impero. Addirittura, in virtù di questo nuovo patto politico stipulato tra il potere temporale e il potere spirituale, in alcune zone orientali dell'Impero, si assistette ad atti di violenza contro i templi pagani (praticamente quello che fanno i componenti dell'ISIS oggi con gli oggetti di culto diversi da quello islamico -es. Palmira-) ad opera di fanatici cristiani, mentre altri luoghi di culto venivano convertiti semplicemente in luoghi per la celebrazione cristiana.

Praticamente si ribaltò l'esperienza antica: le vittime (i cristiani nei primi secoli) **divennero a loro volta i carnefici** (i politeisti dei primi secoli)[29].

Certo, **Teodosio I** non vietò mai il culto pagano "privato" ma la differenza rispetto al passato fu palpabile e ciò che prima era libero e lecito ora era diventato un lusso da godersi lontano da occhi indiscreti. I pagani, dunque, dovettero ricorrere alla fuga o alla latitanza per sfuggire alla vendetta cristiana e agli ordini imperiali. Inoltre, demolizioni sistematiche furono ordinate contro i santuari del culto mitraico, che non erano edifici pubblici come i templi pagani, e a Roma diverse *domus ecclesiae* (chiese) sorsero su prece-

---

[28] **AA.VV**, *Storia delle Religioni*, Volume IV, Utet, 1971.
R. Fletcher, *La conversione dell'Europa*, Corbaccio, 1997.
S. Runciman, Storia delle Crociate, Volumi I-II, Einaudi, 1993.
[29] I cristiani ben sapevano che la tolleranza aveva portato loro al potere; dunque, per evitare che altri culti potessero intraprendere tale percorso, magari giocando sulla clemenza del potere politico, decisono loro stessi di aggredire gli appartenenti ai culti più pericolosi, al fine di favorire la loro "estinzione". Questo perché volevano mantenere il primato ottenuto con quattro secoli di sacrifici, soprattutto di sangue.

denti mitrei distrutti (es. la Basilica di San Clemente al Laterano). Molte testimonianze, in tal senso, ci arrivano da **Sulpicio Severo** che racconta dei danni prodotti da **Martino di Tours** e i suoi compagni monaci contro alcuni templi e i luoghi di culto pagano nella Gallia Settentrionale o da **Teodoreto** che riferisce dell'Arcivescovo di Costantinopoli **Giovanni Crisostomo** che scelse alcuni asceti ripieni di zelo fervente per distruggere dei templi in territorio fenicio.

Nonostante ciò, la resistenza pagana si fece comunque sentire, anche grazie all'appoggio politico di **Flavio Eugenio**, eletto Augusto d'Occidente, dopo la morte di **Valentiniano II** nel 392 d.C., e sostenuto dal *magister militum* **Arbogaste** e dai senatori pagani di Roma, guidati da **Virio Nicomaco Flaviano**: poco tempo dopo, giusto un biennio, prima di essere sconfitto nel 394 d.C. nella battaglia del Frigido, ad opera dell'esercito teodosiano.

Di fatto, i pagani furono distrutti dalle milizie militari indottrinate dal culto cristiano. Da qui, in avanti, in poco meno di un trentennio, il Paganesimo divenne solo un ricordo; in particolare:

a) nel 395 d.C., alla morte di **Teodosio I**, i figli **Arcadio** (in Oriente) e **Onorio** (in Occidente) ribadirono il divieto di praticare culti pagani, pur conservando la protezione dei templi e degli ornamenti delle opere pubbliche;

b) nel 408 d.C. si ribadì, in entrambe le parti dell'Impero, che i templi erano edifici pubblici e che, come tali, andavano conservati, eliminandone però gli elementi del culto pagano. Una sorta di depurazione per mascherare la reale natura della costruzione.

c) nel 411 d.C., il *concilio di Cartagine* chiese e ottenne una serie di provvedimenti legislativi volti a bandire la funzione pubblica degli idoli, l'uso dei templi per lo svolgimento dei sacrifici, la celebrazione di spettacoli e giochi pubblici di domenica e nei giorni festivi, e particolari garanzie per i neoconvertiti al Cristianesimo;

<<[...] *Nonostante le religioni pagane non venissero più praticate dopo il IV secolo d.C., il Cristianesimo fece proprie, adattandole, alcune tradizioni radicate in epoca pre-cristiana, come ad esempio la data della nascita di Gesù, che viene convenzionalmente cele-*

brata nello stesso giorno in cui veniva festeggiato dai romani il *"Dies Natalis Solis Invicti"*, il giorno della nascita dell'antica divinità del *Sol Invictus;* all'incirca in quegli stessi giorni veniva collocata anche la nascita di divinità quali *Horus, Krishna, Zoroastro, Cibele, Attis e Dionisio*. O ancora il culto dei santi: nel momento in cui la religione cristiana si espanse in terre dove si praticavano culti politeistici, i vari "dei protettori" divennero "santi patroni", e fu sancita per loro la venerazione [...]>>[30].

Fuori dai giochi, il Paganesimo, se non nei ricordi privati di chi preferiva quel culto, era stato così soppiantato dal Cristianesimo, nella sua versione cattolica, e nella persone della Chiesa di Roma, che riuscì a svilupparsi politicamente, al punto da esaltare alcuni tratti più legati all'aspetto economico che spirituale: **Papa Leone Magno** (440-461) esprimerà pubblicamente il primato della sede romana, mentre **Papa Gelasio I** (492-496) arriverà ad affermare il primato del potere spirituale su quello temporale, un concetto che giustificherà e ispirerà tutta una serie di condotte abusive da parte dei componenti della Chiesa, al fine di favorire esclusivamente il loro tornaconto personale e la loro bramosia di potere.

Un gioco di potere, insomma, tra la Chiesa dell'epoca e l'Impero che vide il suo momento più basso nel V secolo d.C., ovvero quando quest'ultimo cadde sotto i colpi nemici per le invasioni continue di vari popoli non romani, privandolo del suo nucleo peninsulare. Le truppe germaniche in rivolta di **Odoacre** nel 476 d.C. segnarono la fine dell'Impero Romano d'Occidente, e oltre alle invasioni germaniche e all'importanza sempre più incisiva dell'elemento straniero nell'esercito romano, furono individuati altri aspetti che incisero sulla distruzione imperiale:

a) il calo demografico dovuto a guerre, carestie e disastrose condizioni igieniche generali;

---

[30] M. Bontempelli - E- Bruni, *Il senso della Storia 2*, Trevisini Ed., Milano.
M. Niola, *I santi patroni*, Il Mulino, 2007, Bologna.
D. T. Holden, *Death shall have no dominion*, Bethany Press, 1971.
Tratto da: https://it.wikipedia.org/wiki/Persecuzione_dei_cristiani_nell%27Impero_romano

b) la crisi economico-produttiva delle campagne, unita al crollo dei traffici commerciali e al ritorno ai pagamenti "in natura";

c) la fuga dalle città, sempre sotto assedio da parte degli eserciti barbarici;

d) la perdita di coesione sociale, frutto dello squilibrio della distribuzione della ricchezza;

e) la mancanza di consenso nei confronti del governo centrale, causata da una burocratica sempre più fiscalizzata;

Il 476 d.C. segnò anche la svolta politica dell'Impero romano d'Oriente, che si trasformò profondamente, diventando sempre più greco-orientale (e sempre meno romano), mentre nell'ex Impero occidentale si installarono diverse popolazioni germaniche, tra cui i *Vandali* in Africa del Nord, i *Visigoti* in Spagna e Francia del Sud, i *Franchi* in Gallia, gli *Anglosassoni* in Britannia e gli *Ostrogoti* in Italia.

E la Chiesa? Come fece a sopravvivere in questo quadro post-apocalittico? Semplice: diversi vescovi di antiche città romane e missionari di origine celtica (quindi irlandesi e scozzesi) e anglo-sassone si dedicarono all'evangelizzazione dei popoli pagani e ariani (quegli stessi che pochi decenni prima non esitarono a condannare a morte). E proprio dai monasteri irlandesi partiranno i monaci che fonderanno monasteri, chiese e cappelle in tutta Europa. Oltre la preghiera, praticavano i lavori agricoli e di dedicavano allo studio ed alla medicina, aiutando anche i poveri e diffondendo la cultura antica: questo fu il segreto di una diffusione a macchia d'olio, in tutta l'Europa. In sostanza, utilizzarono la stessa tecnica al tempo della persecuzione cristiana dei primi secoli d.C. per ringraziarsi la popolazione e i nuovi "proprietari" dell'Impero, così da poter presentare a quest'ultimi un bacino sempre crescente di consensi popolari.

Vediamo la situazione anglosassne. Nel V secolo d.C., in particolare, l'Irlanda era suddivisa in piccoli regni tribali, chiamati *tuath*, che pian piano si convertirono alla nuova religione; tuttavia, mancando una struttura centralizzata, la nuova Chiesa continuò a conservare radici antiche non conosciute al Continente, ponendo le basi di una divergenza teologica sulla data di Pasqua. Difatti, alcuni monaci irlandesi, quando iniziarono a lasciare l'isola per svolgere opera missionaria altrove, si trovarono a doversi confrontare con una data diversa da quella conosciuta. La Britannia, così, abbandonata dalle legioni romane, venne progressivamente invasa dalle tribù degli Angli Angli e dei Sassoni, entrambi pagani, che spinsero le popolazioni locali, romanizzate e cristiane, verso ovest, ovvero verso il Galles e la Cornovaglia.

Una situazione confusa che troverà pace solo con la missione evangelizzatrice di **Agostino di Canterbury**, mandato da **Papa Gregorio Magno**, per convertire il Re del Kent **Etelberto** nel 597 d.C.: opera compiuta, con la conseguente costruzione della Diocesi di Canterbury. Trent'anni dopo, anche il Re della Northumbria, **Osvaldo** si convertirà, trascinando con sé altri regni anglosassoni.

Eppure in tutta questa storia manca un elemento importante: abbiamo parlato di una diversa data di Pasqua. Ma se Gesù è morto (e poi risorto) in una precisa data, com'era possibile che la data non fosse compatibile?

Non c'è dato saperlo, visto che tutti dovettero conformarsi al rito e alla tradizione romana nel 664 d.C., così come deciso dal *concilio di Whitby*[31].

---

[31] <<(...) *Una delle differenze principali tra le due scuole, e motivo di controversia religiosa, era il calcolo del giorno per la celebrazione della Pasqua. I primi Cristiani avevano calcolato la Pasqua in concomitanza con la festività ebraica del Pesach, che si teneva il quattordicesimo giorno del primo mese lunare del calendario ebraico, detto Nisan, che, secondo Giovanni 19:14 corrisponde al giorno della crocifissione di Cristo. Tuttavia venne stabilito che il giorno di Pasqua non dovesse essere celebrato di sabato, e per questo motivo il Primo Concilio di Nicea, tenutosi nel 325 determinò che la festività della Pasqua dovesse essere celebrato in tutte le Chiese della Cristianità nello stesso giorno. Il calcolo del giorno da assegnare a questa celebrazione non fu facile, e risultarono quindi date diverse secondo calcoli diversi. A partire dal 666, la scuola di Iona celebrò la Pasqua seguendo un computo che permetteva la celebrazione della festività anche di sabato, cosa del tutto contraria ai dettami del Concilio di Nicea. Per questo motivo sorsero delle divisioni all'interno del Cristianesimo monacale, prima in Gallia, dove si fronteggiarono i monasteri di origine franca con i monasteri della scuola di Iona, e poi nell'Irlanda meridionale dove nel 630 alcuni monasteri iniziarono a computare la Pasqua secondo le tavole di Roma* (...)>>.

Anche gli *Alemanni* e i *Bavari*, notoriamente pagani, vennero convertiti, nell'VIII secolo d.C., mentre il percorso spirituale dei Sassoni fu più complesso; solo a seguito della lunga e sanguinosa guerra di Carlo Magno, tra il 772 e l'804 d.C. dovettero assoggettarsi forzatamente al culto cristiano, mentre il Papato e i *Carolingi* intrecciano delle relazioni vantaggiose per sconfiggere i *Longobardi* che minacciano Roma.

Nel IX secolo d.C. si assistette, invece, all'evangelizzazione (e conversione) delle tribù germaniche del nord, gli attuali *Danesi, Norvegesi* e *Svedesi*.

Con il passare dei secoli, la Chiesa di Roma prese sempre più consapevolezza del suo ruolo all'interno della comunità medievale e, forte del suo peso politico e militare, iniziò un progressivo distacco dalla Chiesa cristiana d'Oriente (c.d. ortodossa), passando per il *"saeculum obscurum"* [32] e culminando nel *"Grande Scisma"* [33] del 1054 d.C., ovvero la più grave crisi tra Oriente e Occidente.

Nel secolo successivo (XI) si sentì forte l'esigenza, in ambienti ecclesiastici, di riformare la Chiesa e rafforzare i legami politici ed economici derivanti dal culto monoteista; in particolare, **Niccolò II**, nel 1059 d.C., emanò uno statuto che fu alla base della Riforma gregoriana, il *Decretum in electione papae*, che prevedeva l'elezione pontificia per mano di un sinodo di cardinali, titolari di chiese

---

Tratto da: https://it.wikipedia.org/wiki/Sinodo_di_Whitby

[32] E' notorio che il X secolo d.C. fu per la chiesta un momento storico di basso rilievo politico, essendo il Papato un burattino nelle mani delle famiglie aristocratiche di Roma.

[33] Il "Grande Scisma" del 1054 d.C. è ricordato per essere l'evento storico di massima tensione da Oriente ed Occidente, culminato con la scomunica di Papa Leone IX del Patriarca Michele I Cerulario e viceversa con il proprio anatema. Le dispute alla base dello scisma erano due: a) la prima riguardava l'autorità papale, ossia il Vescovo di Roma, che cominciò areclamare la propria autorità anche sui quattro patriarchi orientali (Costantinopoli, Alessandria, Antiochia e Gerusalemme); b) la seconda riguardava la questione del credo niceno, per cui Gesù era figlio del Divino, mentre per l'Oriente era solo un uomo speciale. Nonostante i tentativi espletati per riappacificarsi, nel 1274 al concilio di Lione II e nel 1439 nel concilio di Firenze, la disputa terminò solo nel 1964 con la stretta di mano tra il Papa Paolo VI e il patriarca Atenagora I. Alcuni fanno risalire il Grande Scisma non tanto alle scomuniche del 1054 d.C. ma al sacco di Costantinopoli per opera dei Crociati latini nel 1204 d.C. o il rifiuto della Chiesa d'Oriente di riconoscere il concilio di Firenze nel 1472 d.C.. A parere dello scrivente dev'essere riconosciuta la data del 1054 d.C..

di Roma e dintorni (c.d. sedi suburbicarie).

Il **debrando di Soana**, nel 1075 d.C., formulò il *Dictatus papae*, affermando il principio del primato del Papa di Roma e del potere spirituale sull'Imperatore e sul potere temporale; da questo momento in poi il Papa e non l'Imperatore sarebbe stato colui il quale avrebbe nominato o deposto i vescovi. Questa decisione però non passò in osservato, contrariando l'Imperatore **Enrico IV**, che a seguito di una serie di scomuniche, deposizioni, penitenze e ritrattazioni, trovò un accordo nel 1122 d.C. a Worms, stabilendo che al Papa sarebbe spettata l'investitura spirituale e all'Imperatore l'investitura temporale dei Vescovi e degli Abati.

<u>**Da quel momento in poi, il Papato entrò di diritto nelle relazioni nazionali e internazionali dei poteri politici regnati, intervendo in prima persona nelle future "guerre sante", che non tardarono ad arrivare alla manifestazione della prima "scusante".**</u>

Difatti, nel 1095 d.C., il Papa **Urbano II**, sollecitato dai cristiani cacciati dai Turchi (che avevano già conquistato da diverso tempo Gerusalemme e minacciavano l'Impero Bizantino), organizzò una prima spedizione militare, al fine di riconquistare i luoghi sacri in Terra Santa, dando vita ad una serie di guerre sanguinose, in nome di Dio, che tutti ricordiamo con il termine *"Le Crociate"* (o *"guerre sante"*), per via delle croci cucite nel petto dei soldati, a ricordare la missione spirituale che portavano avanti.

Ma andiamo con ordine.

Per contrastare la presenza nemica, la Chiesa organizzò delle spedizioni militari, tra l'XI e il XIII secolo d.C., camuffandole ai fedeli come "pellegrinaggi".

Il Papa **Urbano II**, sicuro che la sua azione militare fosse la scelta più giusta, al *Concilio di Clemont* del 1095 d.C., ufficializzò l'impresa, raccogliendo un gruppo di quindicimila (15.000) uomini, donne e bambini, quasi del tutto disarmati, e pronti ad invadere Gerusalemme, per riconquistarla e sconfiggere l'esercito arabo; tuttavia, com'era logico pensare, vennero annientati e fu un vero e proprio bagno di sangue, in quella che ancora oggi viene ricordata la "crociata zero" o la *"crociata dei pezzenti"*.

Nel 1096 d.c., la Chiesa si organizzò diversamente, dando vita alla *"prima crociata"* e affidando la spedizione al comando di **Goffredo di Buglione**, che liberò Gerusalemme[34] in un mese, massacrando tutti i musulmani. Questi ultimi, però, non accettando la sconfitta, nel 1144 d.c. riconquistarono la città nella famosa "presa di Edessa".

Papa Eugenio III, cosciente della sconfitta, organizzò la *"seconda crociata"*, nel 1145 d.C., coinvolgendo il Re di Francia, **Luigi VII** e l'Imperatore **Corrado III**, senza ottenere i risultati sperati: difatti, rispetto alla prima spedizione, la seconda fu un fallimento, anche per via della carenza logistica e dell'assenza di provviste.

Tuttavia, questo non demoralizzò i regnanti continentali, che si organizzarono per la *"terza crociata"*, tra il 1189 e il 1192 d.C.: la c.d. *"crociata dei Re"*, in quanto parteciparono **Federico Barbarossa**, **Filippo II Augusto** e **Riccardo Cuor di Leone**. Anche in questo caso il bottino fu misero: conquistarono poche città e dovettero siglare una tregua con il **Saladino** per porre fine ai conflitti sanguinosi.

---

[34] Al termine della prima crociata, l'aristocratico Huo di Payns fondò nel 1118 d.C. *l'Ordine dei Templari*. Originariamente costituito da nove o undici frati francesi che, armati di spada, avevano il compito di difendere dagli infedeli i pellegrini che viaggiavano lungo le strade sante fra Jaffa e Gerusalemme (e con sede nel luogo dove si credeva sorgesse il Tempio di Salomone), l'Ordine divenne in brevissimo tempo potentissimo e molto ricco, anche grazie al riconoscimento papale nel 1129 d.C.. Da lì a breve sarebbe diventato troppo pericoloso per la Chiesa, in quanto i componenti del gruppo potevano contare su donazioni cospicue. Inoltre: <<(...) *vivevano secondo regole rigidissime: erano tenuti a osservare frequenti celebrazioni religiose e digiuni, a fare l'elemosina, a consumare i pasti in silenzio ascoltando una lettura biblica, a portare capelli corti, barba e baffi. Indossavano mantelli bianchi con una croce rossa sulla spalla sinistra e la loro maggiore autorità era il Gran Maestro. Il tramonto dell'Ordine ebbe inizio nel 1307 d.C.: accusati di sodomia, tradimento, avidità e idolatria, centinaia di Templari furono fatti arrestare, torturare e condannare al rogo dal re di Francia Filippo il Bello, forse intimorito dal loro potere, e nel 1312 l'Ordine fu soppresso dal Concilio di Vienna. Per anni, tuttavia, i Templari continuarono a prosperare segretamente, custodi di immense ricchezze. A loro sono stati attribuiti molti misteri: dalla conoscenza dell'ubicazione dell'Arca dell'Alleanza alle tecniche che permisero di edificare le grandi cattedrali gotiche*>>.
Tratto da: http://www.focus.it/cultura/storia/chi-erano-i-templari

Papa Innocenzo III, sempre più deluso dei risultati portati a casa, organizzò la *"quarta crociata"* (c.d. *crociata dei cristiani*), nel 1198 d.C.: qui il Papa si alleò con la Repubblica di Venezia, che colse l'occasione per saccheggiare e conquistare Bisanzio, dividendo l'Impero bizantino e dando vita all'Impero latino di Costantinopoli. Una vittoria sicuramente politica e militare lontano dalla Terra Santa ma comunque prodromica alla *"quinta crociata"*, organizzata da Papa **Onorio III** nel 1217 d.C., anche per aspettare l'Imperatore **Federico II**, che più volte rimandava la partecipazione: nonostante un'importante conquista in Egitto, l'esercito venne però sconfitto per via del ritardo portato dalle flotte navali di Federico II, che non giunse nel luogo della battaglia in tempo per dare l'aiuto sperato.

Intenzionato a farsi perdonare, **Federico II** decise di guidare personalmente la spedizione della *"sesta crociata"*, ma anche in questo caso arrivò in ritardo (stavolta a causa di una malattia), causando l'ira del **Papa Gregorio IX**, che lo scomunicò. Siamo nel 1228 d.C. e la situazione politica e religiosa era piuttosto tesa.

Sicuro dei suoi mezzi, **Federico II**, l'anno successivo andò a Gerusalemme per trovare un accordo diplomatico con il Sultano, avendo sposato l'erede al Trono di Gerusalemme, così da far revocare la sua scomunica. Dopo una trattativa ottenne la concessione di Gerusalemme.

La Chiesa, non contenta del risultato di **Federico II**, però, si organizzò per muovere la *"settima crociata"* contro l'Egitto, tra il 1248 e il 1254 d.C., dimostrando che non era solo Gerusalemme ad interessare. Negli stessi anni cominciò anche il periodo storico legato all'*"Inquisizione"*.

L'*"Inquisizione"* fu l'istituzione ecclesiastica fondata dalla Chiesa cattolica per indagare e punire, mediante un apposito Tribunale, i sostenitori di tutte le teorie eretiche, ovvero contrarie al credo cattolico. Storicamente, l'Inquisizione nasce nel Concilio di Verona del 1184 ad opera di Papa Lucio III e dell'Imperatore Federico Barbarossa, con la costituzione *Ad abolendam diversarum haeresum pravitatem*; venne poi perfezionata da Papa Innocenzo III e dai successivi Onorio III e Gregorio IX, con l'ordine di reprimere il movimento cataro, diffuso nella Francia meridionale e nell'Italia settentrionale, e di tutti i movimenti spirituali diversi dal culto cristiano-cattolico. Nel 1252, con la bolla *Ad extirpanda*, Innocenzo IV autorizzò l'uso della tortura e Giovanni XXII estese i poteri dell'Inquisizione nella lotta contro la stregoneria. Inoltre, nel 1542, Paolo III emanò la bolla *Licet ab initio*, con la quale si costituiva l'Inquisizione romana, ossia la «Congregazione della sacra, romana ed universale Inquisizione del santo Offizio», al fine di reprimere la nascita dei movimenti protestanti. Un chiara impronta proibizionista e violenta marchiava a fuoco questi Tribunali dell'Inquisizione, che vennero soppressi in tutti gli Stati europei già nel XIX secolo d.c., mentre in Italia si dovette aspettare il concilio Vaticano II nel 1965, ad opera di Paolo VI, che li convertirà in *«Congregazione per la dottrina della fede»*. Gli scopi dei Tribunali dell'Inquisizione erano quelli di perseguire l'eretico (i pagani, gli infedeli, gli utilizzatori di ritualità non ammesse, i cristiani apostati e gli stregoni) per mano degli "inquisitori"; addirittura, l'autorità dell'Inquisizione, in materia di fede, si estendeva *«sopra qualunque persona di qualunque grado, condizione e dignità, ossia vescovi, magistrati, comunità, né vi ha privilegio personale o locale ch'esenti dalla di lui giurisdizione»*: i magistrati e i giudici erano tenuti ad eseguire i suoi decreti, sotto pena di scomunica. Come riportato da **Nicolau Eymerich** nel *Manuale dell'Inquisitore*, le sette regole di riferimento erano: <<[...] *1) Si tortura l'accusato che vacilla nelle risposte, affermando ora una cosa, ora il contrario, ma sempre negando i capi d'accusa più importanti. Si presume in questo caso che l'accusato nasconda la verità e che, pungolato dagli interrogatori, si contraddica. Se negasse una volta, poi confessasse e si pentisse, non sarebbe considerato un "vacillante" ma come "eretico penitente" e verrebbe condannato. 2) Sarà torturato il diffamato che abbia contro anche un solo testimone. Infatti la pubblica nomea più un testimone costituiscono insieme una mezza prova, cosa che non stupirà nessuno dal momento che una sola testimonianza vale già come un indizio. Si dirà testis unus, testis nullus? Ciò vale per la condanna, non per la presunzione. Una sola testimonianza a carico dunque basta. Tuttavia, ne convengo, la testimonianza di uno solo non avrebbe la stessa forza di un giudizio civile. 3) Il diffamato contro il quale si è riusciti ad accumulare uno o più indizi gravi deve essere torturato. La diffamazione più gli indizi bastano. Per i preti, basta la diffamazione (tuttavia si torturano solo i preti infami). In questo caso le condizioni sono sufficientemente numerose. 4) Sarà torturato colui contro il quale deporrà uno solo in materia di eresia e contro il quale si avranno inoltre indizi veementi o violenti. 5) Colui contro il quale peseranno più indizi veementi o violenti verrà torturato, anche se non si dispone di alcun testimone a carico. 6) A maggior ragione si torturerà colui il quale, simile al precedente, avrà in più contro di sé la deposizione di un testimone. 7) Colui contro il quale si ha solo diffamazione o un solo testimone o un solo indizio non verrà torturato: una di queste condizioni, da sola non basta a giustificare la tortura* [...]>>. Il processo inquisitorio era di chiara matrice "accusatoria" e consisteva nel pubblico confronto orale fra accusatore e accusato, al quale assisteva il giudice: l'onere della prova ricadeva sull'accusatore, che se non dimostrava le proprie accuse, era condannato dal giudice alla pena. Secondo quanto era stabilito nel 1205 dal decreto *Si adversus vos* di Papa **Innocenzo III**, il pubblico non poteva assistere né era ammessa la presenza di un avvocato difensore e le testimonianze e le dichiarazioni dell'imputato erano verbalizzate: pertanto, bastava, per arrivare alla condanna, la concorde testimonianza di due persone, mentre se c'era discordanza, l'imputato poteva essere torturato, al fine di estorcere la confessione; il mezzo di coercizione legittimato dalla giurisprudenza fino al XVIII secolo d.C. consisteva nell'uso nella corda intorno alle braccia e dietro la schiena, al fine di provocare lesioni, strappi muscolari, slogature e dolore fisico intenso. Se poi abiurava (ovvero con atto solenne rinunciava alla propria fede), salvo recidività, l'imputato evitava la condanna a morte e veniva costretto a pene diverse, dalle preghiere ai digiuni, dalla multa alla confisca dei beni, dall'obbligo di indossare, per sempre o per un determinato periodo, l'abitello (ovvero una veste gialla con due croci rosse sul petto e sulla schiena che lo identifica pubblicamente come eretico penitente), fino al carcere, anche a vita; se invece era recidivo (o ritenuto colpevole), veniva condannato a morte per strangolamento, impiccagione e/o rogo, e materialmente soppresso dall'Autorità civile, il c.d. braccio secolare, in quanto teoricamente gli ecclesiastici non potevano spargere il sangue, come indicato dalla costituzione *De iudicio sanguinis et duelli clericis interdictio* del Concilio Lateranense IV del 1215. L'opera di questi Tribunali non si fermava però soltanto alla condanna ai sospettati; difatti, erano soventi roghi pubblici di manoscritti e testi antichi richiamanti culture precedenti e contrarie al Monoteismo imposto dalla Chiesa Cattolica; solo alcune copie di ogni esemplare vennero salvate e conservate negli archivi vaticani. L'unico testo che si salvò da quella barbarica azione fu la Bibbia. Tra i processi famosi celebrati dal Tribunale dell'Inquisizione, invece, posiamo ricordare quelli a carico di **Giordano Bruno**, **Galileo Galilei** e **Tommaso Campanella**. L'Inquisizione medievale non fu però solo un fenomeno legato alla Chiesa Romana; storicamente, infatti, è possibile distinguere altre forme temporalmente successive: faccio riferimento a quella "spagnola", istituita da **Sisto IV** nel 1478 su richiesta dei sovrani **Ferdinando** e **Isabella**, che fu estesa nelle colonie dell'America centro-meridionale e nel Regno di Sicilia (ma non nel Regno di Napoli per la fiera opposizione popolare), e a quella "portoghese", istituita nel 1536 da **Paolo III** su richiesta del Re **Giovanni III**, che si estese dal Brasile, alle Isole di Capo Verde e a Goa, in India. Con la caduta dello Stato Pontificio, però, durante la seconda metà del XIX secolo d.C., l'Inquisizione perse molte delle sue funzioni repressive, prima delegate al braccio secolare, riducendola ad apparato puramente censorio, più attento a vietare la circolazione di testi culturali contrari alla teologia e all'etica cattolica.

Tornando all'originario discorso, a capo della spedizione egiziana c'era dunque il Re di Francia **Luigi IX**. Vittorioso a Damietta, l'esercito si arenò però ad Al-Mansura, dove fu sconfitto.

Per farsi perdonare, il Re convinse il **Papa Clemente IV** a guidare anche l'*"ottava crociata"*, nel 1270 d.C., sbarcando a Tunisi: fu un insuccesso clamoroso, per via della peste e della morte di tutti i componenti della spedizione.

La Chiesa, a questo punto, dovette organizzare la "*nona crociata*", nel 1271 d.C., considerata storicamente l'ultima del periodo medievale; preparata tatticamente dal Re **Enrico III**, venne guidata dal figlio **Edoardo**, che riuscì a strappare un accordo di pace con il Sultano.

Con la fine del XIII secolo e l'inizio del XIV secolo d.C., il Papato, che con **Innocenzo III** aveva raggiunto il suo punto più alto, entra in crisi, per una forte decadenza del prestigio e dell'autorità papale, a causa dei seguenti fattori:

a) le continue sconfitte derivanti dalle "guerre sante" dei due secoli precedenti;

b) la lotta politica ed economica tra **Bonifacio VIII** (che pretendeva l'immunità fiscale sui beni ecclesiastici e la soggezione spirituale e politica al potere papale) e il Re francese **Filippo il Bello** (che vietava le elemosine e accusava il Papa di eresia), tra il 1296 e il 1303 d.C.;

c) il cambio di sede del Papato da Roma ad Avignone, per opera di **Clemente V**, tra il 1309 e il 1377 d.C., quando poi **Gregorio XI**, divenuto Papa, decise di ritornare alla precedente sede. Durante il periodo avignonese aumentò in maniera sproporzionata il fiscalismo curiale e si accentuò la tendenza del papato a riservare a sé la nomina di molti uffici delle diocesi, provocando una serie di critiche al sistema gerarchico della Chiesa.

2.4. Il Cristianesimo nel periodo delle riforme protestanti [35]

Il 1378 d.C. si aprì con un nuovo pericolo per la stabilità politica della Chiesa: era alle porte un nuovo Scisma, fino al 1417 d.C., che avrebbe lacerato dall'interno il Papato occidentale.

Il motivo è presto detto: venne messa in dubbio la validità dell'elezione di **Papa Urbano VI**, successore di **Gregorio XI**, fortemente voluta dal popolo romano, a dispetto del popolo di Avignone, che la contestava fortemente; senza contare dell'obbedienza pisana derivante dal *Concilio di Pisa* del 1409 d.C. che, anziché migliorare la situazione, aggravò notevolmente le relazioni internazionali, creando di fatto tre (3) pontefici, con ognuno il proprio seguito.

Dinanzi all'impossibilità di riconciliare le parti, si dovette procedere per una strada "alternativa": farli dimettere tutti e tre, per opera dell'Imperatore **Sigismondo** nel *Concilio di Costanza*, tenuto tra il 1414 e il 1418 d.C., facendone eleggere uno solo. Papa **Martino V** fu designato a succedere e restò in carica tra il 1417 e il 1431 d.C., anni in cui nonostante una sostanziale stabilità governativa, i poteri interni furono in continua agitazione e i Concili successivi, quelli di Pavia (1423 d.C.), Basilea (1431 d.C.) e Ferrara (1437 d.C.) fallirono miseramente, soprattutto nelle intenzioni e nei contenuti.

Il Rinascimento, poi, almeno dopo la morte di Papa **Paolo II** nel 1471 d.C., costituì uno dei periodi più instabili del Papato moderno, perdendo tutto quello smalto acquisito nei secoli, per via delle lotte intestine tra poteri politici e questioni economiche che coinvolgevano la curia romana, sempre in prima linea nel dimostrare un particolare gusto al lusso sfrenato e fastoso e un nepotismo spaventoso, che favoreggiava negli incarichi nipoti e figli illegittimi [es. **Alessandro VI** (italianizzato, **Borgia**), 1492-1503 d.C.].

Tra la fine del XV secolo e l'inizio del XVI secolo d.C., la Chiesa dunque, visse una profonda crisi morale e spirituale, che diede il via ad una serie di riforme portate avanti da uomini di forte credo

---

[35] **AA.VV**, *Storia delle Religioni*, Volume IV, Utet, 1971.

religioso, sicuri che il Papato non li rappresentasse. E' certamente grazie alla spinta teologica del tedesco **Martin Lutero** che la *Causa Reformationis* divenne uno dei nodi nevralgici di tutto il XVI secolo d.C, incentrandosi su tre (3) punti:

a) *sola fide*: secondo la lettera di San Paolo Apostolo ai Romani, il giusto vivrà per la sua fede; pertanto, il pensiero centrale era quello di affidarsi all'amore e alla fede di Dio per salvarsi.

b) *sola gratia*: solo la grazia di Dio salva, non le azioni o i meriti acquisiti dall'uomo.

c) *sola scriptura*: la Sacra Scrittura contiene tutte le verità rivelate da Dio ed essa non ha bisogno di essere illuminata o chiarita dalla tradizione.

Lutero, così, dal 1517 d.C. cominciò ad inviare il testo dei suoi scritti a diversi teologi, trovando un grande riscontro, a tal punto che nel 1518 d.C. **Papa Leone X**, preoccupato dalla crescente diffusione delle tesi protestanti, lo intimò di presentarsi a Roma per il processo, ma grazie all'intercessione del suo grande protettore, **Federico di Sassonia**, venne solo interrogato ad Augusta dal **Cardinale Caietano**.

Nel 1520 d.C., a Roma, si concluse il processo contro di lui e venne promulgata la bolla papale *Exsurge Domine* con la quale gli si intimava al riformatore tedesco di ritrattare le sue tesi entro sessanta (60) giorni; **Lutero**, di contro, rispose bruciando pubblicamente la bolla, aprendo di fatto uno scontro diretto. L'anno successivo venne emessa la bolla *Decet Romanum Pontificem* contro **Lutero** e tutti coloro che lo sostenevano, con l'intento di scomunicarli in caso di prosecuzione della condotta protestante; inoltre, l'Imperatore **Carlo V** lo bandì dall'Impero, ordinando la distruzione tramite rogo di tutti i suoi scritti. Dovette nuovamente intervenire **Federico di Sassonia**, per evitare il suo arresto, facendolo rifugiare nel castello della Wartburg, ove rimase per dieci mesi.

Tra il 1521 e il 1525 d.C., sull'onda delle tesi luterane e spinti dagli eccessi del momento, insorsero contro le autorità prima la piccola nobiltà e i cavalieri (guidati da **Franz von Sickingen**), poi gli anabattisti (guidati da **Thomas Müntzer**) e infine le classi agricole e i contadini: quest'ultimi furono però sconfitti a Frankenhausen dal **Duca di Lorena**, che fece sgozzare più di ventimila (20.000) rivoltosi.

Tra il 1525 e il 1532 d.c., si susseguirono una serie di incontri e accordi, per favorire il riconoscimento del Luteranesimo; tuttavia, svanite le speranze di un accordo con i riformatori, l'Imperatore **Carlo V** si decise alla guerra aperta contro la *Lega di Smalcalda*, la prima delle guerre di religione che metteranno a ferro e fuoco l'Europa rinascimentale per almeno un secolo.

Nel frattempo, nel 1546 d.C., **Lutero** morirà e solo nel 1555 d.C., la guerra verrà decisa da un accordi di pace, stipulato ad Augusta, sancendo definitivamente la divisione religione della Germania. L'accordo, in particolare, prevedeva tre (3) principali clausole:

a) *Cuius regio, eius et religio*, ovvero il Principe poteva scegliere liberamente a quale religione appartenere, mentre i sudditi dovevano o scegliere la religione del proprio Principe o emigrare in un altro Stato;

b) *Reservatum ecclesiasticum*, ovvero i Principi che d'ora in avanti abbandoneranno il Cattolicesimo perderanno tutti i loro beni;

c) *Declaratio secreta*, ovvero il riconoscimento per i nobili di professare il luteranesimo liberamente, se questa fede era stata abbracciata precedentemente.

Lutero, però, non fu l'unico a minare le fondamenta papali; altre figure protestanti si profilarono all'orizzonte in quegli anni, praticamente negli stessi decenni:

a) in *Svizzera*, prima con **Ulrich Zwingli** nei primi anni del XVI secolo d.C. e dopo con **Giovanni Calvino**, diffondendo il pensiero protestante da Ginevra alla Scozia, passando per i Paesi Bassi, la Polonia, l'Ungheria e la Francia (suo Stato d'origine). In particolare, in questo contesto, si ricorda la "*lunga guerra*" o la "*guerra dei tre Enrico*" tra la lega cattolica, guidata **da Enrico III** e da **Enrico di Guisa**, contro **Enrico di Borbone**, calvinista e candidato al trono di Francia; si ebbe il momento peggiore della lunga guerra nella strage di S. Bartolomeo, dove nel 1572, migliaia di calvinisti, senza distinzione di età o sesso, vennero spazzati via e sterminati, a Parigi e in tutta la Francia, a riprova che qualunque mezzo poteva essere lecito per vincere, senza alcuna pietà [36]. Enrico di Borbone dovette convertirsi al Cattolicesimo, a patto che venisse riconosciuta ai calvinisti la libertà di coscienza e di culto: l'editto di Nantes del 1598 d.C. sancì questo patto, con il dispiacere del Papa **Clemente VIII**.

b) in *Inghilterra*, cominciarono i veri tumulti protestanti nel 1534 d.C., nonostante le variegate presenza culturali religiose già dal XIII secolo. Fautore di questa rivoluzione fu l'Imperatore **Enrico VIII**, che regnò tra il 1509 e il 1547 d.C.: il pretesto per opporsi alla Chiesa di Roma fu il rigetto della richiesta di nullità del matrimonio con **Caterina d'Aragona**, figlia del Re di Spagna (fortemente cattolico) e zia dell'Imperatore **Carlo V**; questo gesto spinse **Enrico VII** a proclamarsi capo della Chiesa inglese nel 1531 d.C., e poi ad emanare l'Atto di Supremazia, con il quale si attribuirono al sovrano i diritti sulla chiesa inglese che prima spettavano al papa di Roma, nel 1534 d.C. Tuttavia, anche se era in atto uno scisma, la fede rimase quella tradizionale (dunque di stampo cattolico), per lo meno fino all'arrivo di **Edoardo VI**, che regnò dal 1547 al 1553 d.C., trasformando quello che ero uno "scisma" in "eresia" vera e propria; difatti, nel 1549 d.C., fece pubblicare un nuovo rituale liturgico, il *Book of Commun Prayer*, di chiara matrice protestante, e nel 1553 d.C. una professione di fede di tendenze. Si arrivò al massimo livello di intolleranza, quando **Elisabetta I**, nel 1559 d.C. promulgò la legge che riconosceva alla regina il ruolo di supremo governatore della Chiesa d'Inghilterra, imponendo agli ecclesiastici un giuramento di fedeltà alla corona; a questo punto, dopo una serie di tentativi andati a vuoto, il Papa **Pio V** scomunicò la regina provocando la decisione di quest'ultima di considerare i cattolici come "ribelli politici", bandendoli dal regno.

---

[36] Papa Gregorio XIII, saputa la notizia, felice della disfatta degli eretici, festeggiò l'avvenimento con un *Te Deum* di ringraziamento e con una medaglia commemorativa.

2.5. Il Cristianesimo, dal Concilio di Trento all'età napoleonica [37]

Lutero morì nel 1546 d.c. e ad Augusta nel 1555 d.c. si stipulò un accordo di pace.

La corrente protestante restò in tumulto sempre, dal 1545 d.c. al 1648 d.c., periodo storico conosciuto con il termine di *"Controriforma cattolica"*.

Il Papato comprese allora che occorreva cambiare per non essere inghiottiti dai tumulti che scuotevano le coscienze spirituali dei cittadini; dunque, al di là dello sviluppo crescente e spontaneo delle associazioni laiche o di alcuni nuovi ordini religiosi (es. Gesuiti, Camilliani, Teatini e Orsoline di Sant'Angela Merici), decise di avviare un processo di rivoluzione interna con il *concilio di Trento*, tra il 1545 e il 1563 d.C.: in realtà, l'unico motivo che si nascondeva dietro quest'adunanza era quella di sconfessare il credo protestante e ribadire la supremazia del Cattolicesimo su qualunque altra forma spirituale, ma fece passare per atto di clemenza condotte che avrebbe piacevolmente sedato con la violenza.

L'attenzione così si diresse verso altre direzioni: se l'Europa era frazionata tra i diversi culti e il Cristianesimo ormai aveva dato in maniera chiara la paternità a tre linee orizzontali (cattolici, protestanti e ortodossi), occorreva porre l'accento sull'evangelizzazione delle aree sconosciute, per andare alla conquista di nuovi fedeli. Grazie all'appoggio di Spagna e Portogallo, ancora fortemente cattoliche, le missioni si moltiplicarono, arrivando fino in America, Africa e Asia.

Per l'occasione, Papa **Pio V** istituì nel 1568 d.C. una Congregazione cardinalizia per le missioni e il Papa **Clemente VIII** eresse una *Congregazione de "Propaganda Fide"*, che non sopravvisse alle resistenze dei patronati; nel 1622 d.C. Papa **Gregorio XV** realizzò comunque "la Congregazione", con lo scopo di controllare tutta l'attività missionaria, provvedere alla formazione di missionari,

---

[37] **AA.VV**, *Storia delle Religioni*, Volume IV, Utet, 1971.

ricevere rapporti e dare direttive, sforzandosi di trasformare le missioni da fenomeno coloniale in un movimento ecclesiastico e spirituale.

Dopo **Lutero** e il *Concilio di Trento*, la Chiesa di Roma fu dunque molto attenta a seguire i dibattiti teologici del mondo cattolico, soprattutto per bloccare sul nascere gli eventuali sviluppi eretici e protestanti; d'altronde, se si voleva salvare, doveva adattarsi ai tempi e con l'avvento del Rinascimento e dell'Illuminismo, anche le concezioni religiose e spirituali cominciavano a mutare, segno che l'oscurantismo era finito e il periodo di terrore doveva diventare un momento di comprensione, amore e rispetto per il prossimo, senza alcuna forma di imposizione.

Nei secoli XVII e XVIII d.C. si svilupparono nel mondo cattolico diverse correnti e idee teologiche diverse dal Cattolicesimo, corrente della Chiesa di Roma d'ispirazione politica, al fine di ricercare quell'indipendenza dal potere centralizzato del Papa, spesso ingerente in affari politici ed economici; tra i maggiori, ricordiamo:

a) il *Giansenismo*, corrente aspramente combattuta dai Gesuiti e nata in Belgio da **Giansenio** nel 1640 d.C., è fortemente protesa verso la soggezione al Divino; in sostanza, solo con la Grazia di Dio si può imparare ad amare. Si diffuse soprattutto in Francia e in misura minore anche in Italia.

b) il *Gallicanesimo*, corrente francese del XVII secolo, di matrice teologica e canonica, sosteneva la libertà sempre maggiore della Chiesa di Francia da ogni influsso e condizionamento da parte di Roma. Il maggior esponente del movimento fu **Bossuet**.

c) il *Febronianesimo*, corrente di pensiero teologico-politico, molto simile al Giansenismo, ma in ambito tedesco e favorevole all'instaurazione di una Chiesa di Stato (c.d. *episcopalismo*), libera da ogni influsso esterno e alla riduzione del potere ingerente del Papato di Roma. I maggiori esponenti furono **Bernhard von Espen** e **Johann Nikolaus Von Hontheim**.

d) il *Giuseppinismo*, corrente di pensiero dell'Imperatore austriaco

Giuseppe II che, in linea con la politica della madre Maria Teresa, attuò una politica ecclesiastica molto autoritaria, perseguendo il fine della piena dipendenza della Chiesa dallo Stato con la nascita di una specie di Chiesa nazionale austriaca indipendente da Roma.

e) il *Quietismo*, corrente di pensiero teologico-spirituale, sostenuta dal sacerdote spagnolo **Miguel Molinos**, che accentuava l'azione della grazia di Dio in maniera talmente esasperata da annullare in sostanza l'azione e la libertà dell'uomo; l'annichilimento era la strada per giungere alla purezza dell'anima e alla pace interiore. I maggiori esponenti del quietismo furono, oltre a **Molinos**, anche **Madame Jeanne-Marie de Guyon** e **Fénelon**.

2.6. Il Cristianesimo, dalla Rivoluzione francese ai giorni nostri [38]

Fino alla rivoluzione francese, le relazioni tra Stato e Chiesa furono di reciproca alleanza, al fine di rafforzare i propri poteri politici ed economici; i privilegi riconosciuti dal potere statale avevano permesso alla Chiesa di esercitare una vasta influenza sulla società civile, malgrado i tentativi operati dal *Congresso di Vienna* del 1814 d.C. di cancellare gli effetti della rivoluzione francese e di ritornare all'*Ancien régime*, come se niente fosse mai successo.

La società però stava definitivamente cambiando e si era incamminata definitivamente su un percorso di *"separatismo"*, per cui l'ordine politico-civile-temporale e quello spirituale-religioso erano distinti e del tutto separati.

I caratteri[39] che connotarono questo nuovo rapporto, diventato tipico tra il XIX e il XX secolo d.C., furono:

a) *l'affermazione dell'origine puramente umana della società e dell'autorità civile: viene cioè meno il principio, tanto caro alla Santa Sede nel corso dei secoli precedenti, dell'origine divina dell'autorità civile e della sua conseguente sottomissione all'autorità religiosa;*

b) *l'affermazione che l'unità politica si fonda sull'identità di interessi politici: cioè solo la comunità politica rappresenta per tutti la garanzia e lo strumento essenziale del bene comune, non più la Chiesa, com'era nei secoli precedenti; con ciò si afferma anche una uguale libertà e dignità di tutti i cittadini all'interno della medesima comunità politica (fine delle discriminazioni per motivi religiosi: così per i cattolici in Inghilterra, per i protestanti in Francia, per gli ebrei in tutti i Paesi occidentali);*

c) *la conclusione del concetto di «religione di Stato» e l'affermazione della piena libertà di coscienza: con ciò si abolisce lo Stato confessionale, in quanto l'autorità politica deve avere rispetto per*

---

[38] **AA.VV**, *Storia delle Religioni*, Volume IV, Utet, 1971.
[39] Contributo tratto da: https://it.wikipedia.org/wiki/Storia_del_cristianesimo_in_et%C3%A0_contemporanea.

tutti i cittadini, qualunque sia il culto che professano; nei paesi latini, dell'Europa e del Sudamerica, questo principio significò in molti casi un'aperta ostilità alla Chiesa cattolica; in Italia il principio della religione di Stato decade solo con il Concordato del 1983;

d) *le leggi civili non tengono più conto delle leggi ecclesiastiche: lo Stato, in sé sovrano, non riconosce più la validità delle leggi della Chiesa e addirittura può agire o seguire principi del tutto diversi e opposti; su questo punto, le applicazioni sono vastissime: basti pensare all'abolizione delle leggi che obbligavano i sudditi alla pratica religiosa, o all'introduzione del matrimonio civile e alla conseguente legge sul divorzio, o alle leggi sulla libertà di stampa e alla conseguente abolizione delle censure ecclesiastiche (questi furono i tre campi principali di scontro tra società liberale e chiesa cattolica);*

e) *varie attività, fin'ora esercitate prevalentemente dalla Chiesa, vengono ora rivendicate dallo Stato; alcuni esempi: la cura dei registri dello stato civile, l'amministrazione dei cimiteri, la direzione di innumerevoli opere di carità (orfanotrofi e ospedali), e soprattutto l'istruzione dei cittadini; fu proprio sul campo scolastico che la lotta fu aspra e dura: per es., in Francia lo Stato arrivò a negare e vietare alle Congregazione religiose qualsiasi attività di insegnamento;*

f) *volgono alla conclusione le immunità tipiche dell'ancien régime, di cui godeva la Chiesa, cioè di quelle esenzioni dal diritto comune, che riguardavano le cose, i luoghi, le persone; su questo campo la lotta tra Stato e Chiesa fu lunga e aspra, e molte spesso la Chiesa riusciva ad ottenere, tramite i Concordati, delle mitigazioni su questo punto (...) d'altro canto, e in molti casi, lo Stato rivendicava a sé la nomina dei Vescovi, negando così alla Chiesa quel diritto alla libertà che affermava risolutamente per sé.*

Più indipendente nei confronti dello Stato, la Chiesa si chiude a cerchio nei confronti del suo Sommo Pontefice, permettendo la nascita di Istituti religiosi e nuove Congregazioni religiose, sia maschili che femminili. In particolare, in Germania, Francia e Italia si svilupparono tutta una rete di associazioni con fini assistenziali, liturgici, culturali, sociali, continuando con il carattere missionario della propaganda cattolica.

Per quale motivo la Chiesa Cattolica si aprì così tanto?

La risposta va ricercata nel periodo storico di riferimento: **perdendo potere politico ed economico, la Chiesa doveva ritornare alla/dalla/per la gente, proprio come voleva il Cristianesimo dei primi secoli d.C.; c'era la necessità di riappropriarsi dei consensi e di indottrinare le persone per garantirsi quel bacino d'utenza che stava perdendo per via di secoli e secoli di vizi sfrenati e lusso incontrollato.**

Il biennio 1859-1861 d.C. vide la nascita del *Regno d'Italia* con la sottrazione di una parte notevole dello Stato Pontificio.

Il Papa **Pio IX** pensando di fare la mossa giusta, scomunicò gli usurpatori, mentre **Cavour** propone al Papa la rinunzia di Roma, gara garantendo la separazione dei poteri.

La Chiesa, scontenta degli accordi, cercò allora di fare pressione sulla Francia, sua alleata ma nel 1864 d.C. trovando però un muro, frutto dell'accordo tra **Napoleone III** e il governo italiano, che avrebbe portato alla conquista di Roma nel 1870 d.C. e la fine del secolare Stato Pontificio; a **Pio IX** comunque venne garantito l'uso (e non la proprietà) del Vaticano, alcuni onori sovrani e la nomina dei vescovi, ovvero tutti poteri comunque insufficienti rispetto al passato.

Il Pontificato di **Leone XIII** fu caratterizzato da un inasprimento dei rapporti, con un crescente anticlericalismo e la contrapposta intransigenza cattolica, mentre i pontificati di **Pio X**, di **Benedetto XV** e di **Pio XI** videro invece la distensione ed un graduale riavvicinamento, che portò ad un'alleanza in diverse votazioni amministrative e politiche italiane tra i liberali moderati (**Giolitti**) e i cattolici (c.d. *alleanza clerico-moderatista*), nel primo ventennio del XX secolo d.C., portando vari cattolici in Parlamento.

Da quel momento in poi, il Vaticano stringerà un legame talmente assoluto con la politica, da permettersi ingerenze nella vita giuridica ed economica italiana. Pensiamo ai *Patti Lateranensi* [40] del 1929 d.C. o agli *Accordi di Villa Madama* [41] del 1984 d.c., che garantiranno tutta una serie di privilegi più che convenienti, forse fin troppi.

---

[40] **Guarracino**: <<*Firmati dal cardinale Gasparri per la Santa sede e da B. Mussolini come capo del governo italiano, posero fine alla questione romana. Erano costituiti da tre atti distinti: un trattato, una convenzione finanziaria e un concordato. Il trattato garantiva alla Santa sede un'assoluta indipendenza, riaffermando che la religione cattolica è la sola religione di stato (articolo 1 dello Statuto), e riconosceva la Santa sede come soggetto del diritto internazionale in quanto stato della Città del Vaticano. La Santa sede riconosceva il Regno d'Italia con la capitale a Roma. La convenzione finanziaria impegnava l'Italia a riparare i danni inferti alla Santa sede con l'occupazione di Roma nel 1870 dietro versamento di 750 milioni di lire in contanti e di un miliardo in titoli di stato al cinque per cento. Il concordato imponeva ai vescovi di giurare fedeltà allo stato italiano, ma soprattutto stabiliva alcuni sostanziosi privilegi per la Chiesa cattolica: al matrimonio religioso venivano riconosciuti effetti civili e le cause di nullità ricadevano sotto i tribunali ecclesiastici; l'insegnamento della dottrina cattolica, definita fondamento e coronamento dell'istruzione pubblica, diventava obbligatorio nelle scuole elementari e medie; i preti spretati o colpiti da censura ecclesiastica non potevano ottenere o conservare nessun impiego pubblico nello stato italiano. I Patti lateranensi costituirono per il regime fascista una preziosa legittimazione; legando il concordato, cui soprattutto teneva, al trattato, a sua volta la Chiesa si garantì da mutamenti unilaterali al primo riservandosi la possibilità di riaprire la questione romana. Dopo la caduta del fascismo il concordato fu oggetto di un'aspra battaglia politica durante i lavori dell'Assemblea costituente. La Democrazia cristiana sostenne quello che sarebbe poi diventato l'articolo 7 della Costituzione repubblicana che recepiva il complesso dei Patti come base dei rapporti fra stato e Chiesa e stabiliva che il concordato poteva essere modificato unilateralmente dallo stato italiano solo attraverso la stessa complessa procedura prevista per la revisione della Costituzione. Le forze laiche presenti nell'Assemblea costituente si opposero a questa soluzione, che recepiva surrettiziamente nella Costituzione punti del concordato palesemente in contrasto con le sue disposizioni in materia di libertà religiosa. L'articolo 7 fu infine approvato con l'essenziale contributo del voto favorevole del Partito comunista, motivato dalla volontà di evitare che la repubblica nascesse senza il riconoscimento della Chiesa e con il rischio di aggiungere una divisione religiosa ai molti motivi di debolezza della nuova costruzione politica che già esistevano*>>. Tratto da: http://www.pbmstoria.it/dizionari/storia_mod/p/p088.htm

[41] E' un concordato ecclesiastico, stipulato con Bettino Craxi e il Cardinale Casaroli, Segretario di Stato della Santa Sede, in 14 articoli, con lo scopo di revisionare il concordato e prevedere che: la nomina dei vescovi non richiede più l'approvazione del governo italiano; la religione cattolica non è più considerata religione di Stato; l'insegnamento dell'ora di religione è facoltativo; viene introdotto l'8 x 1000 a favore della Chiesa Cattolica.

2.7. I Concili Ecumenici [42]

Adesso abbiamo chiaro il percorso politico e religioso. Proviamo, a ripercorrere velocemente tutte le tematiche affrontate dai diversi Concili, riconosciuti dalla Chiesa Cattolica, in cui tutti i Vescovi discussero e deliberarono sulle gravi questioni dogmatiche o disciplinari. Scopriremo, sorprendentemente, che in questi incontri molti dogmi oggi ritenuti "parola del Signore" furono decisioni di un pugno di Vescovi.

In particolare:

1) *Niceno I* *(Nicea), 325 d.C.:*
a) fu il primo concilio ecumenico;
b) venne convocato dall'Imperatore **Costantino I**;
c) parteciparono 318 vescovi su 1800;
d) **venne deciso che:**
- il Padre, il Figlio e lo Spirito Santo erano una stessa cosa, ovvero la Trinità (c.d. consustanzialità del Figlio con il Padre), ricono-scendo a Gesù la natura divina;
- la celebrazione della Pasqua doveva essere fissata la domenica successiva alla Pasqua ebraica;
- il vescovo di Alessandria aveva autorità sulla Chiesa d'oriente. Da questa proclamazione di autorità nacquero i "patriarcati".

2) *Costantinopolitano I* *(Costantinopoli), 381 d.C.:*
a) fu il secondo concilio ecumenico;
b) venne convocato dall'Imperatore d'Oriente **Teodosio I**;
c) parteciparono soltanto 150 vescovi;
d) venne deciso che:

---

[42] **AA.VV**, *Storia delle Religioni*, Volume IV, Utet, 1971.
http://www.parrocchie.it/calenzano/santamariadellegrazie/CONCILI%20ECUMENICI.htm
I decreti e i canoni conciliari sono vincolanti per tutti gli appartenenti al clero, anche se di fatto nelle chiese ortodosse vengono riconosciuti soltanto i primi sette (7) concili ecumenici.

- occorreva riaffermare i principi stabiliti nel concilio di Nicea I;
- sanzionare eventuali condotte contrarie a quei principi con condanne di eresia (es. contro Macedonio di Costantinopoli);
- il vescovo di Costantinopoli era secondo solo al vescovo di Roma.

3) *Efesino* *(Efeso), 431 d.C.:*

a) fu il terzo concilio ecumenico;

b) venne convocato dall'Imperatore d'Oriente **Teodosio II** e dall'Imperatore d'Occidente **Valentiniano III**, per risolvere la contro-versia derivata dall'eresia del pensiero nestoriano.

Difatti, nel 428 d.C., **Nestorio**, patriarca di Costantinopoli, rifiutò di riconoscere a Maria, madre "presunta" di Gesù, il titolo "madre di Dio"; difatti, per coloro che appoggiavano tale posizione, Maria non era altro che la madre dell'incarnazione corporea del Divino e non del Gesù-Dio. Tale concezione, però, si opponeva alla dottrina comunemente accolta dall'unicità della persona di Cristo e dunque già si faceva spazio un certo contrasto intellettuale e religioso sul tema trattato dal Concilio;

c) venne deciso che:

- Nestorio doveva essere deposto;
- occorreva condannare pubblicamente il pensiero dei Nestoriani;
- **Gesù era vero Dio e vero uomo, dotato dunque di due nature (quella umana e quella divina), unite in una sola persona;**
- **Maria era sia "madre dell'uomo Gesù" che "madre di Dio", inventando di fatto il culto verso questa figura.**

4) *Calcedonese* *(Calcedonia), 451 d.C.:*

a) fu il quarto concilio ecumenico;

b) venne convocato dall'Imperatore d'Oriente **Marciano** su richiesta di Papa **Leone I**, per correggere le decisioni del Concilio di Efeso e per riesaminare il processo contro Eutiche;

c) venne deciso che:

- Eutiche e il Monofisismo (sostenuto invece dal latrocinio di Efeso), dottrina che affermava la sola natura divina in Gesù Cristo, negandone la natura umana, dovevano essere condannate, sulla scorta delle formulazioni di Leone I nel suo *Tomus a Flaviano*, vescovo di Costantinopoli, e nelle lettere sinodali inviate da Cirillo d'Alessandria a Nestorio;

- **da quel momento in poi occorreva seguire la disciplina e la gerarchia ecclesiastica, con una rigida condotta clericale**, secondo i ventisette (27) canoni in quella sede stabiliti.

5) <u>Costantinopolitano II</u> *(Costantinopoli), 553 d.C.:*

a) fu il quinto concilio ecumenico;

b) venne deciso che le opere di **Teodoro di Mopsuestia**, gli scritti di **Teodoreto di Ciro**, contro san Cirillo ed il Concilio di Efeso e la lettera di **Iba di Edessa** al persiano Mari dovevano essere considerati eretici.

6) <u>Costantinopolitano III</u> *(Costantinopoli), 680-681 d.C.:*

a) fu il sesto concilio ecumenico;

b) venne indetto dall'Imperatore **Costantino IV**, che partecipò personalmente al concilio, ricevendo il titolo simbolico di "protettore e interprete della fede".

c) vennero condannati alla scomunica i "monoteliti" e tutti i suoi seguaci, come i patriarchi Sergio, Pirro, Ciro e lo stesso papa Onorio.

7) <u>Niceno II</u> *(Nicea), 787 d.C.:*

a) fu il settimo concilio ecumenico;

b) venne indetto durante la reggenza dell'Imperatrice **Irene**;

c) si tenne inizialmente a Costantinopoli (nel 786 d.C.), poi, a seguito di tumulti interni suscitati dagli iconoclasti, venne trasferito a Nicea (da qui, il Niceno II);

d) **si pronunziò in favore del culto delle immagini, ordinando che queste venissero ripristinate nelle chiese dell'Impero, distinguendo tra la "venerazione riservata ai santi" rappresentati dalle immagini e l'"adorazione dovuta solo a Dio"**.

8) *Costantinopolitano IV (Costantinopoli), 787 d.C.:*

a) fu l'ottavo concilio ecumenico;

b) venne indetto dall'Imperatore bizantino **Basilio I il Macedone**;

c) si decise di confermare:
- la deposizione di Fozio, patriarca di Costantinopoli, principale artefice dello scisma del IX secolo tra la Chiesa d'Oriente e quella d'Occidente;
- <u>la supremazia del Papa anche sulla parte orientale</u>.
Quest'ultima decisione portò al non riconoscimento da parte della Chiesa Orientale di questo concilio e di tutti gli altri successivi.

9) *Lateranense I (Roma), 1123 d.C.:*

a) fu il nono concilio ecumenico e il primo svolto in Occidente su convocazione papale;

b) venne indetto dal Papa **Callisto II**;

c) si decise di ratificare il Concordato di Woems del 1122 d.C., con l'Imperatore Enrico V, che pose fine alla lotta per le investiture tra potere temporale e potere spirituale. Inoltre, proprio durante questo concilio, si decise di introdurre altri canoni, che prevedevano:
- il divieto della "simonia", ovvero del commercio peccaminoso di beni sacri spirituali e della compravendita di cariche ecclesiastiche;
- <u>il divieto di contrarre matrimonio per gli appartenenti al clero</u>;
- l'annullamento delle ordinanze dell'antipapa Gregorio VIII, reggente tra il 1118 e il 1121 d.C..

10) *Lateranense II (Roma), 1139 d.C.:*

a) fu il decimo concilio ecumenico;

b) venne indetto dal Papa **Innocenzo II**;

c) si decise di:
- risolvere lo scisma provocato dall'antipapa **Anacleto II**, reggente tra il 1130 e il 1138 d.C., decretando la scomunica per i seguaci di quest'ultimo;
- rinnovare i canoni del concilio precedente, condannando alcune eresie sui sacramenti del battesimo, cresima e matrimonio.

11) *Lateranense III (Roma), 1179 d.C.:*
a) fu l'undicesimo concilio ecumenico;
b) venne indetto dal Papa **Alessandro III**;
c) si decise di:
- ratificare la pace con l'Imperatore **Federico I Barbarossa**;
- stabilire la procedura per l'elezione papale da parte del conclave dei cardinali, decretando che erano necessari i 2/3 dei voti;
- condannare pubblicamente i catari, i patari e la crociata contro gli albigesi.

12) *Lateranense IV (Roma), 1215 d.C.:*
a) fu il dodicesimo concilio ecumenico e probabilmente il più importante, perché riunì ben oltre 1200 vescovi e abeti;
b) venne indetto dal Papa **Innocenzo III**;
c) furono stilati settanta decreti, tra cui spiccano le seguenti decisioni:
- la condanna delle eresie dei catari e dei valdesi, oltre le opere di Gioacchino da Fiore e Pietro Lombardo;
- **l'introduzione formale nella cultura cristiana, per la prima volta, di "transustanziazione", ovvero la presenza reale di Gesù Cristo nel sacramento eucaristico, attraverso il passaggio della sostanza del pane e del vino, in virtù delle parole della consacrazione pronunciate dal sacerdote durante la Messa**;
- il divieto di istituire e fondare nuovi ordini monastici;
- **l'obbligo, sotto forma di richiesta esplicita, di imporre ai fedeli la confessione dei propri peccati, dinanzi ad un sacerdote, almeno una volta all'anno**;
- la necessaria organizzazione di una nuova crociata contro i musulmani.

13) *Lionese I (Lione), 1245 d.C.:*
a) fu il tredicesimo concilio ecumenico;
b) venne indetto dal Papa **Innocenzo IV**;
c) venne pronunciata:

- la deposizione dell'Imperatore **Federico II**, in quanto usurpatore dei beni e oppressore della libertà della Chiesa;
- la delibera di soccorso a Costantinopoli e in Terra Santa delle forze militari papali;
- con decreto, la procedura dei giudizi ecclesiastici.

14) <u>*Lionese II*</u> *(Lione), 1274 d.C.:*

a) fu il quattordicesimo concilio ecumenico;

b) venne indetto dal Papa **Gregorio X**;

c) si ristabilì la pace e l'unione tra la chiesa latina e quella greca, ristabilendo, in particolare, la legittimità della dottrina del *Filioque*, il primato dei papi e il principio dell'appello a Roma;

d) si perfezionò il regolamento per i conclavi;

e) si confermò l'ennesima crociata contro i musulmani.

15) <u>*Viennese*</u> *(Lione), 1311-1312 d.C.:*

a) fu il quindicesimo concilio ecumenico;

b) venne indetto dal Papa **Clemente V**;

c) venne pronunciata:
- **la soppressione dell'Ordine dei Templari, perché ritenuti troppo potenti e legati ai musulmani**;
- la condanna dei beguardi e delle beghine;
- confermata la questione del voto di "povertà" dei francescani.

16) <u>*Costanzese*</u> *(Costanza -Germania-), 1414-1418 d.C.:*

a) fu il sedicesimo concilio ecumenico;

b) venne tenuto da Papa **Martino V**;

c) si pose termine allo scisma d'Occidente, condannando Giovanni Huss, Wicliff e Girolamo da Praga;

d) si tentò timidamente di affermare la supremazia del Concilio sul Papa, ma il tentativo fallì miseramente.

17) <u>*Fiorentino*</u> *(Basilea, Ferrara, Firenze, Roma), 1431-1443 d.C.:*

a) fu il diciassettesimo concilio ecumenico;

b) venne tenuto da Papa **Eugenio IV**;

c) venne aperto a Basilea nel 1431 d.C., ma venne sciolto nel 1437 d.C. da Eugenio IV per l'ennesimo tentativo (stavolta meno timido) di far valere la supremazia del Concilio sul Papa. Per ripicca, i conciliaristi restati a Basilea tentarono, spalleggiati dalle Università, di schierare la Chiesa contro il Papa, proclamando decaduto Eugenio IV ed eleggendo in sua vece un antipapa, il Duca di Savoia Amedeo VIII sotto il nome di Felice V: si era giunti al piccolo scisma d'Occidente, che venne ricomposto solo dieci anni dopo, durante l'ultima sessione a Losanna, nel 1449 con la spontanea deposizione della tiara da parte di Felice V. Venne, dunque, riunito il nuovo Concilio a Ferrara, nel 1438 d.C., ma ben presto ritrasferito a Firenze, nel 1439 d.C., per via di alcuni tumulti interni e l'arrivo della peste in città. Si chiuse, infine, a Roma, nel 1443 d.C..

d) le tematiche discusse, anche grazie alla nutrita delegazione bizantina (intorno alle 700 unità) si orientavano verso gli argomenti ancora aperti dal Grande Scisma del 1054 d.C., già discusse nel Concilio di Lione II. Il nocciolo teologico venne ben presto abbandonato, in virtù della richiesta dell'Imperatore **Giovanni VIII Paleologo** di ottenere l'aiuto occidentale all'impero bizantino, ormai assediato dai turchi ottomani. I temi di discussione, dunque, erano teologici e politici, e l'unificazione tra Oriente e Occidente passava necessariamente dall'accordo di tutela di Costantinopoli dall'assalto ottomano: si potrebbe serenamente affermare che il problema religioso poteva essere messo da parte se si fosse confermato l'appoggio alla lotta. Così, infatti, fu e il Filioque, la dottrina sul Purgatorio, la questione delle Sacre Specie e il primato papale non sembrava più essere un problema. Con la firma, poi, del decreto *Laetentur coeli* del Luglio 1439, si giunse alla completa riunificazione tra greci e latini; simili conclusioni di unione vennero inoltre raggiunte con i siri, i copti e gli armeni. Tuttavia, però, questo accordo rimase in buona parte solo sulla carta, perché la motivazione che spingeva la parte orientale era quella di trovare un disperato alleato contro gli Ottomani, mentre dalla parte Occidentale si voleva approfittare del momento di debolezza Orientale per imporre usi, costumi e tradizion ad una realtà che digeriva male le imposizioni ecclesiastiche: difatti, Costantinopoli cadde poco dopo, nel Maggio 1453 e i risultati del Concilio non vennero ratificati, anche per il fatto che 2/3 dei vescovi e dignitari firmatari ritirarono l'appoggio e negarono l'accordo, a seguito delle minacce formali da parte dell'Impero Ottomano. Per evitare dunque di mettersi contro il potente di turno, il "coraggioso" e "leale" Impero Occidentale decise di "fare spallucce", abbandonando al loro destino le comunità bizantine, ormai rassegnate alla sottomissione ottomana, pur di non dare soddisfazione al Papato occidentale, che pretendeva un accordo di alleanza solo a condizione di imporre le sue tradizioni liturgiche e teologiche.

18) <u>Lateranense V</u> *(Roma), 1512-1517 d.C.:*

a) fu il diciottesimo concilio ecumenico;

b) venne convocato da Papa **Giulio II** e concluso da Papa **Leone X**;

c) vennero presi provvedimenti per la riforma della disciplina ecclesiastica, annullando gli atti del conciliabolo di Pisa (1511) e confermando il Concordato con Francesco I, che aboliva la Prammatica Sanzione di Bourges.

d) **venne proibita la stampa di libri privi dell'approvazione ecclesiastica, sancendo di fatto un monopolio della cultura che non fosse coerente con i dettati religiosi.**

e) **l'anima umana venne definita "immortale"**, su decisione del Concilio, contro l'opinione del filosofo ed umanista mantovano Pietro Pomponazzi, che correttamente rilevava il fatto che non esistevano prove concrete di tale assunto: per tale imposizione, venne pubblicamente bruciato il suo libro in una rogo a Venezia.

19) <u>Tridentino</u> *(Trento), 1545-1563 d.C.:*

a) fu il diciannovesimo concilio ecumenico;

b) venne tenuto in tre sessioni, in ordine, da Papa **Paolo III**, **Giulio III** e **Pio IV**, in quanto si prolungo per diversi anni;

c) venne definitivamente condannato Lutero e le sue dottrine, comprese quelle di Zwingli e Calvino, attuando una politica restrittiva di stampo religiosa, chiamata "Controriforma" (in antitesi alla Riforma luterano e calvinista). Proprio in questa operazione di opposizione alle correnti protestanti, venne arbitrariamente deciso che:

- **le "Sacre Scritture" doveva essere lette in maniera restrittiva, evitando qualunque fuga di notizie circa la presenza politeista nel testo** (es. *Elohim*, quale termine plurale per descrivere *El*), così come ribadito poi da una direttiva della Congregazione per la Dotrina nel 2008;

- **il "Peccato Originale" doveva essere considerato definitivamente un dogma, che assoggettava tutti gli individui, anche i nascituri**;

- la "Bibbia" doveva essere letta esclusivamente secondo l'interpretazione tradizionale data dai Padri della Chiesa, eliminando *ab origine* qualunque rischio di interpretativo letterale;

- venne proclamata la confessione di "Fede Tridentina" (da Tridentum, l'antico nome romano di Trento) che sintetizzava le decisioni del Concilio in materia dottrinale.

- **la "Grazia", i "Sacramenti", la "Messa", il "Culto dei Santi e delle immagini sacre" dovevano entrare a far parte, della Liturgia cattolica, diventando parte integrante del sistema religioso**, confermando di fatto le decisioni prese nel Secondo Concilio di Nicea, anche se contrarie ai dettati della Bibbia in ordine all'uso di immagini sacre, in quanto questo favoriva il rapporto imitativo con i personaggi rappresentati.

A parere dello scrivente, però, questa decisione cristallizzava la mercificazione delle immagini sacre, arricchendo le casse di chi utilizzava queste a scopi commerciali; d'altronde non possiamo dimenticare che sono gli stessi Sacri Testi che condannano l'idolatria e l'uso commerciale delle immagini sacre:

"Non ti fare scultura alcuna né immagine alcuna delle cose che sono lassù ne' cieli o quaggiù sulla terra o nelle acque sotto la terra; non ti prostrare dinanzi a tali cose e non servir loro, perché io, l'Eterno, l'Iddio tuo, sono un Dio geloso che punisco l'iniquità dei padri sui figliuoli fino alla terza e alla quarta generazione di quelli che mi odiano, e uso benignità, fino alla millesima generazione, verso quelli che m'amano e osservano i miei comandamenti."

(Esodo 20, 4-6)

"Ma il nostro Dio è nei cieli; egli fa tutto ciò che gli piace. I loro idoli sono argento ed oro, opera di mano d'uomo. Hanno bocca e non parlano, hanno occhi e non vedono, hanno orecchi e non odono, hanno naso e non odorano, hanno mani e non toccano, hanno piedi e non camminano, la loro gola non rende alcun suono. Come loro sian quelli che li fanno, tutti quelli che in essi confidano." **(Salmo 115:3-8)**

"I Filistei, dunque, presero l'arca di Dio, e la trasportarono da Eben-Ezer a Asdod; presero l'arca di Dio, la portarono nella casa di Dagon, e la posarono allato a Dagon. E il giorno dopo, gli Asdodei alzatisi di buon'ora trovarono Dagon caduto con la faccia a terra, davanti all'arca dell'Eterno. Presero Dagon e lo rimisero al suo posto. Il giorno dopo, alzatisi di buon'ora, trovarono che Dagon era di nuovo caduto con la faccia a terra, davanti all'Arca dell'Eterno; la testa e ambedue le mani di Dagon giacevano mozzate sulla soglia, e non gli restava più che il tronco." **(1 Samuele 5, 1-4)**

"Non sapete voi che gli ingiusti non erederanno il regno di Dio? Non v'illudete; né i fornicatori, né gl'idolatri, né gli adulteri, né gli effeminati, né i sodomiti, né i ladri, né gli avari, né gli ubriachi, né gli oltraggiatori, né i rapaci erederanno il regno di Dio." **(1 Corinzi 6, 9-10)**.

A tal stoccata di fendente, la Chiesa Cattolica (solitamente) risponde che occorre leggere tutta la Bibbia e non solo i brani che conducono ad una verità (presunta assoluta); difatti, nell'**Esodo** (**versetto 5**) si può leggere: *"Non ti prostrerai davanti a loro e non li servirai"*. Pertanto, secondo la visione dottrinale, non è punito il possesso o la commercializzazione delle immagini e delle statuette, quanto più l'idolatria, ovvero l'adorazione delle immagini e delle divinità pagane (gli idoli), in contrasto con l'unica verità portata dal Dio Jahweh. Di contro, a tale posizione, si potrebbero riportare nuovamente i passi sopracitati: lo scrivente preferisce invece rimarcare l'astuta furbizia dei componenti del Concilio che, per non perdere la commercializzazione delle immagini e delle statuette, si sono scagliati solo e soltanto contro gli idoli di pietra pagani e non anche contro qualunque forma di idolatria in senso più ampio, ovvero tutte le immagini che raffigurerebbero un'entità diversa da *Jahweh*. E' un'amara verità ma d'altronde va necessariamente presa in considerazione, rileggendo proprio tutta la Bibbia, dove emerge chiaramente il carattere autoritario, geloso e possessivo del Dio tanto amato dai Cristiani: Jahweh. Andando al capitolo dedicato alla sua personalità, capiremo immediatamente che l'idea iniziale era quella non di vietare il culto pagano (e basta), frutto tra l'altro di una trasposizione successiva al Cristianesimo delle Origini, ma qualunque culto che non fosse riferito a lui (e in particolar modo quelli a favore degli altri Elohim, suoi avversari). Il Paganesimo[43], inteso come culto e non come contenitore di tradizioni ancestrali, è infatti storicamente successivo all'anno zero e dunque, essendo l'Antico Testamento ambientato prima dell'avvento di Cristo, ben poco poteva far riferimento solo ad un culto successivo. Jahweh sicuramente faceva riferimento a qualunque culto e mercificazione di immagini diverse dalla sua, in perfetta coerenza con il dettato letterale che disegna nell'Antico Testamento la sua personalità iraconda, gelosa e vendicativa.

20) *Vaticano I (Roma), 1869-1870 d.C.:*

a) fu il ventesimo concilio ecumenico;

b) venne indetto da Papa **Pio IX** e sospeso a seguito dell'Unificazione d'Italia e **venne confermata l'"infallibilità" del Papa**, pronunciata dal precedente Concilio, condannando il materialismo (a parole) e il tentativo di razionalizzare la fede e la rivelazione. Dio è dunque il creatore di tutto.

21) *Vaticano II (Roma), 1962-1965 d.C.:*

a) fu il ventunesimo concilio ecumenico;

b) venne indetto da Papa **Giovanni XXIII** e venne presa una linea nettamente più morbida rispetto al passato, anche in virtù del fatto che i tempi stavano cambiando e il potere politico nazionale e sovranazionale era nettamente più insistente rispetto al potere religioso, ormai relegato in un secondo piano nello scacchiere mondiale (anche se continua a detenere il potere economico e si permettere di ingerire negli affari altrui, condotta vietata da un principio internazionale). Su tale base, venne proclamata la tolleranza verso le confessioni non cristiane. Inoltre, vennero potenziate le prerogative collegiali

---

[43] Definizione tratta da: https://it.wikipedia.org/wiki/Paganesimo.
"Il termine *paganus* iniziò ad essere adottato dai cristiani dell'Impero per riferirsi a tutti i non cristiani, in particolare a coloro che continuavano a rimanere fedeli alle loro tradizioni religiose politeiste, a partire dal IV secolo d.C.. Nella terminologia cristiana il suo significato e utilizzo corrisponde al biblico *gentile*. Il termine "paganesimo" è introdotto nella lingua italiana a partire dalla metà del XIV secolo d.C. e deriva dal termine "pagano" introdotto in questa lingua a partire dalla seconda metà del XII secolo d.C.. Il termine "pagano" deriva a sua volta dal latino *pagānu(m)* dove indica il "civile", il "campagnolo", contrapposto al "militare". *Pagānus* deriva a sua volta dal termine sempre latino di *pāgus* (villaggio)".

dell'episcopato nei confronti della curia romana e venne valorizzata la funzione dei laici dentro la Chiesa (anche se questi ultimi non avranno mai poteri decisionali e definitori). Come Appendice del Concilio, infine, l'*Enciclica Humanae Vitae*, emanata dal Papa **Paolo VI**, nel 1968, si riformularono parte dei principi della liturgia cattolica, istituendo poi le "Commissioni conciliari".

Capitolo 3:
Le nuove evoluzioni religiose e il bisogno di credere in qualcosa di trascendente

3.1. "Sette" e "Movimenti": origini, classificazioni e distinzioni

La *"Religione"*, come abbiamo visto nei due capitoli precedenti, è il termine che abbraccia due concetti distinti:

1) l'insieme delle credenze, dei vissuti e dei riti che coinvolgono l'essere umano (o una comunità), nell'esperienza di ciò che viene considerato "sacro", in modo speciale con la divinità;

2) l'insieme di contenuti, riti, rappresentazioni che, entrano a far parte di un determinato culto religioso.

Esistono però decine di correnti religiose e filoni spirituali, che dobbiamo preliminarmente conoscere se vogliamo affrontare lo studio delle "sacre scritture"; per macroaree generali, possiamo distinguerli come segue:

a) Le *correnti animiche* (o **Animismo**), dall'antropologo Edward Burnett Tylor, che nel 1871 utilizzo questo termine per indicare la prima forma di credenza spirituale (anima) riscontrata in oggetti o luoghi. Oggi è un termine che non si usa più, se non per fare riferimento ad una generalizzazione in assenza di altri specifici termini; tuttavia, è forte nelle credenze dell'Africa sub-sahariana, delle aree afro-brasilianee dell'Oceania.

b) Le *correnti divine* (o **Deismo**), dal teologo calvinista Pierre Viret, che nel 1564 utilizzo il termine per indicare i gruppi che si opponevano agli "ateisti". Caduto in disuso, il termine ancora oggi rispecchia le credenze legate al culto massonico e dell'essere supremo, rigettando il concetto di Gesù Cristo (preferendo l'ipotesi dell'Essere Supremo).

c) Le *correnti enoteiche* (o **Enoteismo**), dal filosofo Friedrich Schelling, che nel 1842 utilizzo il termine per descrivere il "Monoteismo solitario", inteso non come culto di un solo Dio creatore del tutto ma come entità divina evocata in singola e quindi preferita e privilegiata alle altre, facendo diventare principale. Il termine oramai è in disuso, anche se in alcuni culti pagani riecheggia ancora proprio nelle evocazioni.

d) Le *correnti monoteiste* (o **Monoteismo**), ovvero caratterizzate dalla presenza del culto di un solo Dio creatore di tutto, in opposizione alla pluralità di entità superiori. Tipici esempi sono il Cristianesimo, l'Ebraismo e l'Islam.

e) Le *correnti panteistiche* (o **Panteismo**), che propugnano la compenetrazione di Dio in tutte le cose. Oggi il termine "Panteismo" è utilizzato in maniera descrittiva per individuare quei credi religiosi, o filosofico-religiosi, che individuano una divinità che abbraccia ogni cosa, ovvero Dio che compenetra ogni aspetto e luogo dell'universo rendendo così sacro ogni aspetto dell'esistente, anche quello naturale.

f) Le *correnti politeiste* (o **Politeismo**), dal giurista Jean Bodin, che nel 1580 lo coniò riprendendo i concetti dell'Antica Grecia. Letteralmente "molti Déi", indica proprio l'esistenza di un gruppo di Déi che esistono contemporaneamente, e tutti destinatari di più culti.

E' "settario", dunque, qualunque contesto organizzativo che abbia le caratteristiche di segretezza e illiceità della condotta: pertanto, anche le organizzazioni politiche, militari, filosofiche e sociali che abbiano questi connotati (senza rilevare l'aspetto religioso) possono essere considerate "sette".

Già da questo passaggio si comprende bene come le condizioni da prendere in esame siano quattro:

a) l'elemento *soggettivo*;
b) l'elemento *oggettivo*;
c) l'elemento *strutturale*;
d) l'elemento *operativo*.

Vediamo nel dettaglio:

a) l'elemento *soggettivo* riguarda il rapporto tra la figura del leader e gli adempti;

b) l'elemento *oggettivo* riguarda il connotato di segretezza e illiceità delle condotte;

c) l'elemento *strutturale* riguarda l'organizzazione gerarchica dei vertici;

d) l'elemento *operativo* riguarda gli scopi che persegue ogni singola setta.

Il termine "setta" (dal latino *secta*, da *sequi*, seguire, seguire una direzione, e da *secare*, tagliare, disconnettere) tende a comunicare l'immagine di un'organizzazione statica, tuttavia non è affatto così; le sette sono gruppi con un enorme polimorfismo.

Seguendo l'analisi di **Bernard Fillaire**, illustre saggista che descrive le convinzioni che stanno alla base delle varie sette, tre sono i fattori che entrano in gioco nell'etichettare un gruppo di persone come una setta:

a) *origine del gruppo e ruolo del leader*;
b) *struttura del potere o relazione tra il leader e i seguaci*;
c) l' *uso di un programma coordinato di persuasione*
(che viene definito riforma del pensiero, plagio, o ancora più comunemente "lavaggio del cervello").

Che differenza c'è, però, tra "setta" e "movimento"?

Riprendendo i concetti sopracitati, in tema di culto settario, non è sicuramente un aggregato (come la setta) ma un'associazione, cioè una forma aggregativa o formazione sociale riconosciuta dalla legge, quindi tutelata e non costituita in violazione di essa; può essere un'associazione non riconosciuta o riconosciuta, una fondazione, un comitato o un'associazione senza scopo di lucro (ONLUS) ed è caratterizzata per essere garantita dall'**art. 18 della Carta Costituzionale**, purché non sia costituita segretamente o abbia fini bellici e militari o sia contraria ai principi dell'ordinamento giuridico, alle libertà fondamentali costituzionali, alla legge, all'ordine pubblico, al buon costume ed alla sanità pubblica.

Gli elementi costitutivi del movimento associativo, nel dettaglio, sono:

a) la collettività di persone fisiche e giuridiche che si riuniscono per un certo tempo e per il raggiungimento di un determinato fine (c.d. *elemento soggettivo*);

b) l'esistenza dello scopo comune a cui devono tendere tutte le attività sociali (c.d. *elemento teleologico*);

c) l'apporto contributivo dato in denaro o prestazione lavorative, che tutti gli associati devono corrispondere (c.d. *elemento oggettivo*);

d) la struttura associativa data dall'organizzazione e dalle nomine delle cariche sociali (c.d. *elemento materiale*);

e) la volontà di costituire l'associazione, con l'adesione dei singoli membri / adepti (c.d. *elemento volontaristico*).

Essendo il fenomeno settario quindi, così vasto, in prima istanza risulta difficile dare una classificazione delle tipologie dei movimenti e delle sette esistenti; tuttavia secondo gli studi teorici sul campo è possibile delineare per lo meno una classificazione generale dei "movimenti", in 4 tipologie[44]:

a) *movimenti d'innovazione occidentale*;

b) *movimenti di derivazione cristiana*;

c) *movimenti di ispirazione orientale*;

d) *movimenti di ispirazione magica*.

Movimenti d'innovazione occidentale

A questo gruppo appartengono i gruppi sorti nell'ultimo trentennio del XX secolo, dunque: *"movimenti per lo sviluppo del potenziale"* o *"psico-sette"*, in quanto si basano su presupposti scientifici dai tratti illuminanti e innovativi e toccano la conoscenza umana in tema di cosmo, rapporti interpersonali, salute e malattie.

All'interno di questa categoria così eterogenea troviamo anche le correnti afferenti all'ideologia *"New Age"*, il contenitore di tutte

---

[44] **Giulio Perrotta**, *Manuale di Criminologia Esoterica*, II ed., Primiceri Editore, 2016.
Giulio Perrotta - Stefano Pais, *L'Indagine Investigativa*, I ed., Primiceri Editore, 2015.

quelle tecniche e terapie (a pagamento) che spaziano dallo Yoga allo Zen, dalla psicoterapia fai-da-te alla dietologia e all'alimentazione integrata alternativa, dalla medicina alternativa e non ufficiale alla meditazione spirituale, incrementando il piano spirituale e l'autocoscienza di sé, anche affrontando i "viaggi astrali" o sottoponendosi alla pratica di "channelling".

In queste realtà settarie, la dimensione mistica è parecchio spiccata, anche se spesso i temi trattati sono ben diversi dal culto delle origini e scadono spesso in superstizioni e fantasie dei leader, che attira i nuovi adepti mirando la curiosità e giocando sul fatto che nella vita dello stesso ci sia un vuoto da colmare. Non è nuova infatti la pratica di destrutturare le loro menti per arricchirsi ingiustificatamente ai danni degli stessi.

Il gruppo *Scientology* è sicuramente uno degli esempi più controversi all'interno del culto settario moderno, arrivando ad attirare a sé molte star del cinema e della vita politica, mescolando principi di gnosticismo con fantasie che sfiorano la fantascienza.

Il fondatore fu **Ron Hubbard** (1911-1986), scrittore di fantascienza il quale agli inizi degli anni '50 del XX secolo presentò la *Dianetica*, un sistema complesso basato sulla teoria degli "*engrammi*", ovvero i ricordi di esperienze passate negative ed angosciose), che impediscono di godere della nostra vita al pieno: scopo del progetto era quello di lavorando su questi ricordi traumatici, cancellandoli attraverso una tecnica innovativa, ritrovare il giusto giovamento psico-fisico. Questa teoria si unì poi a tutta una serie di credenze spirituali soggettive, che modificarono la struttura percettiva dell'organizzazione, facendola diventare un vero e proprio movimento "religioso": "*thetan*", lo spirito che viene ad unirsi al corpo poco dopo il parto e che sopravvive alla morte fisica, è il motore centrale e il processo di purificazione è ovviamente a pagamento. La fondazione ha sedi in tutto il mondo ed è spesso oggetto di critiche aspre da parte di ex adepti.

Movimenti di derivazione cristiana

Tali gruppi seguono ciecamente i principi e i dettami imposti dalla

Chiesa Apostolica Romana, vista come un'istituzione rigida chiusa e operante censura e oppressione.

I membri di tali gruppi condividono con il Cristianesimo solo alcune tematiche legate all'antico e nuovo testamento, mentre sono in aperta opposizione sulle concezioni teologiche, sui percetti e le liturgie, tanto che questi gruppi vengono spesso definiti "sette cristiane".

Appartengono a questa categoria capillarizzatain tutto il mondo:
a) *Movimenti apocalittico-mille-naristi*;
b) *Gruppi antipapisti e scismatici*;
c) *Gruppi profetico-messianici*;
d) *Sincretismi cristiani (ovvero fusioni con altri culti)*;
e) *False chiese.*

Movimenti di ispirazione orientale

Riveste una parte consistente del fenomeno settario, distinguendosi in:
a) *Movimenti creati da occidentali suggestionati dal fascino della cultura orientale*;
b) *Movimenti sorti in Oriente ed importanti in Occidente dai maestri orientali, per poter diffondere e portare avanti la propria tradizione ed ideologia*;
c) *Gruppi orientalisti fondati da "guru" italiani.*

Tutte queste tipologie sono solo in apparenza in linea con le pratiche e le dottrine rituali orientali; in realtà, infatti, mostrano lineamenti e caratteri palesemente occidentalizzati, adattati agli stili di vita moderni. Tra tutti, i seguaci di **Osho**, chiamati gli "Arancioni" ed ancora oggi molto attiva (si stimano circa tre milioni di seguaci in tutto il mondo) nonostante la morte del loro leader avvenuta pochi anni fa.

Movimenti di ispirazione magica

Pur essendo sociologicamente simili a quelli "religiosi", secondo **Perez** vanno ad affondare le loro basi teoriche sulla dimensione trascendente; infatti, l'ideologia di base abbracci i principi esoterici del culto delle origini, travisandone completamente i contenuti e adattandoli alla modernità e alle tradizioni che nei secoli sono state già brutte copie del passate.

In particolare, per **Spezi**, si punta a:

a) l'apprendimento approfondito di un sapere antico, attraverso lo studio rivisitato e modificato dell'*esoterismo*, della *magia iniziatica e cerimoniale*, del *satanismo* e dell'*occultismo*);

b) la comunicazione diretta o indiretta con entità umane, divine e trascendenti o comunque spiritiche e ufologiche;

c) il contatto diretto con le energie vitali della natura e con le forze occulte, al fine di potersi ritrovare in sintonia con l'Universo (tipici concetti del *Neopaganesimo* e della *New Age*).

E di "Sette"? Quante ne esistono?

Qui il discorso di complicherebbe, conducendosi fuori tema, essendo caratterizzate (le sette) dal connotato di segretezza.

Abbiamo dei dati, alcuni ufficiali e altri ufficiosi, comunque sommari rispetto al reale contesto fenomenologico: la verità è che nessuno potrà mai dire quante sette esistono e quelle conosciute sono tali perché alcuni affiliati interni, in fase di espulsione (più o meno volontaria), hanno deciso di parlare, raccontando le loro esperienze.

Per il discorso che stiamo affrontando, non è necessario approfondire questa tematica in questa sede.

3.2. I culti religiosi più conosciuti, tra passato e presente

Vediamo adesso la religione "Cristiana" nel quadro generale, contestualizzandola da un punto di vista temporale e geografico.

Tra le *"Religioni"* più diffuse nel pianeta troviamo sommariamente, in ordine alfabetico:

1) Il ***Buddhismo*** è originato dagli insegnamenti dell'asceta indiano Siddhartha Gautama (V-VI secolo a.C.).

E' il termine che indica l'insieme di tradizioni, sistemi di pensiero, pratiche e tecniche spirituali, individuali e devozionali, lontano dai culti deistici, fino a diventare una vera e propria dottrina filosofica dell'uomo di natura ateistica.

Nacque in India e si diffuse in tutto l'Oriente, giungendo nel XIX secolo anche in Occidente.

Il nocciolo della fede buddhista è raccolta nelle "quattro nobili verità": la presenza della sofferenza e la sua comprensione; l'origine della sofferenza e il concetto di desiderio; la cessazione della sofferenza; il sentiero della cessazione della sofferenza per arrivare alla felicità.

2) Il ***Confucianesimo*** è originato dagli insegnamenti del filosofo cinese Confucio (IV secolo a.C.) e raggruppa tutta una serie di dottrine filosofiche, morali e politiche.

Si oppone alla corruzione e predilige aspetti legati all'esperienza umana (felicità, saggezza, rispetto, onore, rapporti sociali e decoro), evitando le questioni soprannaturali.

Con il tempo si diffonderà anche in Corea, Vietnam e Giappone.

3) Il ***Cristianesimo*** è originato dal Giudaismo nel I secolo d.C., sul presupposto dell'esistenza di Gesù Cristo, fondando la propria fede sulle sue predicazioni, narrate da diversi redattori che molto spesso non lo hanno nemmeno conosciuto. Il "Cristianesimo delle origini" si presenta con il duplice aspetto di *giudeo-cristianesimo* (in quanto ritenevano che solo i circoncisi potevano essere salvati) ed *etnocristianesimo* (o cristianesimo dei *Gentili,* che comunque devono osservare la legge di Mosè), come si desume dai racconti degli Atti di Luca e da alcune Lettere di Paolo (Galati e Corinzi). I cristiani assunsero dal Giudaismo le sue Sacre scritture, definite poi "Antico Testamento", nella versione greca, attingendo da diversi culti e dottrine, localizzate intorno alla "Terra Santa" (vedi Mitra e il culto egizio).

Il Cristianesimo, inteso come religione distinta da quella ebraica, invece iniziò a delinearsi dopo il *"Sinodo di Jamnia",* in cui venne presa posizione decisa circa l'estraneità della"Via" dall'ebraismo, a partire dalla seconda metà del II secolo d.C..

Successivamente, la Chiesa post apostolica lentamente si organizzerà attorno ai 5 patriarcati: Roma, Costantinopoli, Alessandria, Antiochia e Gerusalemme.

I fondamenti sono il riconoscimento di Gesù come il "Cristo" (l'unto) -Dio fatto uomo-, la Trinità, la salvezza dell'umanità e l'amore verso quest'ultima.

Con i vari scismi, il Cristianesimo si è poi separato in Cattolicesimo, Ortodossia e Protestantesimo.

4) l'*Ebraismo* è originato in Israele nel IV secolo a.C., fondando il pensiero religioso sul rapporto di Dio con il suo popolo (grossomodo le Terre di Israele, chiamate Canaan).

Si ritiene che Abramo fosse il primo padre del popolo ebraico (e da lì gli Abramiti).

La tradizione rabbinica sostiene che i dettagli e l'interpretazione della legge, chiamata "Torah Orale" o "Legge Orale", erano in origine una tradizione non scritta basata su ciò che Dio aveva detto a Mosè sul Monte Sinai.

5) l'*Induismo* è originato nella Valle dell'Indo (Nord-Ovest dell'India) nel 4 mila a.C. ma il termine è moderno, e abbraccia oggi una serie di correnti religiose, devozionali, metafisiche e teologiche. Deriva dal termine *"hindū",* ovvero il fiume Indo.

I sette punti che un induista deve seguire in maniera puntuale sono:
a) l'accettazione rispettosa dei *Veda*;
b) lo spirito di tolleranza e buona volontà;
c) l'accettazione dei sistemi cosmici universali (i *yuga* - periodi);
d) l'accettazione della fede induista;
e) il riconoscimento che i mezzi e i modi di raggiungere la salvezza sono molteplici;
f) la comprensione della verità, che non passa necessariamente nel credere anche alle *Murti* (ovvero le rappresentazioni delle divinità);
g) approccio spiritualista al Karma.

6) L'*Islam* è originato nel VII secolo d.C. grazie a Maometto, considerato dai musulmani l'ultimo profeta mandato da Dio.

I cinque doveri assoluti per ogni musulmano sono:

a) la testimonianza di fede nei confronti di Allah, recitata con comprensione del suo significato e in totale sincerità (*shahada*);

b) l'effettuazione di 5 volte della preghiera canonica (*salat*);

c) il versamento in denaro del 2,5% del reddito annuo, da devolvere ai poveri per chi può permetterselo economicamente (*zakat*);

d) il digiuno durante il mese lunare di Ramadan -nono mese dell'anno- per celebrare la rivelazione dell'Angelo Gabriele a Maometto (*ramadan*);

e) il pellegrinaggio canonico alla Mecca, nel mese lunare di Dhul-hijja, ma solo per chi può sostenerlo economicamente.

In alcuni ambienti arabi fondamentalisti, come la parte estrema sunnita, poi, si aggiunge un sesto pilastro da tenere sempre presente, ovvero l'impegno sacro armato (*jihad*).

7) Lo ***Shintoismo*** è originato in Giappone nel VI secolo d.C. e prevede l'adorazione dei *kami*[45], dunque, tutti gli spiriti naturali che si trovano intorno a noi. Rientra in questa religione il concetto di

---

[45] I Kami sono tutti gli spiriti della natura, intesi come energia cosmica universale.
Tratto da: https://it.wikipedia.org/wiki/Shintoismo

"trinità shintoista", intesa non come nel culto cristiano (Padre, Figlio e Spirito Santo) ma come "*In*" e "*Yo*" -ovvero i due poli- e il "*Yuan*", e l'interazione tra i due come terzo elemento di unione e presenza del "divino".

<<[…] La parola *Shinto* ha origine nel VI secolo quando divenne necessario distinguere la religione nativa del Giappone da quella buddista di recente importazione, prima di quell'epoca non pare esserci stato un nome specifico per riferirsi ad esso. *Shinto* è formato dall'unione dei due kanji: 神 *shin* che significa "divinità", "spirito" (il carattere può essere anche letto come *kami* in giapponese ed è a sua volta formato dall'unione di altri due ideogrammi 示 "altare" e 申 "parlare, riferire"; letteralmente ciò che parla, si manifesta dall'altare. 申 ne determina anche la lettura) e 道 *to* in cinese Tao ("via", "sentiero" e per estensione; in senso filosofico rende il significato di pratica o disciplina come in Judo o Karatedo o ancora Aikido). Quindi, *Shinto* significa letteralmente "via del divino".[3][1] In alternativa a *Shinto*, l'espressione puramente giapponese -con il medesimo significato- per indicare lo Shintoismo è *Kami no michi*.[4] Il termine "shinto" viene adoperato anche per indicare il corpo del nume, ovvero la reliquia presso cui il kami partecipa materialmente (per esempio una spada sacra). Nella seconda metà del XIX secolo, nel contesto del Rinnovamento Meiji fu elaborato lo *Shinto di Stato* (国家神道 *Kokka Shintō?*), che mirava a dare un supporto ideologico e uno strumento di controllo sociale alla classe dirigente giapponese, e poneva al centro la figura dell'imperatore e della dea Amaterasu, progenitrice della stirpe imperiale. Lo Shinto di Stato fu smantellato alla fine della seconda guerra mondiale, con l'occupazione del Giappone. Alcune pratiche ed insegnamenti shintoisti che durante la guerra erano considerati di grande preminenza ora non sono più insegnati o praticati mentre altri rimangono grandemente diffusi come pratiche quotidiane senza però assumere particolari connotazioni religiose, come l'Omikuji (una forma didivinazione) […] >>[46].

---

[46] Tratto da: https://it.wikipedia.org/wiki/Shintoismo

Capitolo 4:
I testi apocrifi

4.1. Premessa e contestualizzazione

Il discorso non potrebbe essere completo in assenza di una trattazione, anche generale, sui *"Vangeli apocrifi"* (definiti così dai primi cristiani). Tali scritti rappresentano un gruppo di testi eterogeneo a carattere religioso che si riferiscono alla figura di Gesù Cristo; tuttavia, non fanno parte del canone tradizionale in quanto ritenuti lontani dalla visione comunemente accettata, sia per la forte presenza esoterica dei testi (in contraddizione all'ortodossia cristiana), sia perché sono portatori di un carattere misterico, più vicino alle credenze pagane.

Sono testi parziali, a firma di apostoli, discepoli e simpatizzanti del culto, che rappresentano il prodotto di una serie molteplice di azioni finalizzate ad obiettivi storici, dottrinali, devozionali e liturgici, sempre con l'idea generale di diffondere la dottrina. Come correttamente rilevato da **Bergier**, nel suo *Dizionario di Teologia*, parlando del significato di "apocrifo", scrisse: <<[...] *I cristiani applicarono alla voce apocrifo una significazione diversa da quella dei Gentili e degli Ebrei, usandola per indicare qualunque libro dubbio, d'autore incerto, sulla cui fede non si può far fondamento* [...]>>. Ancora, **Thilo**, nel suo *Codex apocryphus Novi Testamenti* riorganizza la materia, mentre **Schneemelcher** contestualizzò meglio il termine definendoli: <<[...] *scritti non accolti nel canone, ma che, mediante il titolo o altri enunciati, avanzano la pretesa di possedere un valore equivalente agli scritti dei canone, e che dal punto di vista della storia delle forme prolungano e sviluppano i generi creati e accolti nel Nuovo Testamento, non senza peraltro la penetrazione anche di elementi estranei* [...]>>, poi parzialmente riveduta grazie alle istanze di **Junod** che propose di sostituire alla designazione "Apocrifi del Nuovo Testamento" quella di "Apocrifi cristiani antichi".

In linea generale e macroscopica, possiamo distinguere le produzioni apocrife in:

a) gli *"apocrifi di origine giudeo-cristiana"* o *"apocrifi del giudaismo cristiano"*, ovvero testi prodotti tra le prime comunità cristiane che ponevano l'osservanza della legge mosaica come elemento discriminante, erano credenti in Gesù e appartenenti alla chiesa madre di Gerusalemme. Tra essi vengono annoverati la Didaché, la Lettera di Clemente romano ai Corinzi e il pastore di Erma. Alcuni sostengono che in questo gruppo vadano ricompresi anche il vangelo degli Ebrei, il vangelo dei Nazarei e il vangelo degli Ebioniti.

b) gli *"apocrifi gnostici"*, ovvero i testi che si diffusero nel II e III secolo d.c., contenenti gli insegnamenti esoterici di Gesù o degli apostoli riservato ai soli iniziati. Tra questi scritti troviamo il Vangelo greco degli Egiziani, il Vangelo di Mattia, il vangelo di Maria Maddalena, l'Apocrifo di Giovanni, la Sophia di Gesù, il vangelo di Tommaso (copto) e il vangelo di Pietro.

c) gli *"apocrifi di origine ecclesiastica"*, ovvero i testi contrari alla dottrina più rigorosa del culto. Tra essi annoveriamo il Protovangelo di Giacomo e gli Atti di Paolo e Tecla.

Tuttavia, vedremo nel dettaglio, qui di seguito, come la classificazione generalmente accettata soffra di una certa "imprecisione" tecnica, in quanto molti testi sono frammenti su papiro (o pergamene) e altri sono andati ormai persi, se non riportati in alcune citazioni testuali, senza alcuna possibilità di effettuare oggettivi raffronti, rendendo l'analisi delle informazioni carpite una vera e propria operazione che in diritto prenderebbe il nome di *"probatio diabolica"* (ovvero la quasi impossibilità nel dimostrare la provenienza della proprietà di un dato bene): in tal caso, si schierebbe soltanto di interpretare un testo in maniera soggettiva, arrivando a conclusioni magari non coerenti con le prove storiche e archeologiche. Vanno comunque presi in considerazione, al fine di approfondire il quadro sistematico delle prove in nostro possesso.

4.2. I testi apocrifi

Vediamo nel dettaglio[47] i principali testi apocrifi, tenuto conto che l'esatto numero cambia di volta in volta, rispetto alle scoperte occasionali, come per i manoscritti del Mar Morto (Qumran - Israele) e i testi di Nag Hammâdi (Egitto):

Vangeli apocrifi dell'infanzia

1) il *"Protovangelo di Giacomo"* o *"Vangelo dell'Infanzia"* o *"Vangelo di Giacomo"*, attribuito all'Apostolo Giacomo (ovvero il primo Vescovo di Gerusalemme). Redatto in lingua greca nella metà del II secolo d.C., narra della miracolosa nascita di Gesù dal grembo di Maria (esaltando la verginità di Maria), del rapporto tra Giuseppe e Maria e dell'infanzia del figlio di Dio al tempio di Gerusalemme.

2) il *"Codice Arundel 104"* o *"Liber de Infantia Salvatoris"*, a firma sconosciuta. Redatto in latino nel XIV secolo d.C., narra della miracolosa nascita di Gesù dal grembo di Maria (esaltando la verginità di Maria), del rapporto tra Giuseppe e Maria e dell'infanzia del figlio di Dio al tempio di Gerusalemme. Risulta dunque essere una variante tardiva del Protovangelo di Giacomo.

3) il *"Vangelo dell'infanzia di Tommaso"*, attribuito all'Apostolo Tommaso. Redatto in lingua greca nella metà del II secolo d.C., presenta accenni gnostici sulla vita di Gesù.

4) il *"Vangelo dell'infanzia di Matteo"*, attribuito all'Apostolo Matteo. Redatto in latino nel XIII-IX secolo d.C., narra delle vicende presenti nel Vangelo di Giacomo, arricchite dalla fuga dall'Egitto e dei racconti dei vari miracoli di Gesù dai 5 ai 12 anni.

5) il *"Vangelo arabo dell'infanzia"*, attribuito al sommo Sacerdote Caifa. Redatto in arabo e siriaco nel XIII-IX secolo d.C., narra della nascita di Gesù, della fuga dall'Egitto e dei suoi miracoli, tra i 5 e i 12 anni.

---

[47] Tratto da: https://it.wikipedia.org/wiki/Vangeli_apocrifi.

6) il "*Vangelo armeno dell'infanzia*", a firma sconosciuta. Redatto in armeno nel XIX secolo d.C. su materiale precedente, narra della nascita di Gesù, della fuga dall'Egitto e dei suoi miracoli, tra i 5 e i 12 anni.

7) il "*Libro sulla natività di Maria*", a firma sconosciuta ma tradotto da Girolamo. Redatto in latino nel XIII-IX secolo d.C., narra della miracolosa nascita di Gesù dal grembo di Maria (esaltando la verginità di Maria) e del rapporto tra Giuseppe e Maria. In sostanza, una rielaborazione riassuntiva dei primi 11 cc. del Vangelo di Matteo.

8) la "*Storia di Giuseppe il falegname*", a firma sconosciuta. Redatto in copto e arabo, tra il V e il IX secolo d.C., narra del matrimonio di Giuseppe e Maria, della nascita di Gesù e della descrizione dettagliata della morte di Giuseppe. In sostanza, una rielaborazione del Vangelo di Giacomo e di Tommaso.

Vangeli giudeo-cristiani, *ovvero tre diciture diverse di un unico testo derivato dal Vangelo di Matteo. Non c'è giunta traccia di loro ma sono citati in alcune testimonianze indirette e occasionali fornite da alcuni Padri della Chiesa*

9) il "*Vangelo degli Eboniti*", a firma sconosciuta. Redatto in aramaico nel II secolo d.C., narra della nascita verginale di Gesù dal grembo di Maria.

10) il "*Vangelo dei Nazarei*", a firma sconosciuta. Redatto in aramaico nel II secolo d.C., narra della nascita verginale di Gesù dal grembo di Maria.

11) il "*Vangelo degli Ebrei*", a firma sconosciuta ma probabilmente redatta da un gruppo di giudeo-cristiani in Egitto, utilizzando l'aramaico nel II secolo d.C.. Narra, anch'esso, della nascita verginale di Gesù dal grembo di Maria.

Vangeli gnostici

12) il "*Libro di Giovanni l'Evangelista*" o il "*Libro segreto di Giovanni*" o il "*Libro della Rivelazione Segreta di Giovanni*", attribuito all'Apostolo Giovanni l'Evangelista. Redatto in copto

nella metà del II secolo d.C. e comunque entro il 185 d.C., narra allo scrivente della rivelazione segreta di Gesù risorto, sulla creazione, caduta e redenzione dell'umanità. Nel testo troviamo molti elementi gnostici, come: la tripartizione degli uomini in "terreni", "psichici" e "spiri-tuali"; la creazione del demiurgo; i sette eoni[48]; la dicotomia tra luce e oscurità; la divinità intrappolata nell'uomo mortale. Questo testo gnostico, citato da Ireneo, si riteneva fosse perduto, fino al ritrova-mento di tre distinte versioni tra i codici di Nag Hammâdi.

---

[48] <<[...] Gli "eoni", in molti sistemi gnostici, rappresentano le varie emanazioni del Dio primo, noto anche come l'Uno, la Monade, Aion Teleos (l'Eone Perfetto), Bythos (greco per Profondità), Proarkhe (greco per Prima dell'Inizio), Arkhe (greco per Inizio). Questo primo essere è anch'esso un eone e contiene in sé un altro essere noto come Ennoia (greco per Pensiero), o Charis (greco per Grazia), o Sige (greco per Silenzio). L'essere perfetto, in seguito, concepisce il secondo ed il terzo eone: il maschio Caen (greco per Potere) e la femmina Akhana (Verità, Amore). Gli Eoni, ad uno sguardo superficiale potrebbero essere equiparati agli angeli ebraico-cristiani, ma in quanto emanazioni (e non "creazioni") del Dio primo, l'Uno, il Principio, l'Origine, e quindi in quanto esseri divini a tutti gli effetti e non semplicemente spirituali (quali sono gli angeli ebraico-cristiani) sono in realtà equiparabili più correttamente agli Dèi Ipercosmici (cioè "al di là del Cosmo", quindi Dèi risiedenti nell'Iperuranio, l'insieme dei Mondi superiori, il "Paradiso") o Iperuranici del Neoplatonismo. Lo stesso nome Aion o Aeon era il nome di un'antica divinità microasiatica del Tempo e dell'Eternità, fu usato come nome della divinità leontocefala del Mithraismo che aveva lo stesso significato. Platone usa il termine Aion per denotare l'Eternità del Mondo delle Idee, nel suo Mito della caverna. Gli eoni erano spesso rappresentati in coppie maschio/femmina dette sizigie, il cui numero frequentemente raggiungeva le 20-30. Due degli eoni più comunemente citati erano Cristo e Sophia. Gli eoni, nel loro insieme, costituivano il pleroma, la "regione della luce". Le regioni più basse del pleroma erano anche quelle più vicine all'oscurità, ovvero al mondo fisico. Quando un eone chiamato Sophia emanò senza il suo eone partner, il risultato fu il Demiurgo, o mezzo-creatore (nei testi gnostici a volte chiamato Yalda Baoth), una creatura che non sarebbe mai dovuta esistere. Questa creatura non apparteneva al pleroma, e l'Uno emanò due eoni, Cristo e lo Spirito Santo, per salvare l'umanità dal Demiurgo. Cristo prese poi la forma della creatura umana Gesù in modo da poter insegnare all'umanità la via per raggiungere la gnosi: il ritorno al pleroma. Anche il Vangelo di Giuda, recentemente scoperto, tradotto e poi acquistato dalla National Geographic Society menziona gli eoni e parla degli insegnamenti di Gesù al loro riguardo. Secondo l'opera di Quinto Settimio Fiorente Tertulliano Contro i Valentiniani (latino: Adversus Valentinianos), capitolo VII e VIII, lo gnostico Valentino parlava di 30 eoni diversi che si erano emanati l'un l'altro in sequenza. Secondo l'opera di Sant'Ireneo di Lione Contro le eresie, libro 1, capitolo 12, invece, i seguaci degli gnostici Tolomeo e Colorbaso parlavano di eoni diversi da quelli di Valentino. Logos nacque quando Anthropos imparò a parlare. Logos e Zoe sono elementi caratteristici di questo sistema che, se comparato al precedente, può esserne considerato una versione evoluta comprendente 34 eoni. Non è chiaro, comunque, se questi due fossero davvero considerati eoni [...]>>.
Tratto da: https://it.wikipedia.org/wiki/Eone_(teologia).

13) il *"Dialogo del Redentore"* o *"Dialogo del Salvatore"*, a firma sconosciuta. Redatto in copto nel II secolo d.C., narra dei dialoghi tra Gesù e i suoi discepoli sulla cosmologia gnostica, con tratti antifemministi. Questo testo gnostico si riteneva fosse perduto, fino al ritrovamento tra i codici di Nag Hammâdi.

14) il *"Libro segreto di Giacomo"*, attribuito all'Apostolo Giacomo. Redatto in copto nel II secolo d.C., narra della rivelazione segreta di Gesù risorto a Giacomo. Anche questo testo gnostico si riteneva fosse perduto, fino al ritrovamento tra i codici di Nag Hammâdi.

15) il *"Libro di Tommaso"*, attribuito all'Apostolo Tommaso (ovvero il Contendente o l'Atleta). Redatto in copto nella prima metà del III secolo d.C., narra delle rivelazioni segrete di Gesù risorto a Tommaso. Anche questo testo gnostico, come i precedenti, si riteneva fosse perduto, fino al ritrovamento tra i codici di Nag Hammâdi.

16) il *"Libro del Salvatore"* o *"Pistis Sophia"*, attribuito collettivamente al "Noi discepoli". Redatto in copto tra il II e il III secolo d.C., narra delle rivelazioni segrete di Gesù risorto Ai suoi discepoli e dell'esaltazione del ruolo di Maria Maddalena, quale incarnazione di Sophia. Anche questo testo gnostico, come i precedenti, si riteneva fosse perduto, fino al ritrovamento tra i codici di Nag Hammâdi. Comunque, era stato già studiato dal 1795 grazie al manoscritto di Askew.

17) il *"Vangelo copto degli Egiziani"* o *"Santo Libro del Grande Spirito Invisibile"*, a firma sconosciuta. Redatto in copto tra il III e IV secolo d.C., narra di Gesù quale incarnazione di Seth, per liberare le anime divine dalla prigionia della carne. Anche questo testo gnostico, come i precedenti, si riteneva fosse perduto, fino al ritrovamento tra i codici di Nag Hammâdi.

18) il *"Vangelo greco degli Egiziani"*, a firma sconosciuta. Redatto in lingua greca nella prima metà del II secolo d.C., narra dei dialoghi di Gesù risorto presso il sepolcro con la discepola Salomé. Un testo dal forte sapore gnostico e ascetico-sessuale. Perduto nelle nebbie del tempo, ci è pervenuto solo tramite citazioni patristiche.

19) il *"Vangelo di Eva"*, a firma sconosciuta. Non si conosce la lingua di redazione e il periodo di riferimento, in quanto non è pervenuto se non in forma di citazione da parte dei Padri del Cristianesimo (tra tutti Epifanio di Salamina), forse coincidente con il Vangelo della Perfezione. Narra di Eva che cerca di apprendere la conoscenza e la salvezza, mangiando il frutto dell'albero. Viene esaltato il coito interrotto e l'ingoio dello sperma come atto religioso devozionale.

20) il *"Vangelo di Filippo"*, attribuito all'Apostolo Filippo. Redatto in copto, probabilmente da un proto testo in greco antico, nella seconda metà del II secolo d.C., narra di vari detti di Gesù e del rapporto spirituale con Maria Maddalena, in quanto erano le incarnazioni degli eoni (ovvero emanazioni di Dio) Cristo e Sophia, che hanno generato dall'eternità tutti gli angeli. Non esisteva un testo gnostico conosciuto ma solo alcune citazioni dei Padri cristiani, fino al ritrovamento tra i codici di Nag Hammâdi.

21) il *"Vangelo di Giuda"*, attribuito all'Apostolo Giuda Iscariota (o l'apostolo traditore). Redatto in copto, probabilmente da un proto testo in greco antico, nella seconda metà del II secolo d.C., narra di Gesù che chiede a Giuda di tradirlo, descrivendo poi alcuni tratti della cosmologia gnostica. Esisteva solo citazioni patristiche, fino al ritrovamento nel 1978 ad Al-Minya (Egitto).

22) il *"Vangelo di Maria Maddalena"*, a firma sconosciuta. Redatto in copto, probabilmente da un proto testo in greco antico, nella seconda metà del II secolo d.C., narra dell'importanza del ruolo della discepola Maria Maddalena, come compagna di vista spirituale e moglie di Gesù. Non esiste un testo intero ma solo frammenti in greco e copto, e citazioni patristiche.

23) il *"Vangelo o Tradizione di Mattia"*, attribuito all'Apostolo Mattia (ovvero il sostituto di Giuda Iscariota). Redatto in lingua greca nella metà del II secolo d.C., narra delle rivelazioni segrete a Mattia fatte da Gesù. Ci sono pervenute solo le citazioni patristiche.

24) la *"Sapienza di Gesù Cristo"*, a firma sconosciuta. Redatto in copto tra il II e il III secolo d.C., narra dei dialoghi tra il Gesù risorto

e i suoi discepoli. Si considerava perduto, se non in alcune citazioni patristiche, fino al ritrovamento tra i codici di Nag Hammâdi.

25) il *"Vangelo della Verità"*, attribuito a Valentino da Ireneo. Redatto in copto da un proto testo in greco antico, nella metà del II secolo d.c., narra di alcune dissertazioni sui punti fondamentali dello gnosticismo. Si considerava perduto, se non in alcune citazioni patristiche, fino al ritrovamento tra i codici di Nag Hammâdi.

Vangeli della passione

26) il *"Vangelo di Gamaliele"*, attribuito allo stimato maestro ebreo. Redatto in lingua greca, forse sulla base di una rielaborazione precedente, nella metà del II secolo d.c., narra della Domenica di Pasqua, dei fatti successivi alla resurrezione di Gesù e dell'esaltazione della figura di Pilato e sua moglie Procla.

27) il *"Vangelo di Nicodemo"*, attribuito al discepolo di Gesù. Redatto in lingua greca nel II secolo d.c., narra della passione di Gesù, discolpando Pilato.

28) il *"Vangelo di Pietro"*, attribuito all'apostolo di Gesù. Redatto in lingua greca nella metà del II secolo d.c., narra della passione di Gesù, discolpando Pilato. Si riteneva perduto, fino al ritrovamento parziale di un lungo frammento nel 1887 ad Akhmim (Egitto).

29) la *"Dichiarazione di Giuseppe di Arimatea"*, attribuito al discepolo di Gesù. Redatto in lingua greca prima del XII secolo d.c., narra della passione di Gesù, soffermandosi sui due ladroni crocifissi con Gesù, "Dema" e "Gesta".

Altri Vangeli apocrifi

30) la *"Cena segreta o Interrogatio Johannis"*, attribuito all'Apostolo Giovanni l'Evangelista. Redatto latino nel XII secolo d.C., narra delle rivelazioni segrete di Gesù a Giovanni, durante l'ultima cena. Proviene dall'eresia medievale bulgara.

31) il *"Vangelo di Barnaba"*, attribuito a Barnaba. Redatto in spagnolo nel XIV secolo d.C. ma di origine araba, descrive Gesù

come uomo e non Dio, precursore di Maometto.

32) il *"Vangelo di Bartolomeo"*, attribuito a Bartolomeo. Redatto in lingua greca, latina, paleoslava e copta, tra il III e il V secolo d.c., è strutturato in cinque sezioni eterogenee: a) Gesù risorto racconta a Bartolomeo la sua discesa agli inferi; b) Maria racconta a Bartolomeo l'annunciazione; c) Gesù mostra agli apostoli l'abisso (infernale); d) Gesù evoca Beliar (una delle rappresentazioni del Diavolo) ed esorta Bartolomeo a interrogare il diavolo su varie questioni; e) Bartolomeo chiede a Gesù chiarimenti circa "il peccato contro lo Spirito Santo".

33) il *"Libro dei Giubilei"*, redatto in ebraico verso la fine del II secolo a.c.. E' considerato apocrifo per tutte le confessioni cristiane ma non per la Chiesa copta. Parafrasa la storia del mondo dalla Creazione all'Esodo, suddividendola in "giubilei" [49] (periodi di 49 anni).

34) il *"Libro di Enoch"* [50], di origine guidaica, redatto nel I secolo a.c. e pervenuto ad oggi integralmente in una versione in lingua *ge'ez* (antica lingua dell'Etiopia), da qui il nome *"Enoch etiope"*.

---

[49] **Shemarjahu Talmon**, dell'Università Ebraica di Gerusalemme, ha ricostruito le turnazioni sacerdotali degli ebrei applicandole al calendario gregoriano sulla base dello studio del Libro dei Giubilei scoperto a Qumran. Talmon poté stabilire che ladata di nascita di Gesù potrebbe essere il 25 dicembre. Scrive in proposito il professor Tommaso Federici, docente alla Pontificia Università Urbaniana (Cfr. anche 24 giugno, 23 settembre, 25 dicembre: date storiche) in un articolo apparso sull'Osservatore Romano: "Si spiega il 25 dicembre come cristianizzazione di una festa pagana, il natale del Sole invitto; oppure come equilibrio simmetrico, estetico tra il solstizio d'inverno (21 o 22 dicembre) e l'equinozio di primavera (23 o 24 marzo). Ma una scoperta nuova di pochi anni or sono ha portato luce definitiva sulla data del Natale. Già lo studioso israeliano Shemaryahu Talmon nel 1958 aveva pubblicato uno studio approfondito sul calendario della setta di Qumran, ricostruendo senza dubbi l'ordine dei turni sacerdotali nel tempio di Gerusalemme (cfr. 1 Cr 24, 7-18) ai tempi del Nuovo Testamento. Qui la famiglia di Abijah, a cui apparteneva Zaccaria, padre del Prodromo e Precursore Giovanni (Lc 1, 5), doveva officiare 2 volte l'anno, i giorni 8-14, del mese terzo, e i giorni 24-30 dell'ottavo mese. Quest'ultima cadeva circa alla fine di settembre. Non è senza senso che il calendario bizantino festeggi 'la concezione di Giovanni' il 23 settembre, e la sua nascita 9 mesi dopo, il 24 giugno. I 'sei mesi' dopo dell'Annunciazione, che portano festa liturgica il 25 marzo, precedendo di 3 mesi la nascita del Precursore, preludono ai 9 mesi, che cadono in dicembre: il 25 dicembre è data storica". Uno studio simile a quello di Talmon è stato condotto da Annie Jaubert. (Tratto da: https://it.wikipedia.org/wiki/Libro_dei_Giubilei)

[50] Tratto da: https://it.wikipedia.org/wiki/Libro_di_Enoch

<<[...] Al patriarca antidiluviano Enoch, secondo la Genesi, bisnonno di Noè, la tradizione ebraico-cristiana ha riferito tre distinti testi, nessuno dei quali accolti negli attuali canoni biblici ebraico o cristiano (ad eccezione di 1Enoch, accolto nella Bibbia della Chiesa Copta): 1) Enoch o Enoch etiope, solitamente indicato come libro di Enoch; 2) Enoch o Enoch slavo o Apocalisse di Enoch o Segreti di Enoch; 3) Enoch o Apocalisse ebraica di Enoch. [...] Descrivere la genesi storica del Libro di Enoch è abbastanza complicato.

Gli studiosi sono attualmente sostanzialmente concordi nel vedere in esso il frutto di una rielaborazione conclusiva armonizzante a partire da cinque testi precedenti autonomi; il numero cinque va probabilmente accostato ai componenti della Torah, col proposito del redattore finale di ricreare idealmente un nuovo pentateuco: per tale motivo si parla talvolta del Libro di Enoch come del Pentateuco di Enoch. [...]

La prima sezione, indicata come Libro dei Vigilanti (cc. 1-36), è datata a inizio-metà del II secolo a.C., in concomitanza alla rivolta in Giudea dei fratelli Maccabei contro l'occupazione ellenista. La sottosezione costituita dai cc. 6-11, nella quale non è citato Enoch, rappresenta un nucleo precedente al resto della sezione che ne ha catalizzato lo sviluppo. Va probabilmente data al III secolo a.C., anche se G. W. Nickelsburg propone il IV secolo a.C., e J. Milik la ipotizza addirittura precedente alla formazione della Genesi (V-VI secolo a.C.).

La seconda sezione, il Libro delle Parabole (cc. 37-71), secondo la maggior parte degli studiosi è stata composta nel I secolo a.c. (James Charlesworth si spinge fino al I secolo d.C.). Tuttavia lo studioso cattolico polacco József Milik nel 1976 ha ipotizzato che il Libro dei Giganti, testo apocrifo rinvenuto tra i manoscritti non biblici di Qumran (1Q23–4; 2Q26; 4Q203; 530–33; 6Q8), facesse in un primo tempo parte del Libro di Enoch appunto come seconda sezione. In seguito l'attuale Libro delle Parabole, che Milik ipotizza composto nel II-III secolo d.C., avrebbe rimpiazzato il Libro dei Giganti. Il movente principale dell'ipotesi è nei riferimenti al Figlio dell'uomo presènti nel Libro delle Parabole, titolo di origine giudaica

(v. in particolare il Libro di Daniele c.7) ma che a partire dal Nuovo Testamento è stato dalla tradizione cristiana attribuito a Gesù. Questo spiegherebbe inoltre l'anomala assenza del Libro delle Parabole tra i manoscritti di Qumran. L'ipotesi però non ha trovato largo consenso tra gli altri studiosi.

La terza sezione è il Libro dell'Astronomia o Libro dei Luminari Celesti (cc. 72-82), probabilmente di inizio II secolo a.c. Leonhard Rost posticipa la data della sezione a fine II secolo a.c., mentre J. Milik l'anticipa a fine III-inizio II secolo a.c.

La quarta sezione, il Libro dei Sogni (cc. 83-90), è probabilmente coevo alla rivolta maccabaica (metà II secolo a.C.). La sottosezione chiamata Apocalisse degli Animali (cc. 85-90) è da Leonhard Rost datata a fine II-inizio I secolo a.c., mentre James C. VanderKam ipotizza per essa l'inizio del II secolo a.c.

La quinta sezione, la Lettera di Enoch (cc. 91-104), risale probabilmente alla prima metà del I secolo a.c. La sottosezione chiamata Apocalisse delle Settimane, testimoniata come integra a Qumran (4Q212) ma spezzata nella redazione definitiva in 93,1-10; 91,11-17, è datata a inizio II secolo a.C.

La sezione conclusiva (cc. 105-108) viene talvolta indicata come Apocalisse di Noè. Compare nelle versioni copte ma non greche. Ne è stato ritrovato un frammento aramaico a Qumran (4Q204) [...]>>.

Frammenti su pergamena o papiro o apocrifi perduti o anonimi

(...)

SECONDA PARTE:

L'ANTICO E IL NUOVO TESTAMENTO, TRA INTERPRETAZIONI LETTERALI E INCONGRUENZE STRUTTURALI

Capitolo 5:
La Bibbia e la sua "presunta" sacralità:
origini e struttura di un'opera spaventosamente "umana".

5.1. Origine e storicità della Bibbia

Comincia il nostro viaggio nei meandri delle "Sacre Scritture", provando a dimostrare le mistificazioni perpetrate per mantenere il potere politico e religioso dimostrato nei primi capitoli di questo lavoro. E qualunque studio degno di nota non può che prendere in esame i contenuti testuali della "Bibbia", il sacro testo composto da una raccolta di molteplici manoscritti e diversi canoni, secondo un ordine stabilito, depurato da tutti quei testi ritenuti poco attendibili (c.d. apocrifi), per via dei contenuti o dei contesti nel quale pare siano stati redatti.

In filologia, l'*"ecdotica"* o *"critica testuale"* è il procedimento di critica del testo, la cui finalità è quella di riavvicinare un testo il più possibile alla sua forma originaria, ossia la più conforme alla volontà dell'autore.

Per determinare, dunque, l'accuratezza di una copia manoscritta, l'ecdotica esamina tutto il percorso di un determinato testo e delle sue copie trascritte, andando a ritroso nel tempo e cercando di confermare la versione più reale e coerente con il testo originario.

Il primo tentativo[51] conosciuto di riunire i testi degli apostoli in un canone fu condotto dal filosofo e filologo **Marcione** (dichiarato eretico in seguito), che nel II secolo d. C. affiancò al suo Vangelo del Signore (una versione del Vangelo di Luca, in cui erano state rimossi brani giudicati non idonei da Marcione), le lettere paoline, ai Galati, ai Corinzi, ai Romani, ai Tessalonicesi, ai Laodicesi, ai Colossesi, ai Filippesi e a Filemone, escludendo le pastorali e la Lettera agli

---

[51] Tratta da: https://it.wikipedia.org/wiki/Storicit%C3%A0_della_Bibbia.

Ebrei, perché non ritenute scritte da Paolo.

Ireneo di Lione[52] sostenne, per la prima volta, il canone di quattro vangeli (il c.d. tetramorfo) verso il 180 d.c., mentre molti altri vangeli e altri apocrifi vennero ritenuti non meritevoli di attenzione: nella sua opera *"Contro le eresie"*, l'autore affermò che Marcione ed altri supposerò erroneamente che solo un Vangelo poteva essere quello giusto e per questo c'era chi prediligeva **Matteo** (i giudeo-cristiani), chi **Luca** (Marcione), chi **Marco** (i gruppi che non ritenevano Gesù il vero Cristo[53]) e chi **Giovanni** (alcuni gruppi gnostici).

Atanasio, vescovo di Alessandria d'Egitto, nella sua lettera pasquale del 367 d.c., enunciò una lista di libri esattamente corrispondente a quelli che avrebbero composto il canone del Nuovo Testamento; tesi confermata al Concilio di Roma del 382 d.c. presieduto da papa **Damaso I**: la sua decisione di ordinare la *Vulgata* (ovvero la versione latina della Bibbia), verso il 383 d.c., segno da un punto di vista storico e religioso un punto fondamentale per tutto l'Occidente.

Quanto è attendibile però la versione che noi tutti possediamo nelle nostre case?

Biglino[54], riferendosi all'Antico Testamento, ricorda che per i

---

[52] **Bart D. Ehrman**, *Gesù non l'ha mai detto*, edizione italiana, Oscar Mondadori, settima ristampa, 2013, p. 44.
[53] Cristo è un termine greco rinvenuto nella versione greca dell'Antico Testamento, la Bibbia dei Settanta, che traduce varie forme del verbo ebraico mashakh, "ungere" (dalla forma nominale mashiakh, "un unto", deriva "Messia"). La concezione ebraica di unzione derivava dall'antica idea magica che l'applicazione dell'olio conferisse alla persona o all'oggetto qualità superiori o soprannaturali e nell'antico Israele veniva usata per conferire a un individuo le qualità necessarie alle cariche elevate. Il termine "Cristo" veniva attribuito non solo ai sacerdoti in quanto intermediari tra Dio e l'umanità, ma anche ai re i quali, in quanto emissari di Dio nella teocrazia, assumevano funzioni sacerdotali. Etimologicamente però ha radici antichissime (http://www.mednat.org/religione/cristo.htm): difatti, Cristo (*kraɪst*) (greco antico: Χριστός, *Christós*, che significa "unto") è una traduzione dall'ebraico מָשִׁיחַ (*masiah*); dal siriaco ܡܫܝܚܐ (M'shiha), il Messia; dal greco Christós, l'unto (con olio), il lucente, il sacro. Ancora più in profondità, emerge che il nome greco deriva da una parte dal micenitco χρυσός -khrusós, oro-, e dall'altra parte dall'ebraico (hārús), Akkadian (ḫurāṣu), a sua volta trasmutata nel copto e nel fenicio. A quanto pare, dunque, la contaminazione culturale con gli altri popoli fu molto più intensa di quello che vogliono far credere gli esegeti moderni.
[54] **Mauro Biglino**, *La Bibbia non è un libro di storia*, I ed., Uno Editori, 2015, 15-17.

cattolici ritengono ispirati da Dio 46 libri, mentre per il canone ebraico a questi vanno decurtati Tobia, Giuditta, Sapienza, Baruch, Ecclesiaste, Maccabei I e II, più alcuni passi, quelli di **Ester 10, 4 e Daniele 3, 24-90**.

Ancora, puntualizza, che le Bibbie che pos-sediamo sono redatte sostanzialmente sulla base della *Bibbia Stuttgartensia*, ovvero la versione a stampa del Codice masoretico di Leningrado e ogni corrente cristiana ha accettato di aderire ad un canone con le rispettive differenze: pertanto, se il cattolico ha aggiunto i testi che il canone ebraico non ritiene siano ispirati da Dio, i cristiani copti prediligono testi esclusi sia dai cattolici romani che dagli ebrei, come il Libro di Enoch e il Libro dei Giubilei; dal canto suo, la Chiesa greco-Ortodossa non utilizza nemmeno il testo masoretico ma si affida alla Bibbia greca redatta in Egitto nel III secolo a.C., con tutta una serie di varianti e falsità testuali. E se si nasce in Palestina, nel territorio dei Samaritani, scopriremo che la verità assoluta non si trova nel testo dei masoretici nella *Torah* (Pentateuco), mentre se si accetta la Bibbia siriana dei maroniti, nestoriani, giacobiti e melchiti, saremo obbligati a confrontarci con ben 2.000 varianti. E tanto per non farci mancare nulla, tra il testo di Isaia trovato nei rotoli della grotta di Qumran del II secolo a.C. e Isaia redatto dai masoreti, ci sarebbero più di 250 varianti, tra cui parole intere che si trovano nell'uno e non nell'altro, e viceversa.

Dunque, facendoci due conti grossolani, prima ancora delle traduzioni, abbiamo già tante bibbie possibili dichiarate come unica e possibile verità. Di per sé, questa condizione, ci dovrebbe far comprendere come in base al periodo storico e alla località geografica, l'assoluta verità venga manipolata.

Molti studiosi[55] ritengono che la Bibbia, pur basandosi in parte su fatti realmente accaduti, ne distorca lo svolgimento, aggiungendo personaggi e situazioni di fantasia. Quasi tutti concordano sulla veridicità del racconto biblico della storia del popolo di Israele a partire dall'epoca di Davide in poi, dato che esistono altre fonti a

---

[55] Tratto da: http://www.repubblica.it/www1/cultura_scienze/arca/bibbia/bibbia.html.

corroborare gli eventi. Ma tutto il periodo precedente è oggetto di acerrimi scontri, che vedono gli esperti schierati su fronti contrapposti e spesso impossibili da conciliare.

Tralasciando il problema della Creazione, che vede ancor oggi, specialmente negli Stati Uniti d'America, potenti gruppi creazionisti combattere l'insegnamento dell'evoluzione nelle scuole di ogni ordine e grado, tutta la parte della Bibbia che riguarda i patriarchi, l'Esodo e la conquista della Palestina rimane in un limbo scientifico.

Gli archeologi biblici si dividono tra massimalisti, per i quali la Bibbia è una vera e propria guida per la ricerca archeologica, e minimalisti, che la considerano come un testo religioso privo di alcuna oggettività. In mezzo ai due schieramenti esiste una fascia piuttosto ampia di moderati che escludono le interpretazioni letterali ma accettano una generica base storica del Libro sacro.

In che modo, allora, si può determinare l'affidabilità storica della Bibbia?[56] Le posizioni più agguerrite, che difendono a spada tratta le Sacre Scritture, dicono di seguire lo stesso schema logico che si utilizzerebbe con qualunque altra produzione letterale; dunque, prendendo in esame quattro fattori: **a)** la data di redazione del documento originale; **b)** l'intervallo fra l'originale e la copia più antica; **c)** il numero di manoscritti antichi del documento; **d)** il metodo di trascrizione.

Il numero di manoscritti del Nuovo Testamento sono quasi 25.000 è di gran lunga superiore a quello di qualsiasi altra opera antica. Tra l'altro, l'intervallo tra il manoscritto più antico del Nuovo Testamento e il presunto originale è di solo 25 anni. La redazione, invece, dei libri dell'Antico Testamento è terminata attorno al 400 a.C. e prima della scoperta dei rotoli del Mar Morto la copia più antica risaliva al 900 d.C. Questo dava un intervallo di 1.300 anni fra gli originali e la prima copia disponibile.

Ciò significava che era affidabile quanto altri documenti dell'antichità.

---

[56] Tratto da: http://camcris.altervista.org/bibbiaaffid.html.

Tuttavia, tutti questi dati, oltre a dimostrare l'incredibile diffusione degli scritti e l'importanza storica e filologica, non danno prova del fatto che tra una traduzione e l'altra, o tra una stesura di copia e l'altra, i redattori non abbiano apposto modifiche volontarie, magari più conformi alle loro opinioni o all'idea del gruppo di appartenenza. Anche questo è un dato da prendere in considerazione: un conto è dire che la Bibbia è probabilmente il testo con la più alta diffusione nei secoli e tratta temi ad ambientazione storica e sociale confermata, un altro conto è dire che i contenuti, in tutte le versioni, sono attendibili comunque, per il fatto che si rispettano i parametri generali di luogo, tempo e produzione.

Correttamente, **Ehrman**[57] rileva che diversi esponenti di spicco del mondo religioso e politico dell'antichità segnalarono con significative lamentele la cattiva abitudine dei copisti di modificare il testo originale; tra i casi più famosi, cita:

a) **Origene**, Padre della Chiesa del III d.C., che scriveva: <<[…] *le differenze tra i manoscritti sono diventate grandi, per la negligenza di alcuni copisti o per la perversa audacia di altri* […]>>;

b) **Celso**, di origine pagana, che scriveva contro i copisti cristiani: <<[…] *Alcuni fedeli, come gente che ha bevuto troppo, giungono ad alternare tra loro, e alterare il testo originario del vangelo, tre o quattro volte o più ancora e cambiar la natura per avere la possibilità di difendersi dalle accuse* […]>>;

c) **Dionigi**, vescovo di Corinto, che scriveva sempre contro i copisti cristiani: <<[…] *Quando i miei fratelli cristiani mi hanno invitato a scrivere loro delle lettere, così ho fatto. Questi apostoli del diavolo le hanno riempite di zizzania, togliendo alcune cose e aggiungendone altre. Guai a loro. Non sorprende dunque che alcuni abbiano osato corrompere perfino la parola del Signore, quando hanno cospirato per mutilare i miei umili sforzi* […]>>.

d) **Codex Vaticanus**, modificato volontariamente nel tempo in un verbo con una diversa accezione, da tre copisti diversi che

---

[57] **Bart D. Ehrman**, *Gesù non l'ha mai detto*, edizione italiana, Oscar Mondadori, settima ristampa, 2013, pp. 62-63, 66, 74-78.

correggevano lo sbaglio del precedente, ritenendolo errato, fino all'arrivo dell'ultimo che mettendo una nota a margine scriveva: <<[…] *Sciocco e canaglia. Lascia stare la lezione antica, non modificarla* […]>>.

e) **Giovanni 8, 1-11**. Narra l'episodio della donna sorpresa in adulterio: <<[…] *Gesù si avviò allora verso il monte degli Ulivi. Ma all'alba si recò di nuovo nel tempio e tutto il popolo andava da lui ed egli, sedutosi, li ammaestrava. Allora gli scribi e i farisei gli conducono una donna sorpresa in adulterio e, postala nel mezzo, gli dicono: «Maestro, questa donna è stata sorpresa in flagrante adulterio. Ora Mosè, nella Legge, ci ha comandato di lapidare donne come questa. Tu che ne dici?». Questo dicevano per metterlo alla prova e per avere di che accusarlo. Ma Gesù, chinatosi, si mise a scrivere col dito per terra. E siccome insistevano nell'interrogarlo, alzò il capo e disse loro: «Chi di voi è senza peccato, scagli per primo la pietra contro di lei». E chinatosi di nuovo, scriveva per terra. Ma quelli, udito ciò, se ne andarono uno per uno, cominciando dai più anziani fino agli ultimi. Rimase solo Gesù con la donna là in mezzo. Alzatosi allora Gesù le disse: «Donna, dove sono? Nessuno ti ha condannata?». Ed essa rispose: «Nessuno, Signore». E Gesù le disse: «Neanch'io ti condanno; và e d'ora in poi non peccare più* […]>>. Peccato che nei testi antichi non troviamo affatto questa storiella, introdotto da un copista per rafforzare probabilmente il concetto di Gesù e della sua benevolenza, tenuto conto del diverso stile di scrittura e delle tipologie di parole ed espressioni usate diverse dal contesto giovanneo.

f) **Marco 16, 9-20**. Gesù viene crocifisso e poi sepolto da Giuseppe d'Arimatea, la vigilia del Sabato. Il giorno dopo, Maria di Magdala e altre due donne tornano alla tomba per imbalsamare il corpo, come si conveniva all'epoca. Al loro ritorno, però, scoprirono che la pietra era stata ribaltata ed entrando nel sepolcro, incontrarono un giovane vestito di bianco che diceva loro che era risorto. Le donne, intimorite e spaventate, scapparono via senza dire nulla. Qui la storia continua con gli ultimi dodici versetti: <<[…] *Risuscitato al mattino nel primo giorno dopo il sabato, apparve prima a Maria di Màgdala,* *dalla quale aveva cacciato sette demòni. Questa andò ad annunziarlo ai suoi seguaci che erano in lutto e in pianto. Ma essi, udito che era vivo ed era stato visto da lei, non vollero credere. Dopo ciò, apparve a due di loro sotto altro aspetto, mentre erano in cammino verso la campagna. Anch'essi ritornarono ad annunziarlo agli altri; ma neanche a loro vollero credere. Alla fine apparve agli undici, mentre stavano a mensa, e li rimproverò per la loro incredulità e durezza di cuore, perché non avevano creduto a quelli che lo avevano visto risuscitato. Gesù disse loro: «Andate in tutto il mondo e predicate il vangelo ad ogni creatura. Chi crederà e sarà battezzato sarà salvo, ma chi non crederà sarà condannato. E questi saranno i segni che accompagneranno quelli che credono: nel mio nome scacceranno i demòni, parleranno lingue nuove, prenderanno in mano i serpenti e, se berranno qualche veleno, non recherà loro danno, imporranno le mani ai malati e questi guariranno». Il Signore Gesù, dopo aver parlato con loro, fu assunto in cielo e sedette alla destra di Dio. Allora essi partirono e predicarono dappertutto, mentre il Signore operava insieme con loro e confermava la parola con i prodigi che l'accompagnavano [...]»*.

Peccato che nei testi antichi non troviamo affatto questa storiella, introdotto da un copista come nel caso precedente probabilmente perché la storia conclusa con la fuga delle donne sembrava in qualche modo eccessivamente riduttiva.

Continua l'autore[58], sul punto, elencando tutte le alterazioni compiute dai copisti, con le relative motivazioni, arricchendo la trattazione con tutta una serie di esempi puntuali; vediamone qualcuno per dare l'idea:

a) *modifiche non intenzionali*: gli involontari errori di scrittura furono aggravati dal fatto che i manoscritti greci erano tutti redatti in scriptio continua, ovvero quasi sempre senza alcuna punteggiatura né spazi fra le parole[59]. Esempio: nella **prima lettera ai Corinzi**

---

[58] **Bart D. Ehrman**, *Gesù non l'ha mai detto*, edizione italiana, Oscar Mondadori, settima ristampa, 2013, pp. 105-114.
[59] Senza tenere conto che i primi testi ebraici erano consonantistici, ovvero non presentavano soltanto le lettere rappresentanti le consonanti. Per semplificare: la parola "divinità" era

(5,8), Paolo incita i suoi lettori a sentirsi parte di Cristo, l'Agnello pasquale, e a non celebrare la festa con il lievito vecchio, né con il lievito di malizia e di perversità. Peccato, che il primo scritto di Paolo, in ordine a questa lettera, si riferiva non tanto alla perversità in generale (*poneras*) ma all'immoralità sessuale (*porneias*). Difatti, il copista aveva confuso la seconda parola con la prima. Nulla di grave, anche se questo è indice di una certa difficoltà nel ricopiare esattamente la parola che il primo autore intendeva imprimere nel testo. Ancora, sempre con il povero Paolo, alcuni copisti utilizzavano delle abbreviazioni per i nomi sacri, confondendo in alcuni casi un termine (*Kurios*) con un altro (*kairos*), facendo diventare la traduzione dal corretto "servire il Signore" a "servire il tempo";

b) *modifica intenzionale del copista che trova nelle Sacre Scritture (teoricamente infallibili e ispirate) un "errore di fatto" dell'autore.* Esempio: **Marco** comincia il suo scritto con "Come è scritto nel profeta Isaia [...]". Peccato che quanto segue non c'è sotto alcuna forma nel **Libro di Isaia** ma è una combinazione tra il passo **Esodo 23,20** e il passo **Malachia 3,1**. Pertanto, il copista ha preferito non lasciare quell'errore, mutandolo in "Come è scritto nei profeti". Sostanzialmente corretto anche se da uno scrito infallibile ci si aspetta correttezza formale e sostanziale[60];

c) *modifica intenzionale del copista che trova nelle Sacre Scritture (teoricamente infallibili e ispirate) un "errore dovuto ad interpretazione" dell'autore.* Esempio: in **Matteo 24, 36** Gesù predice la fine dei tempi affermando <<Quanto a quel giorno e a quell'ora, però, nessuno lo sa, neanche gli angeli del cielo, e neppure il Figlio,

---

rappresentata dalla struttura consonantistica "dvn"; dal contesto e dal tenore letterale, si è poi arrivati ad aggiungere le vocali, diversi secoli dopo.

[60] Qui nasce un paradosso: se ci viene raccontato che le Sacre Scritture sono ispirate e infallibili ma l'uomo è per sua natura fallace e portato all'errore, perché si ritengono perfette delle scritture compiute da uomini? Se A è infallibile e B non lo è, perché A resta tale se B serve ad A per esistere? Perché allora se le Sacre Scritture sono state scritte da uomini su ispirazione divina, questi scritti sono sacri ed infallibili? Solitamente i credenti rispondono a queste domande che è normale che ci siano degli errori e che questi dipendono dall'opera dell'uomo e non del divino: giusto, allora perché dobbiamo credere a ciò che c'è scritto se non abbiamo la certezza che chi scriveva sotto ispirazione sapeva esattamente cosa scrivere o aveva capito tutto del messaggio iniaziale ed originale?

ma solo il Padre>>. Qui, l'interpretazione ci porterebbe a pensare che Gesù non è onnisciente come ci vogliono far credere e che l'esatta coincidenza tra Dio e Figlio di Dio sia solo un'interpretazione, in quanto dice chiaramente che lui non sa mentre Dio è l'unico a sapere. Per ovviare a questo pericoloso dilemma, i copisti hanno copiato il testo tralasciando <<neppure il Figlio>>, così da rendere sullo stesso livello Dio e il Figlio (per lo meno indirettamente, visto che il riferimento al Figlio viene completamente depurato, a scanso di dubbi e fraintendimenti). Poveri angeli che restano comunque ignari e non meritano la conoscenza;

d) *modifica intenzionale del copista che trova nelle Sacre Scritture (teoricamente infallibili e ispirate) un "errore" dell'autore che potrebbe indurre il lettore al fraintendimento.* Esempio: in **Matteo, 17, 12-13** Gesù identifica Giovanni Battista con Elia, il profeta che sarebbe venuto alla fine dei tempi. Tuttavia, nell'affermazione si potrebbe fraintendere che Giovanni il Battista non è Elia ma è il figlio dell'Uomo. Per evitare tale fraintendimento, il copista ha dunque invertito il testo, facendo comparire prima l'asserzione "Allora i compresero che egli parlava di Giovanni il Battista" e poi l'affermazione sul figlio di Dio.

e) *modifica intenzionale del copista per ragioni palesemente teologiche.* Nel II secolo, molti cristiani erano convinti che la salvezza portata da Gesù Cristo fosse un'assoluta novità nel panorama religioso. Peccato che così non era, visto che la figura del Cristo salvatore e redentore era già stata conosciuta in Mesopotamia, in Persia, in Egitto e in Grecia. Ancora, per esempio, nel Vangelo di Matteo, quando si arriva al passo che tratta la genealogia di Gesù, lo scritto originale non prevedeva affatto l'enfatizzazione della verginità di Maria. Vediamo nel dettaglio **Matteo 1, 16**: prima dell'intervento lo scritto recitava <<Giacobbe generò Giuseppe, lo sposo di Maria, dalla quale è nato Gesù, chiamato Cristo>>; dopo l'intervento, lo scritto cambiò diventando <<Giacobbe generò Giuseppe, cui, essendogli promessa, la Vergine Maria partorì Gesù, detto Cristo>>. Direi un ottimo modo per far emergere a chiare lettere la verginità di Maria, concetto molto caro anche ai copisti;

f) *modifica intenzionale del copista per ragioni liturgiche.* Esempio: in **Marco 9**, quando i discepoli di Gesù non sono stati in grado di scacciare un demone, lui stesso afferma che per scacciarlo occorre la "preghiera". Tuttavia, il copista, caro alla tradizione ascetica del I secolo d.c., ha aggiunto nel testo successivo e oggi presente nelle Sacre Scritture che oltre alla preghiera occorreva anche il "digiuno" (assolutamente non presente nel testo originale). Nemmeno il "Padre Nostro" è esente da tali ritocchi: nelle versione di Luca, la preghiera è monca e incompleta, rispetto alla versione di Matteo. Ma allora: se le scritture sono infallibili, chi ha ragione? Luca o Matteo?

Luca 11, 2-4: *Padre, sia santificato il tuo nome, venga il tuo regno; dacci ogni giorno il nostro pane quotidiano, e perdonaci i nostri peccati, perché anche noi perdoniamo ad ogni nostro debitore, e non ci indurre in tentazione.*

Matteo 6, 9-13: *Padre nostro che sei nei cieli, sia santificato il tuo nome; venga il tuo regno; sia fatta la tua volontà, come in cielo così in terra. Dacci oggi il nostro pane quotidiano, e rimetti a noi i nostri debiti come noi li rimettiamo ai nostri debitori, e non ci indurre in tentazione, ma liberaci dal male.*

g) *modifica intenzionale del copista in quanto quest'ultimo è influenzato da tradizioni orali su Gesù che circolavano all'epoca.* Esempio: **Giovanni 5**, dove Gesù guarisce un paralitico alla piscina di Betzata. Nella Bibbia CEI troviamo quanto segue: <<*Vi fu poi una festa dei Giudei e Gesù salì a Gerusalemme. V'è a Gerusalemme, presso la porta delle Pecore, una piscina, chiamata in ebraico Betzaetà, con cinque portici, sotto i quali giaceva un gran numero di infermi, ciechi, zoppi e paralitici. Un angelo infatti in certi momenti discendeva nella piscina e agitava l'acqua; il primo ad entrarvi dopo l'agitazione dell'acqua guariva da qualsiasi malattia fosse affetto. Si trovava là un uomo che da trentotto anni era malato. Gesù vedendolo disteso e, sapendo che da molto tempo stava così, gli disse: Vuoi guarire?* >>. La storia poi continua. Peccato che il versetto n. 4 sia stato inserito appositamente da un copista, sulla base di una tradizione orale, per giustificare e spiegare il movimento dell'acqua, altrimenti inspiegabile. Un interessante ritocco, come sottolinea lo stesso **Ehrman**, ad una storia comunque già interessante.

Dobbiamo, però, fare attenzione!

La presenza di queste manomissione non toglie la bellezza dell'opera nel suo complessivo: sicuramente, le prove conducono al risultato poco gradevole che la versione oggi conosciuta è frutto anche di tutta una serie di interventi "poco divini ed ispirati", ma sicuramente il punto da focalizzare non è questo.

Questo lavoro, infatti, pone l'accento non sul dimostrare che la Bibbia è frutto di un rimaneggiamento che hanno alterato in tutto o in (buona) parte il contenuto, ad opera dei copisti, ma tutt'al più vuol dimostrare l'assoluta coerenza dei contenuti rispetto ad altre opere letterarie di natura mitica, per arrivare dunque alla domanda: *ma se le opere letterarie che hanno ispirato le Sacre Scritture, soprattutto nell'Antico Testamento, sono considerate mitologia e fantasia, perché i contenuti delle sacre scritture guidaico-cristiane dovrebbero essere considerate "ispirate da Dio", se poi molte descrizioni riprendono i miti dei culti mesopotamici ed egizi?*

5.2. Analizzando l'Antico Testamento è preferibile l'approccio interpretativo letterale o quello allegorico e metaforico?

Attraverso i secoli[61], le Chiese cristiane hanno riconosciuto l'importanza di seguire specifici principi per l'interpretazione della Bibbia.

Le principali correnti sono:

a) la *"scuola letterale - storica – grammaticale"* (corrente realista), che prevede l'uso della critica testuale per arrivare all'interpretazione letterale, depurando il testo da tutte quelle traduzioni frutto delle allegorie contenute con presunzione nelle parabole e nelle favore. E' una visione più conforme al testo originario, restrittivo rispetto alle ipotesi allegoriche e metaforiche, e nettamente più lineare rispetto alle ipotesi di traduzione fantasiose, provando a rispecchiare il pensiero del redattore.

b) la *"scuola allegorica-simbolica"* (corrente idealista), che prevede l'uso di formule a contenute simbolico, allegorico e metaforico, per spiegare l'evento descritto (in particolare, l'Antico Testamento).

c) la *"scuola critica"* (corrente naturalista), che prevede l'uso delle metodologie critiche scientifiche, quali uniche garanzie di una valutazione oggettiva, onesta e realistica del testo. Si respinge l'ipotesi di infallibilità del testo e si predilige un approccio meno mitologico e mistico, al pari di un realismo oggettivo, approntando l'analisi ad una critica costruttiva sulla:

- forma/ambiente, per comprendere il contesto originale in cui un determinato testo è nato ed è stato usato;

- fonte, per trovare conferma di attendibilità storica e sociale;

- redazione del testo, per conformare la tesi più coerente con i primi redattori testamentari;

- struttura dell'opera, per riscoprire le architetture utilizzate e i richiami ad altre opere di culti diversi.

---

[61] Tratto da: https://it.wikipedia.org/wiki/Ermeneutica_biblica.

d) la *"scuola esistenzialista"* (corrente esistenzialista), che tiene una posizione nettamente più radicale e lontano da ogni forma oggettiva. Il testo è volutamente soggettivo e possiede tanti significati quanti sono i lettori che si accingono a conoscerla.

e) la *"scuola devozionale"* (corrente pragmatica), che tiene una posizione ancora più radicale e soggettivo. Il testo, in questo caso, possiede tutti i significati che ogni lettore vuole dargli e dunque non esiste una verità oggettiva o soggettiva valida per tutti ma soggettiva valida e funzionante per il singolo, perdendo quindi la prospettiva soggettiva generale della corrente decostruzionista (... è la verità che io interpreto come corretta ma ho la presunzione che funzioni per tutti ...) e rimanendo più su un piano soggettivo speciale (... è la verità che funziona per me ...).

Al di là della propensione a questa o quella scuola di pensiero, la Bibbia si presta ovviamente a molteplici interpretazioni, dove la verità oggettiva sembra essere data solo dal significato letterale del testo, sicuramente più conforme al pensiero del redattore. E' questa l'ipotesi dello scrivente, se si vuole ricercare il reale pensiero del redattore testamentario, tenuto però conto che la traduzione letterale non è esente da errori valutativi: magari per noi "A" significa prima lettera dell'alfabeto, mentre per il redattore antico significava qualcos'altro. Fino a prova contraria, la tradizione letterale è la più coerente ma di sicuro non è la certezza assoluta (od oggettiva).

Nell'intervista effettuata a **Biglino** e pubblicata nel mio saggio di Criminologia Esoterica[62], il saggista alla domanda *"Cos'è la Bibbia? E' veramente attendibile?"* risponde in questo modo: <<*L'Antico Testamento è un insieme di libri scritti, non sappiamo quando, da molti autori che non conosciamo. Non c'è una sola riga di quel testo della quale possiamo dire di conoscere con certezza l'autore. Non sappiamo quando fu scritto, non sappiamo come fu scritto in origine, non sappiamo come venisse letto, visto che le vocali non venivano scritte. Il Prof. Alexander Rofe (da 40 ani docente alla*

---

[62] **Giulio Perrotta**, *Manuale di Criminologia Esoterica*, II ed., Primiceri Editore, 2016.

Hebrew University di Gerusalemme) afferma giustamente che l'unica certezza che abbiamo è che la Bibbia che leggiamo noi oggi non è quella scritta in origine: ogni volta che la riscrivevano, copiandola o sotto dettatura, la cambiavano. Le riscritture si sono succedute numerose nei secoli, per cui ora possiamo solo "fare finta" che i testi che abbiamo noi contengano il pensiero degli antichi autori che, come ho detto, non conosciamo. Nella sostanza, la Bibbia è uno dei tanti testi che l'umanità ha scritto nel corso della sua storia e, nelle parti che contengono i racconti delle origini, risulta essere una copia ampiamente rielaborata di testi sumero-accadici, fenici e assiro-babilonesi molto più antichi (Epopea di Gilgamesh, Enuma Elish, Atrahasis, Epopea di Erra-Nergal, ecc...). La tradizione dottrinale è riuscita a fare passare la convinzione che i racconti originari (cioè quelli sumero-accadici) sono dei miti, delle favole, mentre la Bibbia, che ne è una copia rielaborata, è verità ispirata da dio. Partendo da questi dati di fatto va dunque affrontata con la convinzione che, essendo un testo che intende celebrare la gloria e la storia di un popolo, ha tutte le caratteristiche dei testi simili: contiene cioè 'anche' delle verità. Nulla di più. La pretesa di fondare delle verità assolute su quel libro è dunque totalmente priva di fondamento (...)>>.

Lo scrivente non può che conformarsi a tale posizione, rievocando una coerente ed utile storica citazione del famoso autore italiano[63] riferito proprio alle Sacre Scritture: (...) *dobbiamo "far finta che"* (...).

---

[63] **Mauro Biglino**, La Bibbia non è un libro di storia, I ed., Uno Editori, 2015, 39.

5.3. L'inesistenza nella lingua ebraica antica dei concetti religiosi moderni di "Dio" e "Creazione"

Chi conosce l'ebraico antico è consapevole dell'inesistenza in quella lingua dei termini per descrivere *"Dio"* (perché non esiste il concetto stesso nella sua accezione spirituale)[64] e *"Creazione"*, nel senso strettamente religioso del termine. Difatti[65], il primo versetto della Genesi *"Dio creò il cielo e la terra"* pare essere tecnicamente errato, in quanto si dovrebbe parlare di *"intervenire per modificare una situazione già esistente"* e non di *"creazione (partendo da una "non esistenza")"*. Se così fosse la differenza sarebbe lampante!

Tuttavia, come riportato da **Mario Bacchiega**[66]: <<[...] *Credo che la traduzione di Biglino sia possibile, anche se, a tutta prima, il titolo di un libro ebraico, antico quanto la (e forse più della) Bibbia, sembra contraddirla. Si tratta del "Sefér Yetzirà", noto come "Libro della formazione" nel quale, già dal titolo, il concetto di "formazione" è espresso con "yezirà" e non con "barà". Certamente si potrebbe tradurre il titolo "Sefér Yetzirà" anche con "Libro della creazione", dato che nei dizionari dall'ebraico all'italiano e dal caldaico all'italiano i verbi "barà" e "yetzirà" esprimono sia il creare che il formare (letteralmente "barà" è tradotto anche con "inventare", e perfino con "raccontar frottole")* [...]>>.

Dunque, come dev'essere tradotto il primo passo della **Genesi**? E cosa significa veramente *"Barà"*? A parere dello scrivendo, *"barà"* ha il significato di creare in senso imponente e non presuppone il

---

[64] *Questo perché non ha senso parlare di "monoteismo" in una lingua (quella ebraica), che non annovera nemmeno un termine che abbia senso di Dio come oggetto di adorazione, così come inteso nel culto cristiano. La lingua ebraica non ha nemmeno un termine che abbia il "senso" di Dio. (...) La Congregazione del Culto Divino del Vaticano, nel 2008, ha emesso una direttiva pubblica nella quale si invita il corpo religioso a non utilizzare più il termine Yahweh (ovvero quello che viene tradotto con Dio o Signore), ma a preferire la traduzione, facendo passare nel dimenticatoio il termine stesso, di cui nessuno conosce il vero significato, nonostante per secoli si è continuato a dire che lui era il Dio cristiano e che era il padre di Gesù* (tratto da: https://www.youtube.com/watch?v=-NbObMcbo9Y, minuti 14-17).
[65] **Mauro Biglino**, *La Bibbia non è un libro di storia*, I ed., Uno Editori, 2015, 128 e succ.
[66] Tratto da: http://bastamonopolio.over-blog.com/2014/10/biglino-e-la-traduzione-letterale-di-bara-genesi-1-1.html

creare dal nulla. "Formare" è invece reso dal verbo "*litzor*". Il problema è che, in italiano, questi verbi possono essere tradotti facilmente solo con "creare", mentre in ebraico esistono vari verbi e per ogni verbo c'è una diversa costruzione. La stessa **Torah** non si riferisce al momento passato, ovvero "a come le cose erano fatte prima" ed è probabile che se il primo versetto della **Genesi** era "*bereshit barà Elohim et hashammaim veet haaretz*", il redattore volesse intendere che "*tutto ciò che è, è stato creato da loro e da nessun altro*". Anche in **Esodo 34, 10** si evince che il significato di "*barà*" non è quello di creare dal nulla[67]: <<[...] *Durante la peregrinazione nel deserto del Sinai, Mosè incontra costantemente Yahweh sul monte e ne riceve ordini e istruzioni. [...] Abbiamo qui due verbi [asah] e [bara] che sono usati come sinonimi: Yahweh afferma che compirà dei prodigi come non ne sono mai stati fatti sulla Terra e presso nessuna delle nazioni, così precisa subito dopo il versetto. È ovvio che il verbo [bara], messo in correlazione con [asah] e i prodigi, non significa creare, perché le due azioni si richiamano e corrispondono su un significato univoco: i prodigi si compiono, si fanno, si realizzano, e non si creano dal nulla. In secondo luogo il verbo [bara] è nella forma passiva e ha come soggetto diretto i prodigi, ma come soggetto sottinteso quel "qualcuno" che teoricamente avrebbe dovuto o potuto compierli ma che non lo ha mai fatto. I suoi prodigi sono unici e quindi diversi da quelli prodotti da altri. Senza alcun'ombra di dubbio ancora una volta qui il verbo [bara] non significa «creare»* [...]>>.

Consultato direttamente l'autore, per scrupolo, si scopre che la radice verbale "*Yetzer*" significa "formare, sagomare, modellare, ed è una alternativa ma confermativa di "*Barà*", che non contiene (pertanto) il concetto di "creare dal nulla". Riprendiamo, allora, il primo passo della **Genesi**, dove le traduzioni che conosciamo riportano: "*In principio, Dio creò il cielo e la terra. Ora la terra era informe e deserta e le tenebre ricoprivano l'abisso e lo spirito di Dio aleggiava sulle acque*".

---

[67] Tratto da: http://maurobiglino.it/2013/02/esodo-3410-di-mauro-biglino/, che richiama il suo saggio "Non c'è creazione nella Bibbia", Uno Editori, 2015.

La traduzione suindicata è quella che comunemente troviamo nella Bibbia del comodino di casa; tuttavia, dobbiamo riprendere la lettera del testo ebraico se vogliamo garantirci una traduzione sostanzialmente corretta:

¹ בְּרֵאשִׁית בָּרָא אֱלֹהִים אֵת הַשָּׁמַיִם וְאֵת הָאָרֶץ:

² וְהָאָרֶץ הָיְתָה תֹהוּ וָבֹהוּ וְחֹשֶׁךְ עַל־פְּנֵי תְהוֹם וְרוּחַ אֱלֹהִים מְרַחֶפֶת עַל־פְּנֵי הַמָּיִם:

Accade però che l'interpretazione letterale smonta questo costrutto, dimostrando che l'intento del redattore fosse quello di spiegare come una serie di persone modificarono una situazione preesistente (e non inesistente), in cui c'era acqua e terre asciutte, utilizzando uno strumento che aleggiava sulle acque. Se dovessimo correttamente tradurre, in maniera letterale, il senso sarebbe più o meno questo:

TRADUZIONE ITALIANA	TRADUZIONE LETTERALE DALL'EBRAICO
In principio	*All'inizio*
Dio (singolare)	*gli elohim (plurale)*
creò	*hanno modificato*
il cielo e la terra.	*(un territorio in cui c'erano) acqua*
Ora la terra era informe e deserta	*e terra asciutta*
(...)	*(...)*
e lo spirito di Dio	*e il ruach degli elohim*
aleggiava sulle acque	*aleggiava sulle acque*

Appare lampante come la distorsione nella traduzione abbia prodotto la presenza di un solo e unico essere (quando invece erano molteplici, come confermato da decine di passi dell'Antico Testamento) e l'immagine di questa divinità che ha creato dal nulla il cielo e la terra: niente di più falso!

Il passo è chiaro e parla della presenza di più esseri (*Elohim*) che modificano uno stato territoriale già preesi-stente, fatto di acqua e terra asciutta, spartendosi poi i territori (questo lo vedremo nei passi successivi). Come correttamente soste-nuto: <<[...] *La questione fondamentale ruota (...) interamente e sostanzialmente intorno al termine "Elohim": un vocabolo plurale il cui significato è sconosciuto. Viene tradotto in tante modalità diverse proprio perché non si sa cosa significhi. Si tratta di una situazione molto complessa anche perché è un termine plurale che l'esegesi giudaico-cristiana monoteista deve necessariamente ricondurre all'unità singolare dal momento che ha la necessità di sostenere l'esistenza del dio unico. Gli elohim erano un gruppo di individui che sono giunti qui, si sono spartiti il pianeta in sfere di influenza e si sono comportati da normali colonizzatori/ governatori. Avevano un comandate conosciuto con l'epiteto di Elyon che significa "colui che sta sopra". Yahweh, lungi dall'essere il 'Dio' unico e trascendente, era uno di loro: quello a cui era stato affidato il compito di governare su di un territorio definito e su di una porzione (Giacobbe, Dt 32,8) di una famiglia, mentre altre parti della stessa famiglia abramitica furono affidate a suoi colleghi/rivali che la Bibbia conosce e nomina: Kamosh e Milkom (Giudici 11,24; 1Re 11,7...). Yahweh aveva costantemente timore che il suo popolo si rivolgesse ad altri Elohim (si vedano gli innumerevoli capitoli presenti in molti dei libri dell'Antico Testamento: Genesi 31, Esodo 3, Esodo 15; Esodo 18, Esodo 20, Deuteronomio 6, Deuteronomio 7, Deuteronomio 13, Deuteronomio 32, ecc...). Il termine Yahweh compare nella Bibbia in un periodo storico in cui non esisteva ancora alcuna traccia scritta di quella che sarà poi la lingua ebraica. Le consonanti che lo compongono sono state messe per iscritto circa 3 - 4 secoli dopo essere state pronunciate e i suoni vocalici sono stati inseriti nei testi circa altri 1.600-1.700 anni dopo. Quel nome è stato vocalizzato centinaia di volte anche come Yehowah. Non si sa in che lingua venne pronunciato in origine e non si ha alcuna certezza su un suo eventuale significato. (...) "Ehye asher ehye" è la risposta che Yahweh ha dato quando Mosè gli chiese il suo nome perché voleva indentificarlo tra i tanti possibili: l'espressione significa "io sono quello che sono" e sottintendeva un banalissimo "a te non deve interessare chi sono io, pensa solo ad eseguire i mei ordini"* [...]>>

[68].

Sempre **Biglino**, in una delle sue opere[69], elenca puntualmente tutti i passi biblici dove possiamo trovare *"barà"* e, in tutti questi, assume chiaramente un significato sempre diverso dal classico teorizzato dalla teologia (*creare dal nulla*), dimostrando con dati concreti l'esattezza della sua posizione, ovvero *"modificare una situazione già esistente"* (e significati affini): **Genesi 1, 1; Genesi 5, 1-2; Genesi 6, 7; Esodo 34, 10; Numeri 16, 30; Giosué 17, 15-18; 1Samuele 2, 29; Salmo 51, 12; Salmo 102, 19; Isaia 4, 5; Isaia 41, 20; Isaia 43, 1; Isaia 43, 7; Isaia 43, 15; Isaia 48, 7; Isaia 54, 16; Isaia 57, 19; Geremia 31, 22; Ezechiele 21, 24; Ezechiele 21, 35; Ezechiele 23, 47; Amos 4, 13**.

Altro elemento davvero affascinante collegato al concetto di "Creazione", rispetto a **Genesi 1** è proprio il *"ruach degli Elohim"*: <<[...] *All'inizio gli elohim (plurale) hanno modificato (un territorio in cui c'erano) acqua e terra asciutta (...) e il "ruach degli elohim" aleggiava sulle acque* [...]>>.

La traduzione accettata è "Spirito di Dio", come a voler indicare la presenza spirituale di Dio sopra la sua "creazione": niente di più falso! Prima di tutto *"ruach"* non vuol dire "spirito" in senso spirituale: non è scritto da nessuna parte, non ci sono fonti certe e usare quel significato è errato sotto il profilo filologico. Se poi lo si lascia nel testo, si potranno cogliere diversi aspetti interessanti. Difatti, lasciando nel testo appena letto <<il *"ruach degli Elohim"* aleggiava sulle acque>>, obiettivamente, cosa sembra? Senza rischiare di autosuggestionare il lettore, lo scrivente propende per la tesi più letterale, evitando di immaginare: appare chiaro che tutto potrebbe essere tranne che "spirito", tra l'altro un concetto greco post-anticotestamentario, se lo vogliamo intendere con l'accezione animica e spirituale.

Anche in italiano il termine "spirito" può avere vari significati

---

[68] Parte di intervista contenuta nel *Manuale di Criminologia Esoterica*, II ed., Primiceri Editore, 2016, a firma di **Giulio Perrotta**.
[69] **Mauro Biglino**, *Non c'è creazione nella Bibbia*, Uno editori, 2013, pp. 262-284.

(c.d. polisemia); può essere:

a) lo spirito, inteso come entità spiritica (es. sento lo spirito del mio familiare che ancora aleggia in casa);

b) lo spirito, inteso come sostanza alcolica (es. questa bevanda è ricca di spirito);

c) lo spirito, inteso come coesione di squadra (es. la mia squadra di calcio preferita vince sempre perché ha uno spirito di squadra che la rende coesa in campo);

d) lo spirito, inteso come *vis comica* di una persona (es. quel ragazzo è davvero ricco di spirito).

Certo, l'interpretazione letterale farebbe propendere verso qualcosa di veramente materiale: un oggetto volante non identificato. Mentre, l'interpretazione dottrinale sembrerebbe quasi più conforme agli standard letterari accettabili: <<*Dio arrivò sulla Terra per creare ciò che oggi vediamo, in senso naturale ovviamente, facendo aleggiare il suo spirito sopra le acque*>>.

Peccato che questa linea interpretativa sia davvero carente sono almeno tre aspetti:

a) *Elohim*, come vedremo nei prossimi paragrafi, è il termine che identifica la traduzione di Dio, ma il termine in questione è plurale e non singolare, descrivendo quindi una pluralità di individui e non solo uno. A questo punto la descrizione dell'evento dovrebbe essere: <<*Un gruppo di individui arrivarono sulla Terra per creare ciò che oggi vediamo, facendo aleggiare il loro spirito sopra le acque*>> ;

b) il verbo utilizzato non identifica "creare dal nulla" ma "modificare una situazione preesistente". A questo punto la descrizione dell'evento dovrebbe essere: <<*Un gruppo di individui arrivarono sulla Terra per modificare lo stato dei luoghi presenti, facendo aleggiare il loro spirito sopra le acque*>>;

c) se sono arrivati degli esseri dal cielo per colonizzare il pianeta, su cosa allora viaggiavano? Coerentemente, la traduzione più vicina all'immagine descritta sembra essere con un oggetto volante, tenuto anche conto dei passi biblici che analizzeremo nel paragrafo dedicato. A questo punto la descrizione dell'evento dovrebbe essere: <<*Un gruppo di individui arrivarono sulla Terra per modificare lo stato dei luoghi presenti, aleggiando sopra le acque con il loro ruach (dall'ebraico, rumore)*>>.

Questa è la prospettiva seguita da Biglino, tenuto conto della coerenza testuale delle Sacre Scritture. Una traduzione che fa paura ma sicuramente coerente da un punto di vista filologico e storico, visto che la Genesi riprende passo passo (copiando) racconti sumero-accadici, come vedremo a breve.

Ancora, in questa sezione preliminare, merita uno spazio anche il termine "Olam", che l'esegesi cristiana traduce con "infinito", mentre quella ebraica lo traduce con "per lungo tempo (ma non infinito)", come da *Dizionario di Ebraico e Aramaico biblico "Reymond Philippe"*. Una bella differenza, insomma.

Riguardo, infine, la questione "Dio", probabilmente il nodo centrale di tutte le critiche al costrutto bigliniano, si preferisce rimandare al paragrafo dedicato agli *Elohim*, per meglio specificare nel dettaglio la questione.

In questa sede, però, si premettono già i punti chiave:

a) *Elohim* è il plurale di *El* o *Eloha*. Non a caso, il personaggio di Superman (inventato da due ebrei), dal nome *Kal-El*, che tradotto vuol dire "voce di Dio";

b) *Elohim* non assume il significato di "Dio", tipico del culto greco, così come lo concepiamo oggi, e ha molteplici significati. Nessun, ad oggi, conoscere il suo reale significato e si preferisce usare la locuzione restrittiva "quelli là" ovvero estensiva "quelli venuti dal cielo" (se vogliamo forzare il significato letterale, rendendo il termine conforme agli scritti anticotestamentari);

c) nella Bibbia sono citati diversi *Elohim*, compresa un'assemblea di loro, con nomi tutti diversi e ognuno a capo di un gruppo territoriale o di una regione in particolare. *Jahweh* (ovvero quello che ci hanno detto essere il nostro Dio), uno di questi, decide ad un certo punto di fare guerra per favorire il suo popolo, gli Ebrei, contro i suoi stessi simili.

5.4. I Giganti nell'Antico Testamento.

Nell'intervista effettuata a **Biglino** e pubblicata nel mio lavoro di *Criminologia Esoterica*[70], il saggista alla domanda su chi fossero i Giganti nell'Antico Testamento, rispose in questo modo:

<<*Secondo la Bibbia non ci sono dubbi sulla loro esistenza. L'Antico Testamento racconta che dormivano in letti lunghi circa quattro metri e larghi due; avevano inoltre sei dita per ogni arto, ogni mano e ogni piede. Li chiama con nomi diversi: nefilim, refaim, zamzummini, emim, anakim. Questa testimonianza biblica non è unica, corrisponde infatti a testimonianze simili provenienti dai popoli del passato di tutti i continenti del pianeta. Il testo biblico li pone in contrasto con gli Elohim, li fa combattere nelle file avversarie e ad un certo momento cita gli ultimi tre che muoiono in battaglia, dopo di che non ne parla più. La Bibbia ce ne fornisce una prima indicazione come premessa al racconto del diluvio universale e li collega a un particolare comportamento assai riprovevole tenuto da questi appartenenti alle classi intermedie delle gerarchie dei governanti. I redattori della Genesi ci raccontano (Gn 6) che quando gli elohim si unirono sessualmente alle femmine adam facendo con esse dei figli, sulla terra c'erano i nefilim. Non è dato di comprendere con assoluta certezza se i nefilim sono stati il prodotto delle unioni oppure esistevano indipendentemente da queste. Se fossero stati il prodotto degli incroci avremmo dovuto trovare un'espressione che indicasse chiaramente che erano presenti "solo dopo", mentre leggiamo che erano presenti "in quei giorni" e "anche dopo", il che ci autorizza a pensare che la loro presenza era antecedente o quantomeno contemporanea – ma non direttamente conseguente – alle unioni incrociate tra le due specie. Ma l'annotazione è tanto più stimolante se si considera che il problema non è solo di ordine temporale – c'erano già o sono il prodotto degli incroci? – ma concerne anche il significato del termine nefilim che qui ci interessa. Tralasciando le varie diatribe incorso da decenni mi*

---

[70] **Giulio Perrotta**, *Manuale di Criminologia Esoterica*, II ed., Primiceri Editore, 2016.

permetto di inserire un elemento che trova una sua giustificazione nella conoscenza più ampia delle teorie che si stanno diffondendo circa le possibili origini aliene della civiltà umana. I Greci non si sono curati delle possibili varianti di significato ma hanno direttamente tradotto il termine con γιγαντες, "giganti". Un interessante collegamento con questa certezza dimostrata dai greci nel tradurre in questo modo, annota che nella lingua aramaica esiste il termine 'nefila', un nome proprio che identifica la costellazione di Orione e sono numerosissimi gli studi che tendono a correlare proprio quella costellazione con la nascita della civiltà umana. Non è dato di trattare qui ciò che ho ampiamente analizzato in "Il Dio alieno della Bibbia" (Unoeditori) ma nella mitologia greca Orione era un "gigante" originario della Beozia, nonché figlio di Poseidone; era un grande cacciatore e usciva sempre accompagnato dal suo cane Sirio, che si fa corrispondere ad α Canis Majoris, la stella che ne accompagna il viaggio nella sfera celeste. Innamorato delle Pleiadi – figlie di Atlante – cominciò a molestarle e la dea Artemide che si era a sua volta invaghita di lui lo fece uccidere da uno scorpione; Zeus scoprì quanto era successo, si adirò e fulminò lo scorpione, poi decise di collocare nel cielo questo eroe e da allora la sua costellazione splende nella notte nel suo continuo tentativo di raggiungere le Pleiadi che lo precedono nel percorso celeste. In sostanza, ebraico, aramaico, mitologia greca si incrociano qui fornendo una possibilità di interpretazione che integra vari significati e un'ipotetica chiave di lettura: se il singolare 'nefila' è Orione, il plurale 'nefilim' potrebbe essere: Orioni, Orioniani, Orioniti? Erano proprio loro? A questo si riferivano gli autori biblici? Ovviamente non ci sono risposte certe; per il momento si tratta di una semplice curiosità e non ha dunque pretese di verità, ma le coincidenze sono decisamente stimolanti e tali da indurre quanto meno a coltivare e approfondire ulteriormente l'ipotesi>>.

Proprio sul punto, si segnala il contenuto del seguente articolo[71]:

<<*Nelle mitologie di tutto il mondo compaiono esseri dall'aspetto*

---

[71] Tratto da: http://www.laltrapagina.it/mag/le-evidenze-archeologiche-sul-mito-dei-giganti/ .

gigantesco, molto spesso superiore ai tre/quattro metri, che popolavano il pianeta molto prima dell'uomo conosciuto. Dello stesso periodo dei dinosauri, queste creature possedevano una statura e una forza sconvolgente; dal passato confuso, tutte le culture parlano di un'origine extraterrestre, come se fossero figli delle stelle. Gli stessi Nephilim, a cui la Bibbia fa riferimento indirettamente dell'Antico Testamento (sesto libro della Genesi), vuol dire (al plurale): "coloro che vengono dalla costellazione di Orione". Nel folclore popolare, queste creature sono spesso associati alle storie delle origini, frutto dell'incontro sessuale tra i figli degli Elohim uomini e i figli degli uomini (cioè il loro stesso prodotto d'ingegneria genetica). In fondo, i Giganti (Elohim o meno) rappresentano buona parte dei miti di tantissime culture, tra loro lontane nel tempo e nello spazio: pensiamo alla cultura norrena (con il Gigante Ymir), alla cultura giudaico-cristiana (con i Giganti Refei e Golia), alla cultura indiana, sri lankese, thailandese, anglosassaone e greca (con Urano e Gea, i Ciclopi e i Titani), tutte espressioni insomma di una realtà che oggi ci fa sorridere e sognare. E se i Giganti sono veramente esistiti, dobbiamo allora prendere in considerazione tutta una serie di ipotesi, che trovano nei reperti archeologici la loro chiara e cristallina espressione: non è fantasia, perciò, l'ipotesi di un'esistenza precedente agli umani con fattezze "gigantesche". Basti ricordare i ritrovamenti recenti di scheletri umani (confermati dagli studi scientifici con l'antracite), alti dai 2,30 metri fino ai 7 metri: prima nel 1936 nel Ciad, poi nel 1992 in Ecuador, per arrivare al 2009 in Botswana e agli scavi ufficializzati dal Pravda online nel 2011. Una miniera di conoscenze nasconde il Sud-America e l'Africa, tra le sabbie del Deserto e le costruzioni megalitiche del Perù, della Bolivia e del Libano (nell'area mediorientale e mesopotamica, con il tempio di Baal). Anche l'Italia non è nuova a queste scoperte archeologiche, come i siti in Calabria e nel Lazio. Ma non è tutto. Le opere megalitiche presenti in tutto il pianeta, come le mura di cinta delle aree funerarie e le 300 piramidi, farebbero pensare ad una diffusa presenza di Giganti, spazzati via da un cataclisma, così come accadde con i Dinosauri. Tutte costruzioni tra loro simili: massi spaventosamente pesanti per essere spostati da essere umani con i mezzi dell'epoca e tecniche di costruzione senza l'uso di malta o strumenti tecnologicamente conosciuti. E sempre di recente sono stati trovati 11mila pietre nel quale venivano raffigurati i dinosauri. Nulla di strano, se non fosse che l'arrivo dell'uomo è datato circa 61 milioni di anni dopo l'estinzione dei Dinosauri e che queste "pietre" sono datate non meno di 100 milioni di anni. L'incongruenza temporale è chiara? Eppure sappiamo tutti che tra l'uomo che oggi conosciamo e il suo passato c'è un "buco" temporale ed evolutivo. Altri ritrovamenti fossili di scheletri umani con le fattezze da Giganti hanno confermato l'idea che prima dell'arrivo dell'uomo, la Terra fosse popolata da creature di cui adesso non conosciamo formalmente l'esistenza. Serviranno altri studi approfonditi e nuove ricerche tecniche per portare alla luce l'unica verità assoluta: la nostra storia è tutta da ridisegnare>>.

Dunque, non è più un mistero l'ipotesi che la Terra sia stata popolata da esseri dalle fattezze "gigantesche". Stesso nell'Antico Testamento, è presente la descrizione di individui che potevano raggiungere anche i quattro metri di altezza, molti di questi dotati anche di sei dita per arto, per un totale di ventiquattro dita:

Numeri 13, 32-33: *Screditarono presso gli Israeliti il paese che avevano esplorato, dicendo: «Il paese che abbiamo attraversato per esplorarlo è un paese che divora i suoi abitanti; tutta la gente che vi abbiamo notata è gente di alta statura; vi abbiamo visto i giganti, figli di Anak, della razza dei giganti, di fronte ai quali ci sembrava di essere come locuste e così dovevamo sembrare a loro».*

Deuteronomio 2, 20-23: *Anche questo paese era reputato paese diRefaim: prima vi abitavano i Refaim e gli Ammoniti li chiamavano Zanzummim: popolo grande, numeroso, alto di statura come gli Anakiti; ma Yahweh li aveva distrutti davanti agli Ammoniti, che li avevano scacciati e si erano stabiliti al loro posto. Così Yahweh aveva fatto per i figli di Esaù che abitano in Seir, quando distrusse gli Hurriti davanti a loro; essi li scacciarono e si stabilirono al loro posto e vi sono rimasti fino ad oggi. Anche gli Avviti, che dimo-*

ravano in villaggi fino a Gaza, furono distrutti dai Kaftoriti, usciti da Kaftor, i quali si stabilirono al loro posto.

Deuteronomio 3, 11: *Perché Og, re di Basan, era rimasto l'unico superstite dei Refaim. Ecco, il suo letto, un letto di ferro, non è forse a Rabba degli Ammoniti? È lungo nove cubiti secondo il cubito di un uomo.*

2Samuele 21, 15-21:
I Filistei mossero di nuovo guerra ad Israele e Davide scese con i suoi sudditi a combattere contro i Filistei. Davide era stanco e Isbi-Benòb, uno dei figli di Rafa, che aveva una lancia del peso di trecento sicli di rame ed era cinto di una spada nuova, manifestò il proposito di uccidere Davide; ma Abisài, figlio di Zeruià, venne in aiuto al re, colpì il Filisteo e lo uccise. Allora i ministri di Davide gli giurarono: «Tu non uscirai più con noi a combattere e non spegnerai la lampada d'Israele». Dopo, ci fu un'altra battaglia contro i Filistei, a Gob; allora Sibbecài il Cusatita uccise Saf, uno dei figli di Rafa. Ci fu un'altra battaglia contro i Filistei a Gob; Elcanàn, figlio di Iair di Betlemme, uccise il fratello di Golia di Gat: l'asta della sua lancia era come un subbio di tessitori. Ci fu un'altra battaglia a Gat, dove si trovò un uomo di grande statura, che aveva sei dita per mano e per piede, in tutto ventiquattro dita: anch'egli era nato a Rafa. Costui insultò Israele, ma lo uccise Giònata, figlio di Simeà, fratello di Davide.

Ma la Bibbia non si ferma qui[72]: leggendo i passi relativi alla loro presenza, possiamo per alcuni di loro tracciare anche l'infausto destino; difatti:

a) gli *Anaqiti* (ovvero "uomini dal lungo collo"), che occupavano i territori di Hebron, guidati da Ahiman, Sesay e Talmay, capi militari di origine aramaica, verranno sconfitti da Caleb e da Giosué, per poi venire definitivamente soppiantati così dalla tribù di Giuda, lasciando pochi gruppi sparuti a Gaza, Asdod e Gat (ovvero la città del gigante Goliat);

---

[72] Tratto da: https://issuu.com/safralla/docs/gli_dei_che_giunsero_dallo_spazio_-_mauro_biglino

b) i *Rafaìm* (tra tutti il gigante Og e gli Zumzummìn), che occupavano la Transgiordania, dal Monte Hermon fino ad Ammon, vennero sconfitti in buona parte da Giosué, mentre il gruppo presente in Galaad dagli Amorrei.

c) gli *Emìm*, che occupavano il territorio di Moab (ovvero est e sud-est del Mar Morto), furono sconfitti da Kedorlaomer e dai suoi alleati *nella pianura di Qiriatàyim; la città fu distrutta e poi ricostruita dalla tribù di Ruben.*

<<[...] *Ma l'Antico Testamento non è l'unico libro a testimoniare l'esistenza dei giganti: autori come Plinio (23 - 79 d.C.), Plutarco (46 - 127 d.C.) ed Erodoto (484 - 425 a.C.) descrivono energumeni in bilico tra i 2 ed i 3 metri; in tutte le mitologie/racconti antichi del pianeta è possibile trovare riferimenti a uomini straordinariamente alti. Ulteriori e decisive conferme dell'esistenza dei giganti sono provenute, nel corso dell'ultimo secolo, da alcuni scavi archeologici. Uno tra i primi ritrovamenti documentati e riconosciuti fu quello di Castelnau-le-Lez, in Francia, nel 1890. Pubblicati i risultati sulla rivista "La Nature", gli scienziati riuscirono a datare le ossa all'era Neolitica (12.000 anni fa), stabilendo allo stesso tempo l'altezza dello scheletro in 3.50 metro. Solo 4 anni più tardi, a Montpellier, furono trovati ulteriori resti la cui altezza superava i 3 metri. Interessante notare nel periodo che spazia dal 1886 al 1909 la grande quantità d'articoli di giornale intenti a riportare notizie su ritrovamenti anomali ed ossa sproporzionate. Un trafiletto del Mansfield Daily Shield, datato 1904, riporta il ritrovamento d'uno scheletro il cui cranio "è 6 volte più grande di quello d'un caucasico". Tra il 1922 ed il 1929 gli scavi archeologici diretti dal Prof. Ralph Glididen nel suolo americano hanno portato alla luce numerosi scheletri altri più di 2.20 metri appartenenti a nativi americani, alterando di molto la concezione sui primitivi americani sino ad allora consolidata in ambiti accademici. Verso la fine degli anni '50 alcuni scavi condotti sulle rive dell'Eufrate portarono alla scoperta d'una vera e propria necropoli per giganti: sebbene buona parte dei resti venne trafugata -come avvenne in altre occasioni- il museo americano di*

fossili Mt. Blanco in Texas riuscì a conservare la riproduzione d'un femore e tutt'oggi espone ai visitatori questo particolare artefatto [...]>>[73].

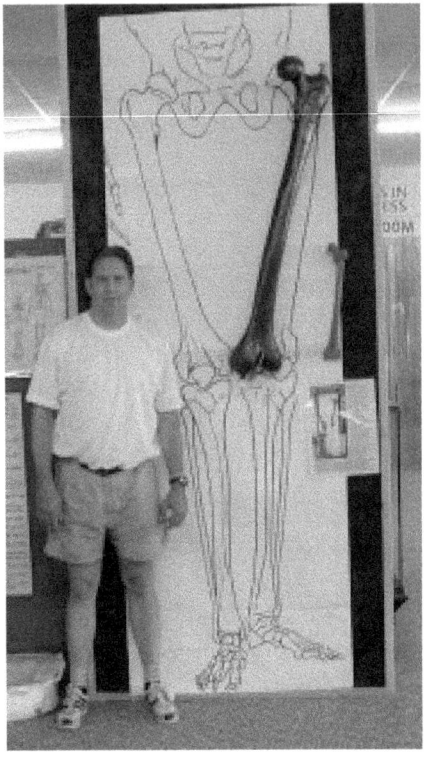

Fig. 3: Ricostruzione del ritrovamento del 1950, oggi esposto in un museo del Texas

Insomma, ci sono tutti gli elementi per confermare la tesi della presenza dei "Giganti" sulla Terra, come già prima dei culti ebraico e cristiano avevano enunciato nel dettaglio.

---

[73] Tratto da: http://www.veniteadme.org/i-giganti-bibbia-storia-ed-archeologia/

5.5. Elyon, gli Elohim e Yahweh nell'Antico Testamento [74]

Comincia da questo momento la disamina dei contenuti testuali dell'Antico Testamento. Per favorire un maggior approccio organico alla materia, ci faremo aiutare nell'analisi dal saggista e studioso di religioni, **Mauro Biglino**, che rifacendosi ad altri autori, saggisti e studiosi, sul punto, distingue correttamente i tre termini, seguendo il tenore letterale delle Sacre Scritture, consigliando di lasciare i termini originali nel testo e di leggerlo così come si presenta: sarà immediatamente chiaro al lettore che la traduzione proposta dalla dottrina religiosa cristiana è una vera e prorpia violenta forzatura, spesso operata inserendo concetti che nulla c'entrano con l'esatta traduzione.

Nel dettaglio[75], suggeriamo di leggere la Bibbia sapendo che:

1) quando c'è scritto "Dio", in ebraico, nella quasi totalità dei casi, c'è il termine *"Elohim"* (desinenza plurale); qualche volta c'è *"el"* o *"eloah"* (singolare). Inoltre, spesso il termine *Elohim* è seguito dal verbo al plurale in ebraico (come in **Genesi 20,13** o **35,7**) mentre in italiano è "stranamente" tradotto col singolare. Proviamo quindi a fare la sostituzione del soggetto "Dio" con il soggetto "Elohim"

2) quando c'è scritto l'"Altissimo", in ebraico c'è *"Elyon"*: facciamo anche questa sostituzione.

3) quando c'è il "Signore" o l'"Eterno", in ebraico c'è *"Yahweh"*: terza sostituzione.

4) quando trovate "spirito" in ebraico c'è *"ruach"*, quindi fate la quarta sostituzione;

5) quando trovate "gloria di Dio" o "gloria di Yahweh" in ebraico c'è *"kavod"*, termine che, come per *"ruach"*, non può essere tradotto, e se lasciato così com'è rende il testo molto più chiaro e ricco di spunti riflessivi;

6) quando trovate "eternità" o "per sempre" in ebraico c'è il

---

[74] **Mauro Biglino**, *La Bibbia non è un libro di storia*, I ed., Uno Editori, 2015.
[75] Tratto da: http://maurobiglino.it/2015/04/un-suggerimento-pasquale-da-mauro-biglino/.

vocabolo "*olam*" che significa solo "lunga durata nel tempo" (e mai eternità o per l'eternità).

Vediamo perché preferiamo questo tipo ti approccio.

In ordine al termine *Elohim*, l'autore[76] ha più riprese ha specificato quanto segue: << *Gli Elohim biblici non erano "Dio" e tanto meno un essere unico, ma una pluralità di individui in carne e ossa; una molteplicità chiaramente e inequivocabilmente evidenziata in numerosissimi passi nell'Antico Testamento (Esodo 3,12 e segg.; Esodo 15,3 e segg.; Esodo 18, 11 e segg.; Deuteronomio 6,14 e segg.; Deuteronomio 13,7 e segg.; Deuteronomio 32, 17 e segg.; Geremia 7,18). Avevano addirittura degli accampamenti nelle zone di confine che presidiavano con le loro schiere (Genesi 32,1 e segg.). Godevano di una vita molto lunga ma erano mortali (Salmo 82). Viaggiavano su macchine volanti definite ruach, kavod, merkavah, keruvim (…). Nella Bibbia non sono mai considerati 'dèi': in origine erano oggetto di rispetto e sottomissione a causa del loro grande potere, garantito dalla tecnologia di cui disponevano e che incuteva terrore. Alcuni di loro erano temuti anche per la loro crudeltà, una caratteristica di cui l'Antico Testamento costituisce una testimonianza inequivocabile: Yahweh, definito il 'guerriero' (ish milchamah, Esodo 15,3), non si faceva scrupolo di ordinare stermini veri e propri di persone inermi (si legga a questo proposito anche solo il libro di Giosuè). Avevano come obiettivo fondamentale la definizione di strutture di potere distribuite nei vari territori sui quali poi si sono sviluppate le diverse civiltà e, a questo scopo, si spostavano alla ricerca di terre e di genti da cui farsi servire (Deuteronomio 32,17 e segg.). Conoscevano le leggi della natura, del cosmo, e le trasmettevano soltanto ai loro fedeli seguaci, dando così avvio alle caste dei re/ governatori/ sacerdoti, i cosiddetti 'iniziati' alla conoscenza. Questo sapere era però squisitamente scientifico, concreto, materiale, ossia utile alla quotidianità dei loro governati o alle loro specifiche esigenze di viaggiatori dello*

---

[76] Parte di intervista contenuta nel *Manuale di Criminologia Esoterica*, II ed., Primiceri Editore, 2016, a firma di **Giulio Perrotta**.

spazio e colonizzatori. Gli Elohim erano al contempo legislatori (dettavano regole e norme in piena autonomia decisionale), governanti, ministri che curavano i molteplici aspetti del potere e giudici (verificavano il rispetto delle leggi, comminavano ed eseguivano, o facevano eseguire, pene e punizioni). Erano nettamente distinti dagli Adam e la distinzione netta è documentata da elementi come i seguenti: gli Elohim "fecero" gli Adam (Genesi 1) attraverso interventi di ingegneria genetica finalizzati a produrre esseri capaci di capire ed eseguire ordini e lavorare per loro nella ricerca e scavo di minerali di cui il pianeta Terra è ricco; gli Elohim "si unirono" con le femmine Adam (Genesi 6); gli Elohim "muoiono come tutti gli Adam" (Salmo 82). La Bibbia riporta i nomi precisi di alcuni di essi: a) Yahweh, el degli israeliti; b) Kamosh, el dei moabiti; c) Milkom, elo degli ammoniti; d) Astarte, el femmina di Sidone>>.

<<*La questione fondamentale ruota [...] interamente e sostanzialmente intorno al termine "Elohim": un vocabolo plurale il cui significato è sconosciuto. Viene tradotto in tante modalità diverse proprio perché non si sa cosa significhi. Si tratta di una situazione molto complessa anche perché è un termine plurale che l'esegesi giudaico-cristiana monoteista deve necessariamente ricondurre all'unità singolare dal momento che ha la necessità di sostenere l'esistenza del dio unico. Gli elohim erano un gruppo di individui che sono giunti qui, si sono spartiti il pianeta in sfere di influenza e si sono comportati da normali colonizzatori/ governatori. Avevano un comandate conosciuto con l'epiteto di Elyon che significa "colui che sta sopra". Yahweh, lungi dall'essere il 'Dio' unico e trascendente, era uno di loro: quello a cui era stato affidato il compito di governare su di un territorio definito e su di una porzione (Giacobbe, Dt 32,8) di una famiglia, mentre altre parti della stessa famiglia abramitica furono affidate a suoi colleghi/rivali che la Bibbia conosce e nomina: Kamosh e Milkom (Giudici 11,24; 1Re 11,7...). Yahweh aveva costantemente timore che il suo popolo si rivolgesse ad altri Elohim (si vedano gli innumerevoli capitoli presenti in molti dei libri dell'Antico Testamento: Genesi 31, Esodo*

3, Esodo 15; Esodo 18, Esodo 20, Deuteronomio 6, Deuteronomio 7, Deuteronomio 13, Deuteronomio 32, ecc...). Il termine Yahweh compare nella Bibbia in un periodo storico in cui non esisteva ancora alcuna traccia scritta di quella che sarà poi la lingua ebraica. Le consonanti che lo compongono sono state messe per iscritto circa 3 - 4 secoli dopo essere state pronunciate e i suoni vocalici sono stati inseriti nei testi circa altri 1.600-1.700 anni dopo. Quel nome è stato vocalizzato centinaia di volte anche come Yehowah. Non si sa in che lingua venne pronunciato in origine e non si ha alcuna certezza su un suo eventuale significato. [...] "Ehye asher ehye" è la risposta che Yahweh ha dato quando Mosè gli chiese il suo nome perché voleva indentificarlo tra i tanti possibili: l'espressione significa "io sono quello che sono" e sottintendeva un banalissimo "a te non deve interessare chi sono io, pensa solo ad eseguire i mei ordini">>[77].

Pertanto: <<*La Bibbia ci documenta in particolare, e direi in via esclusiva, la spartizione di una parte della terra di Canaan nominando gli elohim cui Elyon assegnò singoli popoli: Giacobbe (nipote di Abramo) a Yahweh, Moabiti (pronipoti di Abramo) a Kamosh, Ammoniti (pronipoti di Abramo) a Milkom, Sidoniti alla elohim femmina Astarte. I popoli del medio oriente e dell'Egitto ci hanno lasciato i racconti dei loro governatori con tanto di nomi, parentele, rapporti di potere. Visto che di Abramo si occupava un elohim di nome El-Shaddai, io non escluderei la possibilità che Yahweh, Kamosh e Milkom fossero i suoi figli e fossero quindi tra di loro fratelli. Yahweh ebbe in assegnazione Giacobbe e i suoi discendenti che, dice la Bibbia, egli trovò dispersi nel deserto: non avevano dunque neppure un territorio. Le lotte di conquista erano quindi finalizzate a trovare una terra che consentisse una vita quanto meno dignitosa e Yahweh si comportò esattamente come fanno tutti i colonizzatori governatori di goni tempo: tentò di occupare terre e per conseguire l'obiettivo non si fece alcuno scrupolo. Non a caso la Bibbia è sostanzialmente un libro di guerra*

---

[77] Parte di intervista contenuta nel *Manuale di Criminologia Esoterica*, II ed., Primiceri Editore, 2016, a firma di **Giulio Perrotta**.

che narra le vicende di un patto, di una alleanza tra un comandante e la gente a lui assegnata: sia l'uno che gli altri condividevano lo stesso fine. I popoli confinanti (egizi, assiri, babilonesi, ittiti...) ci hanno lasciato le vicende in cui erano coinvolti i loro elohim che risultavano essere infinitamente più potenti ed importanti di Yahweh. Quest'ultimo infatti non poteva neppure pensare di combattere contro le nazioni che circondavano quel fazzoletto di terra che lui aveva deciso di occupare con i suoi. Non a caso la Bibbia riporta le battaglie che lui con i suoi combatteva contro cugini, zii e nipoti ai quali tentava di sottrarre piccole porzioni di territorio per insediarvisi. I popoli di gran lunga più importanti erano seguiti da elohim molto potenti, i cui nomi sono registrati delle storie sumero-accadiche, assire, babilonesi, ittite, egiziane, greche, nordeuropee, centro-sud americane, indiane, ma di queste la Bibbia non si occupa perché il suo orizzonte storico narrativo non andava e non va oltre quel fazzoletto di terra>>[78].

Facciamo il punto della situazione!

Sicuramente, sulla base di quanto abbiamo detto fin qui, possiamo evidenziare che:

A) *Yahweh* è il nome (secondo la tradizione ebraica) di Dio, quell'essere divino che ha stretto un patto con il popolo d'Israele e che per tutta la cultura cristiana rappresenta l'unico, vero e solo Dio. Tuttavia, però, sorge un dubbio: ai tempi di Mosé, la lingua ebraica non esisteva ancora, e pertanto sembra necessario chiederci in quale lingua fu pronunciato originariamente. Le genti uscite dall'Egitto e vissero per almeno quattro secoli in quelle terre, parlavano sicuramente l'egiziano o l'amorreo (una forma proto-semitica). In origine, il termine era conosciuto solo con il tetragramma יהוה , tra l'altro trascritto la prima volta quattro secoli dopo essere stato pronunciato e corrispondente al consonantico "YHWH", poi vocalizzato in "YaHWeH" solo dopo altri sedici secoli. Ad infittire il mistero ci pensano alcuni scritti ancora più antichi ritrovati in Libano (terra dei

---

[78] Parte di intervista contenuta nel *Manuale di Criminologia Esoterica*, II ed., Primiceri Editore, 2016, a firma di **Giulio Perrotta**.

Fenici), dove il nome Yhwh è associato ad uno dei figli (il più giovane) di uno dei capi Elohim di quel territorio. Nulla di strano quindi, leggendo il successivo punto b) di questa lista, se proprio a lui, in virtù della sua giovane età, l'assegnazione fatta da *Elyon* fosse soltanto una porzione di famiglia (e nemmeno un vero e proprio territorio).

<<[...] *Anche nella stele di Mesha (Giordania) del IX secolo a.c. viene trovato il nome Yhwh in contesa con l'Eloah Kemosh (divinità moabita). Di Kemosh si parla anche in relazione alla guerra durante la quale la valle di Sodoma e Gomorra fu distrutta dalle "armi del terrore" utilizzate da un altro Eloah, Ninurta (sumero-accadico, figlio di Enlil fratello di Enki) regnante in Assiria (odierno Iraq). Altri testi extrabiblici riportano che Yhwh era conosciuto già secoli prima, in altri territori, con il nome di Shaddai; inoltre nei libri della Bibbia copta si parla anche della sua compagna Asherah. Sul fianco della giara di Kuntillet Ajrud, sono presenti motivi iconografici che mostrano tre figure antropomorfiche e un'iscrizione che nomina appaiati «Yahweh [...] e la sua Asherah». Conosciuta anche con il nome di Anat o Ashratum* [...]>>[79].

Il ricercatore **Riccardo Tristano Tuis**, riprendendo concetti già analizzati da altri illustri accademici e studiosi delle religioni, cristallizza in maniera definitiva e corretta (a parere dello scrivente) il legame sinergico tra la devozione al Sole (e il relativo culto del Sole, che ha origini antichissime stimate in almeno 10-12 mila anni fa) e la figura di *Yahweh*; nel dettaglio, afferma infatti che: <<[...] *La devozione al Sole e dunque alle divinità solari che lo rappresentano è un elemento presente in molte civiltà e culture di ogni parte del mondo* [...]. *Il culto del Sole con tutta probabilità diede origine all'enoteismo (credere nella supremazia di un solo Dio tra tanti) e la monoteismo (credere nell'esistenza di un solo Dio) di Akhenaton cui gli ebrei, i cristiani e gli islamici ci ripresero per il loro culto del Dio unico. Come forma di rappresentazione del Sole si usò la barca solare come quella della divinità solare egizia Ra o il*

---

[79] Tratto da: http://www.noiegliextraterrestri.it/2014/08/il-serpente-dell-eden-era-un-ingegnere-genetico.html.

carro solare [...] *ampiamente utilizzato in molte culture come rappresentazione del mezzo di trasporto di divinità, quali Helios, Apollo, Savitr, Yahweh o Sòl, la dea del Sole norrena* [...]>>[80].

Il ricercatore, sempre su *Yahweh* e sul culto cristiano, puntualizza alcuni dettagli[81] che allo scrivente appaiono davvero interessanti e utili:

1) *in primis*, la palese somiglianza del Cristianesimo con i culti limitrofi dell'epoca, da cui ha attinto i rituali, le storie e parte della dottrina, come la figura del Re Salvatore Gesù detto Cristo (l'unto), la Vergine Maria, la schiera di angeli e i santi, il concetto del giudizio universale, la venerazione della morte e del cadavere come dimora dello spirito, la lotta tra il bene e il male e il Paradiso come dimora dei giusti, tutte riproposizioni di culti antichi come lo Zoroastrismo, il Mitraismo, l'Ebraismo, i Culti Mesopotamici ed Egiziani. Al vertice del panthéon cristiano troviamo la figura di *Yahweh*, raffigurato come un vecchio con la barba, altra simbologia che richiama il concetto di padre di famiglia che esercitava il diritto alla vita e alla morte (specchio del diritto romano dell'epoca) e la raffigurazione di molte divinità paterne come Baal, Ahura Mazda, Amon, Indra, Giove/Zeus (Ammone), Teshub, Thor e Tinia;

2) *in secundis*, il significato oscuro del tetragramma consonantico "YHWH", che dovrebbe significare (per lo meno questa è la tesi tradizionale) "io sono quello che sono" (in ebraico, אֲשֶׁר אֶהְיֶה אֶהְיֶה, *'ehyeh 'ašer 'ehyeh*) o "io sono quello che alita", anche rifacendoci al testo letterale dell'Antico Testamento (**Esodo, 3, 14**), quando Mosé chiede a "Dio" il suo nome.

Il ricercatore **Pierre Sabak** ha trovato invece una spiegazione che potrebbe gettare nuova luce sulla possibile tradizione: per lui, *Yahweh* è una versione indoeuropea di *Giove*, la variante latina della versione greca di *Zeus*, a sua volta proveniente dal sanscrito *Dyaus Pita* (il Padre Celeste), anche in virtù delle somiglianze con la divinità padre degli Déi. Tuttavia, appare assai azzardata questa tesi

---

[80] Riccardo Tristano Tuis, *L'Aristocrazia Nera*, Uno Editori, 2016, pp. 60-61.
[81] Riccardo Tristano Tuis, *L'Aristocrazia Nera*, Uno Editori, 2016, pp. 160-170.

(anche se obiettivamente riprende il concetto più coerente e vicino alle altre divinità padri delle culture dell'epoca), in quanto le vocali sono state aggiunte molti secoli dopo e per quel che ne sappiamo, *Yahweh* potrebbe anche essere Yehwih o Yohwuh. L'unica certezza che resta è il tetragramma originario. Da lì è possibile fare solo speculazioni e ipotesi;

3) *in terzis*, appare evidente, come sottolinea **Tuis**: <<[...] *come i culti ariani e semiti si riciclino costantemente tra loro, [...] al punto che gli Achei che colonizzarono la Grecia, importando i loro Déi, si possono considerare a tutti gli effetti una tribù legata originariamente agli indoariani che colonizzarono parte del subcontinente indiano. Di fatto, possiamo osservare le forti corrispondenze tra le due mitologie, presenti in parte anche in quelle nordiche ed iraniche:*

- Indra e Zeus presentano attributi affini ed entrambi sono in guerra con rivali alquanto simili, per gli Indù sono gli Asura per i Greci sono i Titani. In ambedue i vincitori sono i *signori della tempesta*;
- la madre di tutti gli dèi brahmanici, Aditi, corrisponde a Rea, la madre di tutti gli dèi greci;
- il dio indù Surya corrisponde al dio greco Apollo;
- il dio del tempo brahminico Kala corrisponde al dio greco Cronos;
- il dio indù Varuna corrisponde al dio greco Urano;
- il dio indù Kama corrisponde al dio greco Eros.

Fig. 4: Tratto dall'opera "L'aristocrazia nera" di Riccardo Tristano Tuis, Uno Editori, 2016, p. 165

<<[...] *Come quasi tutti gli Déi nelle diverse culture sparse nel globo, anche il Dio biblico Yahweh/Jehovah/El, aveva una moglie, Asherah, nel V secolo a.C., nota con il nome di "Anat Jahu"* -era

nota anche per essere la moglie e/o sorella della divinità **Baal**[82], portando così a trasposizione le due divinità-, *anche se si è fatto di tutto per nasconderla e far scomparire le innumerevoli statuette che la raffiguravano. Per giunta Asherah, il cui nome compare più volte nella Bibbia* (e in un'iscrizione paleo-ebraica del IX-VIII secolo a.C. insieme a Yahweh, amante dei sacrifici umani) *era la madre di Yahweh, poi divenuta sposa del figlio* […]>>, e per questo la sua figura crea imbarazzi nel credo cristiano, partendo da tutta quella serie di comandi dati da Yahweh di non legarsi carnalmente alla madre, al padre e alla sorella;

4) *in quartis*, **Tuis** affronta la questione del culto lunare delle religioni abramitiche, comunque legate alla figura di *Yahweh*, affermando che: <<[…] *le analogie fra la mitologia ellenica e quella nordica sono palesi così come quelle tra la mitologia indoeuropea, sumero-semitica, indo-ariana e fenicio-egizia.* […] *Un'altra particolare coincidenza è riscontrabile nella fase della storia egizia definita "Medio Regno", in particolare a Tebe, in cui la divinità lunare era chiamata Yah, che in traslitterazione contiene le prime due lettere del tetragramma YH.* […] *Un fatto indiscutibile, poi, è che il Dio islamico Allah sia identificabile come il dio veterotestamentario Yahweh, ma è altresì vero che la pietra venerata dagli islamici alla Mecca appartiene storicamente a Hubal, divinità preisclamica di origine mesopotamica/fenicia, conosciuta come Baal* […]>>.

---

[82] <<[…] *Baal* (o Ba'al, dall'accadico "bēlu": signore, padrone, proprietario) di una delle principali divinità della mitologia fenicia, può essere considerata la figura centrale del modo religioso dell'antica Ugarit. Per i Cananei dell'Antico Testamento il nome fu ereditato ad indicare sinonimo di dio, e, solamente intorno al XIV secolo a.C., passò a indicare il maggiore degli dèi e il signore dell'universo, e quindi successivamente come falso dio. Con il passaggio almonoteismo giudaico, fu quindi indicato con una statuetta materiale, simbolo della idolatria dell'uomo verso i falsi dei. Secondo il mito fenicio, la sua residenza fu il monte Casio, antico Sapanu, ed era il tradizionale dio semitico della tempesta, a cui corrispondevano anche il controllo della fertilità e della fecondità. Nella mitologia greca Baal veniva associato al nome di Crono, poi Saturno dai Romani. Baal, come molte altre divinità antiche, è stato assimilato come demonio nella religione cristiana […]>>.
[Tratto da: https://it.wikipedia.org/wiki/Baal]

B) *Elyon* [83], tradotto nella Bibbia come "l'Altissimo" non era *Yahweh*, e fu lui a dividere le terre e ad assegnare nazioni e popoli, come si evince dal **Deuteronomio 32, 8-9**: <<[...] *Elyon* (ovvero l'Altissimo, come superlativo che indica colui che è sopra tutti quanti) *divise i popoli* [...] *e stabilì i confini delle genti secondo il numero degli Elohim* (quindi secondo il numero degli Déi). *Perché porzione di Yahweh* (Signore) *è il suo popolo, Giacobbe è sua eredità*" [...]>>. Dunque, l'Antico Testamento dice chiaramente che non fu *Yahweh* (quello che viene considerato il nostro Dio) a creare il tutto, ma *Elyon*, spartendo le nazioni a tutti gli Elohim sotto di lui, come vedremo tra breve;

C) *Elohim* è un termine plurale, in quanto il singolare è ben definito in *El* [84] o *Eloah*, come vedremo nel dettaglio nel prossimo paragrafo.

---

[83] *Elyon*, in realtà, pare essere l'antica divinità siriana, chiamata anche *Eliun* da Filone di Byblos o *Hypsistos* in greco, dal significato "Il Supremo".
[**Lurker**, *Dizionario degli Angeli, dei Demoni e degli Déi*, Piemme, II ed., 2004, p.142]
[84] <<[...] *El* (ebraico אֵל, greco Ἐλ, "dio") o Il, Al, Eli è un dio del pantheon dell'area semitica siro-palestinese e mesopotamica, spesso presentato con caratteristiche di dio supremo, ed uno dei nomi di Dio nella Bibbiaebraica. Dalla medesima radice <-ʕ-l-h>, "altezza", "potenza", deriva in arabo il termine Allah. Per gli antichi popoli della Siria El, letteralmente "il più alto", era il dio supremo. La radice trilittera di riferimento <-ʕ-l-h> esprime appunto il significato di "essere in alto". Veniva chiamato per questo motivo "l'Altissimo" tra gli dèi, con un'evidente collocazione sovrastante il mondo terreno degli uomini, al di sotto del quale si collocano a loro volta le entità ctonie e quindi, per antitesi, divinità inferiori e tendenzialmente malvagie (pur se con qualche vistosa eccezione). [...] Nella concezione originaria siriaca El sarebbe stato un dio ordinatore del mondo, già preesistente ma caotico, e non tanto creatore ex nihilo. Saremmo in questo caso di fronte alla riproposizione in terra siro-palestinese dell'antico mito dualistico preachemenide persiano zurvanista che - coerentemente con la concezione della ciclicità della storia, tipica della cultura persiana preislamica - credeva in un'azione "ordinatrice" di una divinità, cui si sarebbe contrapposta l'opera di una divinità disordinatice, disgregatrice, distruttrice. Da questo confronto dialettico fra Caos e Cosmos si produrrebbe la vita e il ciclico divenire storico che muoverebbe l'universo dal caos al cosmo per quindi riprecipitare nel caos e in una successiva fase "cosmetica". [...] Il dio El si incontra tra le attestazioni più antiche nelle rovine della biblioteca reale di Ebla, presso il sito archeologico di Tell Mardikh, in Siria, che data tra il 2600 e il 2300 a.C., poi distrutta dagli Assiri. [...] Un'antica iscrizione in protosinaitico rinvenuta sul Monte Sinai reca le parole 'lḏ'lm (El id 'olam), interpretate come 'il ḏū 'ôlmi, cioè "El l'Eterno" o l'"Eterno Dio". Il dio egiziano Ptah recava invece il titolo di ḏū gitti "El di Gath", cioè "Dio" o "Signore di Gath", città della Palestina, in una stele rinvenuta a Lachish e databile al regno di Amenhotep II (1435–1420 a.C. circa). Il medesimo titolo appare anche nel testo Serābiṭ 353. Lo stesso Cross, nei suoi studi, sottolinea come Ptah sia di frequente chiamato "Signore dell'Eternità", similmente all'El del Sinai. [...] In talune iscrizioni ricorre il nome di 'Ēl qōne 'arṣ, cioè di "'El creatore della Terra",

includendo anche un'iscrizione molto più tarda rinvenuta a Leptis Magna, in Tripolitania, e databile al II secolo (KAI. 129). Lo stesso titolo ricorre anche nei testi ittiti con la crasi Ilkunirsa, che appare essere marito di Asherdu (Asherah) e padre di 77 od 88 figli. [...] Iscrizioni amorree rinvenute a Zinčirli e con riferimento a numerose divinità, a volte citate per nome, altre per titolo, riportano con frequenza la radice il nome di El nella sua forme Il, inteso come "dio". In particolare compaiono titoli come ilabrat "dio delle genti", il abīka "dio dei tuoi padri", il abīni "dio di nostro padre" e simili. Sono riportate anche numerose genealogie divine con i nomi divini elencati secondo una particolare famiglia o clan, ancora a volte per nome ed altre per titolo, sempre includendo la radice Il. Negli stessi nomi di persona degli Amorrei gli elementi più comuni in riferimento alla divinità erano Il, Hadad oAdad e Dagan. E si ritiene che Il-El possa essere assimilato a quella stessa divinità suprema Martu che in accadico veniva resa con il nome di Illu-Amurru o Amurru. Ad Ugarit tre liste di divinità ritrovate nel sito archeologico iniziano citando El ed i suoi tre figli, Dagnu, Ba'l e Ṣapān, attribuendo a questi quattro dei il titolo di 'il-'ib, che sembra essere il nome di un generico titolo di divinità forse correlata agli antenati divinizzati del popolo ugaritico[3]. Tuttavia nella città si trovavano un grande tempio dedicato a Dagnu ed un altro grande tempio dedicato al fratello Ṣapān, ma nessuno dedicato al terzo fratello Ba'l e soprattutto nessuno dedicato a El. Al dio supremo El ci si riferisce ripetutamente con l'epiteto Ṭôru 'Ēl ("El il toro" o "Dio-toro"). Egli reca i titoli di bātnyu binwāti ("creatore delle creature"), 'abū banī 'ili ("padre degli dei"), 'abū 'adami ("padre dell'uomo") e qāniyunu 'ôlam ("creatore eterno"). Quest'ultimo epiteto 'ôlam ricollega ancora una volta El alla divinità sinaitica El-Ptah. Egli è inoltre ḥātikuka ("il tuo patriarca") ed è rappresentato come un anziano saggio dalla barba bianca. Altri suoi titoli sono quelli di malku ("re"), 'abū šamīma ("padre degli anni") e ltpn, termine di incerto significato, variamente reso come Latpan, Latipan o Lutpani, col possibile significato di "dalla faccia velata". Infine egli è 'ēl gibbōr ("El il guerriero"). Il misterioso testo ugaritico di Shachar e Shalim racconta come El, probabilmente agli inizi dei tempi, giunse sulla riva del mare, dove vide due donne che galleggiavano e ne fu sessualmente attratto, prendendole con sé. Uccise quindi un uccello lanciandogli contro un bastone, arrostendolo sul fuoco, e chiese dunque alle donne di avvertirlo quando sarebbe stato completamente cotto e di rivolgerglisi come ad un padre o ad un marito e che lui si sarebbe di conseguenza comportato nel modo secondo il quale lo avrebbero chiamato. Quelle lo salutarono quindi come marito e si giacquero con lui, dando alla vita Shachar ("alba") e Shalim ("tramonto"). Poi ancora una volta El giacque con le sue mogli e queste partorirono gli "dei graziosi", "figli del mare". I nomi di queste mogli non sono espressamente citati, ma alcune confuse descrizioni all'inizio del racconto fanno riferimento alla dea Athirat, che è altrimenti nota come la moglie prediletta di El, e alla dea Rahmay ("misericordiosa"), altrimenti sconosciuta. Ancora, nell'ugaritico ciclo di Baal, El viene descritto abitare sul (o nel) monte Lel (forse col significato di "notte"), presso le sorgenti di due fiumi che scaturiscono da due caverne. Vive in una tenda, in accordo con alcune interpretazioni del testo, il che spiegherebbe perché non si trovi un suo tempio in Ugarit. Per quanto riguarda i due fiumi che sorgono da due caverne, questi potrebbero riferirsi a veri corsi d'acqua o alle mitologiche sorgenti sotterranee dell'acqua salata del mare e dell'acqua dolce dei fiumi oppure delle acque terrestri e delle acque celesti. Nell'episodio del Palazzo di B'al, il dio B'al invita i 70 figli di Athirat ad una festa nel suo nuovo palazzo: presumibilmente questi figli sono stati dati ad Athirat da El, in quanto nei successivi passaggi vengono descritti - tutti o parte di essi - come 'ilm ("dei"). Il soli figli di El nominati individualmente nei testi ugaritici sono Yam ("mare"), Mot ("morte") e Ashtar, che sembra essere a capo della maggior parte dei figli di El. Il fatto che Ba'al appai come figlio di El piuttosto che come figlio di Dagnu, come è normalmente riconosciuto presso gli altri popoli,

In questa sede però, a parere dello scrivente, giova riassumere un po' quelle che sono tutte le conoscenze in nostro possesso, valutando attentamente il testo biblico, senza condizionamenti.

Biglino, in più occasioni, ha tracciato un elenco esaustivo, riproposto in maniera completa nel suo ultimo lavoro[85] che potrebbe far pensare ad una natura "aliena". Lo stesso autore cerca di non sbilarciarsi su questo tema e predilige un profilo basso, ammettendo di non sapere nulla sulla probabile origine extraterrestre di tali esseri, anche se (dal tenore letterale dei suoi scritti) l'affermazione della risposta potrebbe trovarsi nelle pieghe dei suoi ragionamenti; difatti, sappiamo che:

1) gli *Elohim biblici* non erano esseri spirituali, onniscenti e onnipotenti, ma esseri in carne ed ossa che apprezzavano i sacrifici umani ed animali, dal probabile *"fenotipo nordico"*, secondo il **Libro di Enoch**;

2) gli *Elohim biblici* vivevano talmente a lungo da sembrare immortali, anche se poi non lo erano e morivano come tutti gli uomini terrestri;

3) gli *Elohim biblici* non erano considerati dei veri e propri Déi, secondo l'accezione greca e profondamente spirituale, ma erano oggetto di sottomissione e venerazione, anche in virtù del timore della morte o di eventuali ripercussioni negative;

---

probabilmente è dovuto al fatto che El si trova in posizione di "padre" di tutta la famiglia degli dei. Il frammentario testo RS 24.258 descrive poi un banchetto al quale El invita gli altri dei, mettendosi però da sé stesso in ridicolo divenendo oltraggiosamente ubriaco e svenendo dopo essersi confrontato con un altrimenti sconosciuto Hubbay, "lui che ha le corna e la coda". Il testo termina con un incantesimo per la cura di alcuni malanni e forse della stessa sbornia. [...] Per gli abitanti di Canaan, Eli o Il era la suprema divinità, padre dell'umanità e di tutte le specie. Ad un certo punto sembra divenire un dio del deserto, dato che i miti lo descrivono avere due mogli, con le quali costruisce un santuario nel deserto assieme ad un suo nuovo figlio. El è considerato ancora una volta padre di numerosi dei, i più importanti dei quali sono Hadad, Yaw e Mot, rispettivamente signori del cielo (e del tuono, del fulmine e delle tempeste), del mare (e del terremoto) e dell'oltretomba. El è talora mostrato come un vecchio seduto su un trono, con una grande barba bianca e due ampie corna di bue sovrastanti la testa. [...]>>.
[Tratto da: https://it.wikipedia.org/wiki/El_(divinit%C3%A0)]
[85] **Mauro Biglino**, *Antico e Nuovo Testamento, libri senza Dio*, Uno editori, 2016, pp 74-78.

4) gli *Elohim biblici* non erano interessati alla religione e ai concetti della fede, per lo meno non direttamente e non secondo la concezione moderna di credo;

5) gli *Elohim biblici* erano profondi conoscitori della legge e delle regole della natura, difatti erano considerati in origine legislatori, governatori e giudici;

6) gli *Elohim biblici* non sono "Adam" particolarmente evoluti ma veri e propri esseri che fabbricavano gli Adam e si univano sessualmente con le femmine degli Adam, ma morivano proprio come tutti gli Adam;

7) gli *Elohim biblici* avevano necessità neurofisiologiche del tutto identiche a quelle degli esseri umani, come bere, mangiare e dormire, ma anche "annusare l'odore del grasso animale che brucia", perché questo era gradito e li mandava in estasi (vedremo nei prossimi paragrafi questo aspetto nel dettaglio, comprese le critiche mosse a tale assunto e le incredibili analogie con le divinità greche);

D) *Yahweh*, ovvero uno degli *Elohim* cioè il termine ebraico utilizzato per definire un gruppo di persone o comunque "quelli là" (erroneamente tradotto al singolare e comunque da intendersi come Déi al plurale, facendo finta che il suo singolare, *El* o *Eloah*, significhi Dio), sempre secondo l'Antico Testamento, gli toccò non un territorio, come tutti gli altri *Elohim*, ma bensì una parte di una famiglia (cioè Giacobbe e la sua discendenza). Questo è anche coerente con tutto il tenore letterale dell'Antico Testamento, che ci mostra Yahweh profondamente geloso di altri Elohim (puntualmente elencati nell'Antico Testamento, come ad esempio *Milkom*).

Ma non è tutto. Anzi, è solo l'inizio.

Yahweh viene dipinto dal credo religioso cristiano come IL (e non "un") DIO, onnipotente, creatore di tutto, misericordioso, saggio, incorruttibile, senza limiti di spazio e tempo e profondamente benevolo. Ma è veramente così?

Vediamo nel dettaglio che cosa ci racconta veramente l'Antico Testamento e quali elementi potrebbero farci dubitare seriamente della buona fede di tale costrutto:

Genesi 1, 26-27: <<[...] *E Dio disse: «Facciamo l'uomo a nostra immagine, a nostra somiglianza*[86]*, e domini sui pesci del mare e sugli uccelli del cielo, sul bestiame, su tutte le bestie selvatiche e su tutti i rettili che strisciano sulla terra».Dio creò l'uomo a sua immagine; a immagine di Dio lo creò; maschio e femmina li creò* [...]>>.

Fin qui, nulla di strano per colui che dovrebbe essere un Dio, forse "IL Dio".

Eppure, se leggiamo **Genesi 6, 6-7** scopriamo qualcosa di inaspettato: <<[...] *Il Signore vide che la malvagità degli uomini era grande sulla terra e che ogni disegno concepito dal loro cuore non era altro che male. E il Signore si pentì di aver fatto l'uomo sulla terra e se ne addolorò in cuor suo. Il Signore disse: «Sterminerò dalla terra l'uomo che ho creato: con l'uomo anche il bestiame e i rettili e gli uccelli del cielo, perché sono pentito d'averli fatti». Ma Noè trovò grazia agli occhi del Signore* [...]>>.

Com'è possibile? Dio, che ci ha fatto a sua immagine e somiglianza, dal potere divino, non si rende subito conto che nel cuore degli umani c'è la malvagità? Gli servono esperimenti e verifiche per sapere quali sono le conseguenze del suo prodotto? Qualcuno però potrebbe asserire che questo succede perché Dio ha dotato gli uomini del "libero arbitrio" e dunque nonostante siamo fatti a sua immagine e somiglianza, ci distacchiamo da lui perché possiamo decidere autonomamente. Bene. Molto bene. E dunque asserire che Dio non ha potere sul libero arbitrio umano, non equivale ad ammettere che Dio ha un potere finito e limitato, sicuramente non in grado di arrivare oltre le conseguenze della sua stessa creazione (il libero arbitrio)? Dio crea A (libero arbitrio) ma non riesce a gestirlo. Quale Dio creatore del tutto sarebbe così stupido da creare qualcosa in grado di dimostrare la sua debolezza, dando la prova a tutti che in realtà è molto meno "infinito" di quello che il credo

---

[86] Notare la forma "plurale": Facciamo (plurale) l'uomo a nostra (plurale) immagine, a nostra (plurale) somiglianza.

cristiano racconta?

Andiamo avanti e leggiamo **Genesi 3, 8-22**, dove Dio caccia Adamo ed Eva dal Paradiso Terrestre (o da quello che pare essere tale secondo le traduzioni CEI): <<[...] *Poi udirono il Signore Dio che passeggiava nel giardino alla brezza del giorno e l'uomo con sua moglie si nascosero dal Signore Dio, in mezzo agli alberi del giardino. Ma il Signore Dio chiamò l'uomo e gli disse: «Dove sei?». Rispose: «Ho udito il tuo passo nel giardino: ho avuto paura, perché sono nudo, e mi sono nascosto». Riprese: «Chi ti ha fatto sapere che eri nudo? Hai forse mangiato dell'albero di cui ti avevo comandato di non mangiare?». Rispose l'uomo: «La donna che tu mi hai posta accanto mi ha dato dell'albero e io ne ho mangiato». Il Signore Dio disse alla donna: «Che hai fatto?». Rispose la donna: «Il serpente mi ha ingannata e io ho mangiato»* [...]>>.

Abbiamo letto bene? Focalizziamo attentamente:

a) Dio è raffigurato dalla dottrina come onnisciente e sempre presente, tutta conosce e tutti prevede, eppure ha bisogno di dire ad Adamo <<Dove sei?>> perché non lo trova nel giardino? Come mai non è a conoscenza dell'esatta collocazione delle sue creature e come mai non è intervenuto quando nel Paradiso Terrestre è entrato il Serpente, tentando così Eva?

b) Dio non vuole che Adamo ed Eva attingano dal frutto della conoscenza, motivo per cui si infuria quando capisce che il suo comandamento era stato tradito: <<*Hai forse mangiato dell'albero di cui ti avevo comandato di non mangiare?*>>. Perché ha creato a sua immagine e somiglianza l'uomo ma non voleva dargli la conoscenza? I concetti di "immagine" e "somiglianza", forse, si riferi-scono soltanto all'aspetto esteriore e al patrimonio genetico, ma non anche all'aspetto conoscitivo ed esperienziale? Tra l'altro, come vedremo nei prossimi paragrafi, questi passi riprendono miti sumerici che vedevano le divinità creare gli essere umani per avere la manovalanza da utilizzare per la costruzione di monoliti e il lavoro in miniera. Non è forse più coerente questa versione che l'idea di un Dio che crea l'uomo a sua immagine e somiglianza, per poi privarlo del frutto della conoscenza e del rapporto con l'albero della vita? Tra l'altro, nei prossimi paragrafi, analizzeremo il particolare del *"frutto della conoscenza"* inteso come "atto sessuale" e non come frutto vero e proprio.

Ancora, in **Genesi 4, 4-9**, Dio si confronta con Caino, dimostrando non solo di non essere onnisciente, ma di essere anche poco sensibile nei confronti del dono di **Caino,** generando in lui l'invidia e l'odio verso il fratello **Abele**: <<[…] *Adamo si unì a Eva sua moglie, la quale concepì e partorì Caino e disse: «Ho acquistato un uomo dal Signore». Poi partorì ancora suo fratello Abele. <u>Ora Abele era pastore di greggi e Caino lavoratore del suolo. Dopo un certo tempo, Caino offrì frutti del suolo in sacrificio al Signore; anche Abele offrì primogeniti del suo gregge e il loro grasso. Il Signore gradì Abele e la sua offerta, ma non gradì Caino e la sua offerta.</u> Caino ne fu molto irritato e il suo volto era abbattuto. Il Signore disse allora a Caino: «Perché sei irritato e perché è abbattuto il tuo volto? Se agisci bene, non dovrai forse tenerlo alto? Ma se non agisci bene, il peccato è accovacciato alla tua porta; verso di te è il suo istinto, ma tu dòminalo». Caino disse al fratello Abele: «Andiamo in campagna!». Mentre erano in campagna, Caino alzò la mano contro il fratello Abele e lo uccise. Allora il Signore disse a Caino: «Dov'è Abele, tuo fratello?». Egli rispose: «Non lo so. Sono forse il guardiano di mio fratello?». Riprese: «Che hai fatto? La voce del sangue di tuo fratello grida a me dal suolo!* […]>>.

Dio preferisce il sacrificio degli animali al sacrificio dei vegetali? Perché non intervenire prima? E perché discriminare così un dono comunque fatto a parità di condizioni? Forse perché i frutti non erano per lui esseri viventi, essendo amante dei sacrifici animali e dell' "odore di grasso che brucia"[87]?

Sempre questo primo libro dell'Antico Testamento ci dà tantissimo spunti riflessivi; prendiamo adesso i passi della **Genesi 6, 1-4**: <<[…] <u>*Quando gli uomini cominciarono a moltiplicarsi sulla terra e*</u>

---

[87] Riprenderemo nei paragrafi successivi il concetto di "odore di carne bruciata" che inebriava Yahweh: questo, difatti, spiegherebbe perché il dono di Abele fu maggiormente gradito rispetto ai frutti della terra, che non potevano emettere quell'odore.

nacquero loro figlie, i figli di Dio videro che le figlie degli uomini erano "belle" [88] *e ne presero per mogli quante ne vollero. Allora il Signore disse: «Il mio spirito non resterà sempre nell'uomo, perché egli è carne e la sua vita sarà di centoventi anni». C'erano sulla terra i giganti a quei tempi - e anche dopo - quando i figli di Dio si univano alle figlie degli uomini e queste partorivano loro dei figli: sono questi gli eroi dell'antichità, uomini famosi [...]>>*.

Qui prendiamo in esame il concetto di *"Figli di Dio"*, tenuto però conto che l'esatta traduzione derivante dall'ebraico dovrebbe essere invece *"coloro che sono discesi"*, stravolgendo di fatto tutto il senso dei quattro passi sopracitati: ricapitolando, chiunque essi fosse, sicuramente non erano esseri fatti di solo spirito, in quanto la Genesi dice chiaramente "[...] *i figli di Dio videro che le figlie degli uomini erano belle e ne presero per mogli quante ne vollero* [...]". Tutto molto carnale e terra-terra, direi.

Genesi 6, 5-22 poi rappresenta davvero un dilemma per i credenti ferventi e per coloro che impongono un certo tipo di pensiero, IL Dio giusto e retto, corretto e buono: <<[...] *Il Signore vide che la malvagità degli uomini era grande sulla terra e che ogni disegno concepito dal loro cuore non era altro che male. E il Signore si pentì di aver fatto l'uomo sulla terra e se ne addolorò in cuor suo. Il Signore disse: «Sterminerò dalla terra l'uomo che ho creato: con l'uomo anche il bestiame e i rettili e gli uccelli del cielo, perché sono pentito d'averli fatti». Ma Noè trovò grazia agli occhi del Signore. Questa è la storia di Noè. Noè era uomo giusto e integro tra i suoi contemporanei e camminava con Dio. Noè generò tre figli: Sem, Cam, e Iafet. Ma la terra era corrotta davanti a Dio e piena di violenza. Dio guardò la terra ed ecco essa era corrotta, perché ogni uomo aveva pervertito la sua condotta sulla terra. Allora Dio disse a Noè: «È venuta per me la fine di ogni uomo, perché la terra, per causa loro, è piena di violenza; ecco, io li distruggerò insieme con la terra. Fatti un'arca di legno di cipresso; dividerai l'arca in*

---

[88] "Belle" significa anche "utili" e "adatte", intese come fertili, pronte per generare: **Mauro Biglino**, *Non c'è creazione nella Bibbia*, Uno Editori, 2013, p. 230.

scompartimenti e la spalmerai di bitume dentro e fuori. Ecco come devi farla: l'arca avrà trecento cubiti di lunghezza, cinquanta di larghezza e trenta di altezza. Farai nell'arca un tetto e a un cubito più sopra la terminerai; da un lato metterai la porta dell'arca. La farai a piani: inferiore, medio e superiore. Ecco io manderò il diluvio, cioè le acque, sulla terra, per distruggere sotto il cielo ogni carne, in cui è alito di vita; quanto è sulla terra perirà. Ma con te io stabilisco la mia alleanza. Entrerai nell'arca tu e con te i tuoi figli, tua moglie e le mogli dei tuoi figli. Di quanto vive, di ogni carne, introdurrai nell'arca due di ogni specie, per conservarli in vita con te: siano maschio e femmina. Degli uccelli secondo la loro specie, del bestiame secondo la propria specie e di tutti i rettili della terra secondo la loro specie, due d'ognuna verranno con te, per essere conservati in vita. Quanto a te, prenditi ogni sorta di cibo da mangiare e raccoglilo presso di te: sarà di nutrimento per te e per loro». Noè eseguì tutto; come Dio gli aveva comandato, così egli fece [...]».

Ora, tralasciamo l'assurdità logistica di inserire "*due di ogni specie*" in un' "*arca di trecento cubiti di lunghezza, cinquanta di larghezza e trenta di altezza*" e soffermiamoci sull'evento in sé.

Chi si intende di mitologia è consapevole del fatto che lo stesso evento è ugualmente narrato in decine di altre scritture, nei minimi particolari e sempre con la stessa cadenza temporale: pensiamo all'**Epopea di Gilgamesh**, un ciclo epico di ambientazione sumerica o ancora a **Enuma elish**, l'inno babilonese della creazione, tutti e due di epoche assia precedenti agli scritti dell'Antico Testamento; in totale, se ne contano sessantaquattro diverse letterature di popoli diversi, dagli **Indù puranici di Manu** a **Deucalione** nella mitologia greca.

Passiamo a **Genesi 18, 1-38**, dove l'Antico Testamento racconta della distruzione di Sodoma e Gomorra.

Anche qui eviteremo di entrare in polemica con il contenuto violento e scandaloso del testo, che nei **versetti 5-8** rendono protagonista un padre disposto a far violentare le sue due figlie ancora vergini per proteggere di due uomini di Yahweh: <<[...] *Chiamarono Lot e gli dissero: «Dove sono quegli uomini che sono entrati da te questa notte? Falli uscire da noi, perché possiamo abusarne!». Lot uscì verso di loro sulla porta e, dopo aver chiuso il battente dietro di sé, disse: «No, fratelli miei, non fate del male! Sentite, io ho due figlie che non hanno ancora conosciuto uomo; lasciate che ve le porti fuori e fate loro quel che vi piace, purché non facciate nulla a questi uomini, perché sono entrati all'ombra del mio tetto»* [...]>>.

Quello che invece appare interessante, in chiave mistificatoria, è l'assoluta coerenza testuale tra questi passi e altri scritti di altri popoli, addirittura in altri continenti. Sodoma e Gomorra sono state distrutte come punizione, così come è accaduto esattamente nel **XVIII Libro del Mahabharata**, testo scritto prima della Genesi, con tutta una serie di particolari davvero macabri ([89]).

---

[89] **Genesi 18** è importante anche per un'altra ragione. Ad un'attenta lettura, riprendendo il testo originario ebraico, comprendiamo come Sodoma non verrà distrutta per la presenza dei sodomiti ma per un'altra ragione: gli appartenenti a quel popolo stavano facendo accordi militari con un gruppo avversario di Yahweh. Facciamo un po' di ordine e riassumiamo le vicende descritte in quel capitolo, tra l'altro l'esatta copia dell'evento descritto nella tavoletta sumero-accadica dal titolo l'*"Epopea di Erra e Nergal"*, dove si parla della distruzione di cinque città, con l'uso di alcune "armi del terrore", una per città, trasformando tutto ciò che era vivente in vapore. In particolare, dagli studi effettuati nella città di Mohenjo Daro sappiamo che le pietre subirono una vetrificazione, causata da una esposizione a temperature intorno ai 2mila gradi (nessun incendio è in grado di toccare queste temperature) per circa 2-3 secondi, e gli scheletri calcinati, ovvero completamente demineralizzati a causa di evaporazione, senza alcuna presenza di sostanze radiattive nell'ambiente. In sanscrito, queste "armi" sono chiamate "armi energetiche" o "armi ad energia". Dall'Antico Testamento, invece, sappiamo che arrivò un "fuoco dal cielo" a punire Sodoma e Gomorra (e altre tre città), rendendo il terreno sterile e l'ambiente invivibile, confermato da **Sapienza 10** dove troviamo che i frutti in quell'area sono vuoti e non giungono a maturazione. Abramo, seduto all'ombra della sua tenda, vede arrivare tre individui maschi (di cui uno proprio Yahweh), pronti per andare a Sodoma. Li invita a fermarsi e a ristorarsi; dopo, due di loro vanno in missione a Sodoma. Arrivati lì avvisano Lot, il nipote di Abramo, che deve abbandonare la città perché verrà presto distrutta. Lot tenta di salvarli dal linciaggio degli abitanti, tirandoseli in casa e offrendo in cambio la verginità delle due figli, ancora nemmeno adolescenti. Nella missione era previsto il salvataggio dei "giusti", ovvero quelli che rispettavano gli accordi di Yahweh, riconoscibili tramite la circoncisione (ancora oggi praticata per ragioni igieniche, sanitarie e religiose); mentre tutti gli altri dovevano essere annientati, perché stavano cambiando alleanze militari, come confermato dal **Deuteronomio**. Ancora, nella tavoletta sumero-accadica **K5004** si descrive una battaglia nel Sinai, dove si dice che Nergal sorvolava le montagne e la "terra dei carri celesti" (un aeroporto o un luogo dove veniva tenuti tutti insieme), lanciando l'arma del terrore che lascia in piedi solo i tronchi degli alberi bruciati.

Ma non dobbiamo stupirci di questi "scopiazzamenti": nell'**Esodo**, il protagonista è Mosé e si narra di un uomo della famiglia di Levi che andò a prendere come moglie una figlia di Levi. La donna concepì e partorì un figlio; ma dopo tre mesi, non potendolo nascondere più agli Egizi, decise di metterlo in una cesta di papiro e adagiarlo fra i giunchi delle rive del Nilo. La figlia del Faraone, scendendo al fiume per fare il bagno e notando la creatura, decise di adottarlo.

Storia commovente e ricca di forti emozioni: peccato, che sia l'esatta copia della storia scritta nel libro **Adi Parva** del **Mahabharata**. E comunque molto simile alla storia riportata nelle **tavolette di argilla** che narravano la storia di **Re Sargon I**, vissuto 2.400 anni prima di Cristo, anche lui pare abbandonato in una cesta e recuperato. Tutte storie precedenti a quella dell'Esodo, di diverse centinaia di anni.

Continuiamo il nostro percorso, volando metaforicamente nei passi dell'**Esodo, 20, 3-6** dove si può leggere: <<[...] *non avrai altri dèi di fronte a me. Non ti farai idolo né immagine alcuna di ciò che è lassù nel cielo né di ciò che è quaggiù sulla terra, né di ciò che è nelle acque sotto la terra. Non ti prostrerai davanti a loro e non li servirai. Perché io, il Signore, sono il tuo Dio, un Dio geloso, che punisce la colpa dei padri nei figli fino alla terza e alla quarta generazione, per coloro che mi odiano, ma che dimostra il suo favore fino a mille generazioni, per quelli che mi amano e osservano i miei comandi* [...]>>.

Qui, probabilmente ci troviamo di fronte alla contraddizione più grande che nessuno può in qualche modo spiegare, se non con l'opera mistificatoria di un culto che è tutto tranne che "monoteista":

a) perché se Yahweh è "IL Dio unico e onnipotente" obbliga la sua gente a "*non avere altri déi*"? Dunque, esistono altri Déi oltre a lui?

b) perché Yahweh, che è per il credo cristiano "IL Dio unico e onnipotente" obbliga a *"non fare idoli né immagini"* se lui è davvero l'unico?[90]

c) se Yahweh è l'unico e vero Dio, perché prova *"gelosia"* (un sentimento poi profondamente umano) nei confronti degli altri Déi, a tal punto da imporre con la forza e con la spada il suo credo e il suo bisogno di unicità (e di insicurezza)?

Per meglio comprendere la personalità di *Yahweh* occorre (a parere dello scrivente) tracciare una linea di demarcazione netta tra la figura dipinta dal credo cristiano e la figura che esce leggendo i passi dell'Antico Testamento. Vediamo nel dettaglio, prendendo in esame lo studio effettuato dalla ricercatrice **Stefania Tosi**[91] e ponendoci le seguenti domande, partendo sempre dalla base, ovvero quello che il credo religioso cristiano ha sempre insegnato al Catechismo:

Yahweh è "IL Dio" dell'AMORE. E' vero ?

Falso! Per tutto l'Antico Testamento non si fa altro che disegnare Yahweh come l'uomo in carne ed ossa, sanguinario e violento, che insieme a Giacobbe inizia una campagna militare diretta alla conquista di Canaan, muovendo guerra ai territori limitrofi, a fasi alterne, tra il 1800 a.C. e il 587 a.C., con un esercito di 600 mila uomini, oltre un'ingente massa di gente, con greggi ed armamenti (**Esodo, 12, 37-38**). Difatti, l'appellativo a lui dato e ripetuto nell'Antico Testamento per ben 235 volte è *"ish milchamah"*, ovvero "Signore degli Eserciti" (es. **1-2 Samuele, 1-2 Re, Isaia, Geremia, Michea, Zaccaria, Malachia, 1 Cronache, Lettera ai Romani e nei Salmi 24, 46, 48 e 84**) o anche "Signore della Guerra" (**Inno orfico n. LXV**, *Ad Ares, Inni Orfici*).

---

[90] I più coraggiosi potrebbero affermare: Dio, sapendo che l'uomo è tendente a crearsi Déi inesistenti, li esorta dal farlo, obbligandoli a non cadere in inganno, perché lui è il solo è unico vero Dio. D'accordo. Facciamo finta che sia vera questa tesi: allora, perché Yahweh per tutto l'Antico Testamento muove guerra agli altri Elohim dei territori limitrofi? Muove guerra a Déi inesistenti che tuttavia controllano altri popoli? Li controllano in maniera inesistente? E allora perché muove guerra?

[91] **Stefania Tosi**, *Yahweh, Dio della guerra*, Uno editori, 2015.

<<[…] *Scende in battaglia e combatte, sprona ed incita, scaglia frecce e folgori, cavalca un cherubino, vola sulle ali del vento, ferma il Sole per allungare il tempo del massacro. Non evangelizza ma stermina. Molto altro avremmo potuto conoscere sulla sua ars bellica se avessimo potuto leggere il manoscritto intitolato "Il libro delle Guerre di Yahweh, purtroppo perduto o saggiamente emendato durante la fase di "editing teologico", anche se menzionato in* **Numeri 21, 14**" […]>>[92].

Yahweh (DIO) è pacifico. E' vero ? [93]

- «Nel giorno dell'ira del Signore non vi fu né superstite né fuggiasco» (Lam 2, 22).

- «Tu, Signore, Dio degli eserciti, Dio d'Israele, alzati a punire tutte le genti; non avere pietà dei perfidi traditori» (Sal 59, 6).

- «Io stesso combatterò contro di voi con mano distesa e con braccio potente, con ira, con furore, con grande indignazione. Colpirò gli abitanti di questa città, uomini e bestie, e moriranno di un'orrenda peste. Parola del Signore» (Gr 21, 5-7).

- «Alza la tua mano *[Yahweh]* sulle nazioni straniere, perché vedano la tua potenza» (Sir 36, 2).

- «Yahweh prenderà piacere a farvi perire e a distruggervi» (Dt 28, 63).

- «Yahweh colpì gli abitanti di Bet-Semes, perché avevano guardato dentro l'arca, ne uccise settanta» (1 Sam 6, 19).

---

[92] **Stefania Tosi**, *Yahweh, Dio della guerra*, Uno editori, 2015, pp. 12-13.
[93] **Stefania Tosi**, *Yahweh, Dio della guerra*, Uno editori, 2015, p. 16.

Yahweh (DIO) è tollerante. E' vero ?[94]

- «L'Eterno ti colpirà con l'ulcera d'Egitto, con emorroidi[51], con la rogna e con la tigna da cui non potrai guarire» (Dt 28, 27).

- «Io muterò i fiumi in luoghi aridi, darò il paese in balia di gente malvagia, per mano di stranieri desolerò il paese e tutto ciò che contiene. Io, Yahweh, ho parlato» (Ez 30, 12).

- «Uzza stese la mano verso l'arca di Dio e vi si appoggiò perché i buoi la facevano piegare. Yahweh s'infuriò e lo percosse ed egli morì sul posto, presso l'arca di Dio»[52] (2 Sam 6, 6).

- «Il Signore, tuo Dio, è fuoco divoratore, un Dio geloso» (Dt 4, 24).

- «La mia ira e il mio furore si riversarono e divamparono come fuoco nelle città di Giuda e nelle strade di Gerusalemme, ed esse divennero un deserto e una desolazione, come sono ancora oggi» (Ger 44, 6).

- «Io stesso combatterò contro di voi con mano tesa e con braccio potente, con ira, furore e grande sdegno» (Ger 21, 5).

- «Ecco, il giorno del Signore arriva implacabile, con sdegno, ira e furore, per fare della terra un deserto, per sterminarne i peccatori» (Is 13, 9).

---

[94] **Stefania Tosi**, *Yahweh, Dio della guerra*, Uno editori, 2015, p. 51.

Yahweh (DIO) è comprensivo. E' vero ?[95]

- «Tu divorerai tutti i popoli che Yahweh sta per dare in tuo potere: non ne abbia pietà il tuo occhio, non servire ai loro dèi, perché sarebbe la tua rovina»[67] (Dt 7, 16).
- «Yahweh colpì gli uomini della città, piccoli e grandi, e un gran flagello di emorroidi scoppiò in mezzo a loro» (1 Sam 5, 9).
- «Un Dio geloso e vendicatore è il Signore, vendicatore è il Signore, pieno di collera» (Na 1, 2).
- «Dal Signore degli eserciti sarai visitata con tuoni, rimbombi e rumore assordante, con uragano e tempesta e fiamma di fuoco divoratore» (Is 29, 6).
- «Passò a fil di spada ogni essere vivente che vi era, votandolo allo sterminio; non risparmiò nessun vivente e appiccò il fuoco ad Asor» (Gs 11, 11).

e ancora:

- «La città era in preda al terrore di morte e la mano di Yahweh si faceva pesante. Chi non moriva era colpito dalle emorroidi» (1 Sam 5, 12).

---

[95] **Stefania Tosi**, *Yahweh, Dio della guerra*, Uno editori, 2015, p. 60.

Yahweh (DIO) è indulgente. E' vero ? [96]

- «Tuttavia, poiché facendo così hai dato ai nemici del Signore *[Yahweh]* ampia occasione di bestemmiare, il figlio che ti è nato dovrà morire» (2 Sam 12, 14).
- «Yahweh colpì il bambino che la moglie Uria aveva partorito a Davide, ed esso cadde gravemente ammalato. [...] Il settimo giorno il bambino morì» (2 Sam 12, 15-18).

Nella versione del 1969 delle edizioni Paoline il medesimo episodio era tradotto così:

> «Yahweh percosse il bambino che la moglie di Uria ha partorito a David, e non vi fu più speranza per lui. [...] Dopo sette giorni il bambino morì» (2 Sam 12, 15-18).

- «Ora Nadab e Abiu, figli di Aronne, presero ciascuno un braciere, vi misero dentro il fuoco e il profumo e offrirono davanti al Signore un fuoco illegittimo, che il Signore non aveva loro ordinato. Ma un fuoco si staccò dal Signore e li divorò e morirono così davanti al Signore» (Lv 10, 1).
- «*[Dice Mosè]* I vostri fratelli, tutta la quanta la casa di Israele, facciano cordoglio per quelli che Yahweh ha bruciati» (Lv 10, 1-6).
- «David e i suoi uomini uccidono duecento filistei, prelevando i loro prepuzi, che David contò davanti al re per diventare genero del re. Saul gli diede in moglie la figlia Mikal» (1 Sam 18, 27).
- «Dovrai passare a fil di spada gli abitanti di quella città, la dovrai votare allo sterminio con quanto contiene e dovrai passare a fil di spada anche il suo bestiame» (Dt 13, 16).

---

[96] **Stefania Tosi**, *Yahweh, Dio della guerra*, Uno editori, 2015, pp. 86-87.

Yahweh (DIO) è pacato. E' vero ?[97]

- «L'ira del Signore si accese contro il suo popolo ed egli ebbe in orrore la sua eredità» (Sal 106, 40).
- «Yahweh disse a Mosè: "Riferisci agli Israeliti; voi siete un popolo di dura cervice; se per un momento io venissi in mezzo a te, io ti sterminerei"» (Es 33, 5).
- «Un fuoco uscì dal Signore e divorò i duecentocinquanta uomini che offrivano l'incenso» (Nm 16, 35).
- «Il Signore è adirato contro tutte le nazioni ed è sdegnato contro tutti i loro eserciti; li ha votati allo sterminio, li ha destinati al massacro» (Is 34, 2).
- «L'ira di Yahweh si accende e scoppia il flagello nell'accampamento degli israeliti. Egli stermina quattordicimila settecento uomini» (Nm 16, 49).
- «Yahweh disse a Mosè: "Prendi tutti i capi del popolo e fa' appendere al palo costoro, davanti al Signore, in faccia al sole, e si allontanerà l'ira ardente del Signore da Israele"» (Nm 25, 4).
- «E quei miei nemici che non volevano che diventassi loro re, conduceteli qui e uccideteli davanti a me» (Lc 19, 27).
- «Tutto sarà divorato dal fuoco della sua gelosia *[di Yahweh]*» (Sof 1, 19).
- «Ecco, io *[Yahweh]* spezzerò il vostro braccio e spanderò sulla vostra faccia escrementi» (Ml 2, 3).

---

[97] **Stefania Tosi**, *Yahweh, Dio della guerra*, Uno editori, 2015, p. 100.

Yahweh (DIO) non porta odio e rancore. E' vero ?[98]

- «Se non obbedirai alla voce del Signore, *[Egli]* lancerà contro di te la maledizione, la costernazione e la minaccia in ogni lavoro a cui metterai mano, finché tu sia distrutto e perisca rapidamente a causa delle tue azioni malvagie per avermi abbandonato» (Dt 28, 15-20).
- «Ti farà attaccare la peste, ti colpirà con la consunzione, con la febbre, con l'infiammazione, con l'arsura, con la siccità, il carbonchio e la ruggine, che ti perseguiteranno finché tu non sia perito. Il tuo cadavere diventerà pasto di tutti gli uccelli del cielo e delle bestie selvatiche e nessuno li scaccerà» (Dt 28, 22).
- «Il Signore ti colpirà con le ulcere d'Egitto, con bubboni, scabbia e prurigine, da cui non potrai guarire, ti colpirà di delirio, di cecità e di pazzia, e andrai brancolando in pieno giorno come il cieco brancola nel buio» (Dt 28, 27).
- «Non riuscirai nelle tue imprese, sarai ogni giorno oppresso e spogliato e nessuno ti aiuterà» (Dt 28, 20-29).
- «Se non cercherai di eseguire tutte le parole di questa legge, scritte in questo libro *[Bibbia]*, se non temi questo nome glorioso e terribile del Signore tuo Dio, allora il Signore colpirà te e i tuoi discendenti con flagelli prodigiosi: flagelli grandi e duraturi, malattie maligne e ostinate» (Dt 28, 58).
- «Maledetto chiunque non rimane fedele a tutte le cose scritte nel libro della Legge per praticarle» (Gal 3, 10).

---

[98] **Stefania Tosi**, *Yahweh, Dio della guerra*, Uno editori, 2015, p. 192.

Yahweh (DIO) è leale e paterno. E' vero ?[99]

- «Se uno prende in moglie la figlia e la madre, è un delitto; si bruceranno con il fuoco lui ed esse, perché non ci sia fra di voi tale delitto» (Lv 20, 14).
- «Nelle città di questi popoli che Yahweh ti dà come eredità, non conserverai in vita nulla che respiri» (Dt 20, 16).
- «Mentre essi fuggivano dinanzi a Israele. Yahweh lanciò dal cielo su di essi come grosse pietre fino ad Azekà e molti morirono. Coloro che morirono per le pietre della grandine furono più di quanti ne uccidessero gli Israeliti con la spada» (Gs 10, 11).
- «Beato chi afferrerà i tuoi piccoli e li sbatterà contro la pietra» (Sal 137, 9).
- «Io [Yahweh] nella mia gelosia non ho sterminato gli Israeliti» (Nm 25, 9).
- «E se, nonostante tutto questo, non volete darmi ascolto, ma con la vostra condotta mi resisterete, anch'io vi resisterò con furore e vi castigherò sette volte di più per i vostri peccati. Mangerete la carne dei vostri figli e delle vostre figlie» (Lv 26, 27-29).
- «Andate e passate a fil di spada gli abitanti di Iabes di Gàlaad, comprese le donne e i bambini» (Gdc 21, 10).
- «Uccidi uomini e donne, bambini e lattanti, buoi e pecore, cammelli e asini» (1 Sam 15, 3).
- «Incominciarono i bambini a cadere sfiniti, le donne e i ragazzi venivano meno per la sete» (Gdt 7, 22).

---

[99] **Stefania Tosi**, *Yahweh, Dio della guerra*, Uno editori, 2015, pp. 207-208.

E ancora, per completare il quadro psicologico di un personaggio che di "divino" ha veramente poco:

Yahweh (DIO) ama tutte le creature senza differenza alcuna e le protegge sempre! E' vero ?

Lamentazioni 2, 20-22:

«*Guarda, Signore, e considera; chi mai hai trattato così? Le donne divorano i loro piccoli, i bimbi che si portano in braccio! Sono trucidati nel santuario del Signore sacerdoti e profeti! Giacciono a terra per le strade ragazzi e vecchi; le mie vergini e i miei giovani sono caduti di spada; hai ucciso nel giorno della tua ira, hai trucidato senza pietà. Come ad un giorno di festa hai convocato i miei terrori dall'intorno. Nel giorno dell'ira del Signore non vi fu né superstite né fuggiasco. Quelli che io avevo portati in braccio e allevati li ha sterminati il mio nemico*».

Lamentazioni 4, 6-11:

Grande è stata l'iniquità della figlia del mio popolo, maggiore del peccato di Sòdoma, la quale fu distrutta in un attimo, senza fatica di mani. I suoi giovani erano più splendenti della neve, più candidi del latte; avevano il corpo più roseo dei coralli, era zaffiro la loro figura. Ora il loro aspetto s'è fatto più scuro della fuliggine, non si riconoscono più per le strade; si è raggrinzita la loro pelle sulle ossa, è divenuta secca come legno. Sono più fortunati gli uccisi di spada che i morti per fame, che son caduti estenuati per mancanza dei prodotti del campo. Mani di donne, gia inclini a pietà, hanno cotto i loro bambini, che sono serviti loro di cibo nel disastro della figlia del mio popolo. Il Signore ha esaurito la sua collera, ha rovesciato l'ira ardente; ha acceso in Sion un fuoco, che ha divorato le sue fondamenta.

2Samuele 24, 12-16:

Cosí dice l'Eterno: "Io ti propongo tre cose: scegline per te una e quella ti farò"». Gad andò dunque da Davide a riferirgli la cosa e disse: «Vuoi che vengano per te sette anni di carestia nel tuo paese *o tre mesi di fuga davanti ai tuoi nemici che t'inseguono, o tre giorni di peste nel tuo paese? Ora rifletti e vedi un po' quale risposta devo dare a colui che mi ha mandato». Davide disse a Gad: «Mi trovo in grande angoscia! Cadiamo pure nelle mani dell'Eterno, perché le sue compassioni, sono grandi, ma che io non cada nelle mani degli uomini!». <u>Cosí l'Eterno mandò la peste in Israele, da quella mattina fino al tempo fissato</u>. Da Dan a Beer-Sceba morirono settantamila persone del popolo. Come l'angelo stendeva la sua mano su Gerusalemme per distruggerla, l'Eterno si rammaricò di quella calamità e disse all'angelo che sterminava il popolo: «Basta! Ora ritira la tua mano!». L'angelo dell'Eterno si trovava presso l'aia di Araunah, il Gebuseo.*

Esodo 22, 17-29:
<u>Non lascerai vivere colei che pratica la magìa</u>. <u>Chiunque si abbrutisce</u> (con la doppia accezione di diventare malvagio e unirsi sessualmente) <u>con una bestia sia messo a morte</u>. <u>Colui che offre un sacrificio agli dèi, oltre al solo Signore, sarà votato allo sterminio</u>. Se tu presti denaro a qualcuno del mio popolo[100], all'indigente che sta con te, non ti comporterai con lui da usuraio: voi non dovete imporgli alcun interesse. Non ritarderai l'offerta di ciò che riempie il tuo granaio e di ciò che stilla dal tuo frantoio. <u>Il primogenito dei tuoi figli lo darai a me. Così farai per il tuo bue e per il tuo bestiame minuto: sette giorni resterà con sua madre, l'ottavo giorno me lo darai</u>.

Esodo 32, 26-28:
<u>Dice il Signore, il Dio d'Israele: Ciascuno di voi tenga la spada al fianco. Passate e ripassate nell'accampamento da una porta all'altra: uccida ognuno il proprio fratello, ognuno il proprio amico, ognuno il proprio parente</u>. I figli di Levi agirono secondo il comando di Mosé e in quel giorno perirono circa tremila uomini del popolo.

---

[100] Yahweh si riferiva al popolo di Israele; e qui sorge una domanda: se è un Dio equo, perché dovrebbe preferire così sfacciatamente un solo popolo, addirittura garantedogli la non applicazione degli interessi su prestiti monetari?

Ezechiele 20, 25-26:
Allora io diedi loro perfino statuti non buoni e leggi per le quali non potevano vivere. Feci sì che si contaminassero nelle loro offerte facendo passare per il fuoco ogni loro primogenito, per atterrirli, perché riconoscessero che io sono il Signore.

Levitico 21, 16-22:
Il Signore disse ancora a Mosè: "Parla ad Aronne e digli: Nelle generazioni future nessun uomo della tua stirpe, che abbia qualche deformità, potrà accostarsi ad offrire il pane del suo Dio; perché nessun uomo che abbia qualche deformità potrà accostarsi: né il cieco, né lo zoppo, né chi abbia il viso deforme per difetto o per eccesso, né chi abbia una frattura al piede o alla mano, né un gobbo, né un nano, né chi abbia una macchia nell'occhio o la scabbia o piaghe purulente o sia eunuco. Nessun uomo della stirpe del sacerdote Aronne, con qualche deformità, si accosterà ad offrire i sacrifici consumati dal fuoco in onore del Signore. Ha un difetto: non si accosti quindi per offrire il pane del suo Dio. Potrà mangiare il pane del suo Dio, le cose sacrosante e le cose sante; ma non potrà avvicinarsi al velo, né accostarsi all'altare, perché ha una deformità. Non dovrà profanare i miei luoghi santi, perché io sono il Signore che li santifico".

Deuteronomio 21, 10-17:
Se andrai in guerra contro i tuoi nemici e il Signore tuo Dio te li avrà messi nelle mani e tu avrai fatto prigionieri, se vedrai tra i prigionieri una donna bella d'aspetto e ti sentirai legato a lei tanto da volerla prendere in moglie, te la condurrai a casa. Essa si raderà il capo, si taglierà le unghie, si leverà la veste che portava quando fu presa, dimorerà in casa tua e piangerà suo padre e sua madre per un mese intero; dopo, potrai accostarti a lei e comportarti da marito verso di lei e sarà tua moglie. Se in seguito non ti sentissi più di amarla, la lascerai andare a suo piacere, ma non potrai assolutamente venderla per denaro né trattarla come una schiava, per il fatto che tu l'hai disonorata. Se un uomo avrà due mogli, l'una amata e l'altra odiosa, e tanto l'amata quanto l'odiosa gli avranno

procreato figli, se il primogenito è il figlio dell'odiosa, quando dividerà tra i suoi figli i beni che possiede, non potrà dare il diritto di primogenito al figlio dell'amata, preferendolo al figlio dell'odiosa, che è il primogenito; ma riconoscerà come primogenito il figlio dell'odiosa, dandogli il doppio di quello che possiede; poiché egli è la primizia del suo vigore e a lui appartiene il diritto di primogenitura.

Ezechiele 9, 5-8:

E agli altri disse, in modo che io sentissi: <u>"Passate per la città dietro di lui e colpite; il vostro occhio non abbia compassione e non usate alcuna pietà. Uccidete fino allo sterminio vecchi giovani, vergini, bambini e donne, ma non avvicinatevi ad alcuno su cui ci sia il segno; incominciate dal mio santuario"</u>. Così essi incominciarono dagli anziani, che erano davanti al tempio. Quindi disse loro: "Contaminate il tempio e riempite di uccisi i cortili. Uscite!". Essi allora uscirono e fecero strage nella città. Mentre essi facevano strage ed io ero rimasto solo, caddi sulla mia faccia e gridai, dicendo: "Ah, Signore, Eterno, distruggerai tu tutto il residuo d'Israele, riversando il tuo furore su Gerusalemme?"

Deuteronomio 3, 6-7:

Noi le votammo allo sterminio, come avevamo fatto di Sicon, re di Chesbon: <u>votammo allo sterminio ogni città, uomini, donne, bambini. Ma il bestiame e le spoglie delle città asportammo per noi come preda</u>.

Deuteronomio 28, 16-68:

Ma se non ubbidisci alla voce dell'Eterno, il tuo Dio, per osservare con cura tutti i suoi comandamenti e tutti i suoi statuti che oggi ti prescrivo avverrà che tutte queste maledizioni verranno su di te e ti raggiungeranno. Sarai maledetto nella città e sarai maledetto nella campagna. Maledetti saranno il tuo paniere e la tua madia. Maledetto sarà il frutto del tuo grembo, il frutto del tuo suolo, i parti delle tue vacche e il frutto delle tue pecore. Sarai maledetto quando entri e maledetto quando esci. L'Eterno manderà contro di te la maledizione, la confusione e la disapprovazione in ogni cosa a cui metterai mano e che farai, finché tu sia distrutto e tu perisca rapidamente, a motivo della malvagità delle tue azioni nelle quali mi hai abbandonato. L'Eterno farà sì che la peste si attacchi a te, finché ti abbia consumato nel paese che stai per entrare ad occupare. L'Eterno ti colpirà con la consunzione, con la febbre, con l'infiammazione, con il caldo bruciante, con la spada, con il carbonchio e con la ruggine, che ti perseguiteranno fino alla tua distruzione. Il cielo sopra il tuo capo sarà di rame e la terra sotto di te sarà di ferro. L'Eterno muterà la pioggia del tuo paese in sabbia e polvere, che cadranno su di te finché tu sia distrutto. L'Eterno ti abbandonerà alla disfatta e al massacro davanti ai tuoi nemici; uscirai contro di loro per una via e per sette vie fuggirai davanti a loro, e tu diventerai un oggetto di orrore a tutti i regni della terra. I tuoi cadaveri saranno cibo a tutti gli uccelli del cielo e alle bestie della terra, e nessuno li scaccerà. L'Eterno ti colpirà con l'ulcera d'Egitto, con le emorroidi, con la scabbia e con la tigna, di cui non potrai guarire. L'Eterno ti colpirà di pazzia, di cecità e di smarrimento di cuore; e andrai brancolando in pieno giorno, come il cieco brancola nel buio; non prospererai nelle tue vie, ma sarai solo oppresso e spogliato continuamente senza nessuno che ti aiuti. Ti fidanzerai con una donna, ma un altro si coricherà con lei; costruirai una casa, ma non vi abiterai; pianterai una vigna, ma non ne coglierai l'uva. Il tuo bue sarà ammazzato sotto i tuoi occhi, ma tu non ne mangerai; il tuo asino sarà portato via in tua presenza e non ti sarà reso; le tue pecore saranno date ai tuoi nemici senza nessuno che ti aiuti. I tuoi figli e le tue figlie saranno dati a un altro popolo; i tuoi occhi guarderanno e si struggeranno di desiderio per loro tutto il giorno, e la tua mano sarà senza forza. Un popolo, che tu non hai conosciuto, mangerà il frutto della tua terra e di tutte le tue fatiche, e sarai certamente oppresso e schiacciato del continuo. Ti verrà così di impazzire allo spettacolo che i tuoi occhi vedranno. L'Eterno ti colpirà sulle ginocchia e sulle coscie con un'ulcera maligna, della quale non potrai guarire, dalla pianta dei piedi alla sommità del capo. L'Eterno porterà te e il tuo re, che hai costituito sopra di te, in una nazione che né tu né i tuoi padri avete conosciuto; e là servirai altri dèi di legno e di pietra; e diventerai oggetto di stupore, di proverbio e di scherno in mezzo a tutti i popoli fra i quali l'Eterno ti condurrà. Porterai molta semente al campo ma raccoglierai poco, perché la locusta la divorerà. Pianterai vigne, le coltiverai, ma non berrai vino né coglierai uva, perché il verme le roderà. Avrai ulivi in tutto il tuo territorio ma non ti ungerai di olio, perché le tue olive cadranno. Genererai figli e figlie, ma non saranno tuoi, perché andranno in schiavitù. Tutti i tuoi alberi e i frutti del tuo suolo saranno preda della locusta. Lo straniero che è in mezzo a te si eleverà sempre più in alto sopra di te, e tu scenderai sempre più in basso. Egli presterà a te, ma tu non presterai a lui; egli sarà la testa e tu la coda. Tutte queste maledizioni verranno su di te, ti perseguiteranno e ti raggiungeranno, finché tu sia distrutto, perché non hai ubbidito alla voce dell'Eterno, il tuo Dio, osservando i comandamenti e gli statuti che egli ti ha ordinato. Essi saranno come un segno e come un prodigio per te e per i tuoi discendenti, per sempre. Poiché non hai servito l'Eterno, il tuo Dio, con gioia e allegrezza di cuore per l'abbondanza di ogni cosa, servirai i tuoi nemici che l'Eterno manderà contro di te, in mezzo alla fame, alla sete, alla nudità e alla mancanza di ogni cosa; ed egli metterà un giogo di ferro sul tuo collo, finché ti abbia distrutto. L'Eterno farà venire contro di te da lontano, dalle estremità della terra, una nazione veloce come l'aquila che vola, una nazione di cui non comprenderai la lingua, una nazione dall'aspetto feroce che non avrà rispetto dell'anziano né avrà pietà del fanciullo, e mangerà il frutto del tuo bestiame e il prodotto del tuo suolo, finché tu sia distrutto; e non ti lascerà né frumento né mosto né olio né i parti delle tue vacche o i nati delle tue pecore, finché ti abbia distrutto. E ti assedierà in tutte le tue città, finché in tutto il tuo paese le mura alte e fortificate, nelle quali riponevi la tua fiducia, cadranno. Ti assedierà in tutte le tue città, in tutto il paese che l'Eterno, il tuo Dio, ti ha dato. Inoltre durante l'assedio e nell'avversità a cui ti ridurrà il tuo nemico, mangerai il frutto del tuo grembo, la carne dei tuoi figli e delle tue figlie, che l'Eterno, il tuo Dio, ti ha dato. L'uomo più tenero e più raffinato avrà un cuore così malvagio verso suo fratello, verso la donna che riposa sul suo seno e verso i figli che ancora gli rimangono, da non dare ad alcuno di loro la carne dei suoi figli, che egli mangerà, perché non gli sarà rimasto più nulla nell'assedio e nell'avversità a cui ti ridurranno i tuoi nemici in tutte le tue città. La donna più tenera e più raffinata tra voi, che per la sua raffinatezza e delicatezza non si sarebbe azzardata a posare la pianta del suo piede in terra, avrà un cuore malvagio verso il marito che le riposa sul seno, verso suo figlio e verso sua figlia, e verso la placenta che esce dal suo grembo e verso i figli che partorisce, perché essa li mangerà di nascosto, nella mancanza di tutto, durante l'assedio e la grande calamità, a cui ti sottoporranno i tuoi nemici in tutte le tue città .Se non hai cura di mettere in pratica tutte le parole di questa legge, scritte in questo libro, avendo timore di questo nome glorioso e tremendo, l'Eterno, il tuo Dio, allora l'Eterno rovescerà su di te e sui tuoi discendenti indescrivibili calamità, calamità grandi e durature, e malattie maligne e ostinate; inoltre farà tornare su di te tutte le malattie d'Egitto, di cui avevi paura, e si attaccheranno a te. Anche tutte le malattie e tutte le calamità non scritte nel libro di questa legge, l'Eterno le farà venir su di te, finché tu sia distrutto. Così voi rimarrete in pochi, dopo essere stati numerosi come le stelle del cielo, perché non hai ubbidito alla voce dell'Eterno, il tuo Dio. E avverrà che, come l'Eterno prendeva piacere nel farvi del bene e nel moltiplicarvi, così l'Eterno prenderà piacere nel farvi perire e nel distruggervi; e sarete strappati dal paese che entri ad occupare. L'Eterno ti disperderà fra tutti i popoli, da un'estremità all'atra della terra; e là servirai altri dèi, che né tu né i tuoi padri avete mai conosciuto, di legno e di pietra. E fra quelle nazioni non troverai requie e non vi sarà luogo di riposo per la pianta dei tuoi piedi; là l'Eterno ti darà un cuore tremante, occhi che si struggono e angoscia d'anima. La tua vita ti starà davanti come sospesa nell'incertezza; tremerai notte e giorno e non avrai alcuna sicurezza della tua esistenza. La mattina dirai: "Fosse sera!", e la sera dirai: "Fosse mattina!", a motivo dello spavento che riempirà il tuo cuore ed a motivo dello spettacolo che i tuoi occhi vedranno. E l'Eterno ti farà tornare in Egitto su navi, per la via di cui ti avevo detto: "Non la rivedrai mai più!". E là sarete offerti in vendita ai vostri nemici come schiavi e come schiave, ma nessuno vi comprerà".

Isaia 13, 16-18:
I loro bambini saranno sfracellati davanti ai loro occhi, le loro case saranno saccheggiate e le loro mogli saranno violentate. Ecco, io suscito contro di essi i Medi che non penseranno all'argento e non prenderanno alcun piacere nell'oro. I loro archi atterreranno i giovani; non avranno pietà del frutto del grembo; il loro occhio non risparmierà i bambini.

Numeri 31, 14-18:
Mosè si adirò contro i comandanti dell'esercito, capi di migliaia e capi di centinaia, che tornavano da quella spedizione di guerra. Mosè disse loro: «Avete lasciato in vita tutte le femmine? Proprio loro, per suggerimento di Balaam, hanno insegnato agli Israeliti l'infedeltà verso il Signore, nella faccenda di Peor, per cui venne il flagello nella comunità del Signore. Ora uccidete ogni maschio tra i fanciulli e uccidete ogni donna che si è unita con un uomo; ma tutte le fanciulle[101] che non si sono unite con uomini, conservatele in vita per voi.

2Re 19, 35:
In quella notte, l'angelo del Signore uscì e colpì nell'accampamento degli Assiri centoottantacinquemila uomini. Quando i superstiti si alzarono al mattino, ecco, erano tutti cadaveri senza vita.

2Samuele 12, 11:
Così dice il Signore: Ecco io sto per suscitare contro di te la sventura dalla tua stessa casa; prenderò le tue mogli sotto i tuoi occhi per darle a un tuo parente stretto, che si unirà a loro alla luce di questo sole.

---

[101] Tradurre il termine originario ebraico "fanciulla" è errato, in quanto il redattore voleva dire "bambine". In quella cultura era lecito fare sesso con le bambine di tre anni e un giorno. E nel passo successivo vengono lasciate a Yahweh ben trentadue bambine come bottino di guerra. Cosa doveva farsene? Tratto da: https://www.youtube.com/watch?v=jb5_bb1sZm8.

Levitico 26, 14-18:

Ma se non mi date ascolto e se non mettete in pratica tutti questi comandamenti. Se disprezzate i miei statuti e l'anima vostra rigetta i miei decreti, non mettendo in pratica tutti i miei comandamenti e rompendo il mio patto, a mia volta, farò questo a voi: manderò contro di voi il terrore, la consunzione e la febbre, che vi consumerà gli occhi e farà languire la vostra vita; e seminerete invano la vostra semente, perché la mangeranno i vostri nemici. Volgerò la mia faccia contro di voi e voi sarete sconfitti dai vostri nemici; quei che vi odiano vi domineranno, e vi darete alla fuga senza che alcuno vi insegua. E se neppure dopo questo mi darete ascolto, io vi castigherò sette volte di più per i vostri peccati. Spezzerò l'orgoglio della vostra forza, renderò il vostro cielo come ferro e la vostra terra come rame. La vostra forza si consumerà invano, perché la vostra terra non darà più i suoi prodotti, e gli alberi della campagna non daranno più i loro frutti. E se vi comportate come miei nemici e non volete darmi ascolto io vi colpirò sette volte di più con piaghe secondo i vostri peccati. Manderò contro di voi le fiere della campagna, che rapiranno i vostri figli, stermineranno il vostro bestiame, vi ridurranno a pochi e renderanno le vostre strade deserte. E se nonostante queste cose non vi correggete per tornare a me, ma con la vostra condotta vi comportate come miei nemici, anch'io diventerò nemico vostro, e vi colpirò sette volte di più per i vostri peccati. E farò venire contro di voi la spada che eseguirà la vendetta del mio patto; voi vi raccoglierete nelle vostre città, ma io manderò in mezzo a voi la peste e sarete dati in mano al nemico. Quando vi toglierò il sostentamento del pane, dieci donne cuoceranno il vostro pane in uno stesso forno e razioneranno il vostro pane, distribuendolo a peso; voi mangerete, ma non vi sazierete. E se nonostante tutto questo non mi darete ascolto, ma vi comporterete da miei nemici, anch'io diventerò vostro nemico pieno d'ira e vi castigherò sette volte di più per i vostri peccati. Mangerete la carne dei vostri figli e mangerete la carne delle vostre figlie. Io distruggerò i vostri alti luoghi, abbatterò i vostri idoli e getterò i vostri cadaveri sulle sagome senza vita dei vostri idoli; e vi detesterò. Ridurrò le vostre città in deserti, devasterò i vostri luoghi sacri e non aspirerò più l'odore soave dei vostri profumi. Devasterò il paese; e i vostri nemici che vi abiteranno rimarranno sbalorditi. Disperderò voi fra le nazioni e trarrò fuori la spada contro di voi; il vostro paese sarà desolato e le vostre città saranno deserte. Allora la terra godrà i suoi sabati per tutto il tempo in cui rimarrà desolata e voi sarete nel paese dei vostri nemici; così la terra si riposerà e godrà i suoi sabati. Per tutto il tempo che rimarrà desolata avrà il riposo che non ebbe nei vostri sabati, quando voi l'abitavate. A quelli di voi che scamperanno infonderò nel cuore sgomento nel paese dei loro nemici: il fruscìo di una foglia agitata li metterà in fuga; fuggiranno come si fugge davanti alla spada e cadranno senza che alcuno li insegua. Inciamperanno l'uno nell'altro, come davanti alla spada, senza che alcuno li insegua; e non potrete resistere davanti ai vostri nemici. Perirete fra le nazioni e il paese dei vostri nemici vi divorerà.

Deuteronomio 28, 63:

Yahweh è violento, iracondo, vendicativo, isterico, insicuro, indifferente alle sofferenze umane, crudele, geloso: Yahweh prenderà piacere a farvi perire e a distruggervi».

Ezechiele 30, 12:

«Io muterò i fiumi in luoghi aridi, darò il paese in balia di gente malvagia, per mano di stranieri desolerò il paese e tutto ciò che contiene. Io, Yahweh, ho parlato».

Naum 1, 2:

«Un Dio geloso e vendicatore è il Signore, vendicatore è il Signore, pieno di collera».

Giosué 11, 11:

«Passò a fil di spada ogni essere vivente che vi era, votandolo allo sterminio; non risparmiò nessun vivente e appiccò il fuoco ad Asor».

Deuteronomio 13, 16:

«Dovrai passare a fil di spada gli abitanti di quella città, la dovrai

votare allo sterminio con quanto contiene e dovrai passare a fil di spada anche il suo bestiame».

Numeri 16, 35:
«Un fuoco uscì dal Signore e divorò i duecentocinquanta uomini che offrivano l'incenso».

Numeri 25, 4:
«Yahweh disse a Mosè: "Prendi tutti i capi del popolo e fa' appendere al palo costoro, davanti al Signore, in faccia al sole, e si allontanerà l'ira ardente del Signore da Israele"».

Geremia 44, 6:
«La mia ira e il mio furore si riversarono e divamparono come fuoco nelle città di Giuda e nelle strade di Gerusalemme, ed esse divennero un deserto e una desolazione, come sono ancora oggi».

Levitico 21, 16-20:
«Nessuno uomo che abbia qualche deformità si avvicinerà a [me] Yahweh: il cieco, lo zoppo, chi ha un difetto, una frattura al piede o alla mano, né il gobbo, né il nano né chi ha un difetto nell'occhio, la rogna, la scabbia o i testicoli ammaccati».

Che cosa possiamo evincere da quanto abbiamo letto fin qui, ovvero la tradizione ufficiale che troviamo nelle nostre bibbie?

Il Dio a cui si riferisce la dottrina cristiana è senza ombra di dubbio *Yahweh*, in quanto è l'unica figura divina considerata come primeggiante sulle altre raccontate nell'Antico Testamento; eppure qualcosa non torna, perché le scritture parlano di un essere crudele, sadico, con profondi complessi di inferiorità che arrivano a vietare i culti degli altri Déi, un essere che si manifesta orgogliosamente geloso e che non esita a sterminare per imporre il proprio dominio sui territori conquistati con la spada.

Eppure, se rivolgiamo agli esponenti clericali la domanda di chi è Dio, la risposta è senz'altro diversa: è il Dio dell'Antico Testamento, ciò un Dio giusto, retto, corretto, onnipresente, onnipotente, che tutto conosce e tutto vede.

Insomma, vengono minimizzati del tutto gli aspetti più salienti e macabri di un personaggio che di "divino" ha veramente poco; tra l'altro, nell'Antico Testamento, si delinea sempre più chiaramente la sua personalità distorta e malata, egocentrica e narcisista, amante dei sacrifici della carne e dell'odore di grasso bruciato.

Che dire? L'ennesima contraddizione in chiave dottrinale!

5.6. Elohim: è un termine singolare o plurale?

Il nodo centrale di tutta la politica bigliniana è senza ombra di dubbio il concetto plurale di *Elohim*: difatti, se tale tesi venisse confermata (come probabilmente sia giusto fare), cadrebbe tutto il costrutto monoteista, dovendo ammettere alla peggio che *Yahweh* era uno dei tanti e che il suo interesse fu solo per Israele e non per tutti i popoli del mondo (che provava a conquistare a suon di massacri e genocidi, partendo dai popoli limitrofi, controllati da altri *Elohim*).

Prima di passare all'analisi puntuale dei profili affermativi o negativi della tesi pluralista, lo scrivente desidera ripercorrere le domande poste al saggista **Mauro Biglino**, e pubblicate sotto forma di intervista[102] in data 2 Luglio 2016:

Mauro, il nodo centrale di tutte le contestazioni è il termine "Elohim": quali significati potrebbe avere e quali invece sono sicuramente sbagliati? E perché?

E' sicuramente il nodo centrale della questione biblica. [...] Sui significati si discute da secoli e non vi sono assolutamente certezze, anzi solo ipotesi diverse e spesso contrastanti. Correttezza e onestà intellettuali vorrebbero che non lo si traducesse: sarebbe bene lasciarlo in ebraico, come si fa ad esempio per efah ed efod che non vengono mai tradotti. Capisco che la esegesi teologica giudaico-cristiana abbia la necessità assoluta di tradurre quel termine con "Dio", ma si tratta di una traduzione di fantasia. Basti pensare che la stessa esegesi ebraica che si esprime nel sito di Consulenza Ebraica ha scritto con chiarezza inequivocabile che la lingua ebraica non possiede alcuna parola che abbia il significato di Dio inteso come oggetto di adorazione: se ne deduce che tradurre Elohim con "Dio" è una scelta senza fondamento linguistico. Il concetto di Dio trascendente, tipico della nostra cultura figlia del pensiero greco, non appartiene al pensiero semitico. Nell'incontro pubblico che ho avuto il 6 marzo a Milano con teologi di area

---

[102] Tratto da: http://www.laltrapagina.it/mag/intervista-esclusiva-a-mauro-biglino-le-prove-che-lantico-testamento-parla-di-una-pluralita-di-soggetti-e-non-di-dio/.

cattolica, protestante, ebraica e ortodossa, è emerso con chiarezza che la cultura semitica non prevedeva alcun concetto di carattere metafisico come creazione dal nulla, eternità, immortalità. Quindi apprezzo molto quelle Bibbie (come alcune interlineari) che non traducono Elohim e lo riportano tale e quale, lasciando anche i verbi al plurale esattamente come sono in ebraico: purtroppo le bibbie che abbiamo in casa invece usano il termine Dio e addirittura presentano spesso traduzioni con il verbo al singolare mentre in ebraico è nella forma plurale (come in **Gen 35, 7 o 20, 13**)*, traendo così in inganno il lettore. In sostanza io penso che Elohim non andrebbe tradotto perché tante, direi troppe, sono le ipotesi sui possibili significati (quelli dell'alto, splendenti, legislatori, giudici, controllori...) che per altro ho analizzato nel libro.*

Dal tenore della risposta precedente si evince chiaramente che la traduzione corretta è sicuramente al "plurale". Questo sconfesserebbe tutta la costruzione monoteista del Cristianesimo. A questo punto è giusto domandartelo: perché sei così convinto che il termine è solo e soltanto plurale? Quali sono le prove a sostegno di questa tesi nello specifico?

Le prove non le fornisco io ma tutto il contesto biblico che documenta con una chiarezza stupefacente che gli Elohim erano una pluralità di individui. Nelle pagine che vanno dalla 129 alla 132 del libro "Antico e Nuovo Testamento, libri senza Dio", espongo le evidenze bibliche da cui si comprende che gli Elohim diversi erano almeno 20 (venti), dico "almeno" perché il lettore che vorrà verificare di persona i passi citati (che non posso riportare qui per ovvi motivi) capirà da solo, senza necessità di ulteriori spiegazioni, che erano molti – ma veramente molti – di più. Alcuni sono addirittura identificati con il loro nome (Yahweh, Milkom, Kamosh...) e con il territorio su cui governavano. Nel libro "La Bibbia non parla di Dio" (Mondadori, 2015) ho esaminato testi extrabiblici da cui il lettore ricava autonomamente con estrema immediatezza che tra Yahweh e gli altri suoi pari livello non vi era alcuna differenza, come documenta ad esempio il passo biblico di **Giudici 11,24**. *Insomma erano tanti e dotati degli stessi poteri e delle stesse* *prerogative.*

Ti contestano molto spesso che Elohim è singolare. Su quali basi i tuoi avversari fondano questo assunto? Su quali fonti ti basi per dire che Elohim è plurale e non singolare? E quanto sono attendibili?

*I miei avversari sostengo che Elohim è singolare e giustificano la desinenza plurale sostenendo che si tratta di un plurale di astrazione o di un superlativo indefinito: così facendo però applicano regole che la lingua ebraica utilizza per sostantivi ben identificabili e che nulla hanno a che vedere con il termine Elohim. Non a caso nel libro "Antico e Nuovo Testamento, libri senza Dio" ho intitolato un capitolo "Non confondiamo Elohim con..."; nelle sessanta pagine dedicate a quegli individui ho riportato decine di passi tratti dai seguenti libri: Genesi, Esodo, Deuteronomio, Giosuè, Primo Libro dei Re, Secondo Libro dei Re, Geremia, Salmi... Questi brani documentano proprio come l'ipotesi del plurale di astrazione o del superlativo indefinito siano errate e inaccettabili sia dal punto di vista grammaticale che logico. L'assunto su cui si basano gli esegeti/teologi giudaico-cristiani è infatti esclusivamente di ordine aprioristico e teologico, perché non ha alcun fondamento testuale: anzi la Bibbia lo sconfessa palesemente. Loro partono dal presupposto che la Bibbia deve "necessariamente" parlare di Dio e di qui procedono spesso come se il testo biblico non esistesse. Nel capitolo dal titolo "E se Elohim fosse singolare" il lettore può verificare di persona su base testuale che – se si applica l'assunto dei miei critici – la Bibbia diviene un testo assurdo, contraddittorio, a tratti addirittura ridicolo (come in **Gen 35,1**) e soprattutto incomprensibile. Questo è il motivo per il quale io invito costantemente tutti a leggere la Bibbia con mente serena: se si leggono infatti le spiegazioni teologiche senza conoscere il testo, si cade nell'inganno, ma se si legge il testo si comprende subito come le tesi dei miei avversari (plurale di astrazione e/o superlativo indefinito) non reggono un solo istante non appena vengono calate nel contesto biblico. Questa è la prova che va fatta, perché spesso le discussioni filologiche condotte a tavolino risultano sterili e distolgono* *l'attenzione dalla realtà di quanto scritto. L'atteggiamento corretto è proprio questo: prendere le spiegazioni e applicarle al testo biblico, sarà questo a dire se hanno senso oppure no. Io lo sto facendo da alcuni anni e i risultati sono evidenti. Nel* **Salmo 82***, Dio presiede l'Assemblea degli Dei: nella prima lingua originale, quale termine è stato tradotto con Dio e quale Dei? Forse Elyon, Elohim o El? Questo salmo è stato da me spiegato e presentato un sacco di volte, quindi esporrò qui una cosa nuova di cui non ho mai parlato. Premetto che è un testo molto interessante per alcuni motivi: parla di una assemblea di Elohim (dunque sono molti); il termine Elohim è accompagnato da più di 10 (dieci) tra verbi e pronomi al plurale; vi si dice che gli Elohim muoiono come tutti gli uomini. L'evidente, innegabile pluralità degli Elohim e il fatto che siano dichiarati mortali ha costretto gli esegeti giudaico-cristiani a inventarsi una traduzione nuova: non potendo tradurre con "Dio", come fanno di solito, in questo caso sostengono che Elohim significa "giudici o governanti" (che in ebraico sono sempre definiti shoftim, felilim, roznim... o con il termine melech che significa "re"). Non riprendo l'assurdità di una tale spiegazione che cozza con "tutte" le affermazioni riferite agli Elohim nel* **Salmo 82** *che invito a leggere con attenzione. Contemporaneamente invito il lettore a vedere il* **Salmo 2** *nel quale si parla veramente dei "giudici e governatori" della terra: ebbene in questo Salmo non è "MAI" usato il termine Elohim, mentre compaiono tutte le definizioni che ho riportato qui sopra. Nel* **Salmo 82** *invece è usato esclusivamente il termine Elohim: come si comprende bene quindi gli autori biblici non facevano mai confusione tra gli uni e gli altri, tra i governatori umani e gli Elohim. La distinzione è netta ed è la Bibbia stessa che smentisce gli esegeti-teologi.*

Nel tuo saggio, al capitolo cinque, affronti il tema di Gesù figlio di Dio: cosa ci puoi dire?

Posso dire innanzitutto che rimango coerente con il mio metodo del "fare finta che" anche nella analisi del Nuovo testamento e, con questa coerenza, vedo che la figura di Gesù potrebbe inserirsi nella visione generale del percorso secolare che si evidenzia dalla lettura disincantata delle vicende dell'Antico Testamento. Nel libro "Antico e Nuovo Testamento, libri senza Dio" (Unoeditori, 2016) ho esaminato alcuni momenti fondamentali della sua vita e questo elemento di coerente continuità pare presentarsi con una certa semplice logica. Siamo ovviamente nel campo delle ipotesi perché le certezze potrebbero derivare solo dal possesso di testi neotestamentari attendibili, cosa che purtroppo non ci è data. Certo è che si cono contenuti che – tra Antico e Nuovo Testamento - si ripresentano in un modo quanto meno curioso e potenzialmente confermato dai passi di Giuseppe Flavio che ho riportato nel libro: come la vicenda della strana morte di Mosè che si rivela a Gesù nel momento della cosiddetta "trasfigurazione" con un altro "non-morto" dell'Antico Testamento, cioè il profeta Elia. "Facendo finta che..." si compone quindi un mosaico ipotetico molto curioso e soprattutto coerente con vari scritti non canonici, coevi dei vangeli, che riporto nel libro: come ad esempio quelli sulla strana storia della annunciazione a Maria, accompagnata dai sospetti di Giuseppe.

L'Antico Testamento ha scopiazzato dai culti mesopotamici ed egiziani. Eppure l'Iliade racconta anche di Elohim. Dunque, l'Antico Testamento ha copiato anche dai culti greci o l'Iliade è frutto di una manipolazione dei contenuti della prima?

Gli autori biblici hanno copiato dai testi babilonesi (e/o dai più antichi sumero-accadici) perché la loro radice era quella e il popolo israelita apparteneva a quella storia. I poemi omerici che ho analizzato in "La Bibbia non parla di Dio" (Mondadori, 2015) sono il racconto di altri popoli guidati dai theoi, che appaiono essere il corrispettivo ellenico degli Elohim biblici: ho illustrato come avessero le stesse caratteristiche anatomiche, fisiologiche, comportamentali. Nel libro Mondadori che sta per uscire (Il falso testamento) l'analisi prosegue con le divinità greche cui si aggiungono quelle latine e celtiche di cui ci parlano autori come Eliodoro, Strabone, Tacito, Plinio il Vecchio. In sostanza, i popoli di tutti i continenti ci hanno parlato di "quelli là" e la Bibbia non è che uno dei tanti libri che l'umanità ci ha lasciato nel corso della sua storia secolare: per questo Antico e Nuovo testamento risultano essere libri senza Dio.

Non si tratta dunque di dimostrare se **Biglino** ha ragione o meno: si tratta di trovare le prove per dimostrare le ipotesi pluraliste del termine che per secoli è stato tradotto come Dio, per giustificare un asfissiante monoteismo falso e ipocrita.

Da qui ripartirei, dunque, per analizzare nel dettaglio il termine *Elohim*, per giungere finalmente ad una conclusione: è singolare o plurale?

Gli esegeti monoteisti giudaico-cristiani sostengono che *Elohim* non è un termine plurale, ma si dividono in quattro famiglie, a secondo dell'impostazione negazionista:

1) *Elohim* non ha la desinenza plurale, dunque è singolare;

2) *Elohim* è plurale ma indica una "singolarità" (una monade) in quanto è superlativo indefinito o plurale d'astrazione o plurale di sovranità o plurale d'eccellenza o plurale di intensità;

3) *Elohim* non è plurale e significa "Legislatore Supremo";

4) *Elohim* può essere singolare e plurale: nel primo caso (quando è accompagnato da un verbo singolare) indica Dio, nel secondo (quando è accompagnato da un verbo plurale) indica giudici e/o legislatori.

Biglino[103], partendo da questa base, affronta tutte le singole tesi, dimostrando il contrario; in particolare:

A) gli esegeti che sostengono la tesi secondo cui il termine *Elohim* non abbia la desinenza plurale, dunque è singolare, sbagliano. Vediamolo direttamente con alcuni passi biblici:

Genesi 31, 53:
<<[...] *Elohim di Abramo e Elohim di Nachor saranno giudici tra noi* [...]>>. Questa affermazione smonta *ab origine* qualunque contestazione, in quanto nello stesso passo è presente sia il termine "giudice" che il termine "*elohim*", in maniera chiaramente distinta; inoltre, anche volendo far finta che questa differenza non ci sia, affermare "*Elohim di... e Elohim di...*" equivale a dire che, alla

---

[103] **Mauro Biglino**, *Antico e Nuovo testamento, libri senza Dio*, Uno Editori, 2016, pp. 76-132.

peggio, i giudici saranno due, entrambi *elohim*. Quindi, *elohim*, anche facendo finta che sia un termine singolare, comunque, in questo caso, è la prova dell'esistenza di almeno due *elohim*, facendo decadere completamente l'impostazione monoteista, che vuole la presenza di un solo Dio, unico e onnipotente, generatore del tutto.

Genesi 32, 2-3:
<<[...] *gli si fecero incontro i messaggeri degli Elohim, Giacobbe nel vederli disse: ma questo è un accampamento degli Elohim, e chiamò quel luogo Machanaim* [...]>>. Questo passo indica chiaramente la natura pluralista degli Elohim, tenuto anche conto che "machanaim" significa letteralmente "due accampamenti". Perché Dio dovrebbe avere contemporaneamente due accampamenti? E perché dovrebbe fruire di un accampamento?

Esodo 15, 11:
<<[...] *Chi come te tra Elohim?* [...]>>. Questo passo, direi, è più che chiaro, anche nella sua forma elementare: chi, tra gli Elohim, è come te?

Esodo 18, 11:
<<[...] *Ora riconosco che Yahweh è il più grande di tutti gli Elohim* [...]>>. Questo passo, come quello di prima, è più che chiaro, e non credo necessiti di ulteriori commenti.

Esodo 20, 2-3:
<<[...] *Io sono Yahweh, Elohim tuo* [...], *non avrai altri Elohim di fronte a me* [...]>>. Scontato il commento e il tentativo di far passare il significato di *Elohim* per singolare; il comandamento è chiaro: non avrai altro Dio oltre me. Che necessità c'è di ribadirlo se esiste solo un Dio?

Deuteronomio 6, 14:
<<[...] *Non seguirete altri Elohim tra gli Elohim dei popoli che vi circondano* [...]>>. Tra l'altro, *Elohim* è accompagnato dall'aggettivo plurale che significa "altri, diversi, stranieri".

Deuteronomio 13, 6-11:
<<[...] *e tuo fratello, figlio di tua madre, tuo figlio, tua figlia, la moglie che riposa sul tuo seno o l'amico che ti è caro come la tua*

stessa anima ti incita in segreto, dicendo: "Andiamo a servire altri dèi", che né tu né i tuoi padri avete mai conosciuto, divinità dei popoli che vi circondano, vicini a te o da te lontani, da una estremità della terra all'altra estremità della terra, non cedere a lui e non dargli ascolto; l'occhio tuo non abbia pietà per lui; non risparmiarlo, non nasconderlo. Ma tu lo dovrai uccidere; la tua mano sia la prima a levarsi contro di lui, per metterlo a morte; poi venga la mano di tutto il popolo. Tu lo lapiderai con pietre ed egli morirà, perché ha cercato di farti allontanare dall'Eterno, il tuo Dio che ti fece uscire dal paese d'Egitto, dalla casa di schiavitú. Così tutto Israele udrà e avrà timore, e non commetterà piú una cosa malvagia come questa in mezzo a te [...]>>. Questo passo, come quello di prima, ammette la pluralità dell'esistenza di più esseri, essendo al plurale il termine che tanto si prova ad imporlo come singolare.

Salmo 82, 6-11:
<<[...] *Gli Elohim presiedono l'assemblea divina e giudicano in mezzo agli altri elohim: fino a quando emetterete sentenze ingiuste e sosterrete la parte dei malvagi?* [...] *Voi siete elohim, siete tutti figli di Elyon, ma certo morirete come ogni uomo, cadrete come tutti i potenti* [...] >>. Qui, il problema si moltiplica in maniera esponenziale: se Dio (Yahweh) è unico, come può presiedere un'assemblea di altri déi? E se il termine che definisce "déi" è plurale, come si può negare tale composizione pluralista? Infine, se Dio (Yahweh) è unico, come mai lo stesso salmo chiarisce che *Yahweh*, come tutti gli altri *Elohim*, sono figli di un terzo essere, chiamato *Elyon*? Con buona pace di tutti, direi che ormai ogni dubbio è dissipato!

B) gli esegeti che sostengono la tesi secondo cui il termine *Elohim* è plurale ma indica una "singolarità" (una monade) in quanto è superlativo indefinito o plurale d'astrazione o plurale di sovranità o plurale d'eccellenza o plurale di intensità, sbagliano, in quanto i *pluralia tantum* sono presenti esclusivamente nella forma plurale e mai nella forma singolare, mentre il singolare di *Elohim* è *El* o *Eloah* e nell'Antico Testamento vengono spesso usati; es. **Genesi 35:**

<<[…] *Dio (Elohim) disse a Giacobbe: «Alzati, và a Betel e abita là; costruisci in quel luogo un altare al Dio (El) che ti è apparso quando fuggivi* […]>>. Alcuni esegeti affermano tra l'altro che *El* ed *Elohim* abbiano radici diverso, ma tale tesi pare errata anche alla luce del passo biblico precedente e di tutti gli altri disseminati nell'Antico Testamento. Stesso discorso vale per il "plurale di astrazione", tenuto conto che gli Elohim sono descritti come esseri in carne ed ossa che mangiano e dormono. Come se non bastasse, in **Genesi 35, 9-13**, l'*El* che si presenta a *Giacobbe* dice chiaramente di chiamarsi *Shadday* (l'*El-shadday*), che non può essere tradotto come "Onnipotente", in quanto il significato è dubbio e rimanda probabilmente a "montagna o steppa" ovvero "potenza e violenza" (dalla radice *shadad*). Pertanto, la tesi enunciata al punto b) non può trovare accoglimento, in quanto è sbagliata da un punto di vista grammaticale e logico.

C) gli esegeti che sostengono la tesi secondo cui il termine *Elohim* non è plurale e significa "Legislatore Supremo" sbagliano, in quanto, come visto precedentemente, nello stesso passo, insistono *Elohim* ed *El*, insieme, ponendo grossi dubbi sul fatto che si tratti di un'entità unica e sola. Difatti, sarebbe illogica la soluzione proposta, in quanto se fosse così, riprendendo **Genesi 35**, si avrebbe: <<[…] *Il legislatore supremo (Elohim) disse a Giacobbe: «Alzati, và a Betel e abita là; costruisci in quel luogo un altare al Dio (El) che ti è apparso quando fuggivi* […]>>. Se così fosse, ripeto, sarebbe la prova che non esiste un solo Dio; tutt'al più si potrebbe affermare che il primo è superiore al secondo ma questo genererebbe ulteriore confusione con il termine *Elyon*, che dal tenore biblico appare come un essere superiore a tutti gli *Elohim*. Pertanto, la tesi enunciata al punto c) non può trovare accoglimento, in quanto è sbagliata da un punto di vista grammaticale e logico.

D) gli esegeti che sostengono la tesi secondo cui il termine *Elohim* può essere singolare e plurale sbagliano, e per confermarlo bisogna far riferimento alla **Genesi 20, 13**: <<[…] *Allora, quando Dio mi ha fatto errare lungi dalla casa di mio padre, io le dissi* […]>>. Tutto sembra in perfetta armonia, Dio accompagnato dal verbo al singolare: peccato che non è giusta la traduzione!

<<[...] *Sappiamo dalla tradizione giudaico-cristiana che con questo atto- la cd. vocazione di Abramo- inizia la storia vera e propria: più precisamente iniziano la storia della salvezza per i cristiani e la storia del rapporto con Yahweh e della terra promessa per la tradizione giudaica. Nel versetto appena citato, il verbo è nella forma singolare, quindi apparentemente tutto è chiaro; dico, "apparentemente" perché in ebraico la situazione è ben diversa. Nella Bibbia da cui deriva quella traduzione la frase* (tradotta) *è scritta così: "<u>Elohim me vagare fecero</u>".*

Il soggetto è Elohim e il verbo è nella forma plurale (terza persona plurale). Applicando la regola enunciata dagli esegeti (verbo plurale = "giudici") dobbiamo tutti (loro per tutti) prendere atto che a chiamare Abramo fuori dalla terra dei suoi padri non è stato Dio ma dei normalissimi e umanissimi "giudici", "legislatori", e che quei "giudici/ legislatori" hanno allontanato Abramo dalla patria dei suoi padri con la promessa di dargli una terra nuova, destinata eslusivamente a lui e alla sua discendenza.

Se ne conclude che la storia della "vocazione" di Abramo per i cristiani e la "promessa" della terra per gli ebrei nascono dalla decisione che è stata presa sulla persona del patriarca da parte di non meglio identificati "giudici": assoluta-mente non da Dio! [...]>>[104].

E' chiara l'assurdità di tale posizione, in quanto è palese che il tenore letterale indica tutt'altro. Tra l'altro nel libro dei **Giudici**, il termine utilizzato non è *Elohim* ma *shoftim*, marcando così chiaramente la differenza d'uso tra i due termini. Stesso discorso si può applicare a **Esodo 18, 13 e seguenti** ed **Esodo 32**. Pertanto, la tesi enunciata al punto d) non può trovare accoglimento, in quanto è sbagliata da un punto di vista logico e biblico.

A questo punto, **Biglino**[105], conclude la sua esposizione, provando a

---

[104] **Mauro Biglino**, *Antico e Nuovo testamento, libri senza Dio*, Uno Editori, 2016, pp. 84-85.
[105] **Mauro Biglino**, *Antico e Nuovo testamento, libri senza Dio*, Uno Editori, 2016, pp. 129-131.

"far finta", dopo quanto detto, che *Elohim* è singolare, accettando come singolo plurale di astrazione / superlativo indefinito. Bene.

Un'assoluta provocazione, in quanto sorge spontanea la domanda: <<*e allora perché dall'Antico Testamento è possibile evincere chiaramente la presenza di una moltitudine di Elohim*>>?

Il saggista, qui, si supera e ne elenca una buona parte:

- l'Elohim che fabbrica l'Adam e la sua femmina;
- l'Elohim che si presenta ad Adamo, di nome **El-Shadday**;
- l'Elohim che si presenta a Giacobbe;
- l'Elohim di nome Yahweh che si presenta a Mosé;
- l'Elohim che viene paragonato a Yahweh da Jetro;
- l'Elohim rappresentato dal vitello d'oro;
- l'Elohim che governa sulla famiglia di Abramo (suo fratello Nachor), rimasta in Mesopotamia;
- l'Elohim che governa in Egitto;
- l'Elohim che governa sugli Amorrei di nome **Asherat**[106];
- l'Elohim che governa sui Moabiti di nome **Kemosh**[107];
- l'Elohim che governa sugli Ammoniti di nome **Milkom**[108];
- l'Elohim femmina che governa sui Sidonii di nome **Astarte**[109];
- l'Elohim che governa su Damasco di nome **Rimmon**;
- l'Assemblea degli Elohim.

(…).

---

[106] Per molti versi identica ad Astarte, nelle funzioni di Dea dell'Amore e della fertilità. [**Lurker**, *Dizionario di Angeli, Demoni e Déi*, Piemme, II ed., 2004, p. 57]

[107] E' identico al Dio paleo mesopotamico *Nergal*, identificato nel culto greco in *Ares* (*Marte* per i romani). [**Lurker**, *Dizionario di Angeli, Demoni e Déi*, Piemme, II ed., 2004, p. 232]

[108] Principale Dio degli Ammoniti della Transgiordania e adorato per un periodo pure da Salomone. [**Lurker**, *Dizionario di Angeli, Demoni e Déi*, Piemme, II ed., 2004, p. 291]

[109] Dea semitica adorata nell'area siro-palestinese. Nell'Antico Testamento la troviamo come *Asthoret*, in Babilonia come *Ishtar*, in Grecia come *Afrodite* e a Roma come *Venere*. [**Lurker**, *Dizionario di Angeli, Demoni e Déi*, Piemme, II ed., 2004, pp. 60, 210-211]

Appare ormai chiaro che la tesi monoteista rispetto al culto guidaico-cristiano è una vera e propria pagliacciata! Non ci resta che confermare la tesi di **Biglino**: il termine *Elohim è plurale!* (con tutte le conseguenze del caso). E qui sorgerà probabilmente (a tutti) spontanea una domanda: tenuto conto di quanto detto, non è forse più logico sostenere la tesi *"enoteista"*? Mi spiego più chiaramente: il culto cristiano ha deciso di affidarsi completamente all'impostazione monoteista, ovvero quella che prevede l'esistenza di una sola ed unica divinità, creatrice di tutto. Ma non sarebbe stato più facile (e coerente) ammettere, anche alla luce della lettera dell'Antico Testamento, la supremazia dell'*enoteismo*, ovvero della credenza secondo il quale si è consapevoli della presenza di più divinità, ma si considera quella specifica, unica e sola suprema rispetto a tutte le altre, come in una sorta di gerarchia. Non sarebbe stato più semplice, per il credo religioso cristiano, sostenere che Yahweh incarnava la divinità preferita e più potente, ma che esistevano altre divinità sulla faccia della Terra? Sostenere l'esistenza di una sola divinità è assurdita allo stato puro; mascherare poi la presenza delle altre divinità è schizofrenia senza precedenti.

Al di là dell'esistenza o meno di una razza aliena colonizzatrice -posizione tutta da provare- o di una serie di divinità che hanno dato vita alla razza umana (come la conosciamo oggi), appare lampante anche al lettore più disattento che la posizione monoteista è fuori da ogni logica argomentativa.

E in questo **Biglino** ha un merito assoluto: aver divulgato, sulla scia di altri ricercatori come **Sitchin**, la cultura della ricerca in un terreno considerato di dominio clericale.

Molte tesi del saggista potrebbero sembrare estreme o comunque di difficile accettazione; tuttavia, non si può sottacere sul fatto che, con i suoi studi, ha scoperchiato il vaso di Pandora[110].

---

[110] Il mondo accademico legato al culto ebraico afferma a chiare lettere che le scoperte di Biglino sono di dominio pubblico già da alcuni secoli, e lo stesso ricercatore conferma tali posizioni. Non si mette dunque in dubbio questo: *ma, allora, perché se erano di dominio pubblico, fino a dieci/quindici anni fa pochi, nel pubblico, sapevano dell'esistenza del termine "Elohim" con l'accezione plurale?* Biglino non avrà scoperto sicuramente l'acqua calda ma

Non resta che accettare serenamente l'esistenza del politeismo o dell'enoteismo biblico (in quanto, dalla lettera dell'Antico Testamento), *Elyon* (e non *Yahweh*) era il più alto in grado tra gli *Elohim*. Vogliamo allora essere coerenti: cambiamo la versione culturale da "**monoteismo incentrato su Yahweh**" ad "<u>enoteismo incentrato su Elyon</u>" [111].

ha reso di dominio pubblico assoluto tematiche che prima erano rilegate ad ambiti ristretti e congregazioni di culto. Al di là dell'idea aliena del Dio biblico, piaccia o meno, qualcuno deve dare il giusto riconoscimento al saggista che in Italia ha sdoganato la cultura dell'analisi letterale dell'Antico Testamento, un testo che buona parte degli italiani possiede nelle proprie case ma che nessuno legge mai, dichiarandosi poi "cattolico non praticante" (ovvero una vera e propria bestemmia culturale, come il musulmano credente che mangia la carne di maiale).

[111] Merita di essere menzionato lo studio del **Prof. John Day**, docente di cattedra di Teologia Biblica presso l'Università di Oxford. Nel suo saggio "Yahweh e le Divinità di Canaan (2002) traccia i rapporti mitologici e geografici tra YHWH (Yahweh) e gli altri Déi dell'Antico Israele. Ecco alcuni passi significativi:

<<[...] *Che relazione intercorreva tra il Signore Yahweh ed il dio cananeo El? Nell'Antico Testamento Yahweh è spesso chiamato El. La questione su cui dibatteremo è se i due nomi rappresentassero la stessa divinità fin dal principio, oppure siano stati assimilati successivamente. Lo stesso Antico Testamento, non fornisce elementi univoci in quanto le fonti E e P indicano che i patriarchi non conoscessero il nome del Signore fino a quando non fu rivelato a Mosè (Esodo.3.13-15, E; 6.2 -3, P), mentre secondo la fonte J, il nome Yahweh era già noto fin dai tempi primordiali (Gen. 4,26). La fonte P afferma esplicitamente che i patriarchi prima della rivelazione fatta a Mosè, conoscessero Yahweh con il nome di El-Shaddai (Es. 6,3). Nel XIX secolo J. Wellhausen affermò che Yahweh ed El fossero nomi diversi della medesima divinità, e più di recente tale tesi è particolarmente sostenuta da FM Cross e JC de Moor. Tuttavia, le argomentazioni che vado ad elencare sembrano smentire tale convinzione. In primo luogo, nei testi ugaritici il dio El si rivela essere del tutto benevolo in natura, mentre Yahweh ha un lato feroce e un lato gentile. In secondo luogo, come TND Mettinger ha giustamente sottolineato, la prima evidenza di tutto ciò è riscontrabile in Gdc. 5.4-5, in cui Yahweh viene associato alla tempesta, similitudine mai utilizzata nei confronti di El. Piuttosto, si tratta di una similitudine spesso usata con il dio Baal [...]*>> (Pag. 13)

<<[...] *Nell'Antico Testamento ricorre il concetto secondo cui Yahweh possedesse una corte celeste. Essa è indicata con la denominazione di 'figli del Signore' ('elohim, Gn 6,2, 4; Giobbe 1.6, 2.2, Giobbe 38,7), 'figli del cielo' ('Elim, PSS. 29.1, 89.7 [ET 6]) o "figli dell'Altissimo' ('Elyon, Sal. 82,6). Viene anche generalmente riconosciuto che 'figli di Dio' (elohim) sia da intendersi come 'figli di Israele' (Deut. 32,8). [...] Ci sono numerosi passaggi in cui viene fatto riferimento ad una corte celeste i cui componenti erano 'figli di Dio' o 'figli dell'Altissimo.' La corte celeste è menzionata in relazione al primo essere umano (Gen 1,26, 3,22; Giobbe 15,7-8) ed in altri passi della storia primordiale (Gn 11,7;. Cf Gn 6.2), oltre che nel contesto della chiamata divina o commissione della profezia (1 Re 22,19-22; Isa 40.3,6, Ger 23,18, 22,.. cfr Amos 3.7). E' inoltre menzionata in relazione agli dei o angeli custodi delle nazioni (Isa.24.21; Ps 82,1; Ecclus. 17.17; Jub 15,31-32);.. Cf Dt 32,8 e Sal 82,6 di cui sopra;. Implicita nel Dan 10.13, 20; 12.1). [...] Altri riferimenti all'assemblea divina sulla montagna sacra si riscontrano in Isaia 14,13 e in Ecclus 24.2, quando si menziona la Sapienza*

Questa sì che sarebbe una rivoluzione: passare da una concezione assurda di monoteismo imposto da un potere politico e religioso, ad una forma più coerente di enoteismo incentrato sulla credenza che tra le tante divinità presenti all'epoca, primeggiava una soltanto: *Elyon* (e non *Yahweh*, che come abbiamo visto non è altro che uno dei tanti Elohim che popolavano la Terra).

Ecco la proposta per la Santa Sede Apostolica Romana: **riunificare tutte le correnti cristiane** (protestanti, cattolici, ortodossi, …) **in una sola ed *unica religione enoteistica*, basata sul culto di *"Elyon"*, il dispensatore di terre e padre supremo, applicando esclusivamente il testo letterale delle "sacre scritture", abolendo i concetti creati a tavolino dalla teologia.**

Questa sì che sarebbe una vera rivoluzione, coerente e significativa!

---

personificata nell'assemblea divina. Infine troviamo riferimenti più generali (Zaccaria 1,10-11, 3,7, 14,5; Sal. 89,6-8 [ET 17], 7,10, 21, 25, 27, 8,10-13;. cfr. Giobbe 1,6, 2,2, 38,7 e 29,1 Pss, 89,7 [ET 6]). […]. Proprio come un sovrano terreno è circondato da un corpo di cortigiani, così il Signore possiede una corte celeste. Originariamente i suoi componenti erano considerati dei, tuttavia con l'affermarsi del monoteismo furono retrocessi al rango di angeli. […] Ed è proprio in considerazione del pantheon di divinità relative al dio cananeo El, note come i 'figli di El', che rinveniamo una connessione diretta con l'Antico Testamento. La fondatezza di questa teoria è provata dal fatto che sia il pantheon di Yahweh che quello di El siano composti esattamente da settanta membri. Presso Ugarit leggiamo nel mito di Baal dei 'settanta figli di Astarte (Athirat)' (sb'm mld. 'ATRT, KTU 1.4. VI.46). Dal momento che Astarte era la consorte di El, questo implica che i figli di El erano settanta in numero. Il collegamento si trova in Deut. 32.8, in cui si legge che: 'Quando l'Altissimo diede alle nazioni la loro eredità, quando separò i figli degli uomini, egli fissò i confini dei popoli secondo il numero dei figli di Dio' (elohim). Ed essendo risaputo che gli ebrei suddividessero la terra in settanta nazioni, ne consegue che i figli di Dio fossero di conseguenza settanta in numero. Tutto ciò emerge dalla tabella delle nazioni in Genesi 10, dove ci sono settanta nazioni, e dal concetto apocalittico ebraico secondo cui vi siano settanta angeli custodi delle nazioni (Targum Pseudo-Jonathon su Dt 32,8;. 1 En 89.59- 77, 90,22-27). Questo punto di vista, che ho difeso in precedenza, sembra eminentemente ragionevole. […] Infine, è fondamentale notare come l'Antico Testamento non faccia mai riferimento alla corte celeste come ai 'figli di Yahweh'. Come detto, a parte un caso in Elyon, troviamo sempre l'espressione 'figli del Signore'. Tutto ciò si spiega nella loro origine quali figli del dio cananeo El. In seguito, naturalmente, il nome El divenne semplicemente sinonimo di 'Dio' nel Vecchio Testamento, ed è in questa forma che fu utilizzato più volte. […]>>.

[Tratto da: http://www.anticorpi.info/2013/06/yahweh-ed-el.html]

5.7. Le "macchine volanti" nelle "Sacre Scritture" e le posizioni ufficiali in ordine agli "Oopart"

La Bibbia è densa di passi nei quali si evince la presenza di questi *"oggetti volanti non identificati"*: qualcuno pensa che possano essere "angeli del Signore", altri dei veri e propri velivoli in epoche antiche.

Ma cosa c'è di vero e quanto è credibile questa versione?

Il profeta **Ezechiele**, come vedremo a breve, descrive alcuni esseri (*Elohim*) mentre usano questi oggetti per volare e muovere guerre, ambientando la storia tra Babel e Nippur, nei pressi del fiume Kebar, il quinto giorno del mese di Tammuz (ovvero Giugno-Luglio).

Il racconto è veritiero o potrebbe essere frutto della fantasia dell'autore? La risposta, in questo caso, potrebbe essere semplice: si dovrebbe preferire l'accezione allegorica, anche in virtù del fatto che tali rappresentazioni erano frutto di una simbologia ben conosciuta, e per qualche verso riprese pure da **Dante Alighieri** (es. le "tre fiere").

Tuttavia, alcuni passi dell'Antico Testamento lasciano davvero perplesso il lettore, a tal punto da far interpretare letteralmente quei passi come la prova della presenza di "velivoli spaziali". La tesi in questione non si può sostenere senza prove oggettive e alcuni ricercatori hanno, infatti, provato a trovare nel testo le risposte.

Tra tutti i moderni ricercatori, sulle scie di altri studiosi, l'italiano **Mauro Biglino** è sicuramente uno dei sostenitori più agguerriti di questa tesi, muovendo le proprie ragioni sulla traduzione dei termini *"Kavod"*, "Ruach" e altri, tenendo debitamente conto del contesto nel quale sono inseriti. Questa linea interpretativa è forse quella più criticata dagli oppositori del saggista, che non potendo confutare le tesi sulla pluralità concettuale di *"Elohim"*, provano attacchi trasversali su altri temi caldi. Vediamo nel dettaglio se **Biglino** ha ragione anche in questo caso.

Le descrizioni del *"kavod"*, *"ruach"*, *"rechev"*, *"merkavah"* sono sicuramente dettagliate, così tanto da far vacillare qualunque lettore;

e se leggiamo attentamente i passi biblici, troviamo le seguenti descrizioni in riferimenti a questi oggetti[112]:
- sono abbinati a lame-fiammeggianti/cerchi che ruotano rapidamente;
- quando non si muovono autonomamente possono (devono?) essere trasportati con un carro realizzato appositamente secondo un progetto preciso;
- hanno ruote che possono procedere in tutte le direzioni senza girarsi, rimanendo sempre strutturalmente unite all'insieme dell'oggetto volante principale;
- hanno una parte centrale circolare che ruota/turbina rapidamente;
- si possono muovere zig-zagando avendo la capacità di cambiare direzione all'improvviso;
- hanno una base piatta su cui poggiare;
- nel loro mostrarsi in azione ricordano funzionalmente varie figure di animali: aquila in volo, leone in attacco, bue che staziona stabilmente, uomo che pilota;
- quando sono collegati al carro di *Yahweh* hanno sotto di loro uno spazio nel quale può passare almeno una persona che si muove e svolge delle operazioni;
- sono dotati di strutture che coprono e proteggono quando sono chiuse, mentre quando sono aperte servono per il volo;
- nel muoversi producono un rumore udibile a distanza anche da chi non li può vedere perché coperti ad esempio da strutture murarie;
- nel muoversi sono accompagnati da tutte quelle manifestazioni che ci si attendono da un mezzo meccanico dotato di sistemi di propulsione e forse anche di caratteristiche tipiche di una tecnologia superiore alla nostra attuale: rumore assordante, emissione di energia e aloni che circondano l'oggetto;
- sono un mezzo su cui l'*Elohim* si posa, si siede, staziona, standovi seduto come si sta a cavallo, e vola compiendo azioni agili e rapide;

---

[112] **Giulio Perrotta**, *Manuale di Criminologia Esoterica*, II ed., Primiceri Editore, 2016, p. 499.

- sono dotati di una qualche forma di arma che colpisce a distanza;
- si muovono uniti al *kavod, ruach degli elohim* ma anche in modo indipendente.

<<[...] Nell'Antico Testamento sono presenti continui cambi di potere, guerre con armi tecnologiche di distruzione di massa e oggetti volanti ben descritti, come nei libri di **Zaccaria, Ezechiele, Isaia, Geremia** e accenni in tutti gli altri di una chiarezza meramente disarmante. Leggendo i testi dei profeti minori, a dire che non si parla di oggetti volanti meccanici sarebbe una mera eresia, dato che nel libro di **Zaccaria**, lui stesso, viene sollecitato da un malak a descrivere cosa stesse vedendo davanti ai suoi occhi, in alto nel cielo. Il profeta descrive un oggetto a forma di *meghillàh* (termine che indica un rotolo, papiro arrotolato, oggetto di forma cilindrica), di cui specifica anche le dimensioni; un oggetto di dieci metri di lunghezza e cinque metri di larghezza. Alzando per la seconda volta gli occhi al cielo, vede scendere un qualcosa di diverso da ciò che aveva visto precedentemente ed è lui a chiedere cosa fosse al *malak*, il quale gli risponderà che si tratta di un *efah* (unità di misura utilizzata per i cereali che corrisponde a quaranta litri di farina). Probabilmente una capsula. Egli descrive all'interno dell'*efah*, una donna seduta. Il malak chiude il *disco di piombo* (probabilmente la botola) e subito dopo altre due figure femminili giungono in volo per sollevare questa presunta capsula.

Zaccaria 5:
Poi alzai gli occhi e vidi un rotolo che volava. Il malak mi domandò: «Che cosa vedi?». E io: «Vedo un rotolo che vola: è lungo venti cubiti e largo dieci». Egli soggiunse: «Questa è la maledizione che si diffonde su tutta la terra: ogni ladro sarà scacciato via di qui come quel rotolo; ogni spergiuro sarà scacciato via di qui come quel rotolo. Io scatenerò la maledizione, dice l'Elohim degli eserciti, in modo che essa penetri nella casa del ladro e nella casa dello spergiuro riguardo al mio nome; rimarrà in quella casa e la consumerà insieme con le sue travi e le sue pietre». Poi il malak che parlava con me si avvicinò e mi disse: «Alza gli occhi e osserva ciò che appare». E io: «Che cosa è quella?». Mi rispose: «È un'efa che

avanza». Poi soggiunse: «Questa è la loro corruzione in tutta la terra». Fu quindi alzato un coperchio di piombo; ecco dentro all'efa vi era una donna. Disse: «Questa è l'empietà!». Poi la ricacciò dentro l'efa e ricoprì l'apertura con il coperchio di piombo. Alzai di nuovo gli occhi per osservare e vidi venire due donne: il vento agitava le loro ali, poiché avevano ali come quelle delle cicogne, e sollevarono l'efa fra la terra e il cielo. Domandai al malak che parlava con me: «Dove portano l'efa costoro?». Mi rispose: «Vanno nella terra di Sènnaar per costruirle un tempio. Appena costruito, l'efa sarà posta sopra il suo piedistallo» [...]>>[113].

<<[...] Anche nel libro di **Ezechiele** risulta esserci, come in quello di **Zaccaria**, sorprendente precisione nella descrizione di ciò a cui si assiste e che **Ezechiele** stesso fa, quando cerca di descrivere ciò che appariva ai suoi occhi, limitato, purtroppo, da quella che poteva essere la sua conoscenza di vocaboli. Ad esempio, quando negli Stati Uniti d'America, vennero costruite le prime ferrovie, i nativi americani chiamavano il treno, *cavallo di metallo*. Ovvio che non avendolo mai visto, i loro canoni di descrizione erano limitati alla loro esperienza.

Ezechiele 1:
Il trentesimo anno, il quinto giorno del quarto mese, mentre mi trovavo presso il fiume Chebar, fra i deportati, <u>i cieli si aprirono, e io ebbi delle visioni divine</u>. Il quinto giorno del mese (era il quinto anno della deportazione del re Ioiachin), la parola di Yahweh fu rivolta al sacerdote Ezechiele, figlio di Buzi, nel paese dei Caldei, presso il fiume Chebar; in quel luogo la mano di Yahweh fu sopra di lui. <u>Io guardai, ed ecco venire dal settentrione un ruach, una grossa nuvola con un fuoco folgorante e uno splendore intorno a essa; nel centro vi era come un bagliore di metallo in mezzo al fuoco. Nel centro appariva la forma di quattro esseri viventi; e questo era l'aspetto loro: avevano aspetto umano</u>. Ognuno di essi aveva quattro

---

[113] Tratto da: https://mybook.is/it/andrea-buongiovanni/la-bibbia-il-libro-piu-immorale-mai-scritto-nella-storia-dellumanita.

facce e quattro ali. I loro piedi erano diritti, e la pianta dei loro piedi era come la pianta del piede di un vitello; e brillavano come il bagliore del bronzo lucente. Avevano mani d'uomo sotto le ali, ai loro quattro lati; tutti e quattro avevano le loro facce e le loro ali. Le loro ali si univano l'una all'altra; camminando, non si voltavano; ognuno camminava diritto davanti a sé. Quanto all'aspetto delle loro facce, essi avevano tutti una faccia d'uomo, tutti e quattro una faccia di leone a destra, tutti e quattro una faccia di bue a sinistra, e tutti e quattro una faccia d'aquila. Le loro facce e le loro ali erano separate nella parte superiore; ognuno aveva due ali che s'univano a quelle dell'altro, e due che coprivano loro il corpo. <u>Camminavano ognuno diritto davanti a sé; andavano dove il ruach li faceva andare, e, camminando, non si voltavano. L'aspetto di quegli esseri viventi era come di carboni incandescenti, come di fiaccole</u>; quel fuoco circolava in mezzo agli esseri viventi, era un fuoco scintillante, e dal fuoco uscivano dei lampi. Le creature viventi correvano in tutte le direzioni, simili al fulmine. <u>Mentre guardavo gli esseri viventi, ecco una ruota in terra, presso ciascuno di essi, verso le loro quattro facce. L'aspetto delle ruote era come il bagliore del crisolito; tutte e quattro si somigliavano; il loro aspetto e la loro struttura erano come se una ruota fosse in mezzo a un'altra ruota.</u> Quando si movevano, andavano tutte e quattro dal proprio lato, e, andando, non si voltavano. I loro cerchi erano alti e imponenti; i cerchi di tutte e quattro erano pieni d'occhi tutt'intorno. Quando gli esseri viventi camminavano, le ruote si movevano accanto a loro; quando gli esseri viventi si alzavano su da terra, si alzavano anche le ruote. <u>Dovunque il ruach voleva andare, andavano anch'esse; le ruote si alzavano accanto a quelli, perché il ruach degli esseri viventi era nelle ruote. Quando quelli camminavano, anche le ruote si movevano</u>; quando quelli si fermavano, anche queste si fermavano; e quando quelli si alzavano su dalla terra, anche queste si alzavano accanto a essi, perché lo spirito degli esseri viventi era nelle ruote. <u>Sopra le teste degli esseri viventi c'era come una volta d'un bagliore come di cristallo di ammirevole splendore, e si estendeva su in alto, sopra le loro teste. Sotto la volta le loro ali erano diritte, l'una verso l'altra; ciascuno ne aveva due</u>

che coprivano il corpo. Quando camminavano, io sentivo il rumore delle loro ali, come il rumore delle grandi acque, come la voce dell'Elohim: un rumore di gran tumulto, come il rumore di un accampamento; quando si fermavano, abbassavano le loro ali; si udiva un rumore che veniva dall'alto, dalla volta che era sopra le loro teste. Al di sopra della volta che era sopra le loro teste, c'era come una pietra di zaffiro, che pareva un trono; e su questa specie di trono appariva come la figura di un uomo, che vi stava seduto sopra, su in alto. Vidi pure come un bagliore di metallo, come del fuoco, che lo circondava tutto intorno dalla sembianza dei suoi fianchi in su; e dalla sembianza dei suoi fianchi in giù vidi come del fuoco, come uno splendore tutto attorno a lui. Qual è l'aspetto dell'arco che è nella nuvola in un giorno di pioggia, tal era l'aspetto di quello splendore che lo circondava. Era un'apparizione dell'immagine del kavod di Yahweh. A quella vista caddi sulla mia faccia, e udii la voce di uno che parlava.

Ezechiele 3:
(…) Poi mi disse: «Figlio d'uomo, ricevi nel tuo cuore tutte le parole che io ti dirò, e ascoltale con le tue orecchie. Va' dai figli del tuo popolo che sono in esilio, parla loro, e di' loro: "Così parla Yahweh, l'Elohim", sia che ti ascoltino o non ti ascoltino». Il ruach mi portò in alto, e io udii dietro a me il suono d'un gran fragore che diceva: «Benedetto sia il kavod di Yahweh dal suo luogo!» Udii pure il rumore delle ali degli esseri viventi che battevano l'una contro l'altra, il rumore delle ruote accanto a essi, e il suono di un gran fragore. Il ruach mi portò in alto e mi condusse via; io andai, pieno di amarezza nello sdegno del mio spirito; la mano di Yahweh era forte su di me. Giunsi da quelli che erano deportati a Tel-Abib presso il fiume Chebar, e mi fermai dove essi abitavano; e là abitai sette giorni, triste e silenzioso, in mezzo a loro. (…).

In quel luogo la mano di Yahweh fu sopra di me, ed egli mi disse: «Àlzati, va' nella pianura, e là io parlerò con te». Io dunque mi alzai, uscii nella pianura, ed ecco che là c'era il kavod di Yahweh, kavod simile a quello che avevo vista presso il fiume Chebar; e caddi faccia a terra. (…).

<<[...] *Nel libro di* **Ezechiele** *è piuttosto chiaro e inequivocabile che ad apparire da settentrione ad Ezechiele non è stato lo Spirito divino, ma un chiaro oggetto di metallo lucente, che Ezechiele stesso, preso dallo stupore, descrive nei minimi particolari. Se fosse stato l'avvento di Dio, avremmo dovuto leggere che il fragore giungeva da ogni lato e non solo da settentrione. Rimase affascinato dal vedere figure umanoidi, che, stando ferme, avevano le ali chiuse rivolte in alto e con se' le ruote. Le ruote? Pure se volessimo davvero stare alle traduzioni degli esegeti masoreti e accettare che quelle figure fossero angeli celestiali, ma per quale motivo avrebbero dovuto avere delle ruote sotto le ali? E' davvero sbalorditivo quanta minuzia di particolari si legge nella descrizione di un qualcosa di concreto e materiale. (...) Ezechiele vide chiaramente apparire ai suoi occhi da nord ciò che potremmo definire come astronave madre da cui si staccavano parti mobili indipendenti, come mezzi di trasporto ausiliari. Il profeta stesso descrive con disarmante chiarezza il materiale di cui erano fatti, l'elettro, una lega color oro, che rende l'oggetto volante luminoso di luce propria. Egli descrive lo spostamento di questa macchina dal fuoco ardente mentre i motori a reazione rombano come tuoni. Il forte vento, come spiegato, è prodotto dal ruach (così come dagli altri oggetti volanti), che esercita una sorta di forza attrattiva tale da sollevare Ezechiele portandolo a bordo. Il profeta fa intravedere nell'oggetto dei dispositivi di segnalazioni luminosi che lui paragona a gemme splendenti. (...) Egli stesso, infatti, una volta essere stato prelevato dal ruach del kavod di Yahweh e portato altrove, fa un paragone con un altro kavod, sostenendo la maestosità e la potenza di quello del suo Elohim. (...) Nel libro di Enoch, definito apocrifo per la dottrina, perché forse troppo chiaro ed esplicito, vengono evidenziate le innumerevoli volte in cui egli viaggiava con questi Elohim, osservando addirittura la Terra dallo spazio descrivendola in tutta la sua forma e bellezza. [...]*>>[114].

---

[114] Tratto da: https://mybook.is/it/andrea-buongiovanni/la-bibbia-il-libro-piu-immorale-mai-scritto-nella-storia-dellumanita.

Genesi 1, 2:
Ora la terra era informe e deserta e le tenebre ricoprivano l'abisso e il ruach degli Elohim aleggiava sulle acque.

<<[…] Il termine ruach in ebraico vuol dire vento, movimento veloce dell'aria o movimento veloce che produce vento. Il termine ebraico "aleggiare" indica quel modo tipico di volare dei rapaci quando tengono le ali ferme stando sospesi nell'aria» […]>>[115].

Genesi 5, 21-24:
Enoc fu il settimo dopo Adamo. Egli continuò a camminare in Dio: il che significa che era riconciliato con Dio, poiché due non possono camminare insieme se non si mettono d'accordo. La sua vita era pia, giusta e sobria. Camminare con Dio significa mettere Dio sempre davanti a noi e agire sempre guardando a Lui, preoccupandosi costantemente, in tutte le cose, di compiacere Dio e di non offenderlo mai. Si deve essere suoi seguaci come figli cari. Lo Spirito Santo, invece di affermare che Enoc visse, disse che Enoc camminò con Dio. Questa era la sua preoccupazione e il suo lavoro costante: mentre gli altri vivevano per se stessi e per il mondo, egli visse per Dio. Dio fu la gioia della sua vita. <u>Enoc fu rapito in un mondo migliore. Poiché egli non visse come il resto dell'umanità, non lasciò il mondo per mezzo della morte come gli altri. Egli non fu più trovato, perché Dio lo prese</u>. Egli visse 365 anni, che secondo l'età media degli uomini di quel tempo, era la metà della vita di un uomo comune. Dio prende spesso prima quelli che Egli ama di più: il tempo che essi perdono sulla terra, è guadagnato in cielo, a loro vantaggio indicibile. Vedete come è espressa la scomparsa di Enoc: egli non ci fu più perché Dio lo rapì. Egli non appartenne più a questo mondo e fu trasformato come lo saranno i santi, che saranno in vita alla seconda venuta di Cristo. Coloro che iniziano a camminare con Dio da giovani possono aspettarsi di camminate con Lui a lungo, comodamente e facilmente. Il cammino stabile del vero cristiano nella santità, durante tutta la sua vita, finché Dio vorrà,

---

[115] Tratto da: https://mybook.is/it/andrea-buongiovanni/la-bibbia-il-libro-piu-immorale-mai-scritto-nella-storia-dellumanita.

farà grande bene a quella religione a cui molti si oppongono e di cui molti abusano. E camminare con Dio si sposa bene con le faccende, le agiatezze le preoccupazioni e i compiti della vita.

Ezechiele 43:
<u>Mi condusse allora verso la porta che guarda a oriente ed ecco che il kavod del Dio d'Israele giungeva dalla via orientale e il suo rumore era come il rumore delle grandi acque e la terra risplendeva del kavod. La visione che io vidi era simile a quella che avevo vista quando andai per distruggere la città e simile a quella che avevo vista presso il canale Chebàr. Io caddi con la faccia a terra.</u>
Il kavod del Signore entrò nel tempio per la porta che guarda a oriente. <u>Il ruach mi prese e mi condusse nell'atrio interno</u> (…)..

Zaccaria 1, 1-2:
<u>Poi alzai gli occhi e vidi un rotolo che volava. L'angelo mi domandò: «Che cosa vedi?». E io: «Vedo un rotolo che vola: è lungo venti cubiti e largo dieci».</u> (…)

2Re 2, 1-13:
<u>Poi, volendo Dio rapire in cielo in un turbine Elia, questi partì da Gàlgala con Eliseo.</u> *Elia disse a Eliseo: «Rimani qui, perché il Signore mi manda fino a Betel». Eliseo rispose: «Per la vita del Signore e per la tua stessa vita, non ti lascerò». Scesero fino a Betel. I figli dei profeti che erano a Betel andarono incontro a Eliseo e gli dissero: «Non sai tu che oggi il Signore ti toglierà il tuo padrone?». Ed egli rispose: «Lo so anch'io, ma non lo dite». Elia gli disse: «Eliseo, rimani qui, perché il Signore mi manda a Gerico». Quegli rispose: «Per la vita del Signore e per la tua stessa vita, non ti lascerò». Andarono a Gerico. I figli dei profeti che erano in Gerico si avvicinarono a Eliseo e gli dissero: «Non sai tu che oggi il Signore ti toglierà il tuo padrone?». Rispose: «Lo so anch'io, ma non lo dite». Elia gli disse: «Rimani qui, perché il Signore mi manda al Giordano». Quegli rispose: «Per la vita del Signore e per la tua stessa vita, non ti lascerò». E tutti e due si incamminarono. Cinquanta uomini, tra i figli dei profeti, li seguirono e si fermarono*

a distanza; loro due si fermarono sul Giordano. Elia prese il mantello, l'avvolse e percosse con esso le acque, che si divisero di qua e di là; i due passarono sull'asciutto. Mentre passavano, Elia disse a Eliseo: «Domanda che cosa io debba fare per te prima che sia rapito lontano da te». Eliseo rispose: «Due terzi del tuo spirito diventino miei». Quegli soggiunse: «Sei stato esigente nel domandare. Tuttavia, se mi vedrai quando sarò rapito lontano da te, ciò ti sarà concesso; in caso contrario non ti sarà concesso». <u>Mentre camminavano conversando, ecco un carro di fuoco e cavalli di fuoco si interposero fra loro due. Elia salì nel turbine verso il cielo. Eliseo guardava e gridava: «Padre mio, padre mio, cocchio d'Israele e suo cocchiere». E non lo vide più. Allora afferrò le proprie vesti e le lacerò in due pezzi. Quindi raccolse il mantello, che era caduto a Elia, e tornò indietro,</u> fermandosi sulla riva del Giordano.

La posizione di **Biglino**, sul tema in esame, è squisitamente filologica: analizza, infatti, i termini secondo il contesto, senza addentrarsi in considerazioni ufologiche prive di fonti; in particolare[116], per lui:

a) *"kavod/kaved"*, interpretato dagli esegeti esclusivamente come *"gloria"* e *"onore"*, in realtà può indicare anche qualcosa di "pesante" ovvero "massa" e "forza" (es. **Esodo 33, 7 e succ., Esodo 19, 18 e succ., Esodo 24, 15-17, Esodo 40, 36-38, Numeri 9, 15-23**, ...), come coerentemente rilevato in un altro studio relativo al "kavod" sumero-accadico dello studioso **Alessandro Demontis**;

b) *"ruach"*, interpretato dagli esegeti come *"spirito"*, in realtà indica letteralmente il vento, soffio e respiro, e può voler dire "il viaggiare da un posto ad un altro" o anche "il vento che compie percorsi prestabiliti" (**Genesi 2, 1Re 18, 11-12**, ...). Per estensione, in italiano, però, si può anche interpretare come "spirito"; tuttavia, giova segnalare al lettore che il termine ha radici più antiche dell'ebraico, e per la precisione nel sumero-accadico, nella quale il

---

[116] **Mauro Biglino**, *Antico e Nuovo Testamento, libri senza dio*, Uno editori, 2016, pp. 70-71; **Mauro Biglino**, *Non c'è creazione nella Bibbia*, Uno Editori, 2012, pp. 27-155.

suono "*RUA*" veniva reso con un pittogramma molto chiaro nella sua semplicità:

Fig. 5. Tratto da:
http://danielesalamone.altervista.org/le-speculazioni-di-m-biglino-ruach-spirito-santo-o-oggetto-volante-non-identificato/

Nonostante questo grado di chiarezza, **Daniele Salamone**[117], noto oppositore dei lavori di **Mauro Biglino**, in più circostanze ha tentato di spiegare l'errore interpretativo di quest'ultimo, motivando la sua posizione sulla base del fatto che il suono sumero "*Ru-a*" venisse raffigurato con un "oggetto fluttuante", librante sopra una distesa di acqua (in particolare, una mezzaluna sopra un cerchio), mentre la moderna rappresentazione pare modificare i tratti originari, in maniera meno minimalista e sicuramente fraudolenta.

Il **Salamone** interpreta invece quel simbolo inciso su pietra più come un *occhio onniveggente*, come a dire che Dio guarda e veglia sopra le sue azioni e le sue opere. Sicuramente, una versione (questa) più canonica e legata a tutta una serie di valutazioni strettamente teologiche, in quanto in molte culture l'occhio rappresenta la conoscenza. E dunque non si mette in dubbio la possibile interpretazione classica, che ha una sua dignità e coerenza, forse più intensa di

---

[117] Tratto da: http://danielesalamone.altervista.org/le-speculazioni-di-m-biglino-ruach-spirito-santo-o-oggetto-volante-non-identificato/.

quella di **Biglino**, in questa circostanza; tutt'al più si mette in dubbio l'applicazione di questa traduzione rispetto al contesto di riferimento, come in **Genesi 1, 2**, in quanto le modifiche fraudolente alle quali fa riferimento il **Salamone** in realtà sono funzionali alla comprensione stessa del fenomeno e non intenzionali a mascherare la verità, visto che il **Biglino** non perde occasione di ricordare la fonte storica dal quale prende spunto questa tesi largamente condivisa da diversi saggisti e studiosi.

Essendo lingue antiche, nessun può avere la certezza assoluta della corretta traduzione, e dunque nulla di strano che questo elemento possa in qualche modo essere allegorico ma inteso in maniera diversa dalla posizione classica[118].

c) "*rechev/merkavah*", interpretato dagli esegeti e teologi, questa volta correttamente, come "*carro*" (probabilmente perché il termine, proprio per la sua chiarezza, non lascia spazio ad interpretazioni soggettive - **Zaccaria 4, 1, 5, 1-11 e 6, 1-15**).

Ora, tenuto conto che qui, il campo di sfida è sulla possibile traduzione, senza alcuna certezza assoluta in merito, il saggista propone di spostare l'attenzione non tanto sul significato ma quanto più sul contesto dove si trovano questi termini: in effetti, il senso è più coerente con le traduzioni proposte da lui che dagli esegeti, che hanno la necessità di lavorare il testo letterale impregnandolo di "monoteismo assolutistico". Per amore del vero, però, essendo questo un campo minato, dove l'errore interpretativo può confondersi con l'errore logico e sistematico, lo scrivente non si esprime sulla corretta interpretazione, non avendo le basi necessarie per giustificare la scelta in esame, pur trovando nettamente più coerenti e puntuali le posizioni analitiche che impregnano la "versione bigliniana"[119].

---

[118] Questa tesi aprirebbe interrogativi assai bizzarri sul fatto che nel culto egizio, l'Occhio di Ra è uno dei simboli più conosciuti e dunque sarebbe l'ennesima prova che l'Antico Testamento ha attinto a piene mani da altri culti, altro che "parole ispirate da Dio".
[119] Da un punto di visto logico, appare più lineare la concezione bigliniana con i concetti espressi dalla lettera dell'Antico Testamento, quando parla di frastuono, rumore e oggetti

Certo, in nessun passo della Bibbia troviamo un'esplicito riferimento ad esseri "alieni" -propriamente detti-, con la descrizione delle regioni dell'Universao dal quale provengono; tuttavia appare dal contesto letterale l'insistenza di un "certo orientamento", tenuto anche conto che i testi a cui la Bibbia si ispira (es. i sumero-accadici) hanno ben più di qualche riferimento ipotetico, e descrivono gli oggetti in maniera minuziosa, comprendendo anche gli effetti che producono tali "glorie".

Non a caso, infatti, la *"teoria degli antichi astronauti"*, che vedremo tra poco, rappresenta il cardine fondante delle ipotesi sitchiniane. Non si po' sottacere il fatto che determinate scoperte archeologiche, ritenute veritiere, sono la prova materiale più forte dell'esistenza di un certo contatto con esseri non terrestri e nulla di strano, infatti, se decine di culture sparse in tutto il mondo conosciuto parlavano proprio di visitatori dallo spazio.

Sicuramente, le prove a sostegno di questa tesi non sono incoraggianti: tanti indizi, sicuramente interessanti, ma poche prove contestualizzate storicamente, in quanto la storia che ci viene raccontata dal passato si affida a fonti che non sono esplicite in maniera uniforme.

Dobbiamo dunque escluere a priori l'esistenza di un contatto dal passato? Dobbiamo prendere per falsi degli indizi che ci potrebbero condurre ad una delle verità più sconcertanti ed importanti della razza umana?

Tornando alle prove disseminare nell'Antico Testamento, Troviamo in maniera esplicita la distinzione tra la *"Gloria di Dio"* e un probabile oggetto che tutto può rappresentare tranne che qualcosa di spirituale[120], perché descritto come pesante, veloce e rumoroso, tutti elementi di una descrizione più materiale e fisica, più vicina insomma all'idea di contatto alieno con un oggetto volante non identificato:

---

utilizzati per il volo. Mi verrebbe parecchio difficile concepire lo "spirito" o la "gloria" usate per solcare i cieli o come cause di rumore rombante.
[120] Tratto da: https://m.facebook.com/FunpageGagliotta/posts/514843995246046

Sappiamo che Mosè parlava con il suo Elohim (Dio) chiamato "Jahveh" sul monte Sinai e in un incontro particolare Mosè fa una richiesta precisa al suo Dio, quello di dare un segno della sua potenza di modo da far capire a tutta quella gente che lo seguiva che era in grado di mantenere tutte quelle promesse che egli aveva fatto e quindi convincerli a seguire Mosè nel deserto. Mosè quindi dice espressamente che se deve convincerli deve vedere personalmente questa sua potenza, e Jahveh accetta e dice ti farò vedere quella che tradizionalmente viene sempre indicata come la "Gloria di Dio" (Esodo 24,16). In realtà dalle traduzioni bibliche questo Elohim dice a Mosè io ti farò vedere il mio "Kevod", che in termini ebraici significa letteralmente "qualcosa di pesante", un oggetto potente e pesante che non ha niente a che vedere col significato astratto di Gloria. Questo Kevod è talmente pesante e potente che Jahveh dice a Mosè che quando glielo farà vedere non potrà passargli vicino altrimenti morirebbe a causa della potenza dell'oggetto (Esodo 33,19-23).

E qui si pone una prima riflessione sulla questione.....possibile che la Gloria di Dio uccide? Potremmo rispondere a primo avviso di si.....ma se è possibile questo, è possibile che Dio non riesca a controllare gli effetti devastanti della sua Gloria? Evidentemente no.....non ne aveva le capacità e quindi è da ritenere che quando Jahveh passava con il suo Kevod vicino ad un uomo questi ne moriva, e Dio stesso non era in grado di controllare e gestire la potenza del suo Kevod.

E Jahveh ne era cosciente di questa cosa tanto e vero che dice a Mosè che quando passerà accanto a lui, di nascondersi in una fenditura della roccia (Esodo 33,22), e quindi ci viene da supporre che la roccia sia più potente di Dio in quanto capace di fermare gli effetti mortali della sua Gloria. Ci viene anche da supporre che questa Gloria non era sempre a disposizione di Jahveh in quanto alla richiesta di Mosè di mostrargli un segno, Jahveh stesso dice te la faccio vedere domani. Quindi la cosa andava programmata e quando Dio si fece vedere con questa sua Gloria, il popolo che era ai piedi della montagna udì forti rumori e vide grosse nubi, quindi oltre ad ucciderle se le stavi vicino faceva anche molto rumore. Ma torniamo all'incontro, sappiamo che nonostante l'espediente della roccia Mosè ne esce comunque toccato da questi effetti perché quando ridiscese il monte, il suo popolo vide in volto di Mosè gli effetti dell'esposizione al Kevod perché era bruciato in viso. E sappiamo anche che in seguito Mosè doveva coprirsi il volto con un velo quando stava all'aperto e lo poteva scoprire solo quando stava in tenda o di notte. Quindi ne deduciamo dalla interpretazione letterale che Mosè è stato esposto a chissà quali effetti che gli hanno procurato bruciatura sulla parte scoperta del corpo, il viso, e che quindi Dio non è in grado di gestire gli effetti di questa sua Gloria (Kevod).

La Bibbia, comunque, non è la sola a raccontare di strani avvistamenti nei cieli (e per la verità, in molte altre fonti documentali c'è maggiore onestà intellettuale).

Lo storico giudeo-cristiano **Giuseppe Flavio** (I secolo d.C.), che ritroveremo nei prossimi capitoli in ordine alla vera figura di **Gesù Cristo**, nel suo libro *"Antichità giudaiche"*, ci descrive alcuni profili davvero concreti, che non lasciano spazio alla visione allegorica, mistica, metaforica e/o spirituale; in particolare in *Guerra giudaica* (*Libro VI, 296-298*), troviamo quanto segue: <<[...] *Prima che il sole tramontasse, si videro in cielo su tutta la regione dei carri da* *guerra e schiere di armati che sbucavano dalle nuvole e circondavano la città* [...]>>; ma non è tutto.

Lo storico romano **Publio Cornelio Tacito** (I secolo a.c.), nella sua opera *Historie* (*5, 13*) conferma la precedente versione, scrivendo: <<[...] *S'erano verificati dei prodigi; prodigi che quel popolo, schiavo della superstizione ma avverso alle pratiche religiose, non ha il potere di scongiurare, con sacrifici e preghiere. Si videro in cielo scontri di eserciti e sfolgorio di armi e, per improvviso ardere di nubi, illuminarsi il tempio. S'aprirono di colpo le porte del santuario e fu udita una voce sovrumana annunciare: Gli dèi se ne vanno! E intanto s'avvertì un gran movimento, come di esseri che partono* [...]>>.

Anche in altri testi sacri, tra la l'India e la Cina, di secoli prima dell'avvento del Cristianesimo e delle Sacre Scritture guidaico-cristiane, la storia cambia poco ed è protesa verso la rivelazione di esseri provenienti dal cielo sopra carri volanti; vediamo a cosa faccio riferimento.

A) in India, con il termine sanscrito *"vimana"*[121] *("vimanam" nella lingua pali) vengono indicati misteriosi ogge*tti volanti (c.d. *oopart*)

---

[121] Per maggior completezza argomentativa si cita un parere molto interessante e contrario a quanto sostenuto in ambiente ufologico: <<[...] La bufala degli antichi aeroplani indiani comincia a diffondersi nel 1959, quando viene pubblicato il libro *Brihad Vimana Shastra*, contenente dei versi in sanscrito attribuiti all'antico saggio Bharadwaja che sembrerebbero descrivere macchine volanti. [...] Il problema è che l'unica prova che questi testi risalgano al periodo vedico è la parola dell'autore del libro, e per quanto hanno potuto ricostruire gli studiosi, quei versi sono stati invece scritti dal Pandit Subbaraya Shastry tra il 1900 e il 1922. Questo si accorda anche all'analisi linguistica dei versi, che indicano un sanscrito molto moderno e ben diverso da quello vedico. A tutto ciò aggiungiamo anche che non esistono altri antichi manoscritti con quelle descrizioni. Negli anni '70 è poi uscita un'altra edizione del testo, questa volta illustrata. Le descrizioni dei diversi aeroplani (vimana) sono infatti piuttosto dettagliate, abbastanza per capire anche che tali macchine non avrebbero alcun senso dal punto di vista ingegneristico.[...]>>.
[Tratto da: http://www.wired.it/play/cultura/2015/01/09/bufala-antichi-aeroplani-indiani/].

Sul punto, comunque, è giusto chiarire un dettaglio: prendendo per dimostrato quanto detto in ordine al fatto che i testi di riferimento scritti sono datati XX secolo d.C. e che fanno riferimento ad una tradizione orale di circa 6mila anni, non si può escludere l'autenticità dei contenuti. Certo, il timore dell'effetto distorsivo determinato dall'uso di fonti esclusivamente a narrazione orale secolare apre dei dibattiti sull'attendibilità degli stessi; domanda a cui temo non sia possibile trovare ad oggi una risposta.

[122] descritti negli antichi poemi epici indù, dalle prestazioni del tutto straordinarie per l'epoca.

Erano i mezzi di trasporto usati dagli "esseri provenienti dal cielo" durante i loro viaggi.

In particolare, nel testo chiamato il *"Ramayana di Valmiki"* si legge testualmente: <<*La splendente astronave irradiava un bagliore fiammeggiante. Fiammeggiando come un fuoco rosso vivo, volava il carro alato di Ravana. Era come una cometa nel cielo*>>.

Ancora, nel testo chiamato *"Mahabharata"* queste potenti veicoli venivano descritti in modo dettagliato nella sezione *"Drona Parva"*: <<*Gli esseri celesti volavano sulle loro aeronavi, come portati dalle nuvole, raggiungevano tranquillamente la loro meta: i luminosi Adita nel loro splendore, i Marut muovendosi nell'aria; gli alati Suparna, i Naga coperti di squame e i Gandharva famosi per la loro musica: a bordo di splendenti veicoli celesti, tutti insieme solcavano il cielo limpido e azzurro*>>.

Nel *Vymaananika-Shaastra* e nel *XXXI Capitolo* del *Samarangana Sutradhara*, poi, troviamo tutto un elenco di tecnologie avanzate, che sfruttavano il "mercurio" come propellente o per azionare i meccanismi interni delle strutture meccaniche[123].

Le antiche tradizioni tibetane parlavano di un "magico cubo volante" chiamato *"Duracalapam"*, grazie al quale i monaci in meditazione sostenevano di essere in grado di spostarsi in qualsiasi angolo della Terra.

Ancora, la distinzione, netta e precisa di un'astronave, compare nel testo chiamato *"Samsaptakabagha"*, che recita: <<*Quando veniva usato quella macchina era enormemente risplendente, come un carro celeste che vola nel cielo*>>.

Nel testo *"Ramayana"*, poi, nel *VI libro* dello *"Yuddhacanda"*, si legge del combattimento fra *Rama* e *Ravana* con "dardi" infuocati,

---

[122] Sono antichi oggetti trovati sulla Terra ma che sembrano fuori dal tempo e dello spazio, che non dovrebbe nemmeno esistere.
[Tratto da: http://www.wired.it/play/cultura/2015/01/09/bufala-antichi-aeroplani-indiani/]
[123] **Erick Von Daniken**, *Gli Dei erano astronauti*, Pickwick, 2013, pp. 142-231.

lanciati da navi spaziali mosse da motori dai cui scarichi "uscivano faville" e nel testo *"Samaranga Sutradhara"* troviamo centinaia di versi dedicati ai principi della costruzione delle aeronavi, parlando del metallo "mercurio" come propulsore e mezzo di riscaldamento.

B) in Cina, la mitologia locale tramanda di esseri celesti discesi sulla terra in "draghi" volanti; costoro furono proprio i primi sovrani cinesi che diedero inizio alla civiltà Fu Xi, Nüwa, Shen Nung: Fu Xi, secondo la tradizione, visse tra il 2952 e il 2836 a.C. ed era il mediatore tra gli uomini e gli esseri divini, insegnando la pesca e l'allevamento agli uomini.

Nüwa, invece, era la sorella di Fu Xi e ne divenne anche la sposa, ed era metà umana e metà serpente (o pesce in alcuni testi meno antichi), fu la creatrice degli umani, plasmandoli dall'argilla.

Fu Xi e Nüwa venivano rappresentati sempre uniti per la coda, mentre lui teneva una squadra e lei un compasso (strumenti di culto massonico).

E come se non bastasse, entrambi erano accompagnati da due "soli": in alcune tombe degli Ittiti, datate intorno al 2.000 a.C., si trovano raffigurazioni simili di due gemelli, maschio e femmina, accompagnati da due soli, ovvero simboli ripresi poi in altre culture più occidentali.

Sulla scia di tale discorso, lo scrivente trova quanto meno utile introdurre, in linea generale, il discorso degli *"oopart"* (*out of place artifacts* - reperti o manufatti fuori posto), ovvero oggetti ritrovati che, secondo alcuni, sarebbero identificabili in un'epoca in cui non dovrebbero esistere in nessun caso.

Esistono dunque oggetti fuori dal tempo che l'archeologia ha riconosciuti come reali e che devono essere ancora spiegati.

Quelli che seguiranno sono soltanto alcuni esempi tra i reperti scoperti come falsi e quelli ritenuti come veritieri, quindi portatori di una verità che potrebbe cambiare per sempre la concezione che abbiamo del nostro passato.

Cominciamo il nostro viaggio misterico:

A) *oggetti scambiati per "oopart" oppure falsificati*

A1: *Oggetto metallico dentro il Geode di Coso*
All'interno del geode di Coso, inizialmente datato come antico di 500mila anni, è stato trovato un oggetto metallico. Nonostante il nome, non si tratta di un vero geode ma di un "grumo di creta" in cui si è trovato anche un pezzo di chiodo. (…) Nel 1999, l'oggetto è stato identificato in base alle prove portate da un gruppo di collezionisti: è senz'ombra di dubbio una candela per autocarro di marca Champion, di uso comune negli anni '20 del XX secolo.

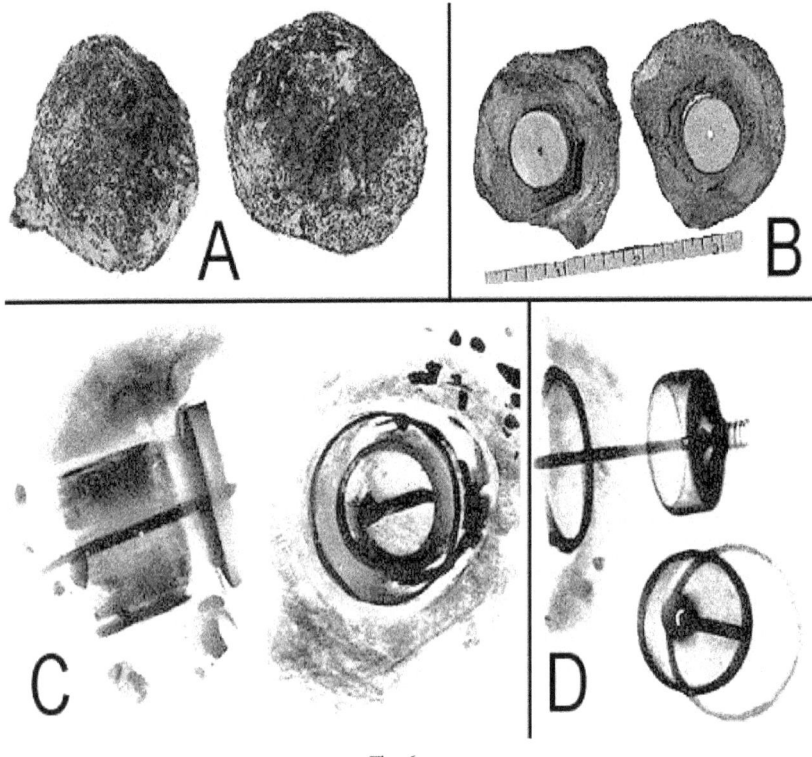

Fig. 6.

A2: *Teschi di cristallo*
I teschi di cristallo, attribuiti a civiltà precolombiane, sono in realtà falsi fabbricati a partire dalla seconda metà del XIX secolo.

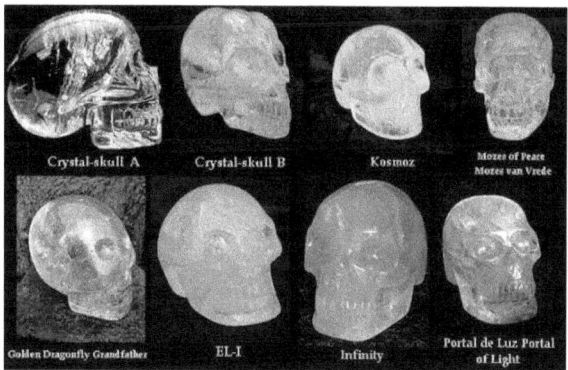

Fig. 7.

A3: *Dischi di Bayan Kara Ula*
I dischi di Bayan Kara Ula (internazionalmente noti come dischi dei dropa), che si afferma ritrovati presso la località di Nimu, nella regione cinese del Sichuan, sono dischi di pietra bucati al centro e interpretati come manufatti extraterrestri. In realtà, furono inventati da David Gamon (…) come parte di un più ampio falso contenuto nel proprio libro del 1978 intitolato "Sungods in Exile".

Fig. 8.

A4: *Dischi di Bayan Kara Ula*

Il Papiro Tulli, un falso documento egizio che descrive degli UFO. Dopo essere stato per decenni considerato un oggetto misterioso e "fuori della propria epoca", è stata appurata la sua origine truffaldina. La ricerca bibliografica portò a ritrovare le medesime frasi del papiro incriminato sul testo fondamentale sulla scrittura egizia, Egyptian Grammar di sir Alan H. Gardiner, pubblicato nel 1927 e quindi antecedente al papiro, nonché scritto in un periodo in cui questo non era ancora stato scoperto. Il testo fasullo sarebbe stato composto copiando frasi dalla Grammar, e le abrasioni sarebbero state solo un modo per congiungere tra loro passi scorrelati, in modo da mantenere allo stesso tempo maggiore coerenza interna ed un alone di mistero. A conferma della posteriorità del papiro rispetto al testo di studio, due errori di trascrizioni presenti nelle prime edizioni del volume del Gardiner risultano presenti anche sul documento (…)

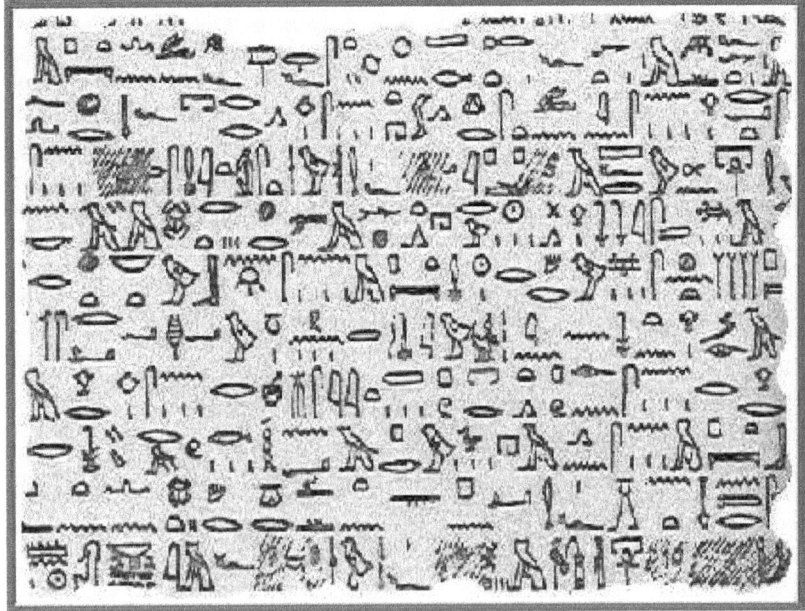

Fig. 9.

A5: *Antenna di Atlantide o di Eltanin*

Fra 1962 e 1979 la nave oceanografica polare Eltanin del NSF [National Science Foundation] ha esaminato le acque antartiche, studiando l'oceano ed il fondo dell'oceano. Nel 1964, la nave ha fotografato un oggetto insolito ad una profondità di 4,115m. Quando, non c'era ancora un sommergibile che potesse trasportare qualcosa a quella profondità. L'oggetto sembrava essere un palo sul fondo dell'oceano con dodici raggi che partivano da esso, con sulla punta una sfera; i suoi raggi avevano angoli di 15 gradi ed era situata a circa 1,600km a sud del corno del capo, sotto alcuni dei mari più inospitali nel mondo. La risposta a questo mistero fu però molto banale e quello che da molti era ritenuto uno degli oggetti più misteriosi di sempre si rivelò semplicemente per quello che era: una pianta marina (una spugna), descritta per la prima volta dal naturalista Alexander Agassiz nel 1888, che vive dappertutto in queste latitudini – solitamente in grandi gruppi – sul fondo dell'oceano.

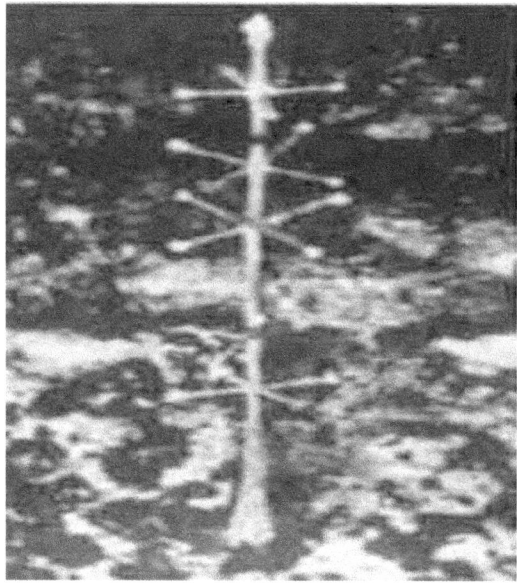

Fig. 10.

A6: *Impronta di Burdick*

L'impronta di Burdick è l'impronta di un piede umano in un blocco calcareo del Cretaceo ovvero quando ancora l'uomo non esisteva. Tuttavia non siamo danti ad un oopart fu evidente quasi subito la sua origine artificiale, scolpita per l'esattezza, essa era infatti una delle sculture fatte da George Adams nel 1930. Non a caso mostra gravi errori anatomici, le caratteristiche del sottosuolo che presenta sono letteralmente troncate sulla superficie. Infine, l'orientamento dei fossili delle micro alghe della roccia hanno come direzione il lato opposto della presunta impronta.

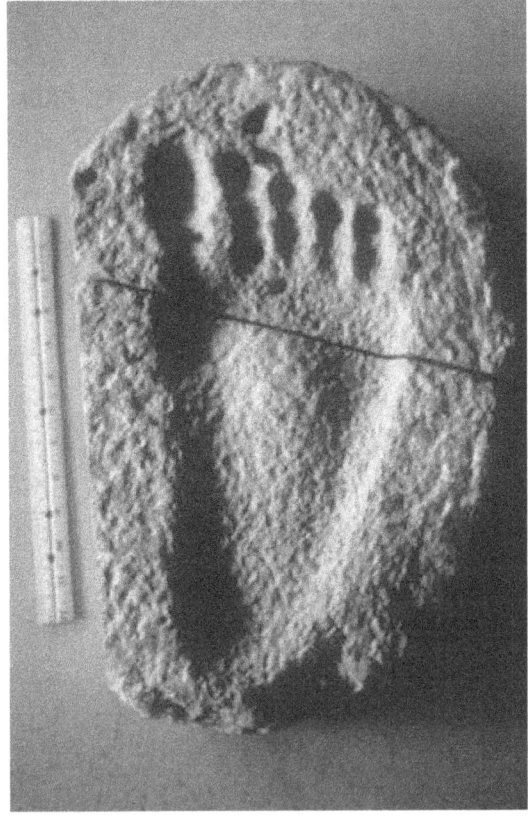

Fig. 11.

B) *oggetti pienamente spiegati come appartenenti al loro tempo*

B1: *Macchina di Anticitera*

La macchina di Anticitera, un meccanismo per il calcolo astronomico recuperato in un relitto al largo della Grecia e risalente all'87 a.c. Questo confermerebbe che la Grecia antica aveva una conoscenza tecnologica maggiore di quanto finora creduto, ma non in contrasto con le conoscenze generali su tale civiltà (v. la Macchina di Erone).

Fig. 12.

B2: *Bassorilievo di Abydos*

L'elicottero, il disco volante ed il carro armato incisi su di un bassorilievo nel tempio di Abydos, rivelatisi un'immagine "creata" casualmente dalla sovrapposizione di due strati di simboli distinti, assolutamente traducibili. Nell'antichità i re, soprattutto nei Templi, sovente cancellavano i testi lasciati dal predecessore coprendo tutto con uno strato d'intonaco, sul quale nuove scritte in geroglifico, alternate a raffigurazioni, elencavano i titoli e le imprese del sovrano regnante. Con il tempo l'intonaco s'indebolisce e si sgretola per cui oggi appare un insieme di ciò che via via è stato rappresentato sui vari strati, ecco che quindi possono uscire fuori delle combinazioni visive che ci sembrano curiose, come quelle che ricordano mezzi moderni.

Fig. 13.

[...]>>[124].

E ancora:

B3: *L'astronauta di Istambul*
<<[...] La statuina è lunga 23 cm, alta 9,5cm e larga 8 cm. Rappresenta chiaramente un individuo dalla corporatura umanoide, seduto a gambe strette al petto, all'interno di una struttura che ricorda, o meglio, rappresenta un mezzo di navigazione aerea a reazione. Come si può notare benissimo, l'umanoide indossa stivali e guanti protettivi, e lungo la sua tuta sono presenti numerose scanalature, molto simili ad un rudimentale impianto di ossigenazione. L'aerodinamico velivolo è caratterizzato dalla parte terminale composta da 3 motori a reazione inseriti in un motore più grande. I dettagli sono incisi con precisione e cura del dettaglio e in questo caso la mano dell'uomo nella realizzazione del reperto è ben riconoscibile, unico piccolo dettaglio: manca la testa, e quindi anche

---

[124] Tratto da: http://ceifan.org/oopart.htm.

un ipotetico casco.

Fig. 14.

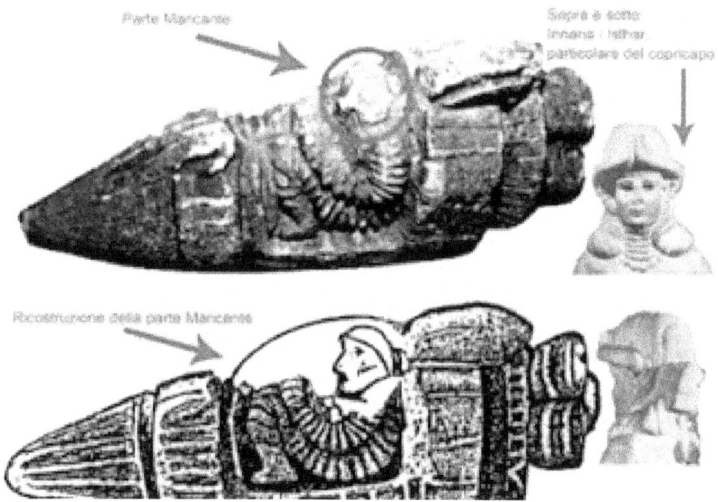

Fig. 15.

Come cita il periodico britannico Fortean Times nel numero di ottobre/novembre 1993, all'interno dell'articolo di copertina "An Ancient Space Module", questo oggetto: *"E' stato riportato alla luce nella città di Toprakkale (conosciuta nell'antichità come Tuspa), e si ritiene che abbia 3.000 anni. All'occhio moderno sembra rappresentare un veicolo spaziale monoposto, senza la testa del pilota."*.

Per gli addetti ai lavori, l'immagine dell'astronauta di Istanbul, può suscitare una certa familiarità, un *deja vu*. Messico, piana di Tula, museo locale dell'Archeologia precolombiana. Un antichissimo bassorilievo su una colonna di pietra nasconde su di esso un dettaglio stupefacente. In alto a sinistra della colonna è possibile osservare un umanoide, raggomitolato in una posizione perfettamente coincidente con il reperto di Tuspa, inserito nel medesimo contesto "volante", ma fortunatamente, in questa occasione munito di testa e casco.Ula, antica Tollan, capitale dei Toltechi, precolombiana civiltà centroamericana, che visse appunto nella penisola dello Yucatan in Messico intorno al 300 a.C, civiltà apparentemente non collegata con le popolazioni del Vecchio Continente, secondo la storiografia ufficiale.

Fig. 16

[...]>>[125].

---

[125] Tratto da: http://marcolarosa.blogspot.it/2012/02/oopart-ovvero-reperti-fuori-posto.html.

B4: *La teoria degli antichi astronauti*.

Questo lavoro non rappresenta la sede ideale per approfondire pienamente quest'argomento; tuttavia, per ragioni di completezza rispetto al paragrafo in esame, appare utile rappresentare una serie di "reperti" del genere.

<<[...] *La "teoria degli antichi astronauti", detta anche "teoria del paleocontatto o paleoastronautica", è l'insieme delle teorie che ipotizzano un contatto tra civiltà extraterrestri e antiche civiltà umane, quali Sumeri, Egizi, civiltà dell'India antica e civiltà precolombiane. Tali teorie, diffusesi a partire dalla metà del XX secolo,[1] non sono accettate dalla comunità scientifica e pertanto sono generalmente inquadrate nel più vasto e controverso campo pseudoscientifico della cosiddetta archeologia misteriosa o pseudoarcheologia. Sono anche diffuse in ufologia, rientrando in particolare nel campo di indagine definito "archeologia spaziale", "archeologia ufologica" o clipeologia [...]*>>[126].

Al lettore si lascia piena libertà di giudicare, magari studiando il fenomeno con documenti più appropriati e completi:

Fig. 17. Cosmonauta della Cueva de los Tayos
Tratto da: http://www.ilnavigatorecurioso.it/2014/09/29/statuine-di-cosmonauti-realizzate-nella-preistoria/

---

[126] Tratto da: https://it.wikipedia.org/wiki/Teoria_degli_antichi_astronauti.

Fig. 18. Graffito
Tratto da: http://misteroonline.altervista.org/blog/ufo-nella-preistoria.php

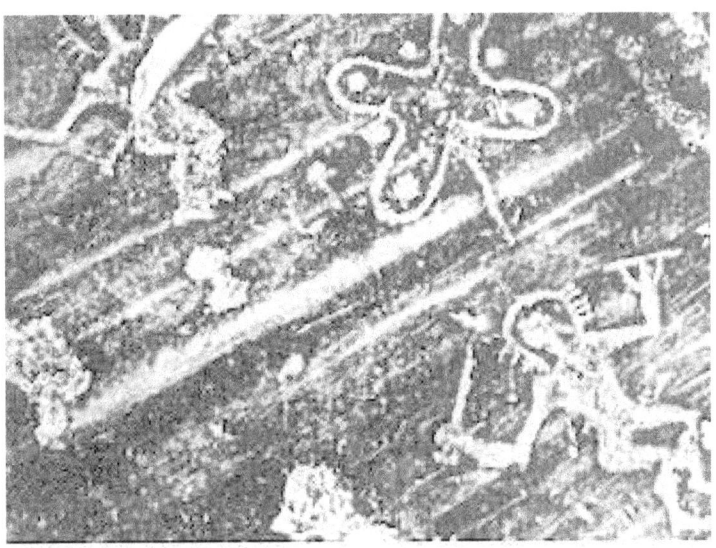

Fig. 19. Graffito
Tratto da: http://xoomer.virgilio.it/luciano.perla/nuova_pagina_136.htm

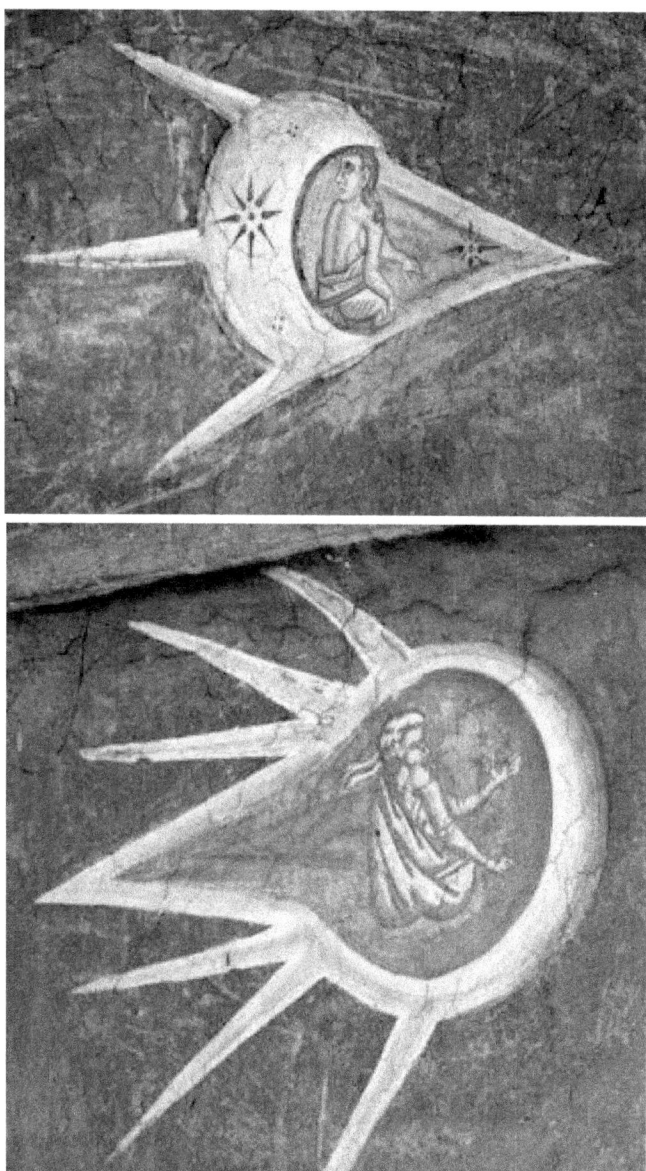

Figure. 20-21. Crocifissione di Cristo. Monastero di Visoki Decani (Kosovo)
Tratto da: http://lamiapreistoria.blogspot.it/2013/01/teoria-degli-antichi-astronauti-la.html

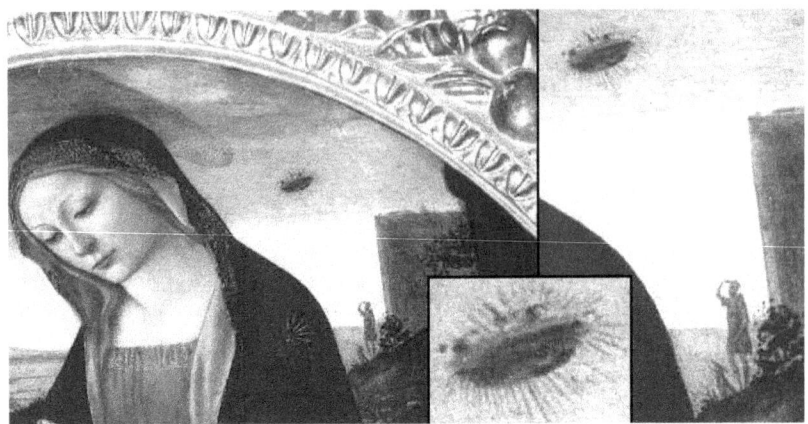

Fig. 22. La Madonna con San Giovannino, di Domenico Ghirlandaio (XV° secolo)
Tratto da: http://www.ilnavigatorecurioso.it/2014/09/28/quando-gli-ufo-invasero-larte-rinascimentale/

Fig. 23. L'astronauta di Salamanca sulla facciata della Nuova Cattedrale
(inizio lavori 1513 – fine lavori 1733)
Tratto da: http://architetti-del-tempo.blogspot.it/2014/11/rivelato-il-mistero-dellastronauta.html

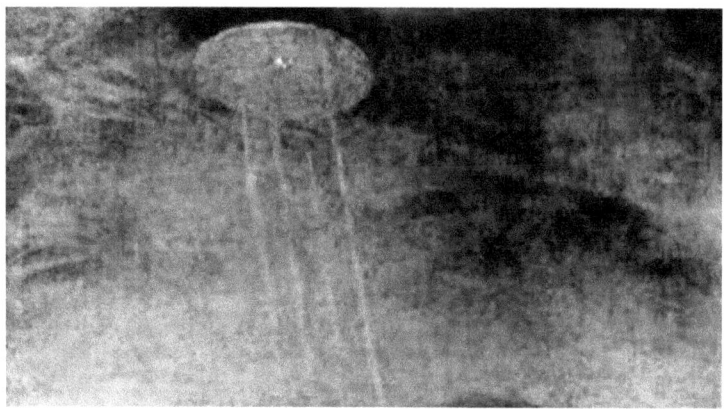

Fig. 24. Il Battesimo di Cristo, di Aert De Gelder (1710)
Tratto da: http://www.ilnavigatorecurioso.it/2014/09/28/quando-gli-ufo-invasero-larte-rinascimentale/

Fig. 25. Antichi astronauti o spiriti?
Tratto da: http://lamiapreistoria.blogspot.it/2013/01/teoria-degli-antichi-astronauti-la.html

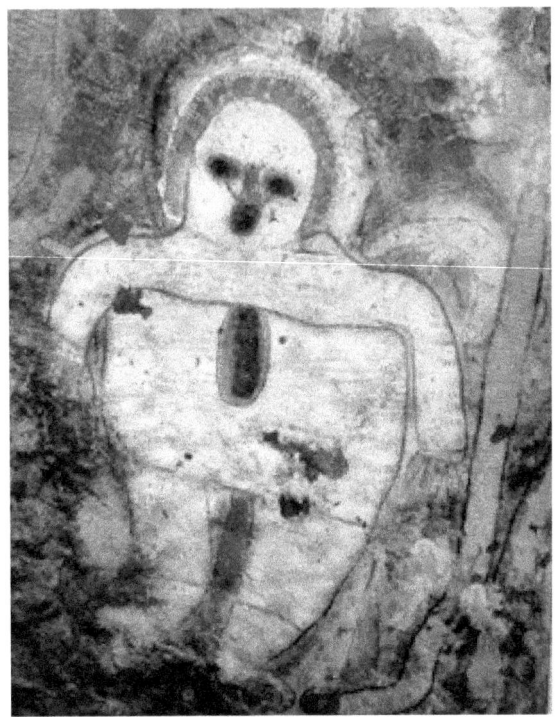

Fig. 26. Antico astronauta o spirito?
Tratto da: http://lamiapreistoria.blogspot.it/2013/01/teoria-degli-antichi-astronauti-la.html

E per chi avesse ancora dei dubbi, affidandosi ciecamente al fatto che nella Bibbia non ci sono riferimenti ad altre vite nell'Universo (termine ripetuto in tutte le Sacre Scritture ben "sessantasei" volte) suggerisco la lettura del **Salmo 23, 1**:
<<[...] *Del Signore è la terra e quanto contiene, l'universo e i suoi abitanti* [...]>>.

5.8. Adamo, Eva e il *"Gan be-Eden"*

I primi passi della **Genesi** ci narrano della creazione di **Adamo** ed **Eva**. Questa è la versione ufficiale del credo, secondo la traduzione che noi tutti conosciamo dell'Antico Testamento. Tuttavia, però, molti ricercatori si battono da anni per dimostrare verità più profonde e scorcertanti. Fin qui abbiamo visto che l'Antico Testamento è il racconto di una razza superiore ben specifica e definita, chiamati *Elohim* dagli ebrei (ma anche *Annunaki* [127] dai sumeri e

---

[127] Il loro nome è riportato in vari modi: "^{d}a-nuna", "^{d}a-nuna-ke$_4$-ne", o "^{d}a-nun-na", col significato di "quelli di sangue principesco", oppure "prole regale",o ancora di "progenie di principi". L'assiriologo italiano **Pietro Mander** sostiene che gli dèi Anunna siano un nome collettivo di divinità dal significato, forse, di "discendenza principesca", e forse:
«*dal periodo kassita, allorché è posto in opposizione all'altro collettivo, Igigi [...] il nome passa a designare le divinità infere, mentre nel periodo sumerico designava l'insieme degli dèi, anche celesti. Tuttavia, anche nel Quando in alto, databile alla fine del II millennio, si parla di Annunaku celesti (in numero di 300) insieme a quelli ctoni (che sono il doppio: 600)*»
Così gli assiriologi **Jean Bottéro** e **Samuel Noah Kramer**:
«*Gli Anunna, definizione sumerica ("Progenie del Principe"), resi in accadico con Anunnuku, Anunnaki, sembrano aver inizialmente composto il gruppo dei grandi dèi, che esercitavano all'interno della comunità divina i principali ruoli di comando, mentre gli Igigu-Igigi, termine più recente, di origine probabilmente semitica ma di significato fondamentalmente sconosciuto, designavano l'insieme degli dèi "lavoratori" di ordine inferiore [...]. Più tardi la differenza si è sfumata e ciascuno dei due vocaboli ha potuto confondersi con l'altro o riferirsi, a seconda dei casi, sia all'insieme degli dèi, sia a questa o a quell'altra delle loro categorie. Anunnaku, per esempio, è è facilmente esteso alle divinità che abitano gli inferi come si vede in 18:32, mentre nella versione sumerica [...] il corrispondente Anunna indica il gruppo di divinità infernali più importanti, che raccolti in assemblea prendono decisioni fondamentali*»
Giovanni Pettinato ne raccoglie diverse indicazioni:
«*Anunna(ki/u) I. "Progenie principesca". Designazione degli dèi del cielo e della terra. In generale il nome indica o un gruppo consistente di divinità, sia celesti sia infere, o le sette divinità maggiori che decidono i destini, sia dei vivi che dei morti. Nel mito della discesa agli Inferi di Ištar, il termine è usato nel doppio senso, grandi dèi celesti e grandi dèi degli Inferi. Nel mito di Nergal ed Ereškigal, così come in quello della discesa agli Inferi di Ištar, gli Annunaki appartengono al regno degli Inferi. Anunna (ki/u) II. Dèi Inferi. La totalità degli dèi che risiedono negli Inferi alla corte di Ereškigal, oppure i grandi dèi degli Inferi che decidono i destini dopo la morte. Anunna(ki/u) III. "Anunna del Duku": ricevono i doni da Gilgameš al suo arrivo agli Inferi*»
Secondo il mitologo statunitense **David Adams Leemings** il loro nome deriverebbe da quello del dio Cielo An[6] e consisterebbero in dèi sumeri delle origini, indicando delle divinità ctonie della fertilità, associate al mondo sotterraneo, del quale sono i giudici.
La relazione fra gli *dèi Anunnaki* e gli *dèi Igigi* non è chiara: talvolta i due nomi sono

Theoi [128] dai greci) che, una volta essere avvenuta la divisione e l'assegnazione dei territori, da parte di *Elyon* (quello che forse più di tutti meriterebbe l'appellativo di Dio), governarono la Terra e gli uomini.

La Genesi però ci racconta anche molto di più: ci racconta soprattutto della "creazione", termine che **Biglino** contestualizza con tutta una serie di convinzioni dimostrate filologicamente, e determinate dal testo letterale dell'opera "sacra"; difatti, il saggista:

a) *in primis*, contesta la traduzione che vedrebbe la nascita di *Eva* con l'uso della "costola" [129] di *Adamo*, comunque una creazione di

---

intercambiabili, ma, nel mito semitico del diluvio di *Atra-ḫasis*, gli *Igigi* costituiscono la sesta generazione di divinità, che devono lavorare per gli *Anunnaki*; dopo la loro ribellione sono sostituiti dall'umanità, che è creata in quella occasione. Gli Anunnaki sono anche menzionati nell'*Epopea di Gilgameš*, versione classica, quindi in lingua accadica, quando *Utanapištim* racconta la storia del Diluvio. Secondo questa tradizione, gli *Anunnaki* avevano incendiato la terra prima dell'arrivo della tempesta. Gli *Anunnaki* compaiono nel poema babilonese *Enûma Eliš*. Dopo la creazione dell'umanità, il dio *Marduk* divise gli Anunnaki (i "grandi dèi") in due gruppi di trecento divinità ciascuno e assegnò al primo gruppo il cielo e al secondo la terra. Per gratitudine, gli Anunnaki costruirono un nuova dimora per gli dèi Marduk, Enlil ed Ea: il tempio di Esagila, che eguagliava l'Apsu.
[Tratto da: https://it.wikipedia.org/wiki/Anunnaki]
Altra fonte afferma: <<[...] I tentativi da parte degli studiosi di tradurre il termine 'Anunnaki' sono stati molto scarsi e infruttuosi. La maggioranza degli studiosi traduce con 'figli di Anu' (An.un[na]) o con 'figli dei principi del cielo'. Entrambe le traduzioni però ignorano la sillaba KI. [...] Ciò che é certo è che la particella AN significa 'cielo', e la particella 'KI' significa 'terra', quindi il significato del nome Anunnaki é legato sia al cielo che alla terra.A mio parere nell' accezione sumera il termine Anunna descrive gli dei discendenti di Anu come 'dei del cielo', e il termine Anunnaki utilizzato dagli accadi invece descrive gli stessi dei come 'dei del cielo (venuti) sulla terra'. [...]>>.
[Tratto da: http://altragenesi.blogspot.it/2015/05/il-termine-anunnaki.html]

[128] **Biglino**, nel suo saggio "*La Bibbia non parla di Dio*", compara le figure greche con gli Elohim, trovano profili identitari rispetto alle divisioni dei territori (come fece Elyon), alla fisicità e contiguità con gli umani e al comportamento psico-bio-fisico. Entrambi i gruppi (Théoi ed Elohim), infatti, erano governanti sulla Terra, si sono spartiti i territori (anche se i Théoi tendevano a collaborare di più), si univano sessualmente con gli umani, prendevano parte attiva alle vicende umane, si difendevano, mangiavano, dormivano, si nutrivano ed erano del tutto riconoscibili (pp. 169-170).

[129] <<[...] L'obiezione che la donna è tuttavia nata da una costola secondo il racconto di Gen 2:21 viene superata dalla risposta che costola (sela') significa anche "curva", come indica Es 26:30. La donna è dunque uno dei lati dell'uomo androgino. Come nota Teugels, il mito dell'androgino primitivo diviso in due non è una invenzione rabbinica, ma risale alla mitologia greca. Esso è già presentato come una antica leggenda nella eulogia di Aristofane su Eros nel Symposium di Platone. Tuttavia i Rabbini lo adottarono per un preciso scopo ermeneutico:

Dio, e incentra tale questione sul termine *"tselem"*;

b) *in secundis*, il *Serpente* che tentò *Eva* non era il "diavolo" secondo la tradizione ma uno degli *Elohim* rivali;

c) *in terzis*, *"mangiare la mela"* non dev'essere preso letteralmente ma assume il significato di "compiere l'atto sessuale", pertanto, *Eva* compì l'atto sessuale con l'*Elohim* rivale;

d) *in quartis*, il *Gan-be-Eden* non era il Paradiso Terrestre ma un laboratorio dove venivano effettuati gli esperimenti da parte degli *Elohim*.

Andiamo con ordine e cominciamo a ragionare sui singoli concetti, partendo da *"tzelem"*, che per il saggista non vuol dire *"immagine"* (in senso astratto) ma *"quel qualcosa che contiene l'immagine degli Elohim"* (e pertanto si richiama solitamente, anche per associazione, il D.N.A.).

Uno dei suoi più accesi rivali, **Daniele Salamone**, da anni conduce una battaglia contro **Biglino**, per dimostrare che le sue traduzioni sono deliberatamente falsate, per favorire le ipotesi anti-cristiane. Nel suo blog scrive quanto segue: <<[...] *La cosa curiosa e al quanto buffa (per non dire comica) è che la maggior parte degli utenti e ascoltatori che sentono pronunciare queste parole dal vivo o sul web e che appoggiano tale dichirazione in maniera ferrea ed esaltata, non hanno nemmeno una minima infarinatura di ebraico biblico: non sanno distinguere (o almeno non ancora) una dalet da una kaf sofit o una he da una chet o una* taw *e non sanno nemmeno qual è l'ordine di lettura tra consonanti e vocali persino della prima parola ebraica proposta da tutti i dizionari*, ab*: «padre». Inoltre, Mauro Biglino nei suoi libri ha scelto deliberatamente (per carità, nessuno glielo vieta!) di non usare il Testo Masoretico vocalizzato (come giusto che sia per un approccio scientifico), ma di usarlo privo di vocalizzazione. In questo caso il Testo Masoretico non è più "Testo Masoretico" ma un insieme di consinanto che lui, Biglino, può tradurre e interpretare come vuole, esattamente come facevano*

---

spiegare problemi testuali presenti nei due racconti della creazione, che sopra abbiamo segnalato [...]>>. [Tratto da: http://www.bibbiaparola.org/bibbia_parola.php?id=35]

*gli scrivi già al tempo di Esdra. Per onestà intellettuale bisogna ammettere che in questo modo un qualuqnue termine ebraico può essere interpretato arbitrariamente quando lo si vuole a un qualsiasi significato atti-nente a quella medesima radice di appartenenza, vale a dire che se alla radice SFR assegno una determinata vocalizzazione significa una cosa, se alla medesima radice consonantica SFR assegnerò un'altra vocalizzazione allora significherà un'altra cosa, ma che rientri sempre all'interno del significato di base che ha quella radice (...). Per farvi un esempio, se la radice KVD la vocalizzo KeVoD significa «gloria, onore», se invece la vocalizzo KoVeD significa «di massa pesante». E questo è il gioco a cui piace giocare Mauro Biglino, tra un «fare finta» di qua e un «fare finta» di là, con un apparente innoquo gioco fondato sulla menzogna, finzione (*fare finta... *appunto), inconsciamente gli uditori vengono abituati a giocare al «facciamo finta che sia realmente così per come sta scritto», quando poi è proprio Biglino ad annullare il Testo Masoretico estirpandone le vocali. Tuttavia, però, la tattica del «fare finta» non sempre funziona, perché se l'adottassimo sempre, il fantomatico «metodo Biglino» crollerebbe e tutto il suo lavoro acquisirebbe lo stesso significato e la stessa utilità di una forchetta da brodo* [...]»[130].

Prima di proseguire con il resto dell'articolo, lo scrivente si sente di voler puntualizzare una questione, non tanto in difesa di **Biglino** quanto più all'onesta intellettuale in generale.

Salamone contesta l'uso del testo privo di vocali, in quanto questo porterebbe il saggista a poter giocare sulle parole, vocalizzandole a piacere: può essere. Ma non è esattamente quello che hanno fatto gli esegeti cristiani per favorire l'ipotesi monoteista? Come potrebbe **Biglino** dimostrare la manipolazione se utilizzasse il testo vocalizzato proprio da coloro che hanno falsificato la rappresentazione originaria? Purtroppo, di questo, **Salamone** non tiene conto. E dirò di più: se proviamo a utilizzare il metodo bigliniano, senza rischiare di farci manipolare da condizionamenti religiosi determinati dal

---

[130] Tratto da: http://danielesalamone.altervista.org/m-biglino-e-limmagine-e-somiglianza-di-elohim-un-po-di-chiarezza-prima-parte-be-tzalmenu/.

credo soggettivo monoteistico, si potrà notare che la scelta di **Biglino** di utilizzare il testo consonantistico è perfettamente coerente con l'intento dello stesso di dimostrare la sfacciata falsificazione messa in atto per secoli, mascherando un culto politeista (o nei casi più fortunati enoteista) per monoteismo spicciolo improntato sul timore reverenziale di Dio. Al di là delle indiscusse e profonde conoscenze linguistiche del Salamone, in meteria ebraica e aramaica, appare comunque all'orizzonte un certo condizionamento, probabilmente determinato dal suo credo religioso; questo, a parere dello scrivente, nuoce alla genuinità delle sue valutazioni, che meritano comunque di essere analizzate in virtù del fatto che resta sempre un conoscitore della materia, senza ombra di dubbio.

Continuiamo con il resto dell'articolo presente nel blog, in quanto **Salamone** affronta la questione legata al termine *"tzelém"*, gestendo la tematica con un approccio estremamente tecnico-linguistico: <<[…] *In ebraico, questa parola suggerisce l'idea del «rappresentare» qualcosa. Questa radice è usata sedici volte nell'Antico Testamento e si riferisce essenzialmente a una rappresentazione, a una somiglianza e in gran parte delle sue occorrenze si riferisce a statue dunque idoli. Non tanto alla "forma" ma a ciò che "rappresenta" la forma di un manufatto. Infatti, la definizione che offre il dizionari tanto amato da Biglino, il Brown-Driver-Briggs, nella sua seconda voce – «image, something* cut out» *(immagine, qualcosa di tagliato) – non è da attribuire come significato radicale universale di questo verbo (come sostiene sempre lui), ma appartiene ad un preciso e singolare contesto narrativo in cui vengono proferite delle parole contro Gerusalemme paragonata ad una prostituta. Questo specifico significato ricorre esclusivamente in* **Ez 16:7** *dove si legge: «Prendesti pure i tuoi bei gioielli fatti del mio oro e del mio argento, che io ti avevo dati, te ne facesti delle [tzalméy,* צלמי*] rappresentazioni d'uomo e ad esse ti prostituisti». La definizione inglese «something* cut out» *non si riferisce ad un presunto «quid di materiale tagliato fuori che contiene l'immagine di Elohìm», cioè il "dna divino", ma si riferisce in questo preciso contesto alla fabbricazione di statue in sembianze umane ricavate dalla fusione di oro e gioielli. Questo significato, quindi, non è da attribuire in senso* *universale, e il citato dizionario lo rende persino sinonimo di pesél,* פסל, *(questo Biglino non lo dice [!!!]) che significa genericamente, appunto, «idol, image» (idolo, immagine), oppure «idol, as likeness of man or animal» (idolo, in sembianza umana o animale). Sarebbe più corretto tradurre «something cut out» con «qualcosa ricavata da [...]» o «qualcosa intagliata / ritagliata da [...]» proprio come intende la prima voce [tzlm,* צלם*] «cut off» (intagliare), cioè scolpire. Una cosa da "intagliare" e "ritagliare" richiede maggiore cura rispetto al semplice "tagliare, strappare". Detto questo è chiaro che la radice verbale non vuole riferirsi a «un qualcosa di materiale» in sé, ma a ciò che "rappresenta" quel soggetto. La radice del termine di per se è un verbo e non «un quid»: scolpire, intagliare, per dare una forma a «un qualcosa di materiale»: nel contesto narrativo della Genesi la polvere da cui è stato tratto l'adàm. Il contesto di* **Gn 1:26** *e* **2:7** *è in piena sintonia con il significato di base di tzlm,* צלם*, perché Elohìm «formò l'adàm dalla polvere» (e non da un ominide). Il verbo* yātzar*,* יצר*, usato in* **Gn 2:7** *è contestualmente attinente allo tzalménu di* **Gn 1:26***, perché come in* **Ez 16:7** *in cui si scolpiscono delle statue tramite la fusione di oro e gioielli, durante la creazione dell'adàm Elohìm scolpisce [yātzar] un essere vivente servendosi della polvere del suolo, inalando nelle sue narici «quel qualcosa» che gli dona la vita, il nishmàt, cioè «l'alito dei viventi» (nell'originae ebraico è al plurale) o soffio che non è «un quid di materiale» perché ciò che proviene direttamente da Dio è «un qualcosa» di spirituale. Viene usato cinque volte per la fabbricazione dell'uomo in quanto creato come «rappresentante di Elohìm» sulla Terra, come ambasciatore, e ciò viene spiegato dal dominio che aveva sulla Creazione in qualità di "vice reggente". Il Salmo* **Sl 5:5-8** *similmente propone una citazione sull'uomo verso il quale Elohìm gli ha conferito gloria e onore. Lo tzelém di Elohìm, ovviamente, non consiste nel corpo dell'uomo che si è formato dalla materia terrena, ma da ciò che egli rappresenta anche nell'aspetto interiore, intellettuale e morale elargito tramite il suo «alito dei viventi» inalato nelle sue «narici». Si ricordi che «Dio è Spirito» ed ha la facoltà di assumere delle «sembianze» (p.e.* **Nm 12:8***). Infine, "l'immagine" al quale si* *riferisce la Genesi non è un'immagine antropomorfa o un presunto DNA divino, ma una "rappresentazione". Elohìm ha creato l'uomo come Suo "rappresentante" sulla Terra, come Suo ambasciatore. Non c'entrano niente le "immagini" o le "sculture" in sé, ma ciò che vuole "rappresentare" un soggetto. Ad esempio, una statua di Zeus non implica che la statua "sia" Zeus, ma lo "rappresenta". Ed è proprio questo il senso che vuole trasmettere tzelém, rappresentare. Qualcosa anche se il suo rappresentante non è il Qualcosa. Oppure, quando fotografiamo il nostro volto o comunque la nostra persona, non vuol dire che noi siamo "quella" fotografia, ma che essa "ci rappresenta". Noi uomini siamo la "fotografia" di Dio sulla Terra, in quanto lo rappresentiamo [...]>>.*

Non v'è dubbio circa la sua conoscenza della materia, che per rimanendo coerente all'interpretazine tradizionale fa veramente salti mortali (tra l'altro la media dei lettori non potrebbe mai sconfessarlo). Tuttavia, giova sottolineare due aspetti al quanto bizzarri, che potrebbero far crollare tutta l'impostazione del **Salamone**: per rispondere, dobbiamo analizzare i passi biblici.

Cominciamo dalla traduzione "tradizionale":

Genesi 2, 21-22:
<<[...] *Allora gli Elohim fecero cadere un profondo sonno sull'uomo che si addormentò.* <u>*Prese una delle costole di lui e richiusero la carne al posto di essa.*</u> *Gli Elohim con la costola che aveva tolto all'uomo formarono la donna e la condussero all'uomo* [...] >>.

Nella Genesi, dunque, si legge che gli *Elohim* prelevarono dalla parte ricurva dell'*Adam*, tradotto con costola (anche se la traduzione più corretta pare essere "di lato"), per la produzione della donna; tuttavia, buona parte della comunità ebraica accademica (tra tutti il rabbino **Egael Safran**, Responsabile della sezione di etica medica e legge ebraica all'Università di Gerusalemme) è convinta che non si debba parlare di "costola" ma di una zona che si trova orientativamente tra il fianco e la zona genitale, come confermato pure nel **Corano 22, 5** e **23, 12-16** e **Sura 77, 20-23** (che parlano più coerentemente di organo genitale ed embrione).

Biglino punta su quattro questioni:

a) trattandosi di lingue antiche, predilige l'uso di più dizionari, in quanto nessuno può dire con certezza assoluta (c.d. certezza di verità) quale sia l'unico e solo significato di un determinato termine, (come invece cercano di imporre i teologi legati al credo cristiano) e dunque risulta spesso necessario se non fondamentale ricercare il significato rispetto al contesto dove si trova quel termine;

b) la radice da prendere in esame, secondo il contesto legato a *tselem*, sembra essere *"tzlm"*, che assume il significato di *tagliare via*, cioè compiere azioni concrete e dunque *"tselem"*, assume il significato non *ad immagine,* intesa come somiglianza, ma *con l'immagine,* ovvero con quel qualcosa che contiene l'immagine. In tre passi diversi, nella Genesi troviamo che l'uomo è stato fatto *"con lo tzelem degli Elohim"* (e quindi non "ad" immagine ... ma "con"...). Tra l'altro per dovere di cronaca, chi afferma che **Biglino** sbaglia affermando che nel Dizionario *Brown-Driver-Briggs* non c'è quanto da lui dichiara, dovrebbe sfogliare fino a pagina 853, evitando di utilizzare stratagemmi puerili per addossare una responsabilità di errata interpretazione al **Biglino**, che fino ad ora ha sempre dato prova e fonti dei suoi lavori: difatti, il dizionario dice chiaramente che *tzlm* è la radice da cui dipendono una serie di paroli (la prima è guarda caso *tselem*). Tesi confermata tra l'altro anche dal famoso dizionario *"A comprensive etymological dictionary of the hebrew language for readers of english"* che al termine *"tselem"* assegna come primo significato *"qualcosa di tagliato via"*.

c) Genesi 2, 21 chiarisce una volta per tutte che il *Creatore*, per "inventare" la femmina di *Adam*, è stato obbligato a far addormentare l'uomo, facendolo cadere in un sonno profondo. La ragione potrebbe essere insita nel testo stesso: dato il forte dolore che potrebbe generare l'intervento sull'uomo, l'Adam viene addormentato. *E come mai Dio ha bisogno di addormentarlo se è una divinità?*

d) il termine *Adam* è scritto con l'articolo, così da indicare non un nome proprio ma un genere: l'*Adam* è dunque il *"terrestre"*.

Se quindi vogliamo considerare corretta l'impostazione bigliniana, dobbiamo necessariamente accettare tutta una serie di innovative posizioni, che fanno riferimento ad esperimenti compiuti da una razza aliena o comunque da "esseri venuti dal cielo", nel ruolo di "anello mancante" della evoluzione umana.

Eppure, per molte ragioni, sembra più assurda la tesi teologica cristiana che quanto detto su alieni, esperimenti e nuove frontiere, forse perché troviamo una certa coerenza rispetto alle fonti dell'Antico Testamento, ovvero buona parte dei testi sumero-accadici, che parlano proprio (guarda caso) di esperimenti e nuove frontiere della creazione.

<<[...] *Nelle scritture bibliche originali la parola Adàm (come già intuibile dai passi precedenti) non determina un individuo ma una specie, l'articolo determinativo presente nei testi ebraici (l'Adàm) ne è la prova. Come descritto ampiamente e con dovizia di particolari dalle tavolette sumero-accadiche, gli Anunnaki eseguirono diversi esperimenti prima di raggiungere il successo, generando l'Uomo. Sono descritti almeno sette tentativi andati male (aborti, mostruosità, menomazioni e mutazioni), addirittura scrissero che fu prelevato il sangue direttamente dal capo supremo (Elyon?), nella speranza di una migliore qualità genetica; tuttavia anche in questo caso il risultato fu un fallimento totale. Questi racconti ci confermano che la "creazione" dell'Uomo avvenne a fronte di una "lunga catena di tentativi ed esperimenti assolutamente di natura genetica"* [131], *non creazionista. Tornando alla Bibbia, fatto l'Adàm (inteso come specie), gli Elohim (o Anunnaki) lo posero in Eden e gli affidarono ogni sorta di animale e la cura del "giardino". Presumibilmente affidarono agli "umani" la cura dei campi, degli alberi da frutto e del bestiame,*

---

[131] I primi uomini prodotti avevano tutta una serie di difetti: uno non poteva chiudere le mani e gli rimanevano lunghe; uno aveva gli occhi sempre aperti e luminosi; uno era paralizzato con i piedi gonfi; uno aveva problemi psichici (e per questo chiamato "idiota"); uno era incontinente; una era sterile; uno era privo di organi genitali; uno era nato prematuro, nonostante avesse lo stesso seme di Enki.

*all'interno del loro centro di comando (l'Eden). A un certo punto gli Elohim si accorsero che l'uomo non trovava negli animali una compagnia che gli fosse simile. (...) Gli Elohim decisero quindi di creare la femmina e nel relativo passo biblico (**Genesi 2,21**) è evidente si parli di una operazione chirurgica con la quale venne estratto del materiale da "parte laterale ricurva" (tradotta con "costola"[132] ma presumibilmente relativa alla cresta iliaca[133]). [...]>>[134].*

<<*[...] Gli studiosi ebraici sostengono, tramite il Talmud, che a creare l'uomo non furono gli Elohim bensì i Refahim o Rofim (secondo la vocalizzazione), che identificherebbe i loro medici. Infatti il termine Refahim descrive la funzione, non la razza o specie. (come Malachim che indica la funzione di portatore di ordini "messaggero", in greco anghelos, in latino angelus e infine in italiano angelo).*

Da ciò si può ritenere che sia Elohim che Refahim possano essere corretti in quanto gli Elohim dediti alla funzione medica acquistavano l'appellativo di Refahim. E' il plurale di Refael o Rafael dal quale deriva il nome Raffaele. E' curioso che oggi l'Arcangelo Raffaele sia ricordato come il protettore della medicina e dei dottori. Oggi le cellule staminali vengono prelevate tramite aspirazione di sangue midollare proprio dalla cresta iliaca (parte laterale ricurva).

La Bibbia scrive: "Allora l'Eterno Dio fece cadere un profondo sonno sull'uomo, che si addormentò; e prese una delle sue costole, e

---

[132] Fu lo storico **Giuseppe Flavio** a sdoganare il termine "costola" scrivendolo in "Antichità giudaiche" (Libro I, 35), riprendendo il passo biblico della genesi ma inserendo come assoluta la traduzione di "costola".

[133] **Biglino**, unendo i contenuti testuali di **Genesi 1, 27 e 2, 7**, arriva a sostenere una tesi forte: *il Teema- [tselem] degli Annunaki-Elohim viene unito con il Tiit-[afar] disponibile sulla Terra, ottenendo il Lulu-[Adam terrestre]*, tenuto anche conto che quando si parla della creazione di Eva, **Genesi 2, 21** dice chiaramente che l'uomo venne messo in uno stato di sonno profondo, per prelevargli "qualcosa" nella parte laterale del corpo, e dopo il prelievo la carne venne richiusa –tutto incredibilmente simile ad un vero e proprio intervento chirurgico– (**Mauro Biglino**, *Non c'è creazione nella Bibbia*, Uno Editori, 2013, p. 240 e 247).

[134] Tratto da: http://www.noiegliextraterrestri.it/2014/08/il-serpente-dell-eden-era-un-ingegnere-genetico.html.

rinchiuse la carne al suo posto". Incrociando ancora una volta i testi biblici con i resoconti sumero-accadici si può leggere in queste righe che gli Elohim indussero nei soggetti un sonno profondo (anestesia totale) e prelevarono dall'Adàm le cellule staminali dalla cresta iliaca. Fatto ciò richiusero le carni al loro posto e con ciò prelevato procedettero, tramite clonazione e interventi genetici, alla produzione di soggetti femminili, le Eva [...]>>[135].

L'Antico Testamento ci consente, inoltre, di apprendere informazioni preziosissime su quello che per molti secoli è stato considerato il "Paradiso Terrestre": il *Gan be-Eden*.

<<*[...] La parola "Eden" è stata tradotta in greco con paradeisos, "paradiso" e deriva dal pairidaeza della religione zoroastriana [...]: il termine avestico significa "luogo recintato". La parola ebraica che indica il "giardino", gan, deriva dalla radice ganan, che significa "recintare". "Gan be-Eden" significa dunque "giardino cintato in Eden", che si trova effettivamente a oriente rispetto al territorio palestinese in cui venne redatto l'Antico Testamento. [...] I quattro fiumi biblici che partono dall'Eden sono Gihon (attuale Aras) [...], Pison (attuale Uhizun), Hiddekel (attuale Tigri) e Perath (attuale Eufrate). Le loro sorgenti si trovano nel territorio immediatamente ad ovest del Mar Caspio, nei pressi dei laghi Urmaia e Van (Armenia - Kurdistan). La localizzazione precisa pare essere la zona in cui si trova l'attuale Tabriz (Iran): la valle dell'Adji Chay, chiamata in persiano Meidan (cioè "luogo recintato da mura"). Le terre di Cush (Azerbajan) e Avila (provincia di Anguran, Iran), bagnate dal Gihon e dal Pison, si trovano nell'attuale Azerbajan e sui vicini Monti dell'Iran settentrionale. Il fiume che attraversa l'Eden si interra nei pressi del Lago Urmia per poi rinascere formando le sorgenti dei quattro fiumi citati, che sfociano due nel Mar Caspio (Gihon e Pison) e due nel Golfo Persico (Tigri ed Eufrate). [...] Dalla terra di Sumer (Sud della Mesopotamia) si raggiunge il cielo (il Paradiso Terrestre), passando*

---

[135] Tratto da: http://www.noiegliextraterrestri.it/2014/08/il-serpente-dell-eden-era-un-ingegnere-genetico.html.

sette catene montuose (dai Monti Zagros in poi) con sette colli [...]: sono probabilmente i sette cieli che, nella mitologia religiosa ebraica (Talmud), bisogna superare per raggiungere il Paradiso finale. Dall'Eden, Caino viene esiliato nella Terra di Nod [...]. I Cherubini posti a guardia del giardino ricordano la località di Keruhabad, la "residenza dei Kheru"; i Kherubi, i Cherubini, i guardiani del territorio. Questo territorio è sovrastato dal Monte/Vulcano Sahand, la montagna luminosa su cui si incontravano gli Déi [...]. Dì qui provenivano gli Déi primordiali: Enki (Ea, Ya, Yahwèh); Ninhursag (Madre dei Viventi, Hawwah, Eva); Inanna (Ishtar, Astarte, Astaroth); Dummuzi (Asar, Marduk, Osiride) [...]>>[136].

Occorre rifarsi ai seguenti passi:

Genesi 2, 8-9-16-17:
Poi il Signore Dio piantò un giardino in Eden, a oriente, e vi collocò l'uomo che aveva plasmato. Il Signore Dio fece germogliare dal suolo ogni sorta di alberi graditi alla vista e buoni da mangiare, tra cui l'albero della vita in mezzo al giardino e l'albero della conoscenza del bene e del male. Il Signore Dio diede questo comando all'uomo: «Tu potrai mangiare di tutti gli alberi del giardino ma dell'albero della conoscenza del bene e del male non devi mangiare, perché, quando tu ne mangiassi, certamente moriresti».

Genesi 3, 1-2-3-4-5-6:
Il serpente era la più astuta di tutte le bestie selvatiche fatte dal Signore Dio. Egli disse alla donna: «E' vero che Dio ha detto: Non dovete mangiare di nessun albero del giardino?». Rispose la donna al serpente: «Dei frutti degli alberi del giardino noi possiamo mangiare, ma del frutto dell'albero che sta in mezzo al giardino Dio ha detto: Non ne dovete mangiare e non lo dovete toccare, altrimenti morirete». Ma il serpente disse alla donna: «Non morirete affatto! Anzi, Dio sa che quando voi ne mangiaste, si aprirebbero i vostri

---

[136] **Mauro Biglino**, *Il Dio alieno della Bibbia*, Uno Editore, 2014, pp. 366-368.

occhi e diventereste come Dio, conoscendo il bene e il male». Allora la donna vide che l'albero era buono da mangiare, gradito agli occhi e desiderabile per acquistare saggezza; prese del suo frutto e ne mangiò, poi ne diede anche al marito, che era con lei, e anch'egli ne mangiò.

E ad occhio dovrebbe sorgere spontanea una domanda[137]: "*Ma se Dio fece piantare in mezzo al giardino l'Albero della Vita e l'Albero della conoscenza del bene e del male, imponendo di non cogliere il frutto da quest'ultimo albero, come mai ritroviamo nel passo 3 che il frutto colto appartiene all'albero in mezzo al giardino e non all'altro, ovvero l'albero della conoscenza del bene e del male*"?

Il pasticcio è evidente e il saggista **Mauro Biglino** assegna (a parere dello scrivente, correttamente) la paternità dell'errore ai copisti, ma trova anche la soluzione nell'ipotesi che originariamente l'albero fosse uno soltanto, e solo successivamente sdoppiato, sempre ad opera dei copisti, come forse confermerebbe il tenore letterale del **Deuteronomio 30, 15**.

Al di là della possibile soluzione, appare lampante che per l'ennesima volta, il testo "sacro" commette un errore non indifferente!

---

[137] **Mauro Biglino**, *Il Dio alieno della Bibbia*, Uno Editore, 2014, p. 318.

5.9. Il peccato originale, la "tentazione", il Serpente, l'Arca dell'Alleanza e il Diluvio Universale: tutto riproposizioni dei testi sumero-accadici

Il *"peccato originale"* è una chiara invenzione teologica cristiana che non ha alcun vero fondamento nell'Antico Testamento: sarà poi **Agostino di Ippona** e **Paolo di Tarso** a cristallizzare il concetto, come avverrà nei primi secoli dopo l'avvento di Gesù con la figura della Vergine Maria. Eppure un segnale nel testo c'era: quando fu detto ad **Adamo** ed **Eva** che si erano macchiati di un peccato soprattutto di natura morale (per aver deluso il loro Creatore), gli fu anche detto che questo si sarebbe trasmesso ai loro discendenti, ma non all'umanità intera, che non derivavano direttamente da quella coppia. Singolare davvero, in quanto richiama molto un meccanismo infettivo ad opera di batteri o virus e non un concetto spirituale e/o morale. Sembra quasi più coerente l'ipotesi che il loro Creatore si fosse adirato per il fatto che il frutto del concepimento tra Eva e il **Serpente** sarebbe stato geneticamente legato ad entrambi, macchiando per sempre quello che doveva essere il prodotto "puro" tra Adamo ed Eva.

Ma andiamo con ordine. In questo, la traduzione letterale del testo lascia poco spazio all'immaginazione, tenuto anche conto che la Genesi è l'esatta copia dei testi antichi sumero-accadici, retrodatati rispetto al testo biblico. Il *Gan-Eden*, così, richiama alla mente più un laboratorio dove si effettuano esperimenti genetici che il Paradiso Terrestre, tra l'altro considerato un "giardino recintato e protetto".

Biglino sul punto scrive: <<[...] *Il termine GAN corrisponde all'iranico Pairidaeza, cui segue il greco paradeisos (Senofonte), da cui deriva il latino paradisum che sfocia nel nostro "paradiso". Il significato è sempre lo stesso e cioè un luogo chiuso da una recinzione, naturale o artificiale, che lo protegge. Il GAN-EDEN doveva essere una sorta di giardino sperimentale in cui si conduceva la coltivazione di specie commestibili: per motivi di brevità non posso riportare qui le scoperte dei paleobotanici sulla inspiegabile. In Odissea, libro VII, si descrive lo strano giardino di*

Alcinoo, il re dei Feaci che discendeva direttamente da Poseidone, quello che gli aveva dato le navi molto "moderne", il corrispettivo greco del sumeroaccadico ENKI, signore delle acque. Dopo le nevi cibernetiche vediamo la stranezza di un giardino molto speciale. Dal versetto 110 in poi si narra che fuori dalla sua dimora aveva un MEGAS ORKATOS, un grande giardino, di 4 iugeri (poco più di 10.000 m quadrati) "chiuso e protetto" da una recinzione (ERKOS) che lo circondava tutto. Vi si coltivavano alberi di vario genere, come peri, granati, meli, fichi, ulivi... Ma soprattutto si dice che i loro frutti non mancavano mai: erano presenti e disponibili a rotazione tutto l'anno, KEIMATOS THEREUS, d'inverno e d'estate. [...]>>[138].

Nelle bibbie distribuite in tutto il mondo, leggiamo che, una volta creata Eva, Adamo insieme con lei, si trovò a commettere un'azione ritenuta "proibita", dal loro Creatore, ovvero cogliere il frutto della conoscenza dall'albero della vita. E qui cominciano a sorgere alcuni problemi interpretativi:

a) da nessuna parte si parla di *"mela"*, come frutto della conoscenza;

b) il passo incriminato recita che *"Eva mangiò il frutto e poi ne diede a mangiare ad Adamo"*. Adesso, il concetto di "frutto", termine polisemico, può essere inteso come "frutto, prodotto della pianta" o come "frutto, prodotto di un'azione". Il "frutto" della conoscenza (intesa come consapevolezza), pertanto, potrebbe essere *"il prodotto dell'azione che porta alla consapevolezza"* e tenuto conto che stiamo parlando di due esseri appena creati che non si erano mai riprodotti, non c'è nulla di strano se il termine "conoscenza" fosse intesa per il redattore come "esperienza e consapevolezza", dunque, il *"frutto della conoscenza"* era la *"conseguenza determinata dall'azione che genera esperienza e consapevolezza"*, legata all'atto riproduttivo. Il **Serpente** (**nahash**) tra l'altro, simbologicamente, era considerato il detentore della conoscenza, e pertanto rientra perfettamente nell'interpretazion proposta, dove il frutto della conoscenza, tramite il mezzo simbolico

---

[138] **Mauro Biglino**, *Il Dio alieno della Bibbia*, Uno Editori, 2011.

del "serpente" era l'atto sessuale. Difatti, il serpente (inteso come la conoscenza) e la tentazione (intesa come atto sessuale) compaiono con questa accezione proprio nei testi sumero-accadici da cui l'Antico Testamento ha scopiazzato, riproponendo **Enki** (Dio della conoscenza) come il serpente (simbolo della conoscenza). In questo modo, si spiega l'ira del Creatore quando ha scoperto che la genetica della sua creazione si era irrimediabilmente confusa/fusa con quella di un altro *Elohim*.

Di questa linea interpretativa ne è sicuro anche **Biglino**[139], in relazione ai dati suindicati. Tra l'altro, la Bibbia è molto chiara anche in ordine al fatto che gli *Elohim* erano davvero longevi: in **Genesi, 4, 23-32** si può leggere infatti che **Adamo** (il primo *Adam*) visse 930 anni, poi **Sem** 600 anni, **Arpacsad** 439 anni, **Sela** 403 anni, **Eber** 430 anni, **Peleg** 209, **Reu** 207 anni, **Serug** 200 anni, **Noar** 119 anni, **Tera** 70 anni. Dunque, ecco spiegato perché il Creatore era così adirato con le sue creature: non poteva accettare che il frutto dell'atto sessuale tra Eva e il Serpente generasse esseri dotati della stessa longevità loro; e sempre per ritornare ai miti sumero-accadici, **Enlil**, fratello di **Enki**, contestò proprio questo, ovvero il pericolo che l'uomo avesse la loro stessa longevità. Altro elemento a favore di questa tesi la ritroviamo in **Genesi 6, 3**, dove emerge la volontà degli *Elohim* di non voler più unire (con gli atti sessuali) i due patrimoni genetici.

Stesso discorso vale per il "Diluvio Universale" e, per certi versi, per l'"Arca dell'Alleanza": tutte riproposizioni di antiche tradizioni mitiche locali. In particolare:

1) il *"Diluvio Universale"*, a questo punto, sarebbe stata la punizione da parte di una fazione di Elohim che avrebbe trasgredito delle regole, in quanto mai in alcun caso il patrimonio genetico "divino" o "alieno" si sarebbe dovuto unire con quello degli umani. Da **Noè** comincia la stirpe dei *semiti*, che darà poi origine alla suddivisione dei territori in cui farà il suo ingresso l'*Elohim* **Yahweh**, per cui:

a) Noé ebbe tre figli: **Cam**, **Sem** e **Yafet**;

---

[139] **Mauro Biglino**, *Il Dio alieno della Bibbia*, Uno Editori, 2013, pp. 319-335.

b) **Sem** ebbe **Ever** (da cui derivano gli Evriti);
c) **Ever** ebbe **Tera**;
d) **Tera** ...

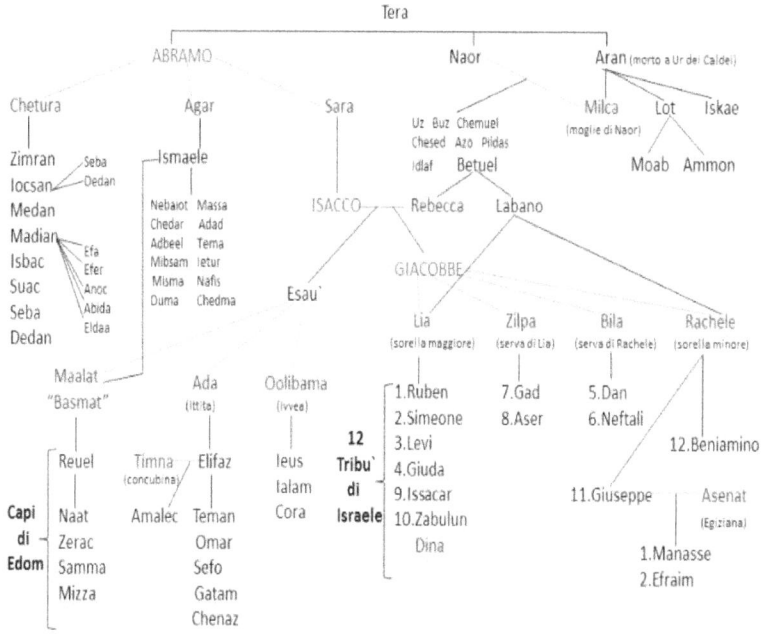

Fig. 6. Tratto da: www.conformingtojesus.com

Genealogia a parte, quanto detto basterebbe per distruggere alla radice un culto, quello cristiano, nato da una serie di scopiazzamenti di culture precedenti, rimescolate e mistificate per far passare il messaggio monoteistico come verità unica ed assoluta. E per completare questo quadro, ci si mette anche la dubbia origine di **Abramo**, figlio di Tera: come riportato dalla ricercatrice **Stefania Tosi**[140], ripercorrendo gli studi di accademici internazionali, che

---

[140] **Stefania Tosi**, *Yahweh, Dio della Guerra*, Uno Editori, 2015, pp. 30-36

puntualizzano l'origine geografica di Abramo, localizzandolo in un'area sotto il dominio sumero: pertanto, il Patriarca ebreo non era sicuramente ebreo, ma probabilmente sumero. I fratelli **Sabbah**[141], dopo un attento studio, sono giunti invece alla conclusione che le origini fossero egiziane (comunque non ebree); tra l'altro, questa tesi è sostenuta pure dalla lettera dell'Antico Testamento, che in **Esodo 2, 19** si conferma l'origine egiziana.

Nel 2002, però, la *United Synagogue of Conservative Judaism* si è spinta addirittura ha sostenere la tesi secondo il quale **Abramo** potrebbe non essere mai esistito, sulla base del fatto che le uniche fonti che parlano di lui sono bibliche. Al di là dunque dell'esistenza o meno, l'origine non può essere ebrea e forse questo è proprio un bene (per la dignità di quel popolo), visto che stiamo parlando di un uomo dipinto dalla teologia classica come un "mostro" di onestà e probità, dimenticandosi però che fu proprio lui ad approfittare della moglie Sara, dandola sessualmente in pasto al Faraone d'Egitto, per avere in cambio ricchezze materiali; basta leggere **Genesi, 12, 10-20**: <<[…] *Venne una carestia nel paese e Abram scese in Egitto per soggiornarvi, perché la carestia gravava sul paese. Ma, quando fu sul punto di entrare in Egitto, disse alla moglie Sarai: «Vedi, io so che tu sei donna di aspetto avvenente. Quando gli Egiziani ti vedranno, penseranno: Costei è sua moglie, e mi uccideranno, mentre lasceranno te in vita. Di' dunque che tu sei mia sorella, perché io sia trattato bene per causa tua e io viva per riguardo a te». Appunto quando Abram arrivò in Egitto, gli Egiziani videro che la donna era molto avvenente. La osservarono gli ufficiali del faraone e ne fecero le lodi al faraone; così la donna fu presa e condotta nella casa del faraone. Per riguardo a lei, egli trattò bene Abram, che ricevette greggi e armenti e asini, schiavi e schiave, asine e cammelli. Ma il Signore colpì il faraone e la sua casa con grandi piaghe, per il fatto di Sarai, moglie di Abram. Allora il faraone convocò Abram e gli disse: «Che mi hai fatto? Perché non mi hai dichiarato che era tua moglie? Perché hai detto: È mia sorella, così che io me la sono presa in moglie? E ora eccoti tua*

---

[141] Mauro Biglino, Antico e Nuovo Testamento, libri senza Dio, Uno Editori, 2016, pp. 65-66.

moglie: prendila e vàttene!». Poi il faraone lo affidò ad alcuni uomini che lo accompagnarono fuori della frontiera insieme con la moglie e tutti i suoi averi [...]>>.

2) l'"*Arca dell'Alleanza*", nella prospettiva guidaico-cristiana, presenta invece delle peculiarità degne di nota. Per la tradizione teologica, era una cassa di legno rivestita d'oro e riccamente decorata, la cui costruzione fu ordinata da **Yahweh** a **Mosè**, e che costituiva il segno visibile e immediatamente tangibile della presenza presenza del presunto Dio in mezzo al suo popolo. *E' corretta questa versione?* **Mauro Biglino**[142] è convinto di no o per lo meno era sicuramente un segno tangibile della presenza di Yahweh ma con modalità d'uso ben diverse da quelle proposte e sicuramente più "micidiali"; difatti;

a) in **Esodo 25, 10-21**, **Yahweh** fornisce a **Mosé** le indicazioni precise per fabbricare una cassa, dove custodire dentro -secondo il **Deuteronomio 10, 1-5**- le "Tavole della Legge": <<[...] *Faranno dunque un'arca di legno di acacia: avrà due cubiti e mezzo di lunghezza, un cubito e mezzo di larghezza, un cubito e mezzo di altezza. La rivestirai d'oro puro: dentro e fuori la rivestirai e le farai intorno un bordo d'oro. Fonderai per essa quattro anelli d'oro e li fisserai ai suoi quattro piedi: due anelli su di un lato e due anelli sull'altro. Farai stanghe di legno di acacia e le rivestirai d'oro. Introdurrai le stanghe negli anelli sui due lati dell'arca per trasportare l'arca con esse. Le stanghe dovranno rimanere negli anelli dell'arca: non verranno tolte di lì. Nell'arca collocherai la Testimonianza che io ti darò. Farai il coperchio, o propiziatorio, d'oro puro; avrà due cubiti e mezzo di lunghezza e un cubito e mezzo di larghezza. Farai due cherubini d'oro: li farai lavorati a martello sulle due estremità del coperchio. Fa' un cherubino ad una estremità e un cherubino all'altra estremità. Farete i cherubini tutti di un pezzo con il coperchio alle sue due estremità. I cherubini avranno le due ali stese di sopra, proteggendo con le ali il coperchio; saranno rivolti l'uno verso l'altro e le facce dei cherubini saranno rivolte*

---

[142] **Mauro Biglino**, *Non c'è creazione nella Bibbia*, Uni editori, 2014, pp. 157-196.

verso il coperchio. Porrai il coperchio sulla parte superiore dell'arca e collocherai nell'arca la Testimonianza che io ti darò [...]>>.

Tra l'altro non a caso **Yahweh** si mostra particolarmente interessanto all'oro, metallo prezioso ricercato pure da altre divinità mesopotamiche; nell'Antico Testamento, infatti, decine sono i passi dedicati alla sua incessante e frenetica ricerca dell'oro (es. **Esodo 25, 23 e segg., Esodo 30, 1 e segg., 1Re 6, 19 e segg., 1Re 7, 49-50, 2Cronache 4, 20,** ...)[143], sia da recuperare tramite bottini di guerra, sia da saccheggiare tra i nemici (es. quello prelevato agli Egiziani), sia da fonti interne, facendoselo consegnare dal suo popolo, un po' come accade con le donazioni che chiede la

---

[143] Speciale menzione merita la vicenda del *"Vitello d'oro"*. <<[...] *Nell'**Esodo 32** si narra che dopo l'uscita degli ebrei dall'Egitto, mentre Mosè era salito sul Monte Sinai a parlare con Dio e ricevere i Dieci Comandamenti (**Esodo 24:12-18**), gli israeliti, credendo che non ritornasse più, chiesero ad Aronne di fabbricare loro un dio per poterlo adorare (**Esodo 32:1** - "Facci un dio che cammini alla nostra testa, perché a quel Mosè, l'uomo che ci ha fatti uscire dal paese d'Egitto, non sappiamo che cosa sia accaduto"). Aronne raccolse i loro gioielli d'oro e fondendoli forgiò una statua aurea raffigurante un vitello ed essi la adorarono dichiarando: "Ecco il tuo Dio, o Israele, colui che ti ha fatto uscire dal paese d'Egitto!" (**Esodo 32:4**). Aronne costruì un altare davanti al vitello e proclamò che il giorno successivo fosse una festa dedicata al Signore. Il giorno dopo quindi tutti si alzarono presto e "offrirono olocausti e presentarono sacrifici di comunione. Il popolo sedette per mangiare e bere, poi si alzò per darsi al divertimento." (**Esodo 32:6**) Dio disse a Mosè ciò che gli israeliti stavano facendo giù all'accampamento, "non hanno tardato ad allontanarsi dalla via che io avevo loro indicata!. Ora lascia che la mia ira si accenda contro di loro e li distrugga. Di te invece farò una grande nazione." (Esodo 32:9-10) Mosè supplicò Dio di risparmiare gli israeliti e perdonarli, ed il "Signore abbandonò il proposito di nuocere al Suo popolo."(**Esodo 32:11-14**). In seguito Mosè ridiscese dal monte, ma vedendo il vitello d'oro si adirò, gettò al suolo le tavole dei comandamenti, frantumandole, e rimproverò aspramente Aronne e tutti gli israeliti. Poi bruciò il vitello nel fuoco, lo ridusse in polvere, lo sparse nell'acqua e costrinse gli israeliti a bere. Infine si mise alla porta dell'accampamento e disse: "Chi sta con il Signore, venga da me!. Gli si raccolsero intorno tutti i figli di Levi. Gridò loro: "Dice il Signore, il Dio d'Israele: Ciascuno di voi tenga la spada al fianco. Passate e ripassate nell'accampamento da una porta all'altra: uccida ognuno il proprio fratello, ognuno il proprio amico, ognuno il proprio parente". I figli di Levi agirono secondo il comando di Mosè e in quel giorno perirono circa tremila uomini del popolo"* [...]>>.

(Tratto da: https://it.wikipedia.org/wiki/Vitello_d%27oro).

Interessante, inoltre, il parallelismo con il **Corano**, dove viene descritto esattamente lo stesso avvenimento, ma con un finale diverso: Allah, infatti, decide di perdonare tutti dall'errore commesso, in segno di grandezza e umiltà. Evidentemente per gli arabi la crudeltà dimostrata era eccessiva.

Chiesa ai suoi fedeli (<u>da qui -e da altre fonti- parte l'idea di chiedere e ricevere in offerta dai fedeli e dai credenti, secondo le sacre scritture</u>).

b) in **Esodo 25, 9** e **25, 40**, **Yahweh** raccomanda a **Mosé** di seguire fedelmente il progetto/disegno/modello che lui gli aveva fatto vedere sul monte, dimostrando che l'Arca era qualcosa di più di un semplice strumento per indicare la presenza della divinità, anche in virtù di tutto quell'oro impiegato, metallo che conduce l'elettricità in maniera eccellente.

c) in **Esodo 25, 18-20**, **Yahweh** ordina a **Mosé** di provvedere al montaggio dei due "cherubini", posizionati all'estremità del "propiziatorio", in modo tale che le ali (*kanaf*) coprissero e proteggessero, così come confermato anche in **Esodo 37, 7-9**: <<[…] *Fece due cherubini d'oro: li fece lavorati a martello sulle due estremità del coperchio: un cherubino ad una estremità e un cherubino all'altra estremità. Fece i cherubini tutti di un pezzo con il coperchio, alle sue due estremità. I cherubini avevano le due ali stese di sopra, proteggendo con le ali il coperchio; erano rivolti l'uno verso l'altro e le facce dei cherubini erano rivolte verso il coperchio* […]>>.

d) in **Esodo 25, 22**, **Yahweh** spiega a **Mosé** l'utilizzo che intende farne dell'Arca: <<[…] *Io ti darò convegno appunto in quel luogo: parlerò con te da sopra il propiziatorio, in mezzo ai due cherubini che saranno sull'arca della Testimonianza, ti darò i miei ordini riguardo agli Israeliti* […]>>. Dunque, non ci sono dubbi in merito: **Yahweh** dissé a **Mosé** che avrebbe utilizzato l'Arca, quale strumento fisico ed esistente, da trasportate, come un mezzo per comunicare verbalmente. Non a caso, il Rabbino **Moshe Levine** nel 1968 ha assimilato l'Arca ad un condensatore elettrico costituito da due armature (l'oro dentro e fuori) separate da un dielettrico (il legno all'interno);

e) in decine di passi biblici, il tenore letterale del testo impone tutta una serie di quesiti che ci spingerebbero a riflettere sulla pericolosità dell'Arca, per più di un semplice oggetto ornamentale:

Esodo 28, 36:
Farai una lamina d'oro puro e vi inciderai, come su di un sigillo: «Sacro al Signore».
Levitico 10, 1-3:
Poi Nadab e Abihu, figli di Aaronne, presero ciascuno il proprio turibolo, vi misero dentro del fuoco, vi posero sopra l'incenso e offrirono davanti all'Eterno un fuoco illecito, che egli non aveva loro comandato. Allora un fuoco uscì dalla presenza dell'Eterno e li divorò; e morirono davanti all'Eterno. Perciò Mosè disse ad Aaronne: «Questo è ciò di cui l'Eterno parlò, dicendo: "Io sarò santificato da coloro che si avvicinano a me, e sarò glorificato davanti a tutto il popolo"». E Aaronne tacque.
(fu l'episodio della morte dei figli di **Aaronne**, in quanto offrirono un fuoco illegittimo a Yahweh, contravvenendo alle istruzioni)

1Sam 4-6:
In quei giorni i Filistei si radunarono per combattere contro Israele. Allora Israele scese in campo a dar battaglia ai Filistei. Essi si accamparono presso Eben-Ezer mentre i Filistei s'erano accampati in Afèk. I Filistei si schierarono per attaccare Israele e la battaglia divampò, ma Israele ebbe la peggio di fronte ai Filistei e caddero sul campo, delle loro schiere, circa quattromila uomini. Quando il popolo fu rientrato nell'accampamento, gli anziani d'Israele si chiesero: «Perché ci ha percossi oggi il Signore di fronte ai Filistei? Andiamo a prenderci l'arca del Signore a Silo, perché venga in mezzo a noi e ci liberi dalle mani dei nostri nemici». Il popolo mandò subito a Silo a prelevare l'arca del Dio degli eserciti che siede sui cherubini: c'erano con l'arca di Dio i due figli di Eli, Cofni e Pìncas. Non appena l'arca del Signore giunse all'accampamento, gli Israeliti elevarono un urlo così forte che ne tremò la terra. Anche i Filistei udirono l'eco di quell'urlo e dissero: «Che significa il risuonare di quest'urlo così forte nell'accampamento degli Ebrei?». Poi vennero a sapere che era arrivata nel loro campo l'arca del Signore. I Filistei ne ebbero timore e si dicevano: «E' venuto il loro Dio nel loro campo!», ed esclamavano: «Guai a noi, perché non è stato così né ieri né prima. Guai a noi! Chi ci libererà dalle mani di

queste divinità così potenti? Queste divinità hanno colpito con ogni piaga l'Egitto nel deserto. Risvegliate il coraggio e siate uomini, o Filistei, altrimenti sarete schiavi degli Ebrei, come essi sono stati vostri schiavi. Siate uomini dunque e combattete!». <u>*Quindi i Filistei attaccarono battaglia, Israele fu sconfitto e ciascuno fu costretto a fuggire nella sua tenda. La strage fu molto grande: dalla parte d'Israele caddero tremila fanti. In più l'arca di Dio fu presa e i due figli di Eli, Cofni e Pìncas, morirono. Uno della tribù di Beniamino fuggì dalle file e*</u> *venne a Silo il giorno stesso, con le vesti stracciate e polvere sul capo. Mentre giungeva, ecco Eli stava sul sedile presso la porta e scrutava la strada di Mizpa, perché aveva il cuore in ansia per l'arca di Dio. Venne dunque l'uomo e diede l'annuncio in città e tutta la città alzò lamenti. Eli, sentendo il rumore delle grida, si chiese: «Che sarà questo grido di tumulto?». Intanto l'uomo si avanzò in gran fretta e narrò a Eli ogni cosa. Eli era vecchio di novantotto anni, aveva gli occhi rigidi e non poteva più vedere. Disse dunque quell'uomo a Eli: «Sono giunto dal campo. Sono fuggito oggi dalle schiere dei combattenti». Eli domandò: «Che è dunque accaduto, figlio mio?». Rispose il messaggero: «Israele è fuggito davanti ai Filistei e nel popolo v'è stata grande strage; inoltre i tuoi due figli Cofni e Pìncas sono morti e l'arca di Dio è stata presa!». Appena ebbe accennato all'arca di Dio, Eli cadde all'indietro dal sedile sul lato della porta, battè la nuca e morì, perché era vecchio e pesante. Egli aveva giudicato Israele per quarant'anni. La nuora di lui, moglie di Pìncas, incinta e prossima al parto, quando sentì la notizia che era stata presa l'arca di Dio e che erano morti il suocero e il marito, s'accosciò e partorì, colta dalle doglie. Mentre era sul punto di morire, le dicevano quelle che le stavano attorno: «Non temere, hai partorito un figlio». Ma essa non rispose e non ne fece caso. Ma chiamò il bambino Icabod, cioè: «Se n'è andata lungi da Israele la gloria!» riferendosi alla cattura dell'arca di Dio e al suocero e al marito. La donna disse: «Se n'è andata lungi da Israele la gloria», perché era stata presa l'arca di Dio.* <u>*I Filistei, catturata l'arca di Dio, la portarono da Eben-Ezer ad Asdod. I Filistei poi presero l'arca di Dio e la introdussero nel tempio di Dagon. Il giorno dopo i cittadini di Asdod si alzarono ed*</u>

ecco Dagon giaceva con la faccia a terra davanti all'arca del Signore; essi presero Dagon e lo rimisero al suo posto. Si alzarono il giorno dopo di buon mattino ed ecco Dagon con la faccia a terra davanti all'arca del Signore, mentre il capo di Dagon e le palme delle mani giacevano staccate sulla soglia; solo il tronco era rimasto a Dagon. A ricordo di ciò i sacerdoti di Dagon e quanti entrano nel tempio di Dagon in Asdod non calpestano la soglia fino ad oggi. Allora incominciò a pesare la mano del Signore sugli abitanti di Asdod, li devastò e li colpì con bubboni, Asdod e il suo territorio. I cittadini di Asdod, vedendo che le cose si mettevano in tal modo, dissero: «Non rimanga con noi l'arca del Dio d'Israele, perché la sua mano è troppo dura contro Dagon nostro dio!». Allora, fatti radunare presso di loro tutti i principi dei Filistei, dissero: «Che cosa si deve fare dell'arca del Dio d'Israele?». Dissero: «Si porti a Gat l'arca del Dio d'Israele». E portarono a Gat l'arca del Dio d'Israele. *Ma ecco, dopo che l'ebbero trasportata, la mano del Signore si fece sentire sulla città con terrore molto grande, colpendo gli abitanti della città dal più piccolo al più grande e provocando loro bubboni.* Allora mandarono l'arca di Dio ad Ekron; ma all'arrivo dell'arca di Dio ad Ekron, i cittadini protestarono: «Mi hanno portato qui l'arca del Dio d'Israele, per far morire me e il mio popolo!». Fatti perciò radunare tutti i capi dei Filistei, dissero: «Mandate via l'arca del Dio d'Israele!». Infatti si era diffuso un terrore mortale in tutta la città, perché la mano di Dio era molto pesante. *Quelli che non morivano erano colpiti da bubboni e i lamenti della città salivano al cielo. Rimase l'arca del Signore nel territorio dei Filistei sette mesi. Poi i Filistei convocarono i sacerdoti e gli indovini e dissero: «Che dobbiamo fare dell'arca del Signore? Indicateci il modo di rimandarla alla sua sede». Risposero: «Se intendete rimandare l'arca del Dio d'Israele, non rimandatela vuota, ma pagate un tributo in ammenda della vostra colpa. Allora guarirete e vi sarà noto perché non si è ritirata da voi la sua mano». Chiesero: «Quale riparazione dobbiamo pagarle?». Risposero: «Secondo il numero dei capi dei Filistei, cinque bubboni d'oro e cinque topi d'oro, perché unico è stato il flagello per tutto il popolo e per i vostri capi. Fate dunque immagini* *dei vostri bubboni e immagini dei vostri topi che infestano la terra e datele in omaggio al Dio d'Israele, sperando che sia tolto il peso della sua mano da voi, dal vostro dio e dal vostro paese. Perché ostinarvi come si sono ostinati gli Egiziani e il faraone? Dopo essere stati colpiti dai flagelli, non li lasciarono forse andare, cosicché essi partirono? <u>Dunque fate un carro nuovo, poi prendete due vacche allattanti sulle quali non sia mai stato posto il giogo e attaccate queste vacche al carro, togliendo loro i vitelli e riconducendoli alla stalla. Quindi prendete l'arca del Signore, collocatela sul carro e ponete gli oggetti d'oro che dovete pagarle in riparazione in una cesta appesa di fianco. Poi fatela partire e lasciate che se ne vada.</u> E state a vedere: se salirà a Bet-Sèmes per la via che porta al suo territorio, essa ci ha provocato tutti questi mali così grandi; se no, sapremo che non ci ha colpiti la sua mano, ma per puro caso abbiamo avuto questo incidente».* (...)[144].

f) in Esodo 28, 6 e segg., 1Samuele 23, 6 e segg., Esodo 28, 30, Numeri 27, 21, Deuteronomio 33, 8 e altri passi vengono descritti tutta una serie di strumenti che la tradizione descrive come "ornamentali" (*efod, urim* e *tummin*), tuttavia appare chiaro alla luce di quanto detto prima che questi in qualche modo servissero per proteggersi dall'Arca o comunque funzionali ad essa.

Concludiamo il paragrafo, per meglio contestualizzare tali argomentazioni, suggerendo la lettura dei testi sumero-accadici; in particolare, quanto seguirà, servirà meglio a comprendere quante parti della Bibbia non sono altro che "copie" poi modificate a piacimenti di quei testi, facendo sorge dunque la domanda spontanea: *ma se la fonte dice A, la religione cristiana, creata ad hoc su quella fonte, muta la tradizione per giustificare il monoteismo che non esisteva nei culti sumero-accadici e mesopotamici in generale?*

A voi lettori la scelta di credere o meno; nel frattempo, ripropongo un buon riassunto del *Poema di Atrahasis o del Grande Saggio*,

---

[144] Le descrizioni fatte non ricordano gli effetti di un avvelenamento da radiazioni?

scritto in accadico nel XVII secolo a.c. su testi di tradizione sumera e rinvenuto nella Biblioteca di Assurbanipal (668-627 a.c.): <<[...] *Prima della creazione dell'uomo gli dei lavoravano. Gli dei erano divisi in due gruppi gli Anunnaku, gli dei più importanti che sovrintendevano ai lavori, e gli Igigu, che effettuavano i lavori. C'era un re degli dei, Anu, che veniva assistito nel governo da un gruppo di potenti: Enlil, Enki, Ninurta, ecc. Il re e i potenti si erano spartiti a sorte il dominio dell'universo: Anu il cielo, Enlil la terra, Enki il mare. Gli dei lavoratori scavavano i corsi d'acqua e i canali per l'irrigazione della terra. Dopo alcuni millenni di lavoro continuo gli dei lavoratori cominciarono a lamentarsi, poi bruciarono i loro utensili, le zappe e le ceste per il trasporto della terra. Si radunarono e decisero di recarsi da Enlil, il loro capo, per chiedere di essere esentati dal lavoro. Di notte, all'improvviso, gli dei lavoratori circondarono il palazzo di Enlil. Il guardiano del palazzo riuscì a chiudere in tempo le porte. Enlil si armò e diede ordine a tutti i suoi collaboratori di fare lo stesso. Enlil, che era divenuto verde in viso dalla paura, mandò a chiedere aiuto ad Anu e ad Enki. Gli dei padroni si radunarono in consiglio. Enlil, indignato per l'oltraggio fatto alla sua persona, era propenso ad impegnare immediatamente il combattimento. Anu, invece, propose di iniziare delle trattative. Un messaggero fu inviato a parlare alla folla per capire i motivi della rivolta. Il portavoce dei lavoratori fece presente il duro lavoro a cui erano stati sottoposti da Enlil. Enlil, ancor più indignato, propose di mettere a morte il portavoce dei lavoratori per stroncare la rivolta. Anu si oppose affermando che la situazione di disagio dei lavoratori era a loro nota da tempo e che doveva essere trovata una soluzione. Anu chiamò la dea Belet-ili e le ordinò di fabbricare un prototipo di uomo. L'uomo avrebbe assunto su di sè la fatica e il duro lavoro degli Igigu. La dea disse che da sola non era in grado di fare il prototipo di uomo, ma che con l'aiuto di Enki ci sarebbe riuscita. Enki allora decise che un dio sarebbe stato immolato e che la sua carne e il suo sangue sarebbero stati mescolati dalla dea con l'argilla. In tal modo il dio e l'uomo sarebbero stati legati, nell'uomo sarebbe penetrato uno "spirito" che lo avrebbe mantenuto vivo anche dopo la morte. Il dio We fu immolato*. *Belet-ili mescolò la sua carne e il suo sangue con l'argilla. Gli dei Anunnaki e gli dei Igigu, divenuti anch'essi grandi dei, sputarono sull'argilla. Vennero fatti quattordici pani di argilla. Sette pani produssero maschi e gli altri sette femmine. Poi maschi e femmine si accoppiarono due a due. Vennero costruiti nuovi picconi e nuove zappe. Gli uomini iniziarono la loro attività edificando grandi dighe di irrigazione per provvedere cibo per gli uomini e per gli dei, per continuare la grande opera degli dei Igigu. La popolazione si moltiplicò. Il territorio abitato venne ampliato, ma si verificò lo stesso un eccesso di popolazione. Allora Enlil chiamò gli altri dei e disse che veniva disturbato nel sonno dal frastuono degli uomini: erano troppi. Gli dei decisero di inviare una epidemia tra gli uomini. Un uomo, chiamato Grande Saggio, su suggerimento di Enki, organizzò le contromisure. Non bisognava portare più offerte nei templi. Bisognava onorare solo il dio Namtar, il portatore dell'epidemia, che soddisfatto avrebbe sospeso la sua azione malefica. E così avvenne. Gli uomini prosperarono di nuovo. La popolazione crebbe ed Enlil nuovamente si lamentò con gli altri dei: il frastuono degli uomini non lo faceva dormire. Gli dei convennero di inviare la siccità. Niente pioggia, niente piena dei fiumi, vento caldo, cielo oscuro. Gli uomini ricorrono allo stratagemma di prima e Adad, dio della pioggia, al mattino fece pioviggìnare di nascosto e la notte condensò la rugiada. L'umanità riprese a svilupparsi e a moltiplicarsi. Enlil, sempre insonne, decise di ricorrere di nuovo al flagello della Siccità/Carestia, ma questa volta pone un severo controllo sulla situazione: Anu e Adad faranno da guardiani del cielo e lui stesso controllerà la terra. I prati seccarono, la pianura si ricoprì di salnitro, finirono le scorte, si svuotarono i granai. Enki non sopporta la situazione e interviene per risollevare le condizioni dell'umanità, violando l'accordo degli dei Annunaku. Enlil convoca allora una nuova assemblea per risolvere una volta per tutte la controversia e inizia il suo intervento ricordando come i suoi ordini sono stati scherniti da Adad e da Enki. Enki scoppia a ridere. Enlil, sempre insonne, riprende per l'ennesima volta le sue accuse verso Enki e l'umanità. Poi annuncia il diluvio universale per sterminare tutta la popolazione. Enki si oppone al diluvio: perchè mai devono essere sterminati gli uomini, creati per sollevare gli dei dalle loro fatiche, e fatti con la carne e il sangue di un dio immolato? Ma il parere di Enlil prevale. L'assemblea decide il diluvio, che sarà eseguito dallo stesso Enlil, dio del cielo. Gli altri dei vengono impegnati da un giuramento a non intervenire a favore degli uomini. Il Grande Saggio, devoto di Enki, ha un sogno durante il quale riceve da Enki l'ordine di costruire una grande barca molto resistente e di abbandonare la sua casa e i suo beni allo scopo di salvare la sua vita. Il Grande Saggio inventa una scusa per giustificare il suo strano comportamento con i maggiorenti della città dove abita. Annuncia di voler abbandonare la città per abbandonare il territorio di Enlil, ostile ad Enki, a cui è devoto. Sulla barca vennero caricati: oro, argento, animali di ogni tipo, i famigliari del Grande Saggio. Poi il tempo cambiò, allora il Grande Saggio chiuse il boccaporto con bitume, si levò un vento impetuoso e vennero rotti gli ormeggi. Il Diluvio aveva avuto inizio. Il sole scomparve, il vento ululava, la tempesta colpiva la terra, le genti morivano. Il fragore atterriva anche gli dei. Enki era stravolto nel vedere i suo figli travolti. Belet-ili era in singhiozzi, gemeva e piangeva. E con lei piangevano gli altri dei, le labbra secche per l'angoscia. Il diluvio continuò per sette giorni. Poi ebbe termine. La barca si arenò sulla cima di un monte. Il Grande Saggio liberò degli uccelli per vedere se poteva sbarcare, poi scese a terra e fece un pasto per gli dei, che sentito il buon odore si radunarono intorno al banchetto come mosche. Quando Enlil vide la barca si arrabbiò moltissimo e accusò gli altri dei di aver tradito il giuramento. Enki venne immediatamente sospettato. Confessò e si assunse ogni responsabilità. Spiegò i motivi del suo comportamento e covinse gli altri dei che decisero anche di concedere l'immortalità al Grande Saggio, sopravvissuto al diluvio. Enki per evitare la sovrappopolazione prese i seguenti provvedimenti: non tutte le donne sarebbero state feconde, i bambini sarebbero stati sottoposti ad una alta mortalità, le donne consacrate non avrebbero potuto avere figli [...]>>*[145].

---

[145] Tratto da: http://www.maat.it/livello2/babilonia-diluvio.htm.

5.10. Le nuove teorie sulla creazione della razza umana. L'anello mancante e i geni manipolati nell'ipotesi extraterrestre[146]

Le nuove scoperte aprono le porte a nuove teorie sulla creazione della razza umana, offrendo forse la risposta ad uno dei quesiti evoluzionistici più importanti della storia della "razza umana": *chi o cosa rappresenta l'anello mancante?*

Le due posizioni dominanti che si contendono lo scettro sono essenzialmente quella "mitica" e quella "evoluzionistica": la prima introduce il concetto di entità divina (terrestre o aliena), che ha reso possibile la vita grazie al suo intervento (per il momento tralasciamo le prospettive interne, ovvero se la vita è nata da un atto divino o alieno, tramite intervento genetico); la seconda si fonda solo sui riscontri oggettivi, secondo le scoperte scientifiche che di volta in volta vengono compiute. Non sembrano dunque esserci dubbi: la seconda tesi è nettamente più credibile e funzionale, sicuramente oggettiva, rispetto a congetture e ipotesi ai limiti del complottismo.

Muoviamoci allora sul profilo scientifico e diamo per certe e assolute queste scoperte:

a) le mutazioni genetiche necessarie per passare dai Primati, o da un antenato comune, al genere *Homo* sono possibili ma non nel breve lasso di tempo (si stima circa 6 milioni di anni), a meno che ovviamente qualcuno non intervenga geneticamente con degli interventi specifici (una tecnica ancora oggi in via di sperimentazione e non collaudata alla perfezione);

b) il co-scopritore della teoria dell'evoluzione, **Alfred Wallace**, affermò che nello sviluppo dell'uomo bisognava postulare interventi di una qualche "natura intelligente", perché l'evoluzione così come concepita, da sola, non era sufficiente a dare conto delle caratteristiche specifiche del genere umano;

c) gli attuali *"protocolli di clonazione"* prevedono una sequenza in

---

[146] **Mauro Biglino**, *La Bibbia non è un libro di storia*, I ed., Uno Editori, 2015, 5-22.

successione di tutta una serie di passaggi, che coincidono in maniera puntuale alle descrizioni presenti nei testi sacri dedicati al mito della creazione umana, dai culti sumero-accadici all'Antico Testamento, compresa la presenza femminile rinvenibile in letture ebraiche extrabibliche (es. **Lilith**)[147], depurate dal culto cristiano per via del pressante monoteismo maschilista imperante dei teologi.

d) la mutazione genetica che ha permesso la "fabbricazione" del *Sapiens* è avvenuta in un periodo storico compreso tra i 250mila e 300mila anni fa, comunque il periodo in cui la scienza ufficiale colloca l'*Eva Mitocondriale* (ovvero il più recente antenato mitocondriale di tutti gli esseri umani viventi)[148].

Tra l'altro **Genesi 2, 23** è molto chiara quando parla che "questa volta la femmina di Adam (chiamata in ebraico *isha*)[149] va bene", a riprova del fatto che sono le stesse sacre scritture a parlare di diversi tentativi effettuati per fabbricare la donna, in quanto la compagnia degli animali al maschio non bastava. La letteratura extrabiblica rabbinica conferma tale interpretazione, facendo comprendere maggiormente il fatto che l'uomo in precedenza aveva rifiutato altre "femmine", non fabbricato da lui, tramite l'intervento che lo ha posto in un sonno profondissimo, così come riportato in Genesi e già analizzato nel presente lavoro.

---

[147] <<[...] *I primi interventi potrebbero essersi verificati intorno a 250.000 anni fa: periodo in cui compare quella che la genetica accademica chiama la "eva mitocondriale", cioè il gruppo di femmine che per prime hanno iniziato a diffondere quei mitocondri che l'umanità condivide e che possono essere trasmessi solo dall'ovulo femminile in quanto troppo grandi per essere veicolati dagli spermatozoi. Gli scienziati citati fanno notare che la clonazione e la riproduzione controllata sono elementi indispensabili, forse insostituibili, per garantire la permanenza e la diffusione delle caratteristiche genetiche introdotte con il DNA dei cosiddetti 'creatori': di questo parla la Bibbia, come per altro fanno testi e narrazioni di tutte le civiltà del passato [...]*>>. Tratto da: **Mauro Biglino**, *Non c'è creazione nella Bibbia*, Uno Editori, 2013.
[148] Una comparazione del DNA mitocondriale di appartenenti alla specie umana di diverse etnie e regioni suggerisce che tutte queste sequenze di DNA si siano evolute molecolarmente dalla sequenza di un antenato comune. In base all'assunto che un individuo erediti i mitocondri solo dalla propria madre, questa scoperta implica che tutti gli esseri umani abbiano una linea di discendenza femminile derivante da una donna che i ricercatori hanno soprannominato Eva mitocondriale. Basandosi sulla tecnica dell'orologio molecolare, che mette in correlazione il passare del tempo con la deriva genetica osservata, si ritiene che Eva sia vissuta fra i 99.000 e i 200.000 anni fa. La filogenia suggerisce che sia vissuta in Africa. Tratto da: https://it.wikipedia.org/wiki/Eva_mitocondriale
[149] In ebraico: *ish* vuol dire individuo maschio. Dunque, con la "a", *isha*, la traduzione corretta sarebbe individua femmina, maschia, uoma. Tratto da: https://www.youtube.com/watch?v=jb5_bb1sZm8

e) la Scienza moderna ha dovuto confermato i dati derivanti da alcune "coincidenze"[150], ovvero eventi biologici che coincidono cronologicamente e geograficamente con i fatti narrati nell'Antico Testamento, in merito al Paradiso Terrestre, e ritenuti "impossibili" e "straordinari" proprio per la loro incredibile riproduzione sistematica e a catena, come da intervento genetico esterno.

Difatti, pare che:

- le pecore e le capre siano state addomesticate più volte tra il 10.500 e gli 11 mila anni fa nell'area tra i Monti Zagros e l'Anatolia centrale, mentre le prime forme di suino addomesticato risalgono attorno al 10.500 - 9.500 in un'area prossimale al Sud-Est della Turchia;

- una delle quattro linee genetiche dei bovini domestici ha radici nella Valle dell'Eufrate, dove viene domesticata tra gli 11mila e 10mila anni fa;

- la pianta di vite[151], già conosciuta dai Sumeri e protagonista nel post Diluvio Universale (**Genesi 9**) come prima produzione agricola, venne coltivata[152] per la prima volta nell'area geografica siro-anatolica-mesopotamica e alcuni studi hanno portato alla scoperta di tracce di coltivazion della vite risalente a circa 8mila anni fa in Armenia;

- il grano tenero è il risultato di modifiche genetiche operate in natura da parte di una forza intelligente che, circa 12 mila anni fa, nella zona geografica di nostro interesse (Sud-Est della Turchia), ha iniziato a domesticare specie vegetali selvatiche. In particolare, pare dimostrato che una serie di eventi che in natura non potevano accadere spontaneamente sono successi, ovvero la componente selvatica del *Triticum urartu* si è genomicamente fusa con una graminacea, l'*Aegilops speltoides*, per generare il *T. dicoccoides*

---

[150] **Mauro Biglino**, *La Bibbia non parla di Dio*, 2016, Mondadori, pp. 141-147.
[151] Ha proprietà terapeutiche per l'apparato digerente e cardiovascolare, è antitumorale, oltre che regolatrice dell'aggregazione piastrinica.
[152] La vite nacque 140 milioni di anni fa e subì un arresto con le glaciazioni: solo poche varietà si salvarono, grazie ai "rifugi climatici naturali", uno dei quali proprio il Mar Caspio (c.d. Rifugio Pontico).

(c.d. farro selvatico), una specie selvatica che conteneva tutti i geni di entrambi i donatori e il doppio dei loro cromosomi; come se non bastasse, il *T. dicoccum* inglobò interamente il genoma di un'altra pianta erbacea, *Aegilops tauschii*, per generare il *Triticum spelta* (c.d. farro spelta); un'altra serie di ulteriori modifiche genetiche hanno infine portato al *Triticum aestivum* (c.d. grano tenero)[153];

- le origini del *(Homo) Sapiens* sono davvero confuse e i dati in possesso danno dati curiosi, certe volte discordanti. Si sa con alta probabilità che: l'apparizione sul pianeta Terra è datata circa 250mila anni fa ([154]); il primo ceppo d'origine comune era in Africa mentre le altre mutazioni genetiche si avvicendarono fuori da quei territori (tra cui le aree da noi studiate in questo lavoro)[155]; la nascita del *(Homo) Sapiens* cominciò con un'"eva mitocondriale"[156], ovvero il primo gruppo di femmine da cui derivano i mitocondri cellulari che possiede; il *Sapiens* è il prodotto tra un ominide presente in quell'epoca (probabilmente l'*erectus*) e il fantomatico "anello mancante" (che la Bibbia chiama "*tselem*" e **Biglino** suppone dal tenore letterale del verbo di "Dio" essere il DNA degli *Elohim*), producendo un essere con un corredo cromosomico pari a 23 (rispetto al

---

[153] I miti sumeri raccontano di come gli Annunaki (i nostri Elohim) abbiamo portato i cereali dal cielo fin giù la Terra. Altra incredibile coincidenza con i racconti mitici. A titolo di cronaca, recentemente alcuni studi hanno dimostrato che l'intolleranza alimentare al grano è dipesa dal fatto che la razza umana si è dovuta adattare velocemente ad un cambiamento recente: alcuni, più di altri, si sono adattati, altri no o hanno sviluppato durante la fase evolutiva l'intolleranza specifica.

[154] Alcuni dati, non ancora confermati completamente e comunque legati al *Neanderthal* parlerebbero di 400 mila anni fa. Tratto da: http://www.laltrapagina.it/mag/scoperto-un-dna-umano-datato-400-000-anni-fa/.

[155] Questo farebbe pensare che i racconti sulla creazione dell'uomo, appartenente a praticamente quasi tutte le culture principali del globo (64, per la precisione) non sono altro che delle monadi da valutare nel quadro complessivo: ogni cultura ci raccontano la sua storia e nell'insieme comprendiamo come gli "interventi" genetici siano stati tanti, in diverse epoche e in diversi luoghi. Certo, tale affermazione potrebbe sembrare speculativa ma le scoperte vengono da tentativi ipotetici, poi confermati o confutati, per risalire a quella che noi oggi consideriamo la verità oggettiva.

[156] L' "Eva mitocondriale" è il termine che i genetisti usano per indicare il primo gruppo di femmine (circa 250mila anni fa) da cui derivano i mitocondri che il sapiens ha nelle cellule: i mitocondri cellulari sono grandi e possono essere trasmessi solo attraverso l'ovulo femminile perché non entrano negli spermatozoi. L'"Adamo cromosomiale" è invece il primo gruppo di maschi da cui deriva il cromosoma Y del sapiens
[Tratto da: **Mauro Biglino**, *La Bibbia non parla di Dio*, Mondadori, 2016, pp. 281-282].

nostro parente più prossimo, lo scimpanzé, che ne ha 24) [157].

In una zona terrestre opposta al Paradiso Terrestre, ma nella stessa finestra temporale, è accaduto un altro evento biologico "impossibile": il tubero "patata", 10mila anni fa, in Perù, al tempo selvatica e praticamente non commestibile, ha inglobato completamente le sequenze geniche del famoso dell'*Agrobacterium*, trasformandosi nel tubero oggi conosciuto e commestibile[158]. Solitamente, l'*Agrobacterium* riesce a trasferire geni solo in una ristretta porzione delle cellule di una pianta, ma in questo caso, proprio come avviene per gli organismi modificati geneticamente in laboratorio, la cellula con il D.N.A. inserito riesce a moltiplicarsi completamente.

Un interessante studio del Dott. **David Barash** ha dimostrato come:

---

[157] Lo scimpanzé ha un corredo cromosomico di 24, in quanto non presenta (a differenza nostra) la fusione del suo cromosoma 2 con il cromosoma 3: in sostanza, noi siamo il prodotto della fusione tra il cromosoma 2 e 3, e pertanto, non presentiamo 24 cromosomi ma 23. Inoltre, con lo scimpazé condividiamo il 98% del DNA; tuttavia, ci differenziamo anche per il fatto che noi presentiamo dei geni o delle sequenze "speciali":
a) *Gene HAR1*: produce la migrazione neuronale indispensabile allo sviluppo della neurocorteccia di un cervello umano;
b) *SequenzaASPM*: consente lo sviluppo di un cervello tre volte maggiore rispetto a quello degli altri animali;
c) *Sequenza WNK1*: permette la maggiore capacità di coordinare movimenti fini e maggiore destrezza nell'andatura;
d) *Sequenza MA1L1*: assicura un minor tasso di errori nella divisione cellulare e una migliore efficienza delle divisioni/riproduzioni cellulari (mitosi/meiosi);
e) *Sequenza WWOX*: favorisce l'apoptosi delle cellule tumorali e di altre cellule danneggiate;
f) *Sequenza FOXP2*: rende possibile i movimenti facciali fini ad alta velocità unitamente alle vibrazioni della laringe;
g) *Sequenza HACNS1*: induce lo sviluppo di particolari muscoli, come quello che consentono al nostro pollice di essere opponibile e di poter afferrare e manipolare gli oggetti piccoli;
h) *Sequenza AMY1A*: codifica per un enzima, l'amilasi salivare, che permette una migliore digestione dell'amido, che comincia dal cavo orale, e rende digeribili i derivati del frumento e dei tuberi indigeribili per altri primati;
i) *Gene LCT*: codifica per l'enzima lattasi, necessaria per digerire il latte, scindendo il disaccaride lattosio in glucosio e galattosio.
[Tratto da: **Mauro Biglino**, *La Bibbia non parla di Dio*, Mondadori, 2016, pp. 271, 273-275].
All'Università di Edimburgo, il gruppo di ricercatori guidati dal Prof. Martin Taylor hanno scoperto un altro gene assente nei primati ma presente in noi, il gene Mir-941, in grado di donarci un profilo cognitivo unico.
[158] Conferenze di Mauro Biglino del 9 Luglio 2015 (Torino), che riprende un articolo di "Le Scienze" e due studi inglesi
[Tratto da: https://www.youtube.com/watch?v=AkwFOhHyPK8&feature=youtu.be].

<<[...] fin dagli albori della nostra specie, a causa del dimorfismo sessuale i maschi sono stati più alti e forti delle loro compagne. Proprio per questo motivo tra i branchi di primati si è sviluppata l'abitudine di avere un maschio alpha a capo di un harem, abitudine che si è mantenuta per molti secoli invariata finché le popolazioni occidentali, in cui la monogamia era consuetudinaria e culturalmente ritenuta migliore, non hanno cominciato a conquistarne delle altre dove la poligamia (maschile) era una pratica tradizionale. Nonostante si possa pensare che gli uomini, dovendo impegnarsi di meno per la riproduzione della specie, si sviluppino prima delle ragazze, il fatto che avvenga proprio il contrario è spiegabile in modo chiaro: dovendo combattere per il predominio all'interno del gruppo con altri maschi, non sarebbe stato produttivo che si fossero scontrati maschi troppo giovani e quindi troppo deboli. A ricompensa di questo combattimento, se vinto, c'è la possibilità di potersi riprodurre di più poiché si hanno a disposizione più femmine. Questa tendenza alla poligamia nei secoli ha influenzato le creazioni umane, al primo posto quella di Dio: un Dio personale con emozioni forti, percepito come un umanoide grande, spaventoso, capriccioso... un esempio lampante di uomo alpha che comanda il suo gruppo. [...]>>.

Alla luce di quanto detto, forse, la "teoria evoluzionistica" andrebbe riscritta, prendendo in esame tutti gli elementi indiziari, anche quelli scomodi.

In accordo con **Biglino**, infatti, il biologo molecolare e saggista **Pietro Buffa**, in più occasioni, ha confermato[159] quanto detto in questo paragrafo, ricordando che:

a) c'è una diretta e precisa corrispondenza tra la comparsa del *Sapiens* nei luoghi descritti dalla scienza (ovvero il primo Gan-Eden in Africa e il secondo in Medioriente) e i testi biblici e sumero-accadici;

b) la modifica dell'assetto cromosomico, da 48 a 46, con la traslocazione (fusione) tra il cromosoma 2a e 2b presente nelle scimmie

---

[159] Tratto da: https://www.youtube.com/watch?v=qQtB23lkgOo

(mentre l'uomo presenta solo il cromosoma 2 ma unico e più allungato), è un evento che non si riesce a contestualizzare nel tempo, nelle modalità e nella diffusione. Il dettaglio assai singolare è che tale processo comporta l'insorgere di condizioni genetiche come la Sindrome di Down, mentre in questo caso non ha dato vita ad alcuna patologia in quanto la traslocazione ha conservato tutte le porzioni geniche intatte, mentre la parte che si è fuse di 2a/2b era priva di geni, non comportando quindi alcuna conseguenza sgradevole.

Il genetista catanese ha provato inoltre ad avanzare una tesi rispetto agli eventi descritti dalle decine di culture nel mondo riguardo alla genesi della razza umana: così come fanno i genetisti moderni, modificando l'assetto cromosomico da 48 a 46, si impedisce alle due specie, magari compatibili biologicamente, di generare prole feconda o vivente, con un vero e proprio "blocco genetico".

E se chi è intervenuto per fondere i cromosomi 2a/2b lo ha fatto per impedire che si accoppiasse favorevolmente con specie inferiori?

La scienza, nonostante propenda per l'ipotesi della traslocazione dovuta ad una serie di fortunati eventi e coincidenze, lo ha confermato esclusivamente per gli effetti prodotti e all'aspetto causale (non potendo ammettere l'ipotesi manipolativa da parte di una razza aliena).

Al di là delle teorie elencate, questo credo possa essere un ottimo punto di partenza per cominciare a rivalutare tutta la questione.

5.11. La biochimica degli Elohim

Una parte del lavoro di **Biglino** che ha scatenato non poche polemiche, soprattutto nel mondo scientifico, è stato quello legato all'*"odore" derivante dalla carne messa al fuoco durante i sacrifici*, che pare (dal tenore letterale dell'Antico Testamento) inebriare gli *Elohim*, come[160] sotto effetto di endorfine.

Andiamo con ordine.

I passi biblici che meglio rendono l'idea rispetto a questa singolare pratica sono:

Levitico 1, 1-9:
*Il Signore chiamò Mosè e dalla tenda del convegno gli disse: "Parla agli Israeliti e riferisci loro: Quando uno di voi vorrà fare un'offerta al Signore, offrirete bestiame grosso o minuto. Se l'offerta è un olocausto di grosso bestiame, egli offrirà un maschio senza difetto; l'offrirà all'ingresso della tenda del convegno, per ottenere il favore del Signore. Poserà la mano sulla testa della vittima, che sarà accettata in suo favore per fare il rito espiatorio per lui. Poi immolerà il capo di grosso bestiame davanti al Signore, e i sacerdoti, figli di Aronne, offriranno il sangue e lo spargeranno intorno all'altare, che è all'ingresso della tenda del convegno. Scorticherà la vittima e la taglierà a pezzi. I figli del sacerdote Aronne porranno il fuoco sull'altare e metteranno la legna sul fuoco, poi sulla legna e sul fuoco che è sull'altare disporranno i pezzi, la testa e il grasso. Laverà con acqua le interiora e le zampe; poi il sacerdote brucerà il tutto sull'altare come olocausto, sacrificio consumato dal fuoco, **profumo "soave"**[161] **per il Signore**.*

---

[160] Il "come" indica un metro di paragone e non sta ad indicare alcuna similitudine biochimica con le "endorfine"; tutt'al più si vuole paragonare l'effetto che produce, non la sostanza.

[161] La parola tradotta con soave è, in ebraico, *nichoach*, che ha un significato più intenso di quello proposto dalla teologia cristiana; significa: gradito, piacevole, rilassante, calmante, tranquillizzante, lenitivo. Non dev'essere dimenticato poi il fatto che il termine "bevanda alcolica" o "prodotto alcolico" è richiamato nell'Antico Testamento tantissime volte, come nel caso di **Levitico 10, 9** o **Numeri 6, 3** o **Isaia 5, 11** o ancora **Geremia 51, 39**, a riprova del fatto che l'uso della sostanza era davvero comune.

Levitico 16, 11-15:

Aronne offrirà dunque il proprio giovenco in sacrificio espiatorio per sé e, fatta l'espiazione per sé e per la sua casa, immolerà il giovenco del sacrificio espiatorio per sé. <u>Poi prenderà l'incensiere pieno di brace tolta dall'altare davanti al Signore e due manciate di incenso odoroso polverizzato; porterà ogni cosa oltre il velo. Metterà l'incenso sul fuoco davanti al Signore, perché la nube dell'incenso copra il coperchio che è sull'arca e così non muoia.</u> Poi prenderà un po' di sangue del giovenco e ne aspergerà con il dito il coperchio dal lato d'oriente e farà sette volte l'aspersione del sangue con il dito, davanti al coperchio. Poi immolerà il capro del sacrificio espiatorio, quello per il popolo, e ne porterà il sangue oltre il velo; farà con questo sangue quello che ha fatto con il sangue del giovenco: lo aspergerà sul coperchio e davanti al coperchio.

Esodo 30, 26-38:

Con esso ungerai la tenda del convegno, l'arca della Testimonianza, la tavola e tutti i suoi accessori, il candelabro con i suoi accessori, l'altare del profumo, l'altare degli olocausti e tutti i suoi accessori; la conca e il suo piedestallo. Consacrerai queste cose, le quali diventeranno santissime: quanto le toccherà sarà santo. Ungerai anche Aronne e i suoi figli e li consacrerai perché esercitino il mio sacerdozio. Agli Israeliti dirai: Questo sarà per voi l'olio dell'unzione sacra per le vostre generazioni. Non si dovrà versare sul corpo di nessun uomo e di simile a questo non ne dovrete fare: è una cosa santa e santa la dovrete ritenere. Chi ne farà di simile a questo o ne porrà sopra un uomo estraneo sarà eliminato dal suo popolo». Il Signore disse a Mosè: «<u>Procùrati balsami</u>[162][163]*:*

---

[162] <<[...] *Nei versetti suindicati abbiamo visto che doveva essere composto in parti uguali da quattro elementi, conosciuti oggi in erboristeria terapeutica [...] per avere finalità antisettiche, ansiolitiche e regolatrici della respirazione [...]*>> (Tratto da: **Mauro Biglino**, *Il Dio Alieno della Bibbia*, Uno Editori, 2013, pp. 181-182).

[163] Merita menzione il passo di **Levitico 10, 1-3** dove i figli di Aronne, Nadab e Abiu vennero uccisi da Yahweh per aver compiuto un fuoco non nelle modalità previste e gradite: <<[...] *Poi Nadab e Abihu, figli di Aaronne, presero ciascuno il proprio turibolo, vi misero dentro del fuoco, vi posero sopra l'incenso e offrirono davanti all'Eterno un fuoco illecito, che egli non aveva loro comandato. Allora un fuoco uscì dalla presenza dell'Eterno e li divorò; e*

storàce, ònice, galbano come balsami e incenso puro, il tutto in parti uguali. Farai con essi un profumo da bruciare, una composizione aromatica secondo l'arte del profumiere, salata, pura e santa. Ne pesterai un poco riducendola in polvere minuta e ne metterai davanti alla Testimonianza, nella tenda del convegno, dove io ti darò convegno. Cosa santissima sarà da voi ritenuta. Non farete per vostro uso alcun profumo di composizione simile a quello che devi fare: lo riterrai una cosa santa in onore del Signore. Chi ne farà di simile per sentirne il profumo sarà eliminato dal suo popolo».

La frase più interessante sembra essere quella di **Levitico 1, 9**: *profumo "soave"*[164] *per il Signore*; proprio su questo punto, unitamente a tutte le richieste di sacrifici animali sparse nell'Antico Testamento, è sorta un'ipotesi assai difficile da confermare, ovvero il rapporto biochimico tra l'odore derivante dalla carne o dal grasso bruciato e gli effetti fisici sugli *Elohim*. Ma se l'Antico Testamento lascia qualche perplessità sul tema, molti altri scritti di culti anche più antichi, riportano la stessa pratica e gli stessi effetti (es. nei *Theoi* greci e tra le divinità del phantéon celtico)[165].

Dunque, al di là dei processi chimici specifici, non possiamo sottacere sul fatto che la pratica fosse in uso tra le "divinità" (siano esse terrestri o aliene), lasciando spazio a tutta una serie di congetture e/o ipotesi, al fine di spiegare cosa accada nel dettaglio. E' questo pertanto il campo dove ci si deve muovere se il tema da

---

morirono davanti all'Eterno. Perciò Mosè disse ad Aaronne: «Questo è ciò di cui l'Eterno parlò, dicendo: "Io sarò santificato da coloro che si avvicinano a me, e sarò glorificato davanti a tutto il popolo"». E Aaronne tacque [...]>> (Tratto da: **Mauro Biglino**, *Il Dio Alieno della Bibbia*, Uno Editori, 2013, pp. 182-184).
[164] Biglino, analizzando l'Iliade e l'Odissea, trova tantissimi riferimenti a questo tipo di soddisfacimento: es. Iliade I, 40; I, 66-67; II, 400-429; IV, 30-49; Odissea I, 25; III, 417-463; V, 95-103 [Tratto da: **Mauro Biglino**, *La Bibbia non parla di Dio*, Uno Editori, 2016, pp. 203-222].
[165] Altro passo davvero interessante, in ordine all'idea inebriante di "odore", è il passo **Esodo 30, 22-25**, dove Yahweh ordina a Mosè di procurarsi vari aromi e 250 sicli di *keneh bo sem*, ovvero una canna/gambo/ramo che profumi. La CEI ha tradotto questo prima in canna odorifera (1974), poi in canna aromatica (2008) [Tratto da: **Mauro Biglino**, *La Bibbia non parla di Dio*, Uno Editori, 2016, p. 193]. A parere dello scrivente, dissentendo da altre interpretazioni più fantasiose, lo stesso trova interpretazione lineare in "ramoscello che emette odore dolce".

trattare riguarda questo aspetto fisico.

Tra le varie ipotesi, si è immaginato che questo odore, in qualche modo generasse degli effetti rilassanti, come quando il corpo viene investito da ossitocina e in generale dalle endorfine.

Ipotesi! Nient'altro che ipotesi, in quanto gli elementi in possesso sono davvero pochi e non possono essere nemmeno confermati o confutati nell'immediatezza, per via della carenza probatoria, oltre gli scritti "mitici", come sostenuto più volte da **Biglino**.

E proprio su questa base è intervenuto un suo fermo oppositore che, credendo come assoluta l'ipotesi suddetta, ha sviscerato la questione dimostrando senza ombra di dubbio che di "endorfine" non si possano trattare in quanto: <<[...] *la cottura (tale è la "bruciatura" dei sacrifici) avviene un processo di denaturazione delle proteine e dei peptidi, per cui i medesimi composti organici perdono completamente la funzione originaria, in quanto vengono rotti i legami che "tengono insieme" gli amminoacidi. Quindi, fermo restando che nel grasso non esiste traccia di endorfine, quand'anche ce ne fossero, esse verrebbero irreversibilmente disattivate dal processo di cottura [...]*>>[166].

Si apprezza comunque il fatto che l'ipotesi paventata dal saggista, anche solo nell'immaginario teorico, sia stata fonte di discussione e di antitesi, dimostrando di fatto che, per l'ennesima volta, un altro aspetto importante della vita di questi *Elohim* era passata in sordina ad opera della teologia classica, che fa di tutto per eliminare gli aspetti che potrebbero indurre il credente a valutare tutte quelle caratteristiche più umane e meno divine.

Biglino, a più riprese, ha specificato meglio il concetto, per fugare ogni possibile dubbio sul punto, affermando che l'utilizzo del metro di paragone con le "endorfine" non è assoluto e che lui faceva riferimento agli effetti prodotti, non alla tipologia in sé. E' chiaro che dal testo biblico non si evince in alcun caso il termine

---

[166] Tratto da: http://www.associazioneaspis.net/la-biochimica-sbagliata-degli-elohim-dalla-bibbia-secondo-biglino/.

"emdorfina" e dunque bisogna fare necessariamente riferimento agli effetti prodotti, ovvero quelli descritti in più passi anticotestamentari; in essa ritroviamo diverse affermazioni relative al fatto che il fumo prodotto calmava gli *Elohim* (come accadeva con gli Déi greci, romani, celtici e molti altri) e in scienza è risaputo il fenomeno che "*l'odore che percepiamo è dato dalla presenza di molecole dissolte nell'aria*" [167]. A questo **Biglino** faceva riferimento ed è questo il metro di paragone da utilizzare per arrivare ad una possibile o verosimile soluzione accettabile. Tutto il resto, attacchi compresi, appartengono al mondo speculativo.

Si conclude con una nota interessante: è apparsa la notizia in "*The Global Post*" del 24 Luglio 2012 che nello spazio c'è "puzza di bruciato" (ma anche profumo di lampone)! Sembra assurdo ma è così e la spiegazione è assolutamente scientifica: <<[…] *Gli astronauti di ritorno sulla Terra hanno raccontato - con una certa sorpresa - di strani odori sentiti nel corso delle 'passeggiate' nello spazio. Secondo alcuni articoli comparsi sulla stampa americana avrebbero avvertito odore di carne bruciata vagamente metallico; altri raccontano, una volta rientrati alla base, di aver sentito odore di lampone o di un liquore dolce, tipo il rum, che aveva impregnato tutto, dalle tute, ai caschi, ai guanti e alle apparecchiature. Il chimico Steven Pearce, che per la Nasa ha il compito di ricreare sulla Terra gli odori presenti nello spazio per l'addestramento degli astronauti, sostiene che la natura metallica degli aromi potrebbe derivare dalle vibrazioni ad alta energia degli ioni. Secondo la rivista Discover Magazine quello che gli astronauti hanno davvero sentito sono idrocarburi policiclici aromatici IPA o PAH, che si formano durante la combustione generata dalla morte di una stella. Tali composti si trovano anche in materiali presenti sulla Terra, come la pancetta per esempio, e sono considerati cancerogeni. Conoscere la chimica dello spazio potrebbe portare alla conoscenza di tutte le fragranze possibili nel suo profondo.*

---

[167] L'odore è causato da uno o più composti chimici volatilizzati anche ad una concentrazione molto bassa, che gli esseri umani o altri animali percepiscono dal senso dell'olfatto. Tratto da: https://it.wikipedia.org/wiki/Odore.

Tre anni fa si scoprì la molecola di etile formiato, un composto responsabile dell'aroma di rum e di lampone, nella nube Sagittarius B2 al centro della Via Lattea. "Ogni volta che aprivo la camera stagna e il portellone per far rientrare due colleghi stanchi che avevano lavorato all'esterno, i miei sensi venivano colpiti da uno strano odore" raccontava già dieci anni fa l'astronauta Don Pettit. "All'inizio non sapevo bene cosa fosse, mi credevo che arrivasse dai condotti dell'aria per la pressurizzazione dell'ambiente. Poi mi sono reso conto che quell'odore insolito proveniva da tute, guanti e caschi che avevano usato là fuori. Era più forte sui tessuti che sulle superfici di plastica o metallo. E' difficile dire di preciso di che odore si trattasse, un po' come quando si assaggia un cibo nuovo e si dice 'mhmmm, sa vagamente di questo o di quello'... La sensazione più vicina era di qualcosa di metallico, un gradevole odore di metallo dolciastro, che mi ricordava le estati da studente passate a riparare i macchinari di un piccolo impianto per il trasporto di tronchi. Saldatura, ...ecco di cosa profuma lo spazio" [...]>>[168].

---

[168] Tratto da: http://www.tg3.rai.it/dl/tg3/articoli/ContentItem-91ffc24c-2a9e-410a-b49d-88f294f1556f.html?refresh_ce.

5.12. Le incongruenze più eclatanti (e divertenti) tra Antico e Nuovo Testamento

Abbiamo già avuto modo (ed occasione) di trattare l'argomento, inserendo, nella stesura delle pagine precedenti, tutta una serie di elementi relativi alle incongruenze presenti nella Bibbia (es. il Libro di **Daniele**). Tuttavia, il discorso non si è esaurito così e molti altri elementi ci dimostrano, nel corso delle prossime pagine, la "fallibilità" delle sacre scritture, che resta comunque un testo straordinario della letteratura mitologica mondiale.

Qualcuno potrebbe risentirsi di questa provocazione è urlare con rabbia: <<*Se nel testo sacro ci sono incongruenze, queste sono dovute ai copisti che non hanno rispettato le antiche parole del Signore?*>>. Probabile. Anzi, sicuramente. Ma chi contesta ciò non tiene conto di altri fattori:

a) se i copisti non hanno rispettato le antiche parole, come possiamo noi credere ciecamente a quello che c'è scritto? Voglio dire, se troviamo degli errori, è verosimile pensare che siano presenti in molte altre parti del testo sacro, e non solo in quelle scoperte.

b) le sacre scritture hanno palesemente copiato da altri testi appartenenti ad antichi culti, come quelli mesopotamici ed egiziani. Non lo dico io: è storia! E l'accademia ha confermato tale posizione, cristallizzando il fenomeno della "comorbidità" tra le religioni nascenti e quelle già presenti in quel dato territorio. Mi chiedo dunque: perché i testi a a cui si rifà la Bibbia sono mitologia e le sacre scritture sono ispirate da Dio?

c) l'Antico Testamento, anche nella versione accettata dalla CEI, parla di un essere (*Elyon*) che ha diviso i territori, assegnando ad uno degli Elohim (*Yahweh*), uno dei minori, forse anche per l'età e sicuramente per l'importanza, una porzione di famiglia (manco di territorio). Mi chiedo dunque: per coerenza, se proprio dobbiamo "far finta" che il monoteismo sia la matrice del Cristianesimo, perché prendere Yahweh come Dio e non Elyon (legittima "divinità" secondo le Sacre Scritture tante invocate)?

Nell'attesa di trovare le risposte a queste (ed altre) domande, propongo altre sei serie di "incongruenze" divertenti (e bizzarre), che la Bibbia ci propone, così per non farci sorgere alcun dubbio sulla legittimità dell'interpretazione teologica guidaico-cristiana (ironico!):

a) *in primis*, parliamo del *"Signore degli Eserciti"*. *Yahweh*, (che ricordiamo essere il "Dio" giudaico-cristiano, e dunque anche cattolico), nell'Antico Testamento, è spesso chiamato in questo modo: *Ish milchamah* (es. **Esodo 15, 3**), a riprova della sua propensione alla guerra e alle conquiste territoriali. Anche nel Nuovo Testamento, questo appellativo non viene cambiato: **Giacomo 5, 4**. Tuttavia, la Bibbia CEI 2008 (in antitesi con quella del 1974 e 1985), seguendo le direttive interne della *Congregazione per il Culto Divino del Vaticano*, trasforma arbitrariamente il significato da "Signore degli Eserciti" a "Signore Onnipotente", a riprova che effettivamente la prima si scontra notevolmente con il concetto di Dio buono, giusto e misericordioso: per lo meno, Onnipotente dà la sensazione di qualcosa di maestoso ma non di terrificante. Al quanto pittoresca poi la modifica apportata in seno alle letture liturgiche, essendo questa la seconda nella 26esima domenica del Tempo Ordinario nella messa in latino: passando così da *"Sanctus, Sanctus, Sanctus, Dominus Deus Sabaoth"* (Santo, Santo, Santo, il Signore Dio degli eserciti) ad un più leggero e soave *"Santo, Santo, Santo, il Signore Dio dell'Universo"*).

Tanto per la cronaca, e sempre per non farci mancare nulla, la modifica nella traduzione al passo i **Giacomo 5, 4** non è stato accompagnato però alla modifica di **Isaia 5,9** (alla quale rimanda per mezzo delle note), che conserva ancora il richiamo al *"Signore degli Eserciti"*. Che dire?

Un ottimo lavoro di restyling, compiuto per metà. Ma non è tutto: resta il "Signore degli Eserciti" o comunque un suo forte richiamo anche nella **Lettera ai Romani 9, 29** (*se il Signore degli eserciti non ci avesse lasciato...*), nell'**Apocalisse 19, 14** (*gli eserciti del cielo lo seguono su cavalli bianchi...*) e in **Luca 2, 13**: (*apparve con l'angelo una moltitudine dell'esercito celeste...*).

b) *in secundis*, parliamo della "*data di nascita e morte di Gesù*". Chiariamo fin da subito, però, che entrambe le date non sono certe e tramite le fonti testuali arriviamo più o meno ad individuarle, senza comunque avere la certezza assoluta.

Rispetto alla data di nascita: <<[...] Le uniche fonti testuali [...] sono i Vangeli di Matteo e Luca, che però non forniscono indicazioni cronologiche precise. Assumendo la validità delle informazioni storiche da essi fornite è però possibile dedurre un probabile intervallo di tempo nel quale collocare l'evento. **Matteo 2, 1** riferisce che Gesù nacque "nei giorni del re Erode", che regnò presumibilmente tra il 37 a.C. e il 4 a.C.. Non si può tuttavia escludere che nel 4 a.c. egli abbia semplicemente associato al regno i suoi figli. **Matteo 2, 16** riporta l'intenzione di Erode di uccidere i bambini di Betlemme sotto i due anni (*strage degli innocenti*). Assumendo la storicità del racconto, questo suggerisce che Gesù fosse nato uno o due anni prima dell'incontro di Erode coi magi. Nell'incontro tra Erode e i magi, nell'episodio della fuga in Egitto e nel ritorno alla morte di Erode, Matteo si riferisce a Gesù sempre col diminutivo paidìon, bambino piccolo (**Matteo 2, 8-9, 11, 13-14, 20-21**). Indipendentemente dalla effettiva storicità di questi eventi Matteo conserva il ricordo di un Gesù molto piccolo (qualche anno?) alla morte di Erode. **Luca 1, 5** può essere visto come una conferma di **Matteo 2, 1**. Riferisce che l'annuncio dell'arcangelo Gabriele a Zaccaria avvenne anch'esso "nei giorni del re Erode". Secondo Luca la nascita di Gesù avvenne quindici mesi dopo: dopo sei mesi ci fu l'annunciazione a Maria (**Luca 1, 26**), alla quale seguì al termine dei nove mesi di gestazione la nascita di Gesù. Luca comunque non nomina direttamente Erode al momento della nascita di Gesù. **Luca 2, 1** riferisce, nei giorni immediatamente precedenti la nascita di Gesù, di un censimento "di tutta la (terra) abitata" da parte di Augusto, che fu imperatore tra il 27 a.C. e il 14 d.C. Indisse tre censimenti universali: nel 28 a.C. (ancora console), 8 a.C., 14 d.C. (*Res Gestae Divi Augusti 8, lat. gr. ing.*). L'identificazione del censimento evangelico con quello indetto nell'8 a.C. è probabile ma non sicura. **Luca 2, 2** specifica che in occasione del censimento di Augusto era "governante la Siria Quirinio". Costui fu governatore vero e proprio della Siria dal 6 d.C.: il dato è apparentemente incompatibile con l'indicazione evangelica del regno di Erode, morto dieci anni prima. Studiosi cristiani hanno però evidenziato che Quirinio aveva ricoperto in Siria alcuni incarichi ("governante") già durante il precedente governatore, Senzio Saturnino, ed è possibile che questi gli avesse affidato l'incarico di occuparsi del censimento indetto da Augusto per la Siria e per il territorio del re 'alleato' (di fatto, sottomesso) Erode il Grande (vedi Censimento di Quirinio). Questa ipotesi è rafforzata dal fatto che nel II secolo Tertulliano aveva dichiarato che Gesù era nato all'epoca di Senzio Saturnino. **Luca 3, 1** riferisce che Giovanni Battista iniziò la sua predicazione "nel quindicesimo anno di Tiberio" (attorno al 28 d.C., vedi Inizio del ministero di Gesù). All'inizio del suo ministero, di poco successivo a quello del Battista, Gesù aveva "circa trent'anni" (**Luca 3, 23**), che rimanda a una data di nascita attorno al 2 a.C. La cifra "trenta", però, può essere stata arrotondata per richiamare simbolicamente l'inizio del regno di Davide (**2Samuele 5, 4**). Inoltre Tiberio era stato associato al regno di Augusto già alcuni anni prima. Ciò consente sia di retrodatare questa indicazione di alcuni anni sia di render conto della notizia di Tertulliano, secondo cui alcuni romani assegnavano la nascita di Gesù al dodicesimo anno del Regno di Tiberio. Sulla base di **Matteo 2** la nascita di Gesù va collocata qualche anno prima della morte di Erode (4 a.C.), tra il 7-5 a.C. Sulla base dell'accenno al censimento universale indetto da Augusto (8 a.C.) di **Luca 2**, la nascita va collocata nel periodo immediatamente seguente a questo. In definitiva sulla base dei Vangeli, le uniche fonti storiche disponibili al riguardo, la data della nascita di Gesù è ipotizzabile attorno al periodo 7-4 a.C. [...]>>[169].

Rilevare la data di morte di Gesù è impresa assi più ardua: <<[...] I quattro vangeli canonici, gli Atti degli Apostoli, lo storico ebreo contemporaneo Giuseppe Flavio e il più tardo storico romano Tacito concordano nel porre la morte di Gesù in concomitanza con l'amministrazione di Ponzio Pilato. Vi è

---

[169] Tratto da: https://it.wikipedia.org/wiki/Data_di_nascita_di_Ges%C3%B9.

sostanziale accordo tra gli studiosi nel datare l'incarico di Pilato tra il 26 d.C. e il 36/37 d.c.; [...] dunque, in base ai riferimenti storici presenti nelle fonti, la morte di Gesù sarebbe avvenuta in quegli anni. In due passi evangelici si accenna esplicitamente all'età di Gesù, ma data la loro genericità non risultano utili ai fini di precise datazioni cronologiche: **Luca 3, 23** riporta che Gesù aveva "circa trent'anni" quando iniziò il suo ministero ma secondo alcuni studiosi, l'indicazione potrebbe anche derivare dall'età alla quale iniziò a regnare il Re Davide (**2Sam 5, 4**), ed essere funzionale all'identificazione messianica di Gesù che viene chiamato, oltre che "Re", "Re dei Giudei", "Re d'Israele", "Re dei Re", anche "Figlio di Davide"; in **Giovanni 8, 56-58**, alcuni interlocutori giudei rispondono a Gesù dicendo "Non hai ancora cinquant'anni, e hai visto Abramo?". Ipotizzando dunque la data di nascita di Gesù attorno al periodo 7-5 a.C. e ipotizzando il ministero tra il 28 d.C. e il 30 d.c, nella sua vita pubblica Gesù dovrebbe aver avuto all'incirca tra i 32 e i 37 anni, intervallo compatibile con i "circa trent'anni" e i "neanche cinquant'anni". [...] Tuttavia, è possibile restringere l'intervallo 26-36 d.C. sulla base delle informazioni evangeliche relative al ministero di Gesù: [...] **Luca 3, 1-2** [...] colloca l'inizio del ministero di Giovanni Battista, immediatamente precedente a quello di Gesù, nel quindicesimo anno dell'imperatore Tiberio Claudio Nerone. [...] A complicare la questione, nel Medioriente dell'epoca erano adottati diversi calendari che avevano differenti capodanni: giuliano, 1° gennaio; siromacedone, 1° ottobre; egiziano, 29 agosto; giudaico, 1 nisan = marzo-aprile. In base a queste variabili, è virtualmente possibile collocare il quindicesimo anno citato da Luca tra il 26 d.C. e il 29 d.C.. Il dato può essere però ristretto sulla base di alcune considerazioni. I principali storici romani (Tacito, Dione, Svetonio, Cassio), che si basavano sul calendario giuliano, contavano gli anni di Tiberio a partire dalla sua effettiva reggenza alla morte di Augusto, nel 14 d.C., ed è verosimile che Luca si sia adeguato alla storiografia greco-romana. In tal caso il quindicesimo anno di Tiberio, corrispondente all'inizio del ministero di Giovanni e al battesimo di Gesù, equivale al 1° gennaio - 31 dicembre 28 d.C.. L'adozione del calendario siromacedone, meno probabile dati gli intenti storiografici di Luca, porta comunque a un periodo quasi equivalente, 1° ottobre 27 - 30 settembre 28. d.C.. La stessa data (28 d.C.) circa l'inizio del ministero di Gesù può trovare (debole) conferma sulla base di **Giovanni 2, 20**. In occasione della purificazione del tempio, collocata da Giovanni all'inizio del ministero di Gesù (ma dai sinottici alla fine), il tempio di Gerusalemme viene detto "costruito in 46 anni". [...] Secondo Giuseppe Flavio (**Antichità giudaiche 15, 11, 1, par. 380**), la costruzione del tempio di Gerusalemme fu iniziata da Erode il Grande nel diciottesimo anno del suo regno (20-19 a.C.), ma altrove lo stesso Giuseppe (**Guerra giudaica 1, 21, 1 par. 401**) parla di quindicesimo anno (23-22 a.C.). Ammettendo pertanto che l'evento sia accaduto all'inizio del ministero (cronologia giovannea, non sinottica), che l'azione di costruzione sia in corso, che il computo parta dal 19 a.C. (Antichità giudaiche, non Guerra giudaica), i quarantasei anni di lavoro già svolto equivalgono al 28 d.C. [...]>>[170].

Provando a ricapitolare[171], in merito alla data di morte di Gesù, possiamo indicare i seguenti dati:

a) le fonti storiche concordano nel collocare la crocifissione quando Ponzio Pilato era procuratore della Giudea, quindi tra il 26 e il 36 d.C. (probabilmente il 28 d.C., anche se non mancano ricercatori che parlano del 29 d.C., del 30 d.C. e del 33 d.C.);

b) tutti i Vangeli collocano la crocifissione di venerdì;

c) tutti i Vangeli concordano sul fatto che Gesù morì alcune ore prima dell'inizio del sabato ebraico (che iniziava al tramonto del venerdì);

d) i sinottici (Matteo, Marco e Luca) indicano che Gesù sarebbe morto il 15 di Nisan, mentre Giovanni invece colloca la morte di Gesù, apparentemente il 14 di Nisan[172].

---

[170] Tratto da: https://it.wikipedia.org/wiki/Data_di_morte_di_Ges%C3%B9.
[171] Tratto da: http://www.uccronline.it/2012/06/07/gesu-e-morto-venerdi-3-aprile-33-d-c/.
[172] Il Nisan è il settimo mese del calendario ebraico secondo il computo ordinario o l'ottavo mese negli anni embolismic o il primo mese secondo il calendario ebraico ecclesiastico. Rispetto al calendario moderno, Nisan ricade nei mesi di Marzo-Aprile e nel 14esimo giorno di Nisan cade la Pasqua ebraica (*Pesach*, **Esodo 12, 17-18**): https://it.wikipedia.org/wiki/Nisan

Tutto questo discorso sulla datazione della nascita e della morte di Gesù, piuttosto noiosa, risulta invece importante per tre motivi:
- la data di nascita è più certa di quella della morte e colloca Gesù prima dell'anno zero, ovvero l'anno di nascita presunta. Dunque, da oggi, dovremmo retrodatare i nostri calendari di almeno 6 anni (sempre se diamo per scontato che il 6 a.c. è il dato corretto relativo alla famosa nascita). Oggi, 2016, in realtà dovrebbe essere il 2010. Che la celebre fine del mondo, 21 Dicembre 2012, non sia in realtà tra due anni, ovvero il 21 Dicembre 2018? [173]
- se Gesù è nato come sicuramente pare nel 6 a.c., ricordandoci che per tradizione si tramanda l'età dello stesso mentre veniva crocifisso, pari a 33 anni, se ne deduce dunque la data di morte certa: ovvero, il 27 d.C.. Peccato che nessun riferimento storico e letterario riporti tale data.
- si conosce ben poco del Gesù storico e spesso le credenze religiose confondono (più o meno volontariamente) il limite tra realtà e fantasia.

c) *in terzis*, parliamo di <u>Giuseppe Flavio</u>, nato nel 37/38 d.C. e morto intorno al 100 d.C., storico ebreo e testimone oculare dell'evoluzione religiosa del mondo ebraico che seguì la guerra giudaica del 70 d.C.: <<[…] *Nelle "Antichità Giudaiche" esisterebbe un punto (**XVIII. 63-64**) nel quale Giuseppe Flavio avrebbe scritto di Gesù definendolo "il Cristo" (vale a dire il Messia) e parlando della sua resurrezione. Ma il condizionale è d'obbligo, perché gli studiosi hanno riconosciuto che si tratta di una aggiunta fatta nella seconda metà del secondo secolo da parte della chiesa. Ritirate il più possibile dalla circolazione le copie del libro di Giuseppe Flavio, i primi padri della Chiesa si adoperarono per sostituirli con edizioni contraffatte. Sono comparse però almeno un paio di copie delle "Antichità Giudaiche" nelle quali non esiste riferimento a Gesù Cristo. D'altra parte, ci sarebbe da chiedersi*

---

[173] Per sicurezza, lo scrivente puntualizza che la domanda relativa al 21 Dicembre 2018 è solo pura ironia, esercizio per la mente per non perdere l'abitudine al ricordarsi le varie date presunte di catastrofi imminenti e globali, tenuto conto che la vera Apocalisse è l'ignoranza volontaria e la mala fede.

come mai Giuseppe Flavio, che come tutti gli ebrei credeva nell'avvento del Messia, riconoscendone l'avvento nella figura di Gesù non si fosse mai convertito al cristianesimo e fosse rimasto fino alla fine dei suoi giorni un ebreo. Il prof. Shlomo Pines ha scoperto un'opera araba del X secolo, "Storia universale di Agapio" (vescovo di Hierapolis), nel quale viene riportato il libro "Antichità Giudaiche" nella sua forma originale, privo di tutte le espressioni di fede cristiana, dove si accenna all'esistenza di "un saggio di nome Gesù", la cui condotta era "buona" ed era "stimato per le sue virtù". La frase "egli era il Cristo" e quella in cui dopo la sua morte si presentò agli apostoli e "apparve loro nuovamente vivo", presenti nelle copie contraffatte dalla chiesa, non esistono. Non si può certo credere che un ecclesiastico come Agapio abbia potuto togliere dalla propria traduzione del testo di Giuseppe Flavio proprio quelle espressioni che per lui avrebbero rappresentato la testimonianza storica del Messia [...]>>[174].

<<[...] Nel IV secolo d.C. venne alla luce la versione latina della "Guerra Giudaica" firmata da un certo Egesippo, dichiarato scrittore cristiano del II secolo e del quale nessuno fino ad allora aveva mai sentito parlare. Il nome Egesippo deriva dal greco Ioseppus che significa Giuseppe, e quindi è chiaro l'intento di far risalire questo libro al Giuseppe Flavio di cui si è parlato poco sopra. Oggi infatti tutti gli esegeti (compresi quelli legati a ambienti ecclesiastici) sono concordi nel riconoscere che questa versione della "Guerra Giudaica" attribuita a Egesippo in realtà fu scritta da Ambrogio di Milano (che la chiesa considera santo). Ovvero, un falso. Egesippo pare in realtà essere quell'Eusebio (chiamato dagli esegeti "il falsario per antonomasia" per le innumerevoli contraffazioni operate sui libri storici e sugli stessi testi religiosi), autore del libro Historia ecclesiastica ("Storia della chiesa"), scritto per giustificare le falsità che si inventava le faceva passare per citazioni dai libri di Egesippo (cioè egli stesso!). Nel VI secolo ci fu una traduzione della "Guerra Giudaica" in lingua siriaca alla quale fu dato il nome di "V libro dei Maccabei" (titolo

---

[174] Rielaborato da: http://www.arianuova.org/incongruenze-cristiane.

giustificato dal fatto che il testo tradotto comincia dalla rivolta dei maccabei) [...]>>[175].

<<[...] Nei primi anni settanta del XX secolo, però, grazie agli studi del filologo ebreo **Shlomo Pines***, professore all'Università di Gerusalemme, è stata trovata la forma originaria del Testimonium Flavianum, una forma diversa, contestualizzata all'interno della Storia Universale di Agapio di Ierapoli, un vescovo e storico di lingua araba vissuto nel X secolo: «Egli afferma nei trattati che ha scritto sul governo dei Giudei: «In questo tempo viveva un uomo saggio che si chiamava Gesù, e la sua condotta era irreprensibile, ed era conosciuto come un uomo virtuoso. E molti fra i Giudei e le altre nazioni divennero suoi discepoli. Pilato lo condannò a essere crocifisso e morire. E quelli che erano divenuti suoi discepoli non abbandonarono la propria lealtà per lui. Essi raccontarono che egli era apparso loro tre giorni dopo la sua crocifissione, e che egli era vivo. Di conseguenza essi credevano che egli fosse il Messia, di cui i Profeti avevano raccontato le meraviglie». (Traduzione di Shlomo Pines, citata da J.D. Crossan.). Tale citazione del Testimonium, non edulcorata e non interpolata, evidenzia come Giuseppe Flavio, senza entrare nel merito della divinità di Gesù, ne parli come personaggio storico realmente esistito [...]>>*[176].

Per ragioni di correttezza argomentativa, occorre puntualizzare quanto sopra espresso, ponendo l'accento sul fatto che, per **Giuseppe Flavio**, in antitesi con l'autore della precedente nota, comunque **Gesù** fu un individuo in carne ed ossa, realmente esistito e capace di prodigi (non a caso l'Islam lo considera un *Profeta di Dio*): *<<[...] Riferimenti a Gesù sono presenti in alcuni passi delle Antichità giudaiche, un'opera scritta dallo storico ebreo Giuseppe Flavio nel 93 e dedicata alla storia del popolo ebraico dalle origini fino al 66. Nel testo tramandato ci sono tre riferimenti a Gesù e ai cristiani: il primo riguarda la morte di Giovanni Battista (**XVIII, 116-119**); il secondo la morte di Giacomo il Giusto,*

---

[175] *Ibidem.*
[176] Tratto da: https://it.wikipedia.org/wiki/Fonti_storiche_non_cristiane_su_Ges%C3%B9.

che Flavio Giuseppe qualifica come «fratello di Gesù chiamato il Cristo» (**XX, 200**); il terzo, il più noto, è conosciuto come Testimonium Flavianum (**XVIII, 63-64**). Il testo, che contiene alcune informazioni sintetiche su Gesù (il nome, il titolo con cui era conosciuto, il nome e la sorte di un suo fratello), si presenta come genuino e non pone particolari problemi agli storici [...]>>[177].

d) in quartis, parliamo di <u>Pietro</u>, la "pietra" della Chiesa Cristiana. Tutta la sua vita è un mistero "storico":

1) la frase pronunciata da **Gesù** «Tu sei Pietro e su questa pietra edificherò la mia Chiesa» (**Matteo 16, 16**) pare non avere altre fonti se non questa, e dunque diversi ricercatori hanno cominciato a sospettare una serie di aggiunte post-stesura ad opera dei copisti e falsari legati al culto, per dare maggiore forza ai racconti biblici neotestamentari;

2) la morte di Pietro desta non poche perplessità:
- una prima versione parlava di una crocifissione per ordine di **Nerone**, in quanto aveva provocato la morte di Simon Mago, durante un'esibizione di poteri magici;
- una seconda versione, in conformità con la previsione contenuta in **Giovanni 21, 18**, parlava di un Pietro trascinato al patibolo piangente e con le mani tese in avanti;
- una terza versione, più coerente e dignitosa, parlava di un Pietro portato al patibolo sereno e sorridente, nonostante poco prima gli avessero trucidato la moglie;
- una quarta ed ultima versione, la più accreditata e universalmente approvata, venne partorita nel VI secolo d.C., quando venne diffusa la "croce latina": pertanto, Pietro venne crocifisso come Gesù, ma a testà in giù con la croce dunque capovolta, per non creare confusione con l'immagine della morte di Gesù. Ma non solo: <<[...] *Fu per controbattere questa motivazione che un certo Poggio Bracciolini, segretario del papa Martino V dei Colonna, rimasto famoso per innumerevoli altre falsificazioni, pensò di dare alla crocifissione di Pietro un movente che non fosse di natura religiosa, tirando fuori*

---

[177] *Ibidem.*

nel 1429 un passo dello storico romano Tacito dicendo che gli era stato consegnato (sotto forma di un manoscritto dell'XI secolo) da un frate venuto in pellegrinaggio a Roma — un frate anonimo che come dal nulla era venuto nel nulla era ritornato. Che il passo di Tacito riguardante l'incendio sia un falso ci viene confermato, oltre che da una serie di incoerenze che si trovano nei fatti in esso riportati, anche dalla forma letteraria usata per esporli, una forma tortuosa, così differente dallo stile conciso di Tacito da far dire a Las Vergnas, uno dei maggiori esegeti del secolo scorso: «Non possiamo provare che perplessità su come Tacito, dallo stile rapido e folgorante, possa tanto sonnecchiare e invischiarsi sul racconto di questo incendio». Che il passo attribuito a Tacito sia un falso ci viene confermato anche dalla prova storica per la quale risulta indiscutibile che Pietro non può essere morto a Roma nel 64 se fu giustiziato nel 46 insieme a suo fratello Giacomo sotto il procuratore Cuspio Fado secondo quanto ci viene testimoniato da Giuseppe Flavio ("Antichità Giudaiche", XX.122). Che Pietro non si trovasse a Roma sotto l'imperatore Nerone ci viene confermato dagli stessi "atti degli apostoli" dal momento che non ne fanno nessuna menzione allorché parlano della venuta di Paolo presso la comunità cristiana di Roma. Un silenzio che assume un significato determinante per dimostrare quanto tutto ciò che si riferisce a Pietro sia tutta un'invenzione cominciando dall'attribuzione della carica di vescovo della comunità di Roma. La stessa persecuzione ordinata da Nerone contro i cristiani per avere incendiato Roma fu riportata per la prima volta da un certo Sulpicio Severo (IV sec.) nel suo libro "Historia Sacra" (II.29). Questo libro venne ritirato dalla circolazione in seguito a un processo che lo aveva dichiarato una raccolta di assurde invenzioni. Prima del 1429, data in cui Bracciolini tirò fuori il documento del frate pellegrino, nessuno aveva mai parlato di questa persecuzione contro i cristiani. L'avevano ignorata grandissimi storici come Plinio il Vecchio, Giuseppe Flavio, Marziale, Plinio il Giovane, Svetonio, Cassio Dione e gli stessi padri della chiesa, quali Clemente, Ireneo, Eusebio, Origene, Agostino e Ambrogio, che l'avrebbero certamente citata per controbattere coloro che negavano l'esistenza dei cristiani a Roma nel I secolo. Il silenzio di Svetonio risulta particolarmente significativo se consideriamo l'aperta ostilità che sempre ebbe nei confronti di Nerone [...]>>[178].

e) *in quinquies* parliamo dei *Fratelli di Gesù*, tematica che ritroveremo nel capitolo dedicato al Messia. Le fonti di riferimento sono extrabibliche (in particolare, *Antichità giudaiche*, di **Giuseppe Flavio**) e fanno riferimento a Giacomo Minore, Giacomo Maggiore, Simone e almeno due sorelle. <<[...] *La cosa sbalorditiva è che Giacomo Maggiore e Simone erano due rivoluzionari zeloti che furono crocifissi a Gerusalemme nel 46 d.C. dal procuratore Tiberio Alessandro. Nelle "Antichità Giudaiche" si dice che essi sono figli di Giuda il Galileo e, come se non bastasse, che «questi era il Giuda che, come ho spiegato sopra, aveva aizzato il popolo alla rivolta contro i romani mentre Quirino faceva il censimento in Giudea» (XX.122). Giacomo Minore, invece, secondo alcune fonti venne lapidato nel 62 d.C. da scribi e farisei; secondo altre, fu un asceta che non si tagliava mai né capelli né barba e che morì di vecchiaia. Famiglia interessante, senza alcun dubbio! [...]*>>[179].

f) *in sexies* parliamo di "*Daniele*" e "*Tobia*". Al lettore attento, potrebbe non sfuggire il dettaglio delle incongruenze storiche contenute nel *Libro di Daniele*, un testo contenuto nella Bibbia ebraica (*Tanakh*) e nell'Antico Testamento di quella cristiana. Il Canone ebraico annovera il libro di Daniele tra i Ketuvim, mentre quello cristiano tra i libri profetici. Esso, come lo si guardi, rappresenta comunque un testo ammesso e non apocrifo, e descrive alcune vicende ambientate nell'esilio di Babilonia (587-538 a.C.) del profeta Daniele, saggio ebreo che rimane fedele a Dio, e alcuni visioni apocalittiche preannuncianti il Figlio dell'Uomo-Messia e il Regno di Dio. Eppure, il vertice del Rabbinato U.S.A., nella persona del Dott. **David Wolpe**, ha affermato che le sue profezie (es. 490 anni) sono frutto di una condotta cosciente e volontaria, praticamente deliberata, di manipolare alcuni scritti precedenti (**Geremia**)

---

[178] Rielaborato da: http://www.arianuova.org/incongruenze-cristiane.
[179] Rielaborato da: http://www.arianuova.org/incongruenze-cristiane.

per aggiustarli, in quanto si erano dimostrati fallaci; inoltre, è un testo ammesso dal canone nel quale troviamo diversi errori grossolani da un punto di vista storico. Vediamo nel dettaglio[180] gli errori riscontrati:

a) in *Daniele 4,30* si parla della follia di Nabucodonosor, quando nella realtà lo squilibrio mentale colpì il figlio Nabonide (555-539) che abbandonò il trono e la città di Babilonia per ritirarsi probabilmente, secondo il documento di Qumran "la Preghiera di Nabonide", nell'oasi di Tema;

b) in *Daniele 5,2* si trova scritto che il figlio di Nabucodonosor era Baldassar, mentre in realtà il loro rapporto era "nonno-nipote", in quanto era figlio di Nabonide;

c) in *Daniele 5,30* c'è scritto che Baldassar venne ucciso durante la conquista di Babilonia, mentre sappiamo con certezza che a morire fu il Nabonide, figlio di Nabucodonosor e padre di Baldassar, perito poco tempo prima in una battaglia condotta fuori dalla città;

d) in *Daniele 6,1* si legge che alla morte di Baldassar, Dario il Medo ricevette il regno di Babilonia, mentre la storia racconta un'altra verità: a ricevere fu il Re persiano Ciro, mentre Dario la riconquistò solo nel 521 a.C., sconfiggendo un ribelle che si era autoproclamato al potere con il nome di Nabucodonosor IV, senza avere alcun titolo;

e) in *Daniele 10,4* si narra di una visione che il profeta Daniele ebbe a Babilonia. Il testo approvato dalla CEI recita: "(…) Ero sulla riva del fiume Tigri (…)"; peccato, che a Babilonia non scorra il Tigri ma l'Eufrate.

E per i palati fini, citiamo anche le sviste nei seguenti due passi del Libro di Tobia (tra l'altro il libro ammesso dal canone cattolico ma escluso dal canone ebraico):

a) in *Tobia 1,2* si parla della deportazione dei cittadini di Neftali in Assiria, avvenuta al tempo di Enemessaro, e invece è avvenuta al tempo di Tiglat-Pileser III;

---

[180] **Mauro Biglino**, *La Bibbia non è un libro di storia*, I ed., Uno Editori, 2015, 18-20.

b) in *Tobia 1,5* c'è invece scritto che quando morì Salmanassar salì sul trono il figlio Sennacherib, invece salì al trono Sargon II e solo dopo Sennacherib, in quanto successore di Sargon II.

Il punto di vista analitico, allora, dovrebbe cambiare: altro che infallibilità di Dio perché considerati "testi ispirati"! Nell'ispirazione divina c'è (forse) spazio per l'errore oggettivo, storico e geografico? Il timore di ammettere alcuni degli apocrifi è allora soltanto quello di dare a Gesù un'immagine parzialmente contraria a quella cristallizzata nei secoli dal clero? [181]

g) *in septies* parliamo della *"resurrezione"* di Gesù, ponendoci alcune domande e ricercando nel Nuovo Testamento le risposte:

	Luca	Marco	Matteo	Giovanni
A che ora le donne andarono a visitare il sepolcro?	/	Alba	/	Prima dell'alba
Il sepolcro era aperto o chiuso?	Aperto	/	Chiuso	/
Chi c'era al sepolcro?	Due uomini	Un giovane	Un angelo	Due angeli

---

[181] **Traduzione CEI**, *Nuovo Testamento, Matteo 10,32-39*:
32 Chi dunque mi riconoscerà davanti agli uomini, anch'io lo riconoscerò davanti al Padre mio che è nei cieli; **33** chi invece mi rinnegherà davanti agli uomini, anch'io lo rinnegherò davanti al Padre mio che è nei cieli. **34** <u>Non crediate che io sia venuto a portare pace sulla terra; non sono venuto a portare pace, ma una spada.</u> **35** Sono venuto infatti a separare *il figlio dal padre, la figlia dalla madre, la nuora dalla suocera:* **36** *e i nemici dell'uomo saranno quelli della sua casa.* **37** Chi ama il padre o la madre più di me non è degno di me; chi ama il figlio o la figlia più di me non è degno di me; **38** chi non prende la sua croce e non mi segue, non è degno di me. **39** Chi avrà trovato la sua vita, la perderà: e chi avrà perduto la sua vita per causa mia, la troverà.

Chi c'era al sepolcro?	Maria di Magdala, Giovanna, Maria di Giacomo e altre donne	Maria di Magdala, Maria di Giacolo e Salomé	Maria di Magdala e l'altra Maria	Maria di Magdala
Le persone al sepolcro si trovano dentro o fuori?	Dentro	Dentro	Fuori	Dentro
Le persone al sepolcro erano sedute?	No	Si	Si	Si
Maria di Magdala riconobbe Gesù?	/	/	Si	No

Com'è possibile questa serie di divergenze proprio tra i quattro Apostoli principali?

La teologia prova a salvarsi da una brutta figura affermando che ogni "Apostolo" viveva il proprio rapporto con Dio in maniera soggettiva e quindi poteva accadere che determinati eventi venissero riportati soggettivamente, ovvero come percepiti in quel momento, dal singolo Apostolo.

E una domanda sorge spontanea: *dobbiamo dunque fidarci di una serie di scritture ispirate da Dio ma con informazioni false e tendeziose?*

Direi tutto estremanente chiaro, ancora una volta!

5.13. La "resurrezioni" e la "reincarnazione". Differenze e similitudini tra Antico e Nuovo Testamento, tra Occidente ed Oriente

I due concetti protrebbero sembrare simili: in realtà, tra di loro c'è un abisso:

a) la "*risurrezione*" o "*resurrezione*" è il ritorno alla vita dopo la morte.

Nella mitologia egiziana, il dio Osiride, ucciso dal fratello Seth, fu riportato in vita dalla moglie Iside e divenne il Re dell'oltretomba e giudice dei morti.

Per gli Egizi, il corpo doveva essere imbalsamato per preservarlo dalla corruzione: infatti, solo così, la forza vitale dell'uomo (*Ka*) e l'anima (*Ba*) potevano andare nel Regno dei Morti (**da qui il Cristianesimo prenderà i concetti di vita dopo la morte, resurrezione e anima**).

Nello Zoroastrismo è prevista la resurrezione corporea dei morti per il Giudizio finale di Dio sul Bene (*Ahura Mazdā*) e il Male (*Angra Mainyu*): dopo la morte, l'anima della persona passa un ponte (*Chinvato Peretu*), sul quale le sue buone azioni sono pesate con quelle cattive, e la conseguente assegnazione/destinazione dell'anima nel Paradiso o nell'Inferno e l'avvento di un "Salvatore" che farà risorgere un Nuovo Mondo (**da qui il Cristinesimo prenderà i concetti di bilanciamento tra bene e male, il premio dopo la morte e la salvezza ad opera di un "Salvatore"**).

La mitologia conosce concetti di resurezione (Ippolito, Protesilao e Reso, tra tutti) e di immortalità, in un panthéon di divinità molto diverse e legate tra di loro (**da qui il Cristianesimo prenderà in prestito il concetto di "immortalità" applicandolo però all'anima e non al corpo fisico**).

Nell'Ebraismo la credenza in una resurrezione di uno o tutti i morti compare molto raramente (nel *Tanakh* ci sono alcuni episodi in cui i profeti *Elia* ed *Eliseo* operano risurrezioni singole che sono simili a quelle che verranno riportate nel Nuovo Testamento ad opera di Gesù).

L'idea di una nuova vita estesa a tutti (dove per tutti s'intendono sempre e solo gli Israeliti) compare per la prima volta nel *Neviìm* (**Profeti 6, 1-3**): <<[...] *Dopo due giorni ci ridarà la vita e il terzo ci farà rialzare e noi vivremo alla sua presenza* [...]>>. Nel libro del profeta *Ezechiele* si parla della sua visione delle ossa dei morti e del potere di Dio di farli risorgere e di vuotare i sepolcri, probabilmente perché gli Israeliti, durante il periodo Babilonese, vennero a contatto con le religioni orientali, es. Zoroastrismo.

Stesso discorso vale per il riferimento in **Isaia 26,19**: <<[...] *i morti risorgeranno e i loro corpi saranno svegliati* [...]>> o quello nel Libro di *Giobbe* dove si esprime la sua fede nella risurrezione. <<[...] *Alla fine del I secolo a.C., intorno al 20 a.C., venne avanzata l'idea della morte e resurrezione dopo tre giorni di un messia, Efraim discendente di Giuseppe, per intervento dell'angelo Gabriele.*[13]. *Quest'idea venne successivamente accolta dal Talmud e sviluppata in un midrash del II secolo d.C., in cui si espresse il concetto che un messia discendente di Giuseppe avrebbe preceduto il messia discendente di Davide. Nella concezione giudaica l'anima dopo la morte entra nello Sheol, un mondo di nulla e di vuoto fino a che non è da questo risvegliato. Il concetto di Sheol va anch'esso modificandosi col tempo. Nel I secolo erano in contrasto le posizioni dei Farisei che seguivano anche una tradizione orale e quelle dei Sadducei che erano sostenitori di una rigida adesione alla Torah, in cui il concetto di risurrezione è assente. Per i Farisei invece erano presenti concetti di angeli, demoni e risurrezione; lo Sheol non è più un luogo di vuoto ma un luogo di attesa della risurrezione. Dopo la morte i giusti vengono portati dagli angeli nel "seno di Abramo", mentre gli empi soffrono il fuoco della Geenna. Questi concetti appaiono chiaramente nella Parabola di Lazzaro e il ricco Epulone. I Farisei credevano nella resurrezione in senso fisico: i corpi sepolti nella terra sarebbero ritornati in vita ad opera di Dio. Al momento della resurrezione i corpi avrebbero avuto la condizione che avevano al momento della morte, poi Dio li avrebbe* *trasformati risanando le loro infermità. Inizialmente credevano che la resurrezione avrebbe riguardato solo il popolo ebraico, poi arrivarono alla conclusione che sarebbero risolti anche i gentili e anche i giusti tra i gentili sarebbero stati ricompensati da Dio* [...]>>[182] (**da qui il Cristinesimo prenderà in prestito buona parte della sua tradizione, essendo nata come radice guidaica**).

Dunque: <<[...] *La speranza del superamento della morte o risurrezione è formulata per la prima volta nella Bibbia in Isaia (**Isaia 26, 19**) e in Daniele (**Daniele 12, 2**). Secondo i profeti, per chi vive nel presente e per le generazioni passate, la morte può essere superata grazie a un atto divino della nuova creazione. Il Regno di Dio giungerà alla fine dei tempi, quando il peccato sarà vinto e la morte privata del suo dominio. In polemica con i Sadducei, Gesù ribadisce il concetto di resurrezione, di cui vi sono nei Vangeli diversi richiami (**Vangelo di Marco 12, 18-27; Vangelo di Matteo 22, 23-33; Vangelo di Luca 20, 27-40; Vangelo di Giovanni 5, 25-29**). Nei Vangeli l'espressione in greco che indica la risurrezione dai morti è "anàstasis nekrôn", con un significato assai più forte di quello della lingua italiana. In greco è il rialzarsi da coloro che sono morti; ed è un'immagine assai vivida, poiché i morti sono i cadaveri, dai quali esce il nuovo corpo dato dall'anima. Tale vivacità di espressione si trova nell'evangelista **Marco 9, 9-10**: [...]. La fede nella resurrezione è ribadita anche negli Atti degli Apostoli (**Atti 4, 2 e 17, 32**) e nelle **Lettere di Paolo**. Per San Paolo, la morte è il prezzo del peccato (**Romani 6, 23**) e Satana ha il potere sulla morte (**Ebrei 2, 14**) anche se è solo Dio che salva, condanna, dà vita ai morti e chiama all'esistenza anche ciò che non esiste. Gesù resuscita per la nostra giustificazione (**Romani 4, 25**) e morire con Cristo è morire al mondo, e alle potenze del mondo che rendono schiavi (**Colossesi 2, 20**). Il Salvatore ha fatto diventare l'uomo nuova creatura e gli ha donato nuova vita. Per il Cristianesimo nella sua più alta espressione, la morte di Gesù non è stata quella di un grande uomo o di un martire, di un sobillatore o di un innocente buono, ma*

---

[182] Tratto da: https://it.wikipedia.org/wiki/Risurrezione.

*l'evento della salvezza unico e fondamentale. Il concetto di morte è motivo pertanto di costante riflessione: Non avere paura, abbi solo fede – scrive l'evangelista Marco (**Marco 5, 36**). Nei primi tempi del Cristianesimo fu ripresa e rafforzata la tradizione farisaica sulla risurrezione, dandogli un nuovo contenuto (basti pensare all'importanza del tema delle Risurrezione di Gesù come fondamento della fede e del "primo annuncio cristiano", o kerigma) anche se il problema dello Sheol e cioè del destino delle anime dei giusti dopo la morte corporale, non fu inizialmente molto sviluppato. Probabilmente ciò avvenne anche in conseguenza della fede nella seconda venuta di Cristo, o Parusia, che si riteneva dovesse essere imminente. Sono indicazioni di questa tradizione il racconto della risurrezione di Lazzaro di Betania (**Giovanni 11, 1-46**), risvegliato dal sonno della morte così come le altre risurrezioni operate da Gesù nonché vari passi dei Vangeli ad esempio **Matteo 13, 49-50**. Anche Paolo oltre che a professare la fede nella risurrezione terrena di Gesù annuncia la sua fede in una futura risurrezione dei morti (**Atti 24, 15**), nutrendo in Dio la speranza, condivisa pure da costoro, che ci sarà una risurrezione dei giusti e degli ingiusti. [...] Dal Nuovo Testamento e dalla Tradizione cristiana si comprese perciò che le anime di coloro che avessero meritato la Salvezza salissero in Paradiso (corrispondente al "seno di Abramo" del Vangelo e della tradizione ebraica), eventualmente dopo un periodo di purificazione successivo alla morte, ed a tale proposito venivano offerte le preghiere di intercessione per i defunti (vedi evoluzione della concezione del Purgatorio nella Chiesa Cattolica e la tradizione greco-ortodossa della preghiera particolarmente intensa nei tre giorni successivi alla morte). Cristo, al suo ritorno alla fine dei tempi, avrebbe poi pronunciato il Giudizio universale, seguito poi dalla risurrezione della "carne" (cioè dei corpi, trasfigurati a somiglianza di quello di Gesù dopo la risurrezione) o dei morti, come si dice, rispettivamente, nel simbolo degli apostoli ed i quello niceno-costantinopolitano, sia dei giusti che degli ingiusti, i primi per la vita eterna nel Regno di Dio sulla terra, gli altri per* *una risurrezione di condanna [...]>>* [183].

b) la *"reincarnazione"* (o *metempsicosi*) è la rinascita dell'anima (o erroneamente per qualcuno, dello spirito) di un individuo, in un altro corpo fisico, trascorso un certo intervallo di tempo, dopo la sua morte terrena. È una delle credenze più diffuse in ambienti legati all'induismo, al giainismo, al sikhismo e al buddhismo, anche se i sincretismi moderni hanno reso la maggior parte dei neopagani contemporanei fedeli sostenitori della reincarnazione. Nell'antichità, questa credenza ebbe un'ampia diffusione soprattutto nelle scuole filosofiche, anche se poi riprendeva concetti più antichi e precedenti, di origine orientale. In ambito cristiano, la reincarnazione fu accolta solo presso ambienti eterodossi, anche se inizialmente **Origene**, teologo greco e padre del Cristianesimo dei primi secoli, sembrava accettare la possibilità di una preesistenza dell'anima anteriore alla nascita, anche se contestava che lo spirito umano potesse reincarnarsi nel corpo di animali (forse dimenticandosi la lettera di **Qohelet 3,19-20** che lo smentiva clamorosamente, equiparando l'uomo agli animali).

<<[...] *In seguito la reincarnazione fu ribadita dal filosofo Scoto Eriugena. Secondo i sostenitori della reincarnazione nel Cristianesimo, alcuni passi del Vangelo farebbero indurre questa possibilità, ad esempio: Quando Gesù chiede agli apostoli: «Chi credete che io sia?», essi rispondono: «Alcuni dicono che sei Giovanni Battista, altri Elia ed altri Geremia o uno dei Profeti». Ciò testimonierebbe l'accettazione della possibilità che un profeta del passato potesse reincarnarsi nel Cristo. L'episodio della trasfigurazione sul monte Tabor: «"Ma io vi dico che Elia è già venuto e non lo hanno riconosciuto", allora i discepoli compresero che aveva parlato di Giovanni il Battista». «"Tutti i profeti e la legge hanno profetato fino a Giovanni e, se volete accettarlo, egli è quell'Elia che doveva venire"». Quando i farisei interrogano il cieco che annuncia la guarigione: «"Tu sei venuto al mondo ricoperto di peccati e vuoi farci da maestro"». Quando i farisei interrogano il*

---

[183] Tratto da: https://it.wikipedia.org/wiki/Risurrezione.

Battista su chi egli sia e con quale autorità compia il suo ministero, gli prospettano tre personaggi di cui uno sicuramente morto ovvero Elia, il Messia o il Profeta. Nell'incontro con Nicodemo Gesù sembrerebbe suggerire una rinascita immediata ovvero una conversione dell'anima all'ipotesi di reincarnazione. Anche in un testo gnostico denominato **Pistis Sophia** *verrebbe prospettata la possibilità della reincarnazione, sempre però in vista di un suo superamento finale. Va però precisato che tra i tanti testi gnostici ed apocrifi la quasi totalità di questi, riprende l'idea della rinascita in questa vita (come detto sopra o in* **Giovanni, III**) *e non in un'altra [...]>>*[184].

<<[...] Alcune delle prime sette Cristiane come i Sethiani, e a seguire la corrente gnostica di Valentino, credevano nella reincarnazione. Nel clima del sincretismo ellenistico, la dottrina della reincarnazione trova varie testimonianze come quella San Gregorio Nisseno, fratello minore di Basilio di Cesarea, che affermò: «È una necessità di natura per l'anima immortale essere guarita e purificata, e quando questa guarigione non avviene in questa vita, si opera nelle vite future e susseguenti». Così Giustino: «Alcune anime che si credono indegne di vedere Dio a seguito delle loro azioni durante le reincarnazioni terrene, riprenderanno i corpi». Origene sostenne che «in quanto a sapere perché l'anima ubbidisce talvolta al male, talvolta al bene bisogna cercare le cause in una nascita anteriore alla nascita corporea attuale»; egli tuttavia, se ammetteva la reincarnazione da uomo a uomo, si espresse in maniera diversa circa la dottrina della metensomatosi (cioè rinascita in corpi di animali) respingendola come «stoltezza» e «estranea alla Chiesa di Dio, non tramandata dagli apostoli, né mai manifestata dalle Scritture» poiché lo stesso corpo accompagna l'anima. Fra gli avversari della dottrina della reincarnazione vi fu invece Tertulliano. La disputa di fatto si concluse con la definitiva condanna della reincarnazione nel sinodo di Costantinopoli del 553 d.C.. Per ordine dell'imperatore Giustiniano, che si riteneva capo supremo della chiesa d'oriente, venne condannata la dottrina di

---

[184] Tratto da: https://it.wikipedia.org/wiki/Reincarnazione.

Origene con nove anatemi del patriarca Menas. [...] In seguito la credenza nella reincarnazione riemerse nelle eresie dei Catari e degli Albigesi, diffuse nella Linguadoca, e quindi nei pensatori cristiani rinascimentali. Oggi la dottrina della reincarnazione è ufficialmente respinta [...] ma tra i gruppi che si considerano Cristiani e credono nella reincarnazione, si ricordano la Chiesa Cattolica Liberale, la Chiesa Unitaria, i Movimenti Spiritualisti Cristiani e la Compagnia Rosacruciana ed Lectorium Rosicrucianum [...]>>[185].

Biglino[186] ha esaminato la questione oggetto del presente paragrafo con l'analisi di tutti i passi biblici in cui alcuni vedono possibili riferimenti all'ipotesi della reincarnazione o di una qualche forma di vita dopo la morte (es. **Ezechiele, Isaia, Osea, Giobbe, Daniele, Maccabei** e **Sapienza**), giungendo alla conclusione che il Dio dei patriarchi ebrei non ha mai parlato della sorte che tocca agli uomini dopo la morte e non ha mai enunciato l'esistenza di un giudizio finale con conseguente remunerazione, positiva o negativa (come accade nello Zoroastrismo), così come non ha mai affermato o lasciato intendere in modo chiaro ed inequivocabile che dopo la morte possa esserci una qualche forma di continuità. Rafforza questi concetti citando **Qohelet 3,19-20**: <<[...] *Infatti la sorte degli uomini è la stessa di quella degli animali, come muoiono questi così muoiono quelli. Gli uni e gli altri hanno lo stesso respiro vitale, senza che l'uomo abbia nulla in più rispetto all'animale. Gli uni e gli altri sono un vento vano. Gli uni e gli altri vanno verso lo stesso luogo: gli uni e gli altri vengono dalla polvere, gli uni e gli altri tornano alla polvere* [...]>>.

E' dunque chiarissima la matrice spirituale legata al concetto di "resurrezione", mentre risulta flebile se non assente un chiaro richiamo al concetto di "reincarnazione" (nel culto cristiano), che andrebbe a scontrarsi con l'idea teologica della vita dopo la morte degata al Paradiso o all'Inferno e alla bilancia dei peccati con le opere pie.

---

[185] Tratto da: https://it.wikipedia.org/wiki/Reincarnazione.
[186] **Mauro Biglino**, *Resurrezione Reincarnazione*, I ed., Uno Editori, 2011.

TERZA PARTE:

LA MITOLOGIA TERRESTRE. GLI "ELOHIM" A CONFRONTO CON I RACCONTI DELLE ALTRE CULTURE

Capitolo 6:
La mitologia terrestre a confronto

Il *"mito"* (dal greco μύθος, *mythos*): <<[...] *è una narrazione investita di sacralità relativa alle origini del mondo o alle modalità con cui il mondo stesso e le creature viventi hanno raggiunto la forma presente in un certo contesto socio culturale o in un popolo specifico. Di solito i suoi protagonisti sono dei ed eroi come protagonisti delle origini del mondo in un contesto sacrale. Spesso le vicende narrate (oralmente) nel mito hanno luogo in un'epoca che precede la storia scritta. Nel dire che il mito è una narrazione sacra s'intende che esso viene considerato verità di fede e che gli viene attribuito un significato religioso o spirituale. Ciò naturalmente non implica né che la narrazione sia vera, né che sia falsa. Al tempo stesso il mito è la riduzione narrativa di momenti legati alla dimensione del rito, insieme al quale costituisce un momento fondamentale dell'esperienza religiosa volta a soddisfare il bisogno di fornire una spiegazione a fenomeni naturali o a interrogativi sull'esistenza e sul cosmo* [...]>>[187].

Gli studiosi catalogano[188] i "miti" secondo diverse tipologie; tra le classificazioni più importanti possiamo citare:

a) i miti *"cosmogonici"*, che descrivono l'Universo;

b) i miti *"eziologici"*, che spiegano la formazione delle istituzioni sociali, politiche e religiose;

c) i miti *"naturalistici"*, che riguardano i fenomeni della Natura, intesa come essere vivente;

d) i miti *"teogonici"*, che narrano l'origine e le gesta degli Déi;

e) i miti *"storici"*, che individuano le cause di eventi ritenuti realmente accaduto;

f) i miti *"eroici"*, che descrivono le avventure di esseri ritenuti eroici

---

[187] Tratto da: https://it.wikipedia.org/wiki/Mito.
[188] Tratto da: https://it.wikipedia.org/wiki/Mitogia.

o semi-divini, comunque dotati di qualità straordinarie;

g) i miti *"antropogonici"*, che trattano le origini e l'evoluzione dell'uomo sul pianeta.

Il loro contenuto dunque spazia, dall'episodio storico romanzato alla propaganda politica, dalla satira all'aneddoto umoristico che nasconde una lezione di vita, dall'allegoria alla leggenda morale, dalla favola sentimentale al melodramma, dalla saga eroica al romano realistico o alla favola che racchiude mondi fantastici.

Questo capitolo, in linea generale e del tutto sommaria per ragioni di spazio editoriale, è dunque dedicato al "mito" e ai raffronti tra gli Elohim biblici e le divinità di altre culture, al fine di garantire al lettore un'attenta analisi finalizzata a creare dei collegamenti mentali tra una conoscenza e l'altra.

Scopriremo, dopo questo viaggio che, alla fin fine:

a) i miti sono tutti uguali (più o meno) e parlano degli stessi eventi e delle stesse finalità;

b) la storia è l'unica madre comune di tutti i racconti e se la si conosce, il presente sarà soltanto un continuo di quel passato ormai sfumato;

c) esistono misteri che per loro natura non possono essere svelati, per mancanze di prove oggettive (es. le stesse identiche conoscenze e divinità nello stesso periodo storico ma in luoghi geografici distanti continenti, come i sumeri e le culture pre-colombiane).

Sempre per correttezza argomentativa, si reputano maturi i tempi per affrontare un argomento che viene sottinteso spesso durante la stesura di questo lavoro, anche in riferimento a tutti gli autori citati: *gli Elohim erano alieni?* Questa domanda ha sicuramente un impatto traumatizzante, perché presuppone l'esistenza di vita oltre la Terra e l'avvento di questi esseri sul nostro pianeta, in un contesto di base dove l'ufologia da parecchi anni gioco un ruolo centrale, spesso partorendo teorie cospirative degne dei migliori film di spionaggio.

Occorre dunque fare delle doverose premesse argomentative:

a) *in primis*, la vita "aliena" può non esistere necessariamente sotto forma di "intelligenza" come la conosciamo noi. Il batterio è una forma di vita e come esiste sulla Terra può esistere anche su altri pianeti: quella è anche "vita aliena". E ancora, sappiamo che la "vita" si basa sul "carbonio" e nonostante diversi studi, è stata solo teorizzata la possibilità di avere vita su altre basi (es. silicio)[189], ma ancora da un punto di vista scientifico non abbiamo riscontri oggettivi e certi;

b) *in secundis*, se di "alieni" sulla Terra stiamo parlando, necessariamente, dobbiamo fare riferimento ad esseri "intelligenti", capaci di affrontare viaggi spaziali e coprire lunghe distanze in pochissimo tempo. Se questa è la base, con le prove scientifiche in nostro possesso, al di là di documentazione fotografica e video, dobbiamo scartare tale possibilità, non avendo la certezza assoluta o prossimale all'assoluto. Tuttavia, appare assai curioso come decine di culture, diverse tra loro per posizione geografica e periodi temporali, parlino delle stesse vicende e degli stessi esseri. Dicono sempre "venuti dal cielo" e qualcuno azzarda anche ipotesi geografiche nello spazio profondo (Zeta Reticuli, Sirio, Orione, ...): sicuramente, esistono tutta una serie di indizi per adesso ascrivibili al campo delle teorie, perché il processo che forma la "prova" è lungo e gli indizi, come in un processo, dovrebbero essere gravi, precisi e concordanti.

c) *in terzis*, nelle Sacre Scritture guidaico-cristiane non ci sono passi che esplicitamente ci raccontano di alieni provenienti da altri mondi.

---

[189] <<[...] *Tutte le forme di vita presenti sulla Terra sono formate da molecole la cui struttura portante è sempre costituita da atomi di carbonio. Ma nell'ambito dell'esobiologia, la scienza che studia come si sia evoluta la vita sul nostro pianeta e come potrebbe svilupparsi in altri luoghi dell'universo, sono state ipotizzate forme di vita basate su altri elementi..(...) Quello che sembra la migliore alternativa al carbonio è il silicio (il principale componente della sabbia). Ma l'atomo di silicio non potrebbe formare le lunghe catene che invece caratterizzano la vita basata sul carbonio; inoltre, i composti formati dal silicio con l'idrogeno (un elemento chiave per la vita) si sciolgono in acqua. Più interessanti sembrano il fosforo e l'azoto, che però funzionerebbero bene solo in un mondo con caratteristiche decisamente aliene. In un'atmosfera di ammoniaca, per esempio, piante basate su fosforo e azoto potrebbero emettere idrogeno al posto dell'ossigeno. E i corrispondenti animali potrebbero respirarlo e bruciare gli zuccheri emettendo fosforo e azoto. Sono stati analizzati anche altri elementi: arsenico, cloro, zolfo. Ma per la loro scarsità e la loro alta reattività, non sembrano poter formare molecole stabili abbastanza complesse [...]>>.*
Tratto da un articolo di Focus: http://www.focus.it/scienza/scienze/la-vita-potrebbe-basarsi-su-un-elemento-diverso-dal-carbonio.

Tuttavia, abbiamo la certezza che queste si rifanno ad antichi scritti sumero-accadici che a loro volta parlavo proprio di esseri alieni provenienti dallo spazio. Dunque, non è da escludere che la depurazine operata dai teologi guidaico-cristiani abbia irrimediabilmente compromesso la verità che quei testi sottintendevano, senza mai dimenticare o escludere l'ipotesi che tali racconti non fossero altro che tradizioni trasmesse dagli avi, frutto di miti senza alcun fondamento storico. L'errore, infatti, potrebbe essere quello di dare una valenza storica a fatti che sono nati (e devono morire) come miti. A parere dello scrivente, però, ci sono più elementi che inducono a ragionare sull'argomento, senza escludere a priori l'ipotesi aliena, non tanto per ricercare la possibilità, quanto più per spiegare fenomeni che ancora oggi sono a noi sconosciuti. Le grandi scoperte, in fondo, sono spesso avvenute per tentativi, anche infruttuosi, o per coincidenze totalmente fortuite.

Adesso possiamo Affrontare questo cammino aiutandoci con una serie di domande (c.d. stile interviste), pubblicate in rete sulla testata giornalistica www.laltrapagina.it ai saggisti **Mauro Paoletti**, **Roberto La Paglia**, **Enrica Perucchietti** e **Paolo Battistel**, tutti studiosi del fenomeno mitico e delle religioni in generale.

Cominciamo con **Mauro Paoletti** [190], autore di "*Elohim*":

Sei dunque convinto anche tu che "Elohim" sia un termine plurale e non singolare? Da dove evinci tale assunto?
La Bibbia stessa fornisce la risposta. Ovviamente nella versione originale. C'è scritto Elohim, non il Signore o Altissimo. La sostituzione è avvenuta in fase di traduzione dai noti settanta, accettata poi dal clero cattolico. Elohim è in realtà, come confermano esperti traduttori, una forma plurale irregolare. Comunque la Bibbia fa riferimento molte volte a una pluralità di Déi. Lo stesso YHWH lo afferma: "Facciamo l'uomo a nostra immagine". "Ecco adesso l'uomo e come uno di noi". In molti

---

[190] Tratto da: http://www.laltrapagina.it/mag/mauro-paoletti-levidenza-degli-elohim-in-tutta-la-terra/.

passi, Deuteronomio e Salmi, si parla di Elohim, quindi Dèi. (...).

Chi erano gli Elohim biblici e da dove traggono spunto gli autori anticotestamentari?

Nella Bibbia non c'è solo Jahweh. Si menziona Baal, suo antagonista, detto Belo e come El accumunato a Ptah. (...) Si cita Anath. Asherah, l'Astarte dei Fenici, Venerata dagli ebrei come Regina del Cielo e a lei dedicata una festa. Una divinità importante per il popolo che si lamenta dell'interruzione delle offerte a lei dedicate. Troviamo Moloch, per alcuni probabilmente un dio inventato per giustificare i sacrifici umani ma anche Baal veniva detto Moloch e a lui i cartaginesi sacrificavano vittime. Troviamo Adon un dio fenicio. E altri. Le fonti? Il collegamento con i popoli vicini. Ricordiamoci che sotto Nabucodonosor la classe intellettuale ebraica, il re e la sua corte furono deportati a Babilonia. Sacerdoti e filosofi hanno sicuramente attinto informazioni dal culto sumero assiro babilonese cercando di ricostruire la storia della creazione. La stesura della Bibbia fu compiuta per motivi politico-religiosi. Un solo Dio un solo popolo. Quindi furono raccolti i racconti, le regole di comportamento, i rituali, gli avvenimenti, i miti e gli scritti da diversi autori, centinaia di anni dopo che tali eventi si verificarono le cui fonti risalgono a antichissime tradizioni orali.

Dove ritroviamo i famosi "Elohim", territorialmente parlando? Cominciamo dall'Europa...

Il poema dell'Edda ci conduce nel nord Europa fra la civiltà Iperborea e fornisce miti ripresi dai vichinghi. Quelli a noi più noti grazie alla cinematografia. Il regno di Asgard, di Odino, Thor, Loki, le valkirie e il Valhalla. L'Europa fu la culla del culto della Dea Madre; lo è ancora, anche se celatamente: la Bandiera con le dodici stelle della corona della visone di Santa Caterina di Labourè o la corona turrita, simbolo dell'Italia. Un richiamo, insomma, a divinità quali Minerva, Giunone, Atena, ecc. Oggi la Dea è la Madre di Dio. Da Apollo. Luce del Nord, sul carro tirato dai cigni, si giunge a Cerere, sul carro tirato da Leoni. Abbiamo Eurinome e Ofione.

Importante il culto celtico, tanto da influenzare il Cristianesimo che ne ha assorbito gran parte. Alcune divinità celtiche sono divenute santi cristiani. Qui troviamo I Tuatha De Danan, una tribù celtica che diceva di provenire da Lys Don (in Gaelico Cassiopea). Troviamo Balor, Bel, Bran, Dagda, Cerridwen, Epona, Rhiannon, Danu, Lug il dio solare, Morrigan. Un nome che porta lontano. Divinità o individui in possesso di una tecnologia avanzata che si dichiaravano provenienti da un altro mondo. Ovviamente, abbiamo anche i pantheon greci e romani con divinità comuni. Giove, Minerva, Apollo, Venere e Marte. Fra le divinità adorate dai romani anche Iside e Mithra. Quest'ultimo adorato come il Sole Invitto a orientato le scelte di un imperatore, Costantino e gettato le basi di un nuovo culto: il Cristianesimo. Iside, dea egizia, che a Roma rimpiazzò Cibele e a Parigi nel 1793 una sua statua fu innalzata in piazza della Bastiglia. Veramente a lei Parigi deve il suo nome: la stella a cinque punte era la sua stella e oggi è divenuto il talismano di molte repubbliche e forse simbolizzata nella Grande Madre velata sulla cui tombe è stato scritto:"Io sono tutto ciò che è, che è stato e che sarà e nessun mortale m'ha ancora tolto il velo che mi copre".

E gli Elohim in Medioriente?

Nella ricerca dell'Eden, il luogo dove risiedevano gli Dèi, ubicato dalle tavolette sumere nello stesso luogo indicato dalla Bibbia, è emerso che probabilmente si trovava più a nord del territorio. Verso il lago Van nel Kurdistan. I primi insediamenti stanziali risultano in quelle terre. I cataclismi verificatisi millenni orsono spinsero questi abitanti, Dèi o meno, ad abbandonare il luoghi e scendere verso la pianura Mesopotamica. A Jarmo si fondeva rame e piombo nel 6.750 a.C. a Catal Huyuk nel 6.400 a.C.. La ceramica di Mureybet risale all'8000 a.C. I sumeri fanno la loro apparizione nel 5.500 a.C. Il resto è storia. Sumeri Babilonesi. Marduk, Enlil, Enki. L'epopea di Gilgamesh e Utnapishing, il Noè sumero. Tutti collegamenti con le storie bibliche. Storie che gli ebrei probabilmente hanno visionato nel periodo della loro cattività. Che ci portano a una visione diversa riguardo gli episodi descritti nella Bibbia.

Abbiamo prove della presenza di Elohim in Asia e Africa?

L'Egitto ci parla di una divinità che giunse in terra con la sua "camera celeste". Un mezzo che stando alle rappresentazioni conservate nei documenti e nei Musei ricorda una capsula spaziale. In quella terra gli Dèi viaggiavano da un luogo all'altro con i loro "occhi solari". Orus scende in picchiata sui nemici a bordo del suo occhio, uccidendoli. Ci sono altre divinità di notevole interesse come Osiride, Iside, Toth identificato con Ermes Trismegisto ma gli "occhi solari" richiamano i Vimana usati dagli Elohim dell'India, le armi e la tecnologia descritta nei testi sanscriti, come per le energie descritte nella Bibbia, vedi Sodoma, la tecnologia in possesso di YHWH che trasmette a Mosè. I carri "volanti indiani" poi richiamano la "gloria" del Signore, la Kevod di YHWH.

E gli Elohim in America?

In quanto alle divinità presenti nelle terre "al di là delle colonne d'Ercole", per citare Platone, giungono storie di un dio serpente che assume nomi diversi a seconda dei popoli, Kukulcan, Quetzalcoatl, Cucumatz, Teoti-Hua-Kan, un dio bianco che aveva come braccio destro il dio del cielo Itzamma, bianco e barbuto giunto dal mare, conosciuto come Viracocha chiamato anche Huaracocha, Kon Tiki, Conticci, ecc,ecc. nella cui raffigurazione gli spagnoli videro San Bartolomeo. Storie che hanno analogie con quelle bibliche. Mexi che riceve le tavole della legge dal dio Huitzlopochtli. Sacrifici a Jahweh e a Viracocha. Templi distrutti in entrambe le terre. Anche la storia di un diluvio. Se qualcuno cerca l'attendibilità delle fonti, tutto ciò emerge da quanto è rimasto di quelle civiltà. Grazie a Diego De Landa, sia per la documentazione perduta, sia per quella salvata, visto che fu lui per primo ad affidare alle fiamme documenti definiti diabolici per accorgersi dopo che si trattava di grandi civiltà. Documentazione molto seguita negli ultimi anni, specie per le remote datazioni che presentano alcune iscrizioni. E non dilunghiamoci a parlare degli Olmechi e di quanto mistero è racchiuso in quelle terre. Machu Picchu, Cuzco, Sacsayhuaman, Nazca.

(…)

Continuiamo la nostra avventura con **Roberto La Paglia**[191], autore di *"Mitologia Aliena"*, tenendo presente che questo autore è particolarmente legato all'ipotesi aliena:

Quando e come gli alieni scoprirono la Terra? E da dove provenivano?

Una attenta analisi di quella che è stata l'evoluzione dell'umanità attraverso i secoli ci porta a pensare che le interazioni aliene con il nostro pianeta risalgano già alla preistoria; si tratta ovviamente di una datazione legata alle evidenze archeologiche, ed è plausibile pensare che tali avvenimenti fossero una costante già da tempo. Il primo riferimento è quindi riscontrabile in uno dei tanti misteri che da sempre affligge gli storici e gli scienziati, quello dei petroglifi, e in particolar modo quello che riguarda molte raffigurazioni antiche che sembrano riprodurre moderne creature rivestite da una sorta di tuta spaziale, se non addirittura veri e propri esseri di natura non umana. L'archeologia ufficiale ha sempre interpretato tali "anomalie" come rappresentazioni di fantasia, trasposizioni di antichi rituali tesi ad esorcizzare la paura dei primi uomini che si confrontano con un ambiente ostile, con tutti quei fenomeni naturali ai quali non riescono a dare una spiegazione razionale e che, proprio per questo motivo, attribuiscono a misteriose entità. A questa spiegazione si associa spesso quella dei primi uomini intenti a riprodurre scene di vita quotidiana.

Ma è possibile accettare totalmente queste teorie? L'uomo primitivo dipingeva o scolpiva la pietra per riprodurre ciò che temeva o ciò che osservava?

Come sempre la verità risiede in un compromesso non sempre accettabile; è del tutto plausibile che i primi uomini esorcizzassero le loro paure dipingendole sulla pietra, ma è altrettanto verosimile che l'uomo primitivo dipingeva ciò che realmente vedeva. Si tratta

---

[191] Tratto da: http://www.laltrapagina.it/mag/mitologia-aliena-lo-scrittore-roberto-la-paglia-ci-illustra-i-dettagli-dei-suoi-studi-e-le-prove-della-presenza-aliena-sulla-terra-dalle-origini-ad-oggi/

in pratica della prima scintilla che accese l'arte della pittura e della scultura, dipingere e ritrarre avvenimenti reali che in seguito, nel tempo, si arricchirono di aggiunte fantastiche, dando libero sfogo alla fantasia dell'artista. Se quindi nel Paleolitico, un periodo di tempo risalente a 40/35000 anni fa, ignoti "artisti" ritrassero strane figure dotate di quelle che oggi non possiamo non accostare a caschi e tute spaziali, oppure ai famosi "grigi" della letteratura ufologica, è logico pensare che tali figure vennero in qualche modo osservate, che interagirono, direttamente o meno, con gli abitanti del nostro pianeta. Per ritrovare tali testimonianze basta osservare le pitture rupestri di Rufignac, Altamira, Lascaux, oppure le incisioni rupestri lasciate dalla misteriosa civiltà dei Camuni in Valcamonica, le rappresentazioni degli spiriti celesti dei Kajuti siberiani, le raffigurazioni dei Wandjina appartenenti agli aborigeni australiani, soltanto per citarne alcuni. Molto più complicato risulta invece tentare di capire quale fosse la provenienza di queste misteriose creature. In tal senso le pitture rupestri non forniscono ulteriori indizi, risulta però interessante ricordare l'antico popolo dei Dogon, la loro esatta conoscenza di Sirio A e Sirio B, e i racconti in merito ai misteriosi Nommo che originariamente visitarono la loro terra. A queste informazioni è doveroso aggiungere i vari saggi di Sitchin ([192]) in merito al pianeta Nibiru,

---

[192] In antitesi con **Sitchin**, il sumerologo italiano **Manuel Ceccarelli** sostiene, coerentemente con tutto il mondo accademico, che i componimenti presi in considerazione sono nettamente moderni rispetto alla produzione mitologica di quell'area: siamo dunque nel paleobabilonese, 1.900-1.600 a.C.. Inoltre, il ricercatore pone l'accento sul fatto che questi testi altro non erano che esercitazioni scritte da parte di scolari babilonesi e amorrei che stavano imparando il sumero; difatti, in essi (come ad esempio l'*Enuma Elish*) è possibile rinvenire diversi errori grammaticali, elementi culturali mesopotamici e costruzioni grammaticali accadiche, rendendo quei testi poco attendibili e credibili, ovvero delle produzioni che non hanno la stessa dignità delle opere precedenti e potrebbero essere frutto di fantasia dell'autore mentre si esercitava ad imparare la lingua sumera. Da nessuna parte ci sono evidenti presenze di interferenze "aliene", così come li conosciamo noi nella terminologia moderna
[Tratto da: https://www.youtube.com/watch?v=WUTqpoayFt4].
Anche il ricercatore **Biagio Russo** si è posto in maniera critica sui lavori di **Sitchin**, affermando l'errata e distorta traduzione operata dal sumerologo, travisando il significato di alcune parole (anche se appoggia la tesi "aliena"): in sostanza, i sumeri non hanno mai detto che gli *Annunaki* venivano da *Nibiru*, che questo pianeta torna ogni 3.600 anni e che ricercavano l'oro, in quanto serviva per ripristinare la loro atmosfera; inoltre, per i sumeri il concetto di Dio non era quello che conosciamo oggi e dunque non lo rivolgevano agli

oltre alla corposa produzione letteraria di Alan Alford in merito agli antichi Sumeri e all'antico Egitto. Avendo citato Sitchin risulta opportuno soffermarsi su alcune informazioni rintracciabili nei suoi scritti; il riferimento va ovviamente all'ormai famoso Nibiru, un pianeta che viaggia su una orbita ellittica e con un periodo di rivoluzione intorno al sole di circa 3600 anni, il misterioso pianeta X, ospite del nostro sistema solare ma invisibile ai nostri occhi. Gli antichi Sumeri lo conoscevano con il nome di Nibiru, mentre per i Babilonesi si trattava di Marduk. In un periodo di tempo stimabile in miliardi di anni fa, Nibiru venne a trovarsi in posizione tra Marte e Giove; in quello stesso periodo un suo satellite si scontrò con un pianeta che si trovava sulla sua stessa traiettoria (Tiamat). Le conseguenze di questo scontro furono che il pianeta urtato si ritrovò, insieme a un suo satellite (Kingu), tra Venere e Marte, dando così origine al sistema Terra-Luna. Una parte del pianeta colpito, ridotta ormai in frammenti, ricadde sul suo satellite, mentre i residui dei satelliti di Tiamat furono scagliati lungo una orbita oblunga e retrograda dando così origine alle comete. Infine, altri pezzi rimasero sul luogo dell'impatto e generarono la fascia degli asteroidi. Tiamat ospitava già sulla sua superficie forme di vita organica a livello macromolecolare, che in conseguenza dell'urto si trasferirono sul pianeta colpito. Secondo Sitchin queste forme di

---

Annunaki che erano i "superiori", sopra gli "*Igigi/Igigu*", ovvero la bassa manovalanza per i lavori manuali e non di comanda.
[Tratto da: https://www.youtube.com/watch?v=mrQ7h9mxa3I e https://www. youtube.com/watch?v=ImKvPpIfHG0].
A parziale conferma della tesi del ricercatore **Biagio Russo**, in ordine alla questione relativa alla ricerca di oro da parte degli Annunaki, nel testo di **Sitchin**, *Le cronache Terrestri rivelate*, Piemme, I ed., 2012, pp. 186-188, è possibile leggere quanto segue: l'oro <<[...] venne considerato proprietà degli Déi che lo usavano per comunicare con l'umanità (es. il bastone d'oro) che Viracocha consegnò in Perù e i cherubini d'oro posti sull'Arca dell'Alleanza per ascoltare Yahweh. Sia nel vecchio che nel nuovo mondo, le dimore divine e i *Sancta Sanctorum* erano interamente rivestiti di oro e decorati con oggetti anch'essi di oro. Secondo i testi sumeri, gli Annunaki estraevano l'oro nell'Africa Sud-Orientale (Arali), dalle miniere dell'Ab.zu [...]>>. Tuttavia, in nessun testo di Sitchin viene menzionata la fonte che richiami il testo specifico: da ciò, se ne può dedurre che si tratti di un'ipotesi dello scrittore, senza alcun fondamento storico. Quanto detto è in parte confermato dallo stesso che afferma nella pagina (p. 187) del testo sopracitato che l'idea degli Annunaki cercatori di oro sulla terra fosse soltanto una sua ipotesi: <<[...] utilizzando i testi esistenti per ricostruire una narrazione coerente [...] >>, senza (anche in questo caso) citare alcuna fonte sumera.

vita subirono una evoluzione molto più veloce rispetto a quanto accadde sulla terra; proprio da questo presupposto prende il via la teoria degli Anunnaki (termine estrapolato dagli antichi testi sumero babilonesi), i quali, 450mila anni fa, viaggiarono fino al nostro pianeta e vi fondarono una colonia al fine di estrarre preziosi minerali dal sottosuolo, compreso l'oro. I primi insediamenti nacquero in Medioriente, lo stesso luogo che vide l'atterraggio degli Anunnaki, e al loro interno venne stabilità una sorta di gerarchia, basata soprattutto sull'indiscusso grado di evoluzione di questi esseri rispetto agli abitanti del nostro pianeta. Per un lungo periodo di tempo gli eventi si trascinarono sempre uguali, almeno fino a quando l'ammutinamento di alcuni lavoratori, (avvenuto circa 300mila anni fa), portò uno degli scienziati venuti dal pianeta (Enki), a studiare la possibilità di creare una razza obbediente e poco bellicosa in modo da poter continuare il lavoro di estrazione dal sottosuolo. Nacque in tal modo l'Homo Sapiens, mescolando l' ovulo di una ominide terrestre. Rimangono, in ultimo, i numerosi ritrovamenti classificati come Oopart, oggetti fuori dal tempo, manufatti che non dovrebbero esistere se vogliamo rispettare l'andamento lineare dell'evoluzione umana che ci viene proposto dalla scienza ufficiale. Si tratta di una vera e propria spina nel fianco per la scienza ufficiale, che lascia ipotizzare l'esistenza di culture progredite anche nella più remota antichità. In tal senso è utile citare la scoperta avvenuta nel 1991 da parte di gruppo di geologi russi che stava compiendo una serie di prospezioni nel bacino dei fiumi Narada, Kozim e Balbanyu, sul versante orientale dei Monti Urali. Scopo degli studi era quello di individuare la presenza di filoni auriferi, ma ciò che venne alla luce nelle sabbie estratte da alcuni depositi risalenti al Pleistocene furono invece piccole spirali, anelli, sottili filamenti metallici, tutte cose che facevano pensare ad una avanzata tecnica metallurgica nel Pleistocene? Le dimensioni vennero stimate da tre centimetri a tre millesimi di millimetro, dimensioni che rientrano nel campo delle nanotecnologie. Gli oggetti più grandi erano in rame, quelli più microscopici in tungsteno e molibdeno. Il tungsteno è un materiale che fonde a 3.410° C., usato per realizzare i filamenti *delle lampadine oppure come indurente per le leghe d'acciaio; il molibdeno fonde a 2.650° C., e viene impiegato nella metallurgia per realizzare leghe in acciaio particolarmente dure e resistenti alla corrosione. Tutte le spirali rinvenute, nel loro sviluppo geometrico, seguivano la regola della Proporzione Aurea! I reperti vennero analizzati nel 1996 dallo Znigri di Mosca, Istituto Centrale di Ricerca Scientifica per la Geologia e la prospezione dei metalli preziosi e non ferrosi, emise un comunicato, (numero 18/485 del 29 novembre 1996) a firma della dottoressa E. W. Matveyeva, direttrice della sezione geologia; il comunicato descriveva il sito dei vari ritrovamenti e gli esami condotti sugli oggetti. Il luogo del ritrovamento era un deposito alluvionale sulla riva sinistra del fiume Balbanyu, e l'area interessata era suddivisa in quattro strati: una crosta esterna spessa da cinque a dieci metri, delle inclusioni di sabbia e argilla, dei depositi di detriti e ghiaie, argilla e ghiaia per due metri di spessore. All'interno di questo ultimo strato avvennero i ritrovamenti e la datazione riportava il tutto ad almeno centomila anni fa. Gli esami vennero condotti impiegando un microscopio elettronico e uno spettrografo. Uno degli oggetti si rivelò simile a una vite a spirale di tungsteno, larga due decimi di millimetro e lunga un millimetro, l'altro frammento si rivelò un anello di molibdeno largo tre millesimi di millimetro. Lo strato dal quale emersero gli oggetti non presentava alcun segno di sconvolgimento ed è quindi improbabile pensare che si trattasse di residui di apparecchiature tecnologiche o formazioni naturali; oltretutto non si spiega come questi oggetti possano essere finiti proprio a quella profondità e come possano essersi sparpagliati in un'area così vasta.*

Quali sono le fonti e quanto sono attendibili da un punto di vista storico?

Come dicevo prima le fonti esistono e sono rappresentate dai vari ritrovamenti archeologici e dalle memorie antiche pervenute fino a noi; il problema risiede nel fatto che tali evidenze devono essere rilette e osservate mantenendo una diversa visione di quella che potrebbe essere stata la storia del nostro pianeta. La scienza ufficiale, e con essa l'archeologia, seguono in fondo quello che è sempre stato l'istinto primordiale dell'uomo, ovvero difendersi dall'ignoto, da ciò che difficilmente può essere spiegato, per rifugiarsi in soluzioni ottimali, più tranquille, che non sconvolgano quella concezione di realtà che ci siamo costruiti e con la quale conviviamo quotidianamente. Lo studio e la comparazione dei reperti archeologici, a partire dalle pitture rupestri, unito ad una attenta rilettura degli antichi testi (soprattutto quelli a tema religioso), potrebbero portare a significative e sconvolgenti rivelazioni, tutto ciò a patto che tale riesame venga effettuato con onestà intellettuale e coraggio, il coraggio di rimettere in discussione tutto ciò che ci è stato detto e aprire la mente ad una diversa concezione della storia, della vita e dell'universo che ci circonda. Questo tipo di lavoro è già iniziato a partire dagli anni Cinquanta con la pubblicazione di "Ufo and the Bible" di Morris Jessup, mettendo man mano in discussione molti di quelli che erano i punti fermi della dottrina ufficiale e continuando nel tempo fino ad arrivare a Sitchin e, in ultimo, agli studi di Mauro Biglino. In entrambi i casi appena citati, reperti archeologici e scritti storici, l'attendibilità è fuori discussione; parlando di letteratura antica possiamo soltanto puntualizzare il fatto che sia stata nel tempo oggetto di censura, che possa risalire a centinaia d'anni prima o dopo, ma rimane il fatto che tutte le antiche cronache concordino su determinati avvenimenti, oltre che sulla descrizione di determinati personaggi. Si potrebbe certo argomentare intorno al fatto che si tratti di antiche storie passate oralmente da civiltà in civiltà, ma un esame attento dei testi, delle cosmologie, dei reperti, pone in evidenza un fattore totalmente diverso: la somiglianza esiste a prescindere dall'epoca, dal contesto culturale e dalla posizione geografica. In poche parole popoli vissuti in contesti temporali e geografici diversi tra loro, che non hanno avuto nessuna occasione di contatto, narrano sempre le stesse storie; questo porta a pensare che vari avvenimenti accaddero in epoche remote in diverse parti del mondo, avvenimenti che vennero inizialmente riportati nelle pitture rupestri e che, per la loro sconvolgente unicità, segnarono in maniera definitiva l'inconscio collettivo.

Che prove abbiamo dal passato della presenza aliena sulla Terra in Medioriente (Mesopotamia in primis) e in India?

La questione della presenza aliena in Medioriente riveste particolare importanza, merita però allo stesso tempo un ulteriore approfondimento. La maggioranza degli studiosi, compresi gli esoteristi a partire da Guenon, identifica l'Oriente come la culla della civiltà umana, intendendo come origine una sinergia tra l'elemento materiale e quello spirituale, dualismo che in questo periodo sembra si cerchi di dimenticare. In questi ultimi anni particolare rilevanza è stata data alla questione Sumera e alla sua connessione con gli avvenimenti biblici, il tutto riletto in chiave extraterrestre; è ovvio che la Mesopotamia rappresenta uno scenario molto più vicino a noi in termini di studio, nonostante si parli di millenni, e molto più fruibile vista la ricchezza di testi antichi disponibili, ritengo però che tale visione debba essere spostata ancora più indietro, focalizzando l'attenzione sulla cultura Vedica. Quando parliamo di cultura Vedica ci riferiamo ad un periodo temporale ascrivibile al II millennio a.C., subito dopo il collasso della civiltà della valle dell'Indo, e in particolare al Rigveda-Samhita, composto tra il 1500 e il 1200 a.C. In questi antichi testi, pervenuti in maniera frammentaria e da molti osteggiati, ritroviamo incredibili descrizioni di scenari assolutamente moderni, se non addirittura futuristici anche per la nostra civiltà. Guerre nucleari, armi sconosciute e micidiali, velivoli che solcano il cielo, la teoria della relatività, la fusione dell'atomo e la combinazione delle leghe metalliche, insospettabili conoscenze metallurgiche. I riferimenti sono particolareggiati, le descrizioni incredibilmente familiari per la nostra epoca. Parliamo di testi quali il Mahabharata, il Samarangana Sutradara, il Ramayana, la Mahavira Chiarita, e altri ancora; parliamo di navi spaziali (Vimanas), armi che paralizzano (Mohanastra), cannoni (Agneyastras), carri celesti e ordigni nucleari. Il Mahabharata, ad esempio, descrive minuziosamente i particolari delle macchine volanti, le loro capacità tecniche di volo, i materiali di costruzione, il propellente usato, ovvero il mercurio rosso, un elemento recentemente ritornato alla ribalta e spesso citato anche negli antichi testi alchemici.

Come spiegare, ad esempio, la terribile descrizione degli effetti provocati da un ordigno che formò una incredibile nuvola a forma di gigantesco parasole (la nube a forma di fungo tipica dell'esplosione nucleare)? Come spiegare effetti quali cadaveri erano così bruciati da essere irriconoscibili, capelli e unghie cadute, cibi infetti, uomini che corrono per lavarsi e si gettano nei fiumi per evitare di essere contagiati; non sono forse le conseguenze di una esplosione atomica? Non si tratta forse delle stesse tracce di una antica guerra nucleare che si ritrovano in Siberia, in certe parti dell'Asia, in Iraq, nella stessa India, in Colorado, e che gli scienziati da sempre non riescono a spiegare? Come spiegare infine la città di Mohenjo-Daro, risalente al 2.500 a.C., nella quale furono ritrovati alcuni oggetti vetrificati, come se fossero stati sottoposti ad un'ondata di calore pari a 1.500° centigradi e successivamente ad un subitaneo raffreddamento, ovvero ancora una volta gli effetti che avrebbe una bomba atomica fatta scoppiare al suolo.

Che prove abbiamo dal passato della presenza aliena sulla Terra in Cina e Giappone?

Cina e Giappone, per via dei contesti politici e diplomatici, rappresentano ancora un vero mistero da un punto di vista archeologico, ma ancora una volta gli antichi testi risultano illuminanti. In Giappone, il Nihongi, conosciuto anche come Nihon Shoki o Annali del Giappone, rappresenta il secondo libro cronologico relativo alla storia giapponese, una storia che ha inizio nel 10.000 a.C.. Proprio in questo libro si trovano i riferimenti a navi celesti e oggetti volanti, ma soprattutto il disegno che illustra un caso avvenuto nel 637, disegno nel quale è perfettamente riconoscibile un Ufo così come viene descritto dai vari testimoni moderni. Da non dimenticare infine i misteriosi Kappas, esseri molto vicini alle tante descrizioni di creature aliene provenienti dalla Mesopotamia, anfibi e rettili allo stesso tempo, che con le antiche cronache condividono l'elemento acqua (vedi l'Oannes e il mito degli Uomini Pesce nella tradizione sumerica oppure i già citati Nommo del popolo dei Dogon. La situazione in Cina è abbastanza simile ma molto più ricca di reperti venuti alla luce durante gli scavi. Non si possono certo non menzionare le famose Piramidi Cinesi, oppure i famosi dragoni volanti che sputano fuoco allo stesso modo di una moderna navicella e così simili alle apparizioni bibliche.

Che prove abbiamo dal passato della presenza aliena sulla Terra nell'Antico Egitto?

Molto controverso il discorso sull'antico Egitto, non tanto per la mancanza di indizi, quanto per l'estrema commercializzazione che è stata fatta della storia di questo territorio; aggiungiamo a questo il fatto che molti geroglifici, per via degli agenti atmosferici e della cattiva conservazione, sono stati spesso interpretati in maniera erronea. Di particolare rilevanza risultano comunque gli studi condotti da Robert Bauval, le interpretazioni del Papiro Tulli e le varie controversie in merito alla Piana di Giza, alle Piramidi e alla Sfinge. L'Egitto si pone sicuramente come una via intermedia tra le antiche interazioni (epoca preistorica) e lo sviluppo delle civiltà sulla scorta dei ricordi e di quanto appreso dal contatto con intelligenze aliene. Sappiamo con certezza, nonostante l'archeologia ufficiale continui a negarlo, che la Sfinge venne costruita in epoca precedente rispetto alle Piramidi (studi di John Anthony West e di Robert Schoch, docente presso la Boston University), possiamo inoltre arguire che le Piramidi avevano probabilmente ben altri scopi che non quelli di una mera conservazione delle salme reali, che vennero costruite seguendo antichi riferimenti ingegneristici e in un lasso di tempo ben determinato, superato il quale, inspiegabilmente, gli architetti egizi non furono più in grado di costruirle. Gli stessi Déi egiziani, con le loro forme animali, richiamano alle antiche manifestazioni sulla terra di esseri provenienti da altre realtà, o altri mondi, quasi sempre anfibi o rettili. L'Egitto rappresenta una continuazione di quella tradizione che ricordava e descriveva una presenza aliena sul nostro pianeta, una presenza che interagì a volte profondamente con i suoi abitanti, fornendo a volte spunti e nozioni che favorirono la nascita di alcune civiltà. Gli elementi di accostamento sono molteplici, uno per tutti l'osservazione dei siti di Ollataytambo e di Cuzco, entrambi in Perù, e la successiva comparazione con le anomalie riscontrabili negli enormi blocchi che costituiscono l'Osireion in Egitto. John Anthony West, ad esempio, ha dimostrato che il basamento sul quale poggia l'Osireion è in realtà il limo del Nilo, calcificato e condensato. Un calcolo temporale pone questo tipo di inondazioni in periodi antecedenti al 9.000 a.C., più precisamente intorno al 10.000; dovremmo quindi trovarci di fronte ad un monumento databile intorno al 12.000 o 11.000 a.C., un periodo durante il quale la civiltà egizia, in base ai resoconti ufficiali, non avrebbe potuto costruire una tale opera, ma che si adatta perfettamente alle "cronache aliene" menzionate negli antichi testi dei quali ho già parlato.

Che prove abbiamo dal passato della presenza aliena sulla Terra in Europa?

La presenza aliena in Europa, ancora una volta, poggia le sue basi sulla rilettura delle antiche cronache e su quelle costruzioni che, in qualche modo, mettono in dubbio le reali conoscenze nel tempo antico. La nostra storia non può certo vantare cronache così antiche come quelle appena descritte, nonostante ciò anche in Europa, e nel bacino del Mediterraneo, si registra la presenza di pitture rupestri "particolari", alcune delle quali risalgono a 40.000 anni fa; di particolare importanza quelle della grotta di Pair-Non-Pair (Gironda) e di La Mouthe (Dordogna), oltre le già citate pitture di Altamira (Spagna). In ogni caso la storia europea ha seguito un percorso decisamente diverso rispetto a quella orientale o di altre antiche civiltà, un percorso costellato da innumerevoli flussi e reflussi; gli antichi greci (VI secolo a.C.) e ancor prima la Mesopotamia, parlavano di una terra sferica, concetto che in Europa venne poi ribaltato per poi essere ripreso. Lo stesso accadde con la scienza, sempre i greci parlavano di microbi e virus, concetti che poi caddero nell'oblio per riapparire in seguito come una fantastica scoperta. Allo stesso modo in tutta Europa, l'idea di una interazione extraterrestre è stata nel tempo assorbita dalla religione, fino a diventare mito o addirittura argomento vicino alla demonologia e all'eresia. In ogni caso, l'idea di una pluralità di *mondi abitati non è del tutto assente ed è riscontrabile nei filosofi greci quali Anassagora e Metrodoro di Chio.*

E in Italia?

Ho già citato le grotte della Valcamonica, alle quali si dovrebbe aggiungere il misterioso Monte Musinè in Piemonte. Anche per quel che riguarda l'Italia vale lo scenario appena esposto e relativo alla situazione europea. Tralasciando le cronache ufologiche recenti, rimangono in Italia i misteri relativi ad opere architettoniche che richiamano a quella che potremmo definire una antica conoscenza, unica e condivisa nel tempo. Un esempio in tal senso sono le famose "città cosmiche del Lazio" intorno alle quali si svolge una storia del tutto simile alle antiche cronache di divinità di chiara origine extraterrestre. Il riferimento va al basso Lazio, anticamente conosciuto come "Saturnia Tellus", la terra di Saturno. Si narra che questo territorio, ancor prima di Saturno, fosse abitato da Giano, il famoso dio bifronte, il quale ospitò Saturno dopo che questi venne spodestato da Giove. Saturno portò in Italia l'arte dell'agricoltura e, secondo la narrazione, instaurò l'Età dell'Oro. Sempre secondo la tradizione fu proprio lui a fondare le antiche città della ciociaria, costruzioni dall'aspetto titanico le cui mura sono sostenute dal loro stesso peso, che da Palestrina arrivano fino a Teano, e che ricordano molto da vicino le immense costruzioni sud americane, sumere ed egiziane. Questa storia, in fondo, è sempre la stessa, quella narrata dalle antiche cronache di ogni civiltà e relativa ad una divinità discesa dal cielo (a volte inspiegabilmente, altre a bordo di un mezzo volante) che istruisce l'umanità.

Chi sono quindi questi misteriosi visitatori?

Per rispondere a questo quesito è opportuno sottolineare il concetto relativo al temine alieni. Con questo vocabolo, spesso abusato così come per quel che riguarda Ufo e Ufologia, si intende prevalentemente descrivere esseri provenienti da altri mondi; in realtà il termine Alieno, dal latino alienus, identifica qualcosa che appartiene ad altri, un estraneo, uno straniero che a volte viene visto anche come un nemico, ma assume il significato di extraterrestre soltanto se lo poniamo in relazione con questo tipo di dimensione. Dire che in passato intelligenze aliene abbiano visitato il nostro pianeta può assumere quindi due diversi significati, non per questo contrastanti tra loro, quello di una interazione proveniente da altri mondi e quello di una interazione con personaggi sopravvissuti ad una catastrofe. Cerco di spiegarmi meglio: la nostra concezione del tempo è di tipo lineare, tanto per intenderci si tratta della classica linea continua sulla quale, nei libri di storia, vengono evidenziate le varie fasi della crescita e dell'evoluzione dell'uomo. In realtà questo tipo di concetto non è stato sempre uguale nei millenni, mentre oggi risulta abbastanza comodo per divulgare la concezione ortodossa della storia. Gli antichi popoli, in particolare quelli del sud America, adottavano invece un concetto diverso, un concetto circolare all'interno del quale il tempo era un continuo divenire. Questa ipotesi implicherebbe un pianeta terra nel quale numerose ere si sono avvicendate, oltre che il ragionevole dubbio che alcuni sopravvissuti abbiano potuto irradiare il loro sapere alle civiltà successive crollate nel buio dell'ignoranza. Lo scenario, per quanto possa apparire fantastico, non lo è del tutto; proviamo ad immaginare un improvviso black out delle comunicazioni, l'esaurimento delle risorse energetiche o una devastante guerra nucleare; il mondo piomberebbe nel caos, regredirebbe, e in breve tempo ritornerebbe all'età della pietra. In questo contesto potrebbero essere nati alcuni dei misteriosi "visitatori" ricordati dalle cronache antiche, sopravvissuti a quella che possiamo ricordare come uno degli ultimi avvicendamenti temporali (il diluvio universale) e identificabili in Mercurio (il messaggero), Toth, il Serpente Piumato, e altri ancora. Ovviamente, questo tipo di ragionamento non esclude una antica presenza aliena sul nostro pianeta, tenta soltanto di trovare un filo conduttore che possa unire le varie vicende, distinguendo tra "viaggiatori" umani, ma alieni alla civiltà del periodo nel quale si presentarono, e "viaggiatori" con tratti e caratteristiche non di questo mondo (l'Oannes sumero, i Nommo dei Dogon, gli Anunnaki).

Fig. 27: Incredibili analogie tra le diverse mitologie in epoche e luoghi distanti continenti.
Tratto da: https://it.pinterest.com/kuushamanka/mesopotamian-religion-anunnaki/

Concludiamo il percorso intrapreso con **Enrica Perucchietti e Paolo Battistel**[193], autori de *"Il Dio Cornuto"*, per chiudere il cerchio e gettare luce su alcuni aspetti legati alla mito della Natura, comune tra tutti i popoli, e di tutte le credenze legate ai culti che l'adoravano, compresi i culti sincretistici che fondano per loro natura diverse componenti da più profili religiosi diversi, per giungere poi ad un prodotto totalmente costruito:

Chi è il Dio Cornuto, in senso generale, e in quali culture lo ritroviamo (e con quali differenze)?

Il Dio Cornuto è la più antica divinità d'Europa. La prima fonte

---

[193] Tratto da: http://www.laltrapagina.it/mag/intervista-esclusiva-a-enrica-perucchietti-e-paolo-battistel-il-dio-cornuto

storica del suo culto la abbiamo nel 13'000 a.C. in una caverna ai piedi dei monti Pirenei chiamata Trois-Freres situata ad Ariege in Francia. In mezzo a decine di pitture rupestri di animali si vede una grande figura teriomorfa con corpo umanoide, corna di cervo e mani simili a quelle di un orso. Si tratta di un Grande Spirito o Signore degli Animali che veniva venerato come signore della foresta, della fertilità ma anche come dio dell'aldilà. La cultura del Dio Cornuto si è quindi diffuso in tutta Europa fino all'invasione di queste terre dei popoli Indoeuropei (Latini, Celti, Germani, ecc..) che importarono in queste terre la loro cultura e le loro religioni. Il Dio Cornuto riesce comunque a sopravvivere inserendosi nel credo di ciascuno di questi popoli. I volti più comuni del Dio Cornuto sono, Pan e Dioniso tra i greci, Cernunnos tra i Celti e Fauno tra i Romani. Si tratta di divinità che per quanto abbiano un origine pre-indoeuropea riescono a inserirsi nel nuovo credo dei popoli conquistatori.

Dio ha tre volti: capro, toro e cervo. In che senso? E chi erano Pan, il Fauno, Dioniso, Cernunnos, Marduk e Moloch?

Il culto del Dio Cornuto formatosi nel lontano Paleolitico e sviluppato nel Neolitico si espande in tutta Europa e in alcune terre dell'Asia Minore. A seconda del retaggio culturale e simbolico dei popoli con cui il culto andava a contatto assumeva una forma specifica che si differenziava dalle precedenti. Il Cernunnos celtico è quello che più aderiva all'antico dio di Trois-Freres ma nel Mediterraneo il Dio Cornuto, a partire dai popoli minoici di Creta, prenderà la forma di dio toro dal manto rosso. Si tratta del dio del vino e della sessualità, Dioniso che era a capo di un complesso culto misterico che si diffonderà successivamente in tutto l'Impero romano. Sempre nel bacino mediterraneo il Dio Cornuto sarà noto come dio zoomorfo metà umano e metà capro, in altre parole il potente Pan per i popoli greci e Fauno per quelli romani. Con questo volto il dio controlla la funzione della fertilità, insegna l'uso degli strumenti musicali a fiato e rappresenta il guardiano tra la vita e la morte.

Il Minotauro era una divinità?
Nell'isola di Creta il popolo minoico, che diede vita dal II millennio a.C. alla famosa Cultura dei Palazzi, sviluppò una complessa religione che rappresenta l'antecedente di ciò che poi diverrà il culto Dionisiaco. Il essa il dio sommo era un grande toro rosso che poteva apparire anche in forma umana ma che più spesso era noto con un aspetto zoomorfo: con corpo umano e con la testa di un toro. Il Minotauro nasce proprio da questa antica cultura e rappresenta per essa il dio sommo di quel popolo a cui sono legati dei complessi sacrifici sia umani che animali. In seguito il suo culto, compiuto sempre all'interno di caverne, diverrà un culto misterico proprio come quello di Dioniso di cui sarà uno dei molti volti.

Che rapporto c'è tra il Dio Cornuto e il diavolo cristiano?
Il culto del Dio Cornuto nei tre volti principali, capro, toro e cervo non smise di essere praticato anche con la caduta dell'Impero romano e la nascita del Medioevo. Dietro un cristianesimo di facciata le parti più selvagge e impervie del continente praticarono in grotte e foreste le antiche cerimonie del Dio Cornuto. Questo culto con lo scorrere dei secoli divenne tanto forte da minacciare la stessa religione cristiana ufficiale. Dato che proibirne il culto non servì a nulla i vertici cristiani presero la figura di Pan e Cernunnos e con essa plasmarono l'oscura figura del diavolo cristiano. Si trattava appunto di una divinità infernale zoomorfa con il capo provvisto di corna e al posto dei piedi due zoccoli caprini. La trasformazione dall'alto del Dio Cornuto nel diavolo portò con se anche la nascita del marchio di streghe e stregoni su tutti coloro che partecipavano ai suoi culti. Proprio attraverso quest'operazione nell'Epoca della Controriforma verranno messe a morte migliaia di persone con l'accusa di stregoneria sradicando quasi completamente quest'antico culto.

Esisteva dunque un marchio delle streghe? Di che cosa si tratta?
Come avrebbe dimostrato l'antropologa Margaret Murray, il Patto col demonio consisteva in un vero e proprio "rito" di iniziazione con cui la strega entrava a far parte della Vecchia Religione

ricevendo in cambio una piccola cicatrice che la marchiava per sempre come seguace del dio cornuto: si tratta del cosiddetto sigillum diabolicum. La leggenda sul "contratto" firmato dalla strega con il sangue sarebbe derivata da questo rito di affiliazione che prevedeva la lacerazione della pelle della strega e quindi il suo sanguinamento. Solo successivamente il sangue della strega sarebbe stato usato come inchiostro per firmare dei veri e propri contratti. Nella zona dei Pirenei, il marchio poteva consistere nella particolare disposizione di alcuni nei, un segno sulla pelle avente la forma di una zampa di oca, oppure il cosiddetto "occhio del Diavolo" che consisteva in uno speciale neo collocato nella parte interna di una coscia. Il marchio poteva anche essere invisibile e consistere in una piccola parte dell'epidermide resa insensibile al dolore e non sanguinante se trafitta.

[…]

QUARTA PARTE:

I PERSONAGGI "CONTROVERSI" DEL NUOVO TESTAMENTO.

Capitolo 7:
Gesù Cristo e la sua controversa figura, tra la storia e il mito

Gesù è senza dubbio uno dei quei personaggi più controversi che colorano il già variegato panorama del culto religioso cristiano. Eppure la sua nascita, la vita e la morte sono impregnati di mistero, dove la tradizione spesso si confonde con la realtà, per donarci una figura con una rilevante (se non fondamentale) componente "divina".

Ma quanto c'è di vero in quello che ci raccontano?

Ci accompagneranno, in questo viaggio, oltre a **Mauro Biglino**, anche: **David Donnini**, già noto per le sue profonde conoscenze in materie e per i suoi studi sempre coerenti con le conoscenze storiche su Gesù; **Riccardo Tristano Tuis**, saggista e ricercatore, e **Alessandro De Angelis**, controverso saggista e studioso di religiosi, che ha portato alla luce delle verità dichiaratamente "oggettive ed incontrovertibili" su Gesù e il Nuovo Testamento.

Prima di cominciare, però, proviamo a tracciare sinteticamente la vita di **Gesù**, dalla nascita alla morte, secondo la teologia cristiana:

a) nacque a Betlemme di Giuda, in Palestina, nell'anno zero, sotto l'imperatore Ottaviano Augusto, prima della morte di Erode il Grande, avvenuta il 4 a.C. a Gerico.

b) la Madre di Gesù si chiamò Maria e suo padre (legale) Giuseppe, falegname di mestiere e appartenente alla stirpe di David (c.d. davidiano). Fin da subito, insieme con la "sacra famiglia" dovette fuggire in Egitto perché minacciato dal Re Erode che temeva di avere in lui un rivale.

c) tornato in patria sotto Archelao, che gli era succeduto, si stabilì a Nazaret, cittadina della Galilea, dove dimorò fin all'età di trenta anni, frequentando la Scuola della Sinagoga, dove studiò storia e religione; poi, cominciò la sua vita di predicatore. Solo il popolo potè accettare la sua figura; tuttavia, ebbe grande seguito, fino al tradimento di uno dei suoi discepoli (Giuda Escariota) per trenta denari, che lo condusse nelle mani del nemico romano, facendolo condannare a morte dal Sinedrio.

d) Gesù fece miracoli, guarendo gli infermi e scacciando i demoni; era sempre circondato di fedeli e di dodici apostoli "prediletti"; non ebbe moglie, figli e famiglia, se non quella della sua infanzia.

e) morì crocifisso a Gerusalemme sotto l'Imperatore Tiberio e il Procuratore romano Ponzio Pilato, in un giorno di venerdì, vigilia di Pasqua, del 33 d.C., all'età di 33 anni.

f) il terzo giorno dopo la morte resuscitò, ascendendo al Cielo.

g) storicamente, per confermare l'esistenza di Gesù, si deve fare riferimento alle fonti di origine cristiana affidabili (le lettere di San Paolo e i Vangeli) e le fonti extrabibliche, quali gli *Annali*, scritti nel 115 d.C. dallo storico **Tacito**, il quale riferisce che Nerone accusò i cristiani di essere stati responsabili dell'incendio di Roma, che invece aveva provocato lui stesso: «*Questo nome deriva da Christus, che, sotto il regno di Tiberio, fu condannato al supplizio dal procuratore Ponzio Pilato...*». Un altro storico, **Svetonio**, nella sua *Vita dei dodici Cesari*, scrisse che l'imperatore Claudio «*cacciò da Roma gli ebrei che non cessavano di agitarsi su istigazione di Cresto (Cristo)*»[194]. Infine, **Giuseppe Flavio**, nelle sue *Antichità giudaiche*, che nel 93 d.C., fa chiaramente riferimento al martirio di Giacomo, responsabile della prima comunità cristiana a Gerusalemme e "*fratello di Gesù, soprannominato Cristo*".

Adesso, con l'aiuto dei saggisti già elencati, proviamo a capire se la storia ci consegna un Gesù "diverso".

Cominciamo con **David Donnini**, autore di diverse opere relative allo studio delle religioni e massimo studioso di Gesù in Italia. Come sottolinea in più riprese nel suo ultimo lavoro[195], il saggista punta l'accento su tutta una serie di elementi che lasciano poco spazio ad ipotesi fantasiose e prive di fondamento storico; difatti, riprendendo

---

[194] Peccato che questo dato non deponi a favore dei teologi cristiani, i quali non prendono in considerazione che l'evento in questione si riferiva al 50 d.C., ovvero una data ben superiore rispetto alla data di morte ufficialmente decisa (33 d.C.).
[195] **David Donnini**, *Gesù, il Messia di Israele*, Uno Editori, 2015.

anche i contenuti delle sue interviste e dei suoi convegni, egli afferma per grandi linee che:

a) le certezze su di lu si contano sulla punta delle dita, potendo affermare, con dati storici alla mano, solo il fatto che sicuramente è esistito;

b) la figura teologica di Gesù fu frutto dell'elaborazione di *Shaul/ Paolo (San Paolo)*, come la nascita da una vergine e la resurrezione dopo il terzo giorno;

c) le fonti sono bibliche ed extrabibbliche (queste ultime poi sono apocrife e letterarie -come *Tacito, Svetonio, Plinio il Giovane* e *Giuseppe Flavio-*)[196];

d) lo scenario storico è quello di una Palestina dominata dai Romani, dalla dinastia regale Erodiana e dalla casta sacerdotale dei Sadducei, fortemente collusi con i romani. All'interno di questo contesto, si muovevano i diversi movimenti ebraici dissidenti di cui i più famosi sino senz'altro gli esseni e gli zeloti. L'uomo crocifisso da *Ponzio Pilato* intorno agli anni 30 del I sec. d.C. poteva essere uno dei figli di *Giuda il Galileo*, il rivoluzionario che aveva fondato la setta degli zeloti (anche se sul punto ci sono riserve, soprattutto in ordine al fatto che non esistono certezze che questi si chiamasse Gesù);

e) oltre al *Gesù* "storico", la storia ci ha consegnato altri due *Gesù*, ovvero i due messia attesi dagli esseni o, comunque, dagli autori dei famosi manoscritti del Mar Morto. Due perché uno aveva dignità

---

[196] Al di fuori dei testi confessionali, abbiamo tre scrittori latini Tacito, Svetonio e Plinio il Giovane, che scrivono in modo molto sbrigativo e sintetico, nessuno di loro conosce questo personaggio col nome Gesù ma solo come Christus, e lo descrivono praticamente come un rivoluzionario, fomentatore di ribellioni. C'è poi Giuseppe Flavio nella sua opera "Antichità Giudaiche", dove si legge un brano diventato famoso, chiamato di solito "testimonium flavianum", dove Giuseppe scrive cose inverosimili. Teniamo presente che Giuseppe era diventato il pupillo dell'imperatore Vespasiano, da lui aveva ricevuto la commissione di scrivere questo testo, ed è impossibile che parli di Gesù nei termini della dottrina cristiana, dicendo che era un essere straordinario, che faceva miracoli, che era resuscitato, altrimenti Giuseppe si sarebbe classificato immediatamente come cristiano, e questo, come sappiamo bene, era impossibile. Si tratta pertanto di una interpolazione degli scribi cattolici dei secoli successivi (i più antichi testi degli scritti di Giuseppe risalgono al VIII, IX, X sec. d.C. Ci sono poi gli scritti dei padri della chiesa (Ireneo, Origene, Clemente, Eusebio di Cesarea...) ma sono tutti fortemente apologetici della dottrina cattolica e non possono certo essere presi come testimonianze storiche attendibili.

spirituale-sacerdotale (il Messia di Aronne)-, l'altro dignità politico-regale (il Messia di Davide). L'autore, ad avviso dello scrivente in maniera corretta, ipotizza che l'opera di Shaul/Paolo fu quella di fare una sintesi delle due figure, creando l'unico Gesù. Se la teoria dei "due Gesù" dovesse essere giusta, l'uomo crocifisso da Ponzio Pilato, di cui non sappiamo esattamente il nome sarebbe stato il figlio primogenito di *Giuda di Gamala* (detto il Galileo)[197], e avrebbe avuto dei fratelli dai nomi Simone, Giacomo, Giuda (Taddeo, Teuda) e Menahem, tutte figure che ritroviamo tra i dodici apostoli.

f) i dati relativi a *Maria Maddalena*, la presunta moglie di Gesù e madre dei suoi figli, sono davvero esigui e non potendo ricostruire con certezza le informazioni relative alla sua figura, l'unica certezza è quella relativa ai contenuti delle scritture, che ci raccontano che ella era probabilmente la discepola prediletta da Gesù, quella che possedeva insegnamenti riservati e superiori; alcune teorie non del tutto da escludere ma sicuramente da confermare la potrebbero vedere come compagna ierogamica, fidanzata o moglie, dalla quale potrebbe aver avuto dei figli. Ipotesi, per adesso, con nessuna certezza[198]. Anche la questione relativa ai figli di Gesù ha radici molto più recenti di quello che possa sembrare: difatti, nel Medioevo cominciarono a circolare queste voci, dando a Maria Maddalena persino la discendenza diretta regale merovingia: in particolare, i Catari sostenevano questo e furono inceneriti a decine di migliaia; idem per i Cavalieri Templari.

g) in buona sostanza, la figura di *Gesù* è avvolta dal mistero ma sicuramente è ben lontana da quello che si racconta la dottrina cristiana (e soprattutto cattolica).

---

[197] Donnini nel 1992 teorizzò nel suo libro *"Nuove Ipotesi su Gesù"* che il protagonista della narrazione evangelica fosse il figlio di Giuda di Gamala (detto il Galileo), pur senza aver mai trovato un riscontro oggettivo nelle scritture, come dallo stesso (con onestà intellettuale) ammesso. Fu dunque un'ipotesi, meritevole di approfondimento.
[198] Il testo apocrifo nel quale emerge la relazione di Maria Maddalena con Gesù, in qualità di moglie, pare essere un falso, anche se ancora è stato accertato soltanto alcune divergenze tra chi ha ottenuto il papiro e chi ha compiuto le indagini sullo stesso.
(Tratto da: http://www.ilpost.it/2016/06/21/papiro-moglie-di-gesu-falso/).

Insomma, appare estremamente chiara la posizione del saggista, proteso completamente verso una proiezione più storica e meno complottistica di altri suoi colleghi.

Riccardo Tristano Tuis[199], invece, pone l'accento più su un profilo per così dire "esoterico", legato comunque alle conoscenze storiche del personaggio, per cui:

a) *Gesù* rappresenta un modello sincretico di divinità precedenti alla nascita del Cristianesimo (es. la data di nascita che viene fatta concidere con il 25 Dicembre[200] o la maternità miracolosa da parte di una Vergine);

b) tra le divinità pre-cristiane correlate al culto in esame e da quest'ultimo fagocitati, troviamo in particolare:

- *Attis*, divinità della Frigia, molto celebre in Galazia e Roma dove era direttamente collegata alla Grande Madre Cibele. Venne inoltre inchiodato ad un palo e resuscito dopo tre giorni. Come se non bastasse, nel culto di Attis, c'era l'usanza nei rituali di mangiare il pane e bere il vino (**da qui il Cristianesimo riprese il concetto di pane e vino come corpo e sangue di Cristo**) e a Roma veniva festeggiato il culto di Attis tra il 15 e il 28 Marzo (**da qui il Cristianesimo riprese l'idea della data dove festeggiare il "periodo pasquale"**), dove il momento cruciale era sul Colle Vaticano, dove sorge oggi l'attuale Piazza di San Pietro (**da qui il Cristianesimo riprese l'idea di ereggere il simbolo politico del culto**). Il culto era ben noto a Paolo di Tarso che, per distruggerlo, si

---

[199] Riccardo Tristano Tuis, *L'Aristocrazia Nera*, Uno Editori, 2016, pp. 177-191.
[200] <<[...] *Quando si parla di nascita, morte e resurrezione di un Dio, si deve sempre prendere in considerazione il fatto che per gli antichi il ciclo dele stagioni era fondamentale per la loro sopravvivenza e di conseguenza ne conferivano attributi divini. Nella maggior parte dei casi quindi incontreremo Déi o figli di Déi la cui nascita veniva festeggiata intorno al Solstizio di Inverno (21 Dicembre) e la cui morte e resurrezione venivano celebrate intorno all'Equinozio di Primavera (21 Marzo). Ciò non è un caso poiché con il Solstizio d'Inverno si manifesta il momento in cui il Sole raggiunge il punto di declinazione minima e da quel momento le giornate si fanno più lunghe (25 Dicembre) a indicare la nascita di un Dio, nonché la vittoria della luce sulle tenebre, mentre con l'Equinozio di Primavera, il Sole di trova al suo Zenit dell'equatore, preannunciando l'arrivo della bella stagione, con l'evidente corrispondenza della morte e della resurrezione ai cicli vegetali della natura* [...]>>.
Tratto da: **Riccardo Tristano Tuis**, *L'Aristocrazia Nera*, Uno Editori, 2016, pp. 178-179.

inventò che i seguaci di questo Dio erano adoratori del Diavolo.
- *Mitra/Mithra*, di derivazione persiana, nasce anche lui il 25 Dicembre da una vergine di nome Anahita, e quando morì resuscitò dopo il terzo giorno, sacrificandosi per l'Umanità. Tuttavia, qualcuno ha tentato una serie di assimilazioni e forzature per avvicinare la sua figura a quella di Gesù, rischiando di appesantire le correlazioni comunque esistenti[201].

---

[201] **Nota di Giulio Perrotta:**
In rete si legge che la vita di Gesù e di Mitra sono molto simili. Entrambi nati da una vergine in una grotta, fecero la vita di pace e amore, redendo i peccatori e combattendo il male, sempre circondati da 12 discepoli, fino alla loro morte e resurrezione al terzo giorno. Siamo sicuri che sia proprio vero? Qualcosa di vero c'è: la Bibbia, infatti, non associa mai la nascita di Gesù al 25 Dicembre, giorno della nascita di Mitra. Tuttavia, convenzionalmente venne stabilita quella data anche per il figlio di Dio in quanto era la data del solstizio invernale, e la Chiesa Cattolica Romana scelse arbitrariamente questa data riprendendola dal culto pagano (mentre i testi sacri parlano di un periodo temporale intorno a Marzo-Aprile, inizio primavera, dove poteva pascolare tranquillamente il gregge).
Molto altro, invece, è spudoratamente falso:
a) Gesù nacque da una vergine in una grotta ancora neonato, mentre Mitra nasce da una roccia dentro una grotta, già adulto. Alcune traduzioni tuttavia parlano di "materia primordiale", chiamata anche "prima madre" o "materia vergine", sovrapponendo i termini in una libera traduzione;
b) i Vangeli non dicono che Gesù nacque mentre i pastori assistevano; tuttavia, arbitrariamente la Chiesa ha sostenuto da sempre la nascita in tale circostanza, tra l'altro resa reale dalle rappresentazioni dei presepi che ogni anno i cattolici si accingono a compiere. Nel mito di Mitra, invece, i pastori aiutano lo stesso a uscire dalla roccia, presenziando alla nascita;
c) Gesù fu un gran maestro di vita e di coscienza. Nella letteratura mitraica, invece, (nonostante tesi opposte) non ci sono riferimenti sul fatto che Mitra fosse un gran maestro;
d) Gesù ebbe 12 discepoli, Mitra no. E' falso infatti affermare che ebbe lo stesso numero di discepoli o compagni. In particolare, Mitra nel culto iraniano aveva un solo compagno, Varuna, mentre il Mitra romano aveva 2 aiutanti, 2 piccole creature simili a lui e che forse simboleggiavano l'alba e il tramonto, o la vita e la morte. Mitra però aveva anche una quantità di animali suoi compagni: un serpente, un cane, un leone, uno scorpione, ma non erano affatto 12, e non erano persone;
e) il Cattolicesimo come il Mitraismo promettono agli iniziati o ai seguaci solo la "liberazione dal fato che attende tutti gli uomini". L'unica idea di una "salvezza" è un affresco del 200 d.C. su cui è scritto che Mitra avrebbe salvato gli uomini versando il sangue del toro che, secondo il mito, Mitra avrebbe ucciso; questa "salvezza" non indica l'immortalità ma solo un livello di iniziazione più elevato;
f) Gesù si sacrificò per la salvezza degli uomini mentre Mitra non sacrificò se stesso, ma piuttosto compì il gesto eroico di uccidere il "grande toro del Sole". Lo studioso Punkish ha smontato quindi la tesi di O'Hara, che sosteneva il contrario, in quanto oltre a non fondarsi su documenti ufficiali o ritrovamenti archeologici, affermava le accuse senza essere un'autorità o uno studioso, ma soltanto un gran sacerdote wicca, cioè un culto stregonesco Neo-Pagano nemico storico del Cristianesimo.

- *Dioniso*, il figlio giovane di Zeus, che muore e risorge ogni anno e nei cui rituali venivano consumati pane e vino.
- *Osiride*, di derivazione egizia, che prevedeva nel suo culto il giudizio alla fine dei tempi, il discolparsi delle anime secondo i loro peccati e i dieci comandamenti contenuti nel Libro egiziano dei morti (**da qui il Cristianesimo riprende i dieci comandamenti**). Anche lui morì, risorgendo come i suoi "colleghi" divini.
- *Krisna*, di derivazione indù, presenta analogia davvero incredibili, soprattutto in ordine alla nascita di questa divinità: il sovrano Kamsa ordina una strage dove il pargolo sarebbe perito, se non fosse stato per l'affidamento dello stesso in capo al pastore Nanda e sua moglie Yashoda, praticamente ciò che si racconta di Gesù nel Nuovo Testamento, in **Matteo 2, 1-16**, con i nomi cambiati, ovvero Re Erode, Giuseppe e Maria. ([202])

---

g) Gesù è stato sepolto ed è risolto dopo 3 giorni; Mitra pure. Falso. Nella letteratura mitraica non esiste alcun riferimento né alla morte né alla sepoltura di Mitra, così come confermato dallo studioso Gordon: *Il mito non dice affatto che Mitra risorge. Dice piuttosto che non Mitra, ma gli dèi, dopo aver cercato gli umani, salirono al cielo, e Mitra attraversò l'Oceano con il suo carro. L'Oceano cercò di inghiottirlo e fallì, e infine egli raggiunse la dimora degli immortali.* Altri dicono che gli iniziati credevano alla risurrezione di Mitra, e per dire questo si basano sulle parole di uno scrittore del IV secolo dopo Cristo. Ancora una volta, dunque, si parla di idee che i sacerdoti di Mitra introdussero nel loro culto copiandole dal Cristianesimo che già esisteva da ben quattro secoli;
h) Gesù e Mitra erano considerati la via, la verità e la vita, comunque messia e mediatori di pace. Falso. Sono tutti titoli attribuiti a Gesù ma non a Mitra, come risulta dalla letteratura mitraica, salvo il titolo di "mediatore", inteso non come anello di congiunzione tra Dio e gli Uomini ma come mediatore tra il Dio del Bene e il Dio del Male.
i) Pasqua cade sempre di Domenica, giorno sacro di Mitra. Invero, la scelta arbitraria della Chiesa Cattolica ha poco a che vedere con la Bibbia, che non cita mai il giorno domenicale come sacro per lo svolgimento della festività; infatti, solo per il Mitra romano, da cui si attinge molto dal culto pagano e poi cristiano, la Domenica diventa giorno sacro e festivo. Inoltre, le celebrazioni sante per Mitra erano 4, 1 per stagione;
l) Mitra, come Gesù, ha impartito l'Eucarestia con segni del pane e del vino. Falso. Qui si cade davvero nella blasfemia! Quest'idea è frutto di una derivazione testuale di stampo medievale, trascritto quindi circa mille anni dopo la nascita di Gesù e tra l'altro non riguarda nemmeno Mitra ma Zarathustra!
Tratto da: http://www.laltrapagina.it/mag/mitra-e-gesu-differenze/ (prima parte)
http://www.laltrapagina.it/mag/mitra-e-gesu-ecco-le-prove-di-una-mistificazione-seconda-parte/ (seconda parte).
[202] Alcune teorie poi, tutte da dimostrare e poco credibili da un punto di vista filologico, farebbero ricondurre il termine "Cristo" non dal greco christòs ma da "Krsta" (derivato dal linguaggio colloquiale Krishna). In merito a tale teoria, le fonti attendibili sono assenti.

- *Zarathustra*, di derivazione mazdeista, presenta anche lui analogie con Gesù: la madre quando lo concepì fu investita da un fascio di luce; durante la giovinezza era capace di prodigi e miracoli; a trent'anni cominciò la sua predicazione dopo che conobbe il Dio Mazda che gli consegnò la "rivelazione"; fu scacciato dalla sua terra (l'attuale Nord dell'Afghanistan); venne anche lui assassinato, anche se non finì sulla croce come molti dei suoi "cloni".

Fig. 28. Rappresentazione ironica dell' "Ultima Cena" di Leonardo da Vinci, con tutte le divinità nate il 25 Dicembre.
Tratto da: https://www.facebook.com/VATICANOPAGATU/photos/a.
261069580588582.76577.260635637298643/739114852784050/?type=1&theater

(²⁰³).

---

²⁰³ Su questa linea, anche alcuni esponenti del clero, nei secoli, hanno pronunciato ambigue posizioni rispetto a Gesù e alle sue similitudini con altre divinità:
a) **Papa Bonifacio VIII** fu colui che inventò il giubileo e le indulgenze a pagamento. Dante difatti lo mise nell'Inferno. Ma ingiustamente. In effetti aveva detto una verità storica su Gesù dicendo che non era figlio di Dio e che i Vangeli raccontavano solo favole, al di là dei contenuti morali della predicazione (peraltro contraddittori). Bonifacio VIII aveva capito che Gesù non poteva essere nato da una vergine, poiché gli stessi Vangeli parlano dei "fratelli" di Gesù (tra cui Giacomo il Giusto, da non confondere con Giacomo l'apostolo, e Simone) e delle sorelle (di cui però non vengono fatti i nomi). Nel 2002 è stata scoperta la tomba di Giacomo con l'iscrizione "figlio di Giuseppe e fratello di Gesù". E' incredibile che tutta la dottrina cattolica sia fondata sulla favola di Maria vergine. Che credibilità possono avere le varie apparizioni della madonna? Si può ricavare una verità da una favola? <<[...] *Io do importanza alla vita di un altro quanto ne posso dare a un fagiolo. Gli uomini hanno un'anima del tutto*

Nell'intricato contesto in esame si innestano gli studi di **Alessandro De Angelis**[204] (e suo figlio **Alessio**), che pongono interrogativi davvero complessi, in ordine ad una ricostruzione storica che se fosse confermata e accettata da tutta la comunità accademica sventrebbe dall'interno l'organismo geneticamente modificato di nome "Cristianesimo".

L'impressionante lavoro portato avanti dallo studioso è ammirevole, e per sommi capi, è possibile sintetizzarlo come qui di seguito, utilizzando *in primis* lo stesso schema applicato con gli altri saggisti, secondo un profilo di domanda-risposta, così da avere chiare tutte le posizioni, in ordine ai temi più caldi e scottanti delle sue ricerche [205]:

uguale a quella delle bestie. Il vangelo insegna più menzogne che verità: il parto di una vergine è assurdo; l'incarnazione del figlio di Dio è ridicola; il dogma della transustanziazione è una pazzia. Le quantità di denaro che la favola di Cristo ha apportato ai preti è incalcolabile. Le religioni sono state inventate dagli ambiziosi per ingannare gli uomini. Gli ecclesiastici non possono comunicare con il popolo perchè la loro fede e la loro credenza non è la stessa. L'abbandonarsi ai piaceri sessuali con una bambina o con un ragazzo è un atto da considerarsi più di peccato come stropicciarsi le due mani insieme. Il nostro solo scopo è quello di vendere nelle chiese tutto ciò che gli idioti vogliono [...]>>. Queste parole pronunciate da papa Bonifacio VIII sono state riportate dallo studioso e storico Jean Villani nella sua opera "Cronaca" scritta durante il Giubileo a Roma nel 1300.
b) **Papa Leone X** dichiarò al Cardinal Bembo: "*Tutti sappiamo bene quanto la favola di Cristo abbia recato profitto a noi e ai nostri più stretti seguaci*".
c) **Papa Leone III**. Dichiarazione a Mendoza, ambasciatore di Spagna al Vaticano: <<[...] *Cristo non è altri che il sole adorato dalla setta mitraica e Giove Ammone rappresentato nel paganesimo sotto forma di montone e agnello. La sua incarnazione e resurrezione sono riprese da Mitra, così come l'adorazione dei re Magi. Mitra e Gesù sono la stessa persona, non esiste nessun documento storico valido per sostenere l'esistenza di Cristo e la mia convinzione è che non è mai esistito [...]>>.*
Tratto da: http://pietromelis.blogspot.it/2010/05/incredibile-che-cosa-pensavano-alcuni. html
[204] **Alessandro De Angelis**, *Cristo Il Romano*, Altera Veritas, I ed., 2016.
L'autore è anche famoso per le sue note posizioni negazioniste rispetto alla concezione che vede in Yahweh un Dio alieno. In particolare, come lui stesso sostiene, di "alieno" non c'è nulla e le vere origini del Dio guidaico-cristiano sono egiziane (*Amon-Ra*).

[205] **De Angelis** ha rilasciato una serie di interviste legate al tuo lavoro tra Giugno e Luglio 2016, e pubblicate sulla testata giornalistica: www.laltrapagina.it.
Nella prima intervista, del 2 Giugno 2016, ha affrontato in generale il tuo lavoro, cercando di focalizzare la figura di Gesù così come risulta dalle tue analisi (http://www.laltrapagina.it/mag/cristo-il-romano-la-rivoluzionaria-scoperta-che-riscrive-la-storia/).
Nella seconda intervista, del 9 Giugno, ha parlato di Maria, Madre di Gesù e del suo rapporto di parentela con la Regina Cleopatra (http://www.laltrapagina.it/mag/vergine_maria_figlia_cleopatra/).
Nella terza intervista, del 16 Giugno, ha affrontato il delicato discorso legato alla discendenza

Adesso (...) dobbiamo fare un riassunto delle tue scoperte, anche per dare al lettore la sensazione di unicità delle indagini da te svolte. Che mi puoi dire?

La sacra famiglia è composta da Gesù, Giuseppe e Maria, la chiesa cerca da secoli le prove storiche della loro esistenza. Le abbiamo trovate in Giuseppe Flavio, dove Maria è la terza moglie del re Erode il Grande. Dai Vangeli sappiamo che Erode cercava Maria che fuggì in Egitto con Gesù e Giuseppe dal Vangelo di Matteo 2,13: Essi erano appena partiti, quando un angelo del signore apparve in sogno a Giuseppe e gli disse: «Alzati, prendi con te il bambino e sua madre e fuggi in Egitto, e resta là finché non ti avvertirò, perché Erode sta cercando il bambino per ucciderlo». Giuseppe, destatosi, prese con sé il bambino e sua madre nella notte e fuggì in Egitto. Che motivo avrebbe avuto Erode, ormai anziano e a pochi giorni dalla morte, di cercare Maria per uccidere Gesù? Se Gesù era ancora piccolo, come avrebbe potuto pensare che potesse diventare il re d'Israele e prendere il suo posto? Erode aveva inoltre un esercito imponente e l'appoggio delle legioni romane, quindi sotto la fuga della sacra famiglia deve celarsi ben altro motivo, in Guerra Giudaica dello scrittore ebreo G. Flavio, abbiamo trovato una Maria, terza moglie del re Erode, che cercò di avvelenare il marito con un veleno venuto dall'Egitto; ma si tratta della stessa Maria? Vediamo i passi da Guerra Giudaica: Viveva a Gerusalemme un sacerdote molto noto di nome Simone, figlio di

---

egiziana di Gesù correlata a Cleopatra (http://www.laltrapagina.it/mag/gesu-fu-lultimo-faraone-degitto/).
Nella quarta intervista, del 24 Giugno, ha affrontato senza riserve il tema della discendenza di sangue romana di Gesù in relazione alle parentele strette (http://www.laltrapagina.it/mag/il-sangue-romano-di-gesu/).
Nella quinta e sesta intervista, del 1° e l'8 Luglio, ha infine analizzato le prove relative alla correlazione tra Amon Ra e Yahweh, giungendo alla conclusione che si parla della stessa persona (http://www.laltrapagina.it/mag/il-saggista-alessandro-de-angelis-e-sicuro-il-dio-biblico-yahweh-era-il-dio-egizio-amon-ra-ecco-le-prove-prima-parte/ e http://www.laltrapagina.it/mag/alessandro-de-angelis-il-dio-della-bibbia-yahweh-e-il-dio-egizio-amon-ra-credenti-ingannati-per-due-millenni/).
Quella che segue è l'intervista riassuntiva, la settima, per riorganzzare tutto il lavoro compiuto e pubblicata in data 9 Luglio 2016 (http://www.laltrapagina.it/mag/ intervista-esclusiva-ad-alessandro-de-angelis-la-religione-cristiana-e-tutta-da-riscrivere-ecco-le-prove).

Boeto, un Alessandrino, che aveva una figlia considerata la più bella del tempo. Siccome di lei si parlava molto dai cittadini di Gerusalemme, e come capita, sulle prime Erode fu eccitato da quanto udiva, poi, dopo averla vista, fu colpito dall'avvenenza della ragazza; Erode per sposare Maria, figlia di Simone Boeto, sacerdote ad Alessandria sotto Cleopatra, adoratrice del culto di Iside, nomino Simone sacerdote del tempio di Gerusalemme. Poi lo scrittore continua il racconto facendoci sapere che: Inoltre, il padre lo aveva anche privato della speranza nei figli; infatti non uno dei suoi figli Erode aveva nominato come prossimo successore dopo la sua morte, bensì Erode figlio di Mariamme. Erode aveva nominato suo figlio Antipatro che aveva 50 anni suo successore e dopo la morte di Antipatro il figlio di Maria di due anni. Il nome Mariamme in ebraico è reso come מרים*, (Miriam), nome di tradizione biblica Maria in Italiano. Poiché nella società giudea di epoca tardo-asmonea le due lingue più diffuse erano l'aramaico e il greco della koine, presso la corte era diffusa la versione greca di questo nome. Giuseppe Flavio lo scrive «Μαριάμη» («Mariame»), ma in alcune edizioni la "m" viene raddoppiata, diventando così Mariamme. Successivamente la seconda "m" divenne "n" per dissimilazione, mutandosi così in "Mariamne". Ancora da Guerra Giudaica: Si trovò che anche Mariamme (Maria), la figlia del sommo sacerdote, era partecipe della congiura; lo svelarono, infatti, i suoi fratelli sottoposti alla tortura. Della colpa materna il re punì anche il figlio, cancellando dal testamento Erode (Gesù), suo figlio, che vi era nominato come successore di Antipatro. [...] Il veleno fu portato dall'Egitto da Antifilo, al quale era stato dato da suo fratello, che è un medico, e Teudione lo portò da noi. Dopo fu preparato da Antipatro per usarlo contro di te; io lo ricevetti da Ferora, e io stesso l'ho custodito. Abbiamo trovato una Maria che nel 5 a.C., cospirò per uccidere il re Erode, suo marito con un veleno venuto dall'Egitto, stesso luogo dove fuggirà la maria dei vangeli. Inoltre coincidono sia la data della fuga di Maria dei Vangeli con la cospirazione della moglie del re, sia il fatto che Erode cercava entrambe. Pura coincidenza? Vediamo chi era Maria Boeto, nella sua famiglia troviamo: Simone, figlio di Boeto, padre di*

Maria; Mariamne o Maria II Boeto terza moglie del re Erode il Grande; Eleazar o Lazzaro, figlio di Boeto, attestato in Giuseppe Flavio e nel testo Mandaean Sidra d-Yahia; successe a suo fratello Joazar e fu sommo sacerdote dal 4 al 3 a.C; Gesù Boeto; sommo sacerdote nel 63-65 d.C.. Marta Boeto che sposerà Gesù in tarda età; Tutti i cinque personaggi li ritroviamo nei vangeli quando: "Gesù si trovava a Betània nella casa di Simone il lebbroso. Mentre stava a mensa, giunse una donna con un vasetto di alabastro, pieno di olio profumato di nardo genuino di gran valore; ruppe il vasetto di alabastro e versò l'unguento sul suo capo. Ci furono alcuni che si sdegnarono fra di loro: «Perché tutto questo spreco di olio profumato? Si poteva benissimo vendere quest'olio a più di trecento denari e darli ai poveri!». Ed erano infuriati contro di lei". "Sei giorni prima della Pasqua, Gesù andò a Betània, dove si trovava Lazzaro, che egli aveva risuscitato dai morti. E qui gli fecero una cena: Marta serviva e Lazzaro era uno dei commensali. Maria allora, presa una libbra di olio profumato di vero nardo, assai prezioso, cosparse i piedi di Gesù e li asciugò con i suoi capelli, e tutta la casa si riempì del profumo dell'unguento. Allora Giuda Iscariota, uno dei suoi discepoli, che doveva poi tradirlo, disse: "Perché quest'olio profumato non si è venduto per trecento denari per poi darli ai poveri?". Questo egli disse non perché gl'importasse dei poveri, ma perché era ladro e, siccome teneva la cassa, prendeva quello che vi mettevano dentro. Gesù allora disse: "Lasciala fare, perché lo conservi per il giorno della mia sepoltura. I poveri infatti li avete sempre con voi, ma non sempre avete me". Dalla comparazione di questi due passi dei vangeli, scopriamo che la donna che si trovava a casa di Simone era Maria e che con lei vi erano anche Marta e Lazzaro, tutti e cinque i personaggi della famiglia Boeto riuniti insieme: casa di Simone Boeto con dentro Gesù, Maria, Marta e Lazzaro. Ma ancora non siamo contenti, sappiamo che Joshua ben Phabet Boeto, nipote di Simone Boeto e figlio di Phabet Boeto fratello di Simone, aveva tre figlie: Anna, Elisabetta e Giovanna, tutte e tre cugine di Maria Boeto. Ora se la Maria dei vangeli è la Maria moglie del re Erode, dovremmo trovare una relazione di parentela anche nei vangeli tra questi personaggi. Vangelo di Luca 1,36: "Vedi: anche Elisabetta, tua parente, nella sua vecchiaia, ha concepito un figlio e questo è il sesto mese per lei, che tutti dicevano sterile". Elisabetta e Anna risultano essere sorelle per il cristianesimo, così come lo sono nella famiglia Boeto. Nei vangeli la parentela di Elisabetta e Maria non viene specificata, ma nella tradizione cristiana più tarda è definita sua cugina, figlia di Ismeria, figlia a sua volta di Emerenzia e sorella di Anna. Dal protovangelo di Giacomo e dallo Pseudo Matteo sappiamo che Anna si prese cura di Maria, inoltre Giovanna la ritroviamo nei vangeli come discepola di Gesù. Maria era la figlia di Simone Boeto e della regina Cleopatra d'Egitto. Cleopatra morì nel 30 a.C., quando Maria aveva all'incirca 7 anni e verrà data in sposa ad Erode il Grande nel 23 a.C., quando aveva 14 anni. Inoltre Gesù Boeto muore nel 68 d.C. in concomitanza di tre avvenimenti come il terremoto, la morte di Zaccaria e l'abominio della desolazione retrodatati nel vangelo di Matteo. Erode (Gesù) era sposo di Erodiade e aveva una figlia di nome Salomè che ritroviamo sotto la croce del padre e Antipa era il fratello di Erode Gesù che tradì unendosi con sua moglie Erodiade, a causa del quale ci fu una rivolta sedata da Pilato che portò alla decapitazione di Giovanni Battista cugino di Gesù e al processo Gesù-Pilato, dove Pilato manderà Gesù da Antipa non trovando colpe in lui in quanto sapeva che la causa della rivolta era stata di Antipa.

Sulla base delle tue scoperte, come dovrebbe essere riscritta la storia?

Da queste scoperte ne sono partite altre che dimostrano che Gesù, oltre che di sangue Egizio era anche romano, nipote di Cesare Augusto e Marco Antonio, cugino degli imperatori Claudio e Nerone e che sotto Claudio era a Roma quando, come ci dice Svetonio, i Giudei furono espulsi da Roma per sua istigazione. Ci troviamo quindi davanti ad una rivoluzione epocale, oggetto di congiura del silenzio da parte dei mass media nazionali, in grado di riscrivere la storia passata e di influire sulle sorti del cristianesimo la cui colonna portante fu Paolo di Tarso che disse: "Vana sarebbe la nostra fede se Gesù non fosse risorto"; aver dimostrato che Gesù non morì in croce e non resuscitò, ma morì nel 68 d.C. a Gerusalemme decreta la fine del cristianesimo a tutti gli effetti. Senza parlare poi del culto mariano, con Maria che cospirò contro suo marito Erode per cercare di ucciderlo perché adultera e rimasta incinta di Giuseppe, figlio del suo fratellastro Alessandro Heli.

Parliamo dell'Islam. Punto di forza e punti deboli ...

Cosa dovremmo dire dell'Islam che ha come profeta Maometto che prende con sé una bambina di sei anni, Narra Aisha e che sposa a soli nove anni? Il "Messaggero di Allah" era più vecchio che mio padre, due anni e qualcosa. (Ibn-Asaker, vol. 30, p. 24)". Maometto era più anziano del padre di Aisha, che narra ancora: "Arrivammo nella città di Yathrib (Medina), e mentre dondolavo con l'altalena, venne mia madre, mi pulì il viso con un po' d'acqua e mi fece entrare in casa". Il "Messaggero di Allah" era seduto sul letto nella nostra casa. Mi fece sedere sulle sue ginocchia. Gli uomini e le donne uscirono. Il "Messaggero di Allah" si accoppiò con me nella nostra casa. Avevo solo nove anni. (Ibn-Asaker, vol. 3 – p. 197)."
In Sahih Al-Bukhari (n. 3605) dice Aisha: "stavo giocando, dondolando con l'altalena con mie coetanee, quando venne mia madre, Umm-RUMAN, e mi gridò in faccia, poi mi prese per mano. Avevo il fiatone. Dopo un attimo, ricuperai la mia calma. Mia madre prese un po' d'acqua e mi lustrò il viso e la testa e poi mi fece entrare in casa. Mi consegnò ad alcune mogli di uomini Ansari, che mi dettero una sistemata. Mi spaventai per l'improvvisa apparenza del "Messaggero di Allah" al quale fui consegnata. Quel giorno avevo solo nove anni". Dal Corano (Sura LVI, versetti 35/36): "Le abbiamo create ex-novo; le abbiamo fatte di nuovo vergini", il profeta disse: sono le vecchie di questo mondo quando vanno nel paradiso. Allah fa di loro creazioni nuove, ogni qualvolta i mariti s'accoppiano con loro le ritrovano vergini". Poi ci meravigliamo che violentano le donne in Germania? Ognuno è libero di credere in quel che vuole, ma a casa loro, in ogni caso anche la religione cristiana si fonda su un dio pluriomicida e guerrafondaio, quindi tutte le religioni dovrebbero essere bandite dagli stati.

Senza ombra di dubbio il **De Angelis** ha operato uno studio sistematico delle fonti, riorganizzando tutta una serie di risultati davvero molto interessanti e curiosi, sicuramente lontani dalla visione collettivamente condivisa dei suoi colleghi storiografi, antropologi e cultori delle materie religiose.

Proviamo dunque ad analizzare le sue posizioni, cercando di approfondire le principali tematiche e di scoprire se in qualche modo le ipotesi avanzate posso trovare riscontro positivo:

a) cominciamo con l'origine del termine *"Cristo"*. Tutti sappiamo che **Gesù** era anche chiamato "**Cristo**", ma da dove deriva esattamente il termine? Secondo la dottrina cristiana, il termine italiano *"Cristo"* deriva dal greco *"Christos"* (v. *chrio*, ungere), quindi l'*unto*. Stesso discorso vale per il termine *"Messia"* che: <<[...] deriva dall'ebraico *Mashiach*, che significa *Unto*. [...] Quando dunque si afferma che Gesù di Nazareth è il Messia o il Cristo si afferma che egli è l'Unto, cioè, Unto da Dio di Spirito Santo. [...]>>[206]. **De Angelis**, invece, nella domanda conclusiva dell'intervista sopracitata ha affermato che: <<[...] *L'epiteto Cristo era stato dato a Gesù in quanto lo avevano anche Osiride, di cui Gesù era sacerdote, chiamato un-nefer, la cui traduzione in greco era appunto "chrestos"* [...]>>[207]. E in altra occasione ha dichiarato che: <<[...] *Il termine deriverebbe dal greco krestòs, che significa "buono", "valente", "virtuoso", anche in senso morale. La lettura del termine Chrestus non è apparentemente così scontata: difatti, in epoca imperiale era presente un'ambivalenza tra la lettera iota (pronunziata come un "i" italiana) ed eta (pronunziata come una "e"). Tale fenomeno comportava che la forma scritta Chrestus veniva nel parlato pronunziata come Christus. Tali fenomeni, noti come itacismi, sono molto diffusi nelle testimonianze storiografiche degli scrittori arcaici; ne è un esempio un passo di Arriano di Nicomedia (Anabasi di Alessandro 1.13), dove l'autore riporta Telmìsseus con lo iota anziché Telmèsseus con la eta, che è la*

---

[206] Tratto da: http://camcris.altervista.org/messiasign.html.
[207] Tratto da: Tratto da: http://www.laltrapagina.it/mag/intervista-esclusiva-ad-alessandro-de-angelis-la-religione-cristiana-e-tutta-da-riscrivere-ecco-le-prove.

parola più comunemente utilizzata nel greco classico. L'apologeta cristiano Paolo Orosio (375-420 ca.), discepolo e collaboratore di sant'Agostino, riporta il passo di Svetonio nelle sue Historiae adversus paganos (ultimate poco prima di morire), rimanendone colpito e informandoci che di questa vicenda aveva parlato anche Giuseppe Flavio nelle sue opere: "Nel nono anno dello stesso regno, racconta Giuseppe che per ordine di Claudio i giudei furono espulsi dall'Urbe. Ma più mi colpisce Svetonio, che si esprime così: "Claudio espulse da Roma i Giudei in continuo tumulto per istigazione di Cristo"; dove non si riesce a capire se egli ordinò di infrenare e di reprimere i giudei tumultuanti contro Cristo, oppure se volle che anche i cristiani fossero espulsi con essi, come gente di religione affine" (Historiae adversus paganos VII 6,15-16) [...]>>[208]. Dunque, chi ha ragione? *Christos* o *chrestos*?

La prima tesi (*Christos*) è sostenuta da tutto il mondo accademico, mentre la seconda tesi (*chrestos*) trova sostenitori soprattutto in rete[209] e in persone appassionate al mondo religioso antico. Ma ciò

---

[208] Tratto da: http://www.notizienazionali.net/notizie/arte-e-cultura/11241/nel-49dc-gesu-era-a-roma-e-fece-espellere-gli-ebrei-.
[209] La forma Gnostica primitiva di Cristo. Era usata nel V secolo a.C. da Eschilo, Erodoto ed altri. La Manteumata pythocresta o gli "oracoli dati da un dio Pitone" per mezzo di una pitonessa, sono menzionati da Eschilo (Choeph. 901). Chresterion non è soltanto "il posto dell'oracolo", ma un'offerta a, o per, l'oracolo. Chrestes è uno che spiega oracoli, "un profeta ed indovino", e Chresterios uno che serve un oracolo o un dio. Il primo autore Cristiano, Giustino Martire, nella sua prima Apologia, chiama quelli della sua stessa religione Chrestiani. "È solo per ignoranza che gli uomini si definiscono Cristiani anziché Crestiani" dice Lattanzio (lib. IV, cap. VII). I termini Cristo e Cristiani scritti in origine Chresto e Chrestiani, furono presi a prestito dal vocabolario del Tempio dei Pagani. Chrestos, in quel vocabolario, significa un discepolo in probazione, un candidato allo stato di Ierofante. Quando era giunto a questo attraverso l'iniziazione, lunghe prove e sofferenze, ed era stato "unto" (cioè, "strofinato con olio", come lo erano anche gli Iniziati e perfino gli idoli degli dei, quale ultimo tocco dell'osservanza ritualistica), il suo nome era cambiato in Christos, il "purificato", nel linguaggio esoterico o dei misteri. In vero, nella simbologia mistica, Christes o Christos, significa che la "Via", il Sentiero, era già imboccato e la meta raggiunta; quando i frutti dell'arduo lavoro, unendo la personalità di argilla evanescente con l'individualità indistruttibile, lo trasformano con ciò nell'Ego immortale. "Alla fine della Via sta il Chrestos", il Purificatore, e, una volta compiuta la unione, il Chrestos, l'uomo del dolore, diviene Christos egli stesso. Paolo, l'Iniziato, sapeva questo, ed intendeva precisamente questo, quando gli si fa dire, con una cattiva traduzione: "Io lavoro di nuovo nella nascita finche Cristo sarà formato in voi" (Gal., IV, 19); la vera traduzione è: "... finché voi formate il Cristo dentro voi stessi". Ma il profano che sapeva solo che Chrestes era in qualche modo collegato con sacerdote e profeta,

non è sufficiente per scartare la seconda tesi: non sempre la maggioranza ha ragione. Allora proviamo a ricercare i termini sotto il profilo etimologico. Scopriremo così che tra i due termini c'è una bella differenza: il primo ha per radice *"chrio"* (ungere); il secondo ha per radice *"chraomai"* (usare, servirsi di, tradotto in latino *utor*). Il primo è un nome derivato da un participio passato sostantivato; il secondo invece deriva da un aggettivo "a tre uscite" che quindi viene utilizzato come appellativo (e in tale qualità, come confermato dagli antichi greci, prende il significato di buono, benevolo, ...). Ora, tenuto conto che *Cristo* è sempre scritto con la "maiuscola" e rappresenta un nome proprio, necessariamente occorre far riferimento non a *"crhestos"* (che è un aggettivo) ma a *"Christos"*. E' invece da scartare l'ipotesi che siano sinonimi, per i motivi sopracitati. Questa discordanza, che si presenta spesso tra i diversi sostenitori, è dovuta ad uno specifico motivo: <<[...] *Chrestos in greco significata 'buono', mentre Christos significa 'unto' e non vi può essere alcuna relazione tra i due significati. [...] I seguaci romani di Gesù vennero chiamati "chrestiani", in quanto Gesù venne conosciuto a Roma con l'attributo "Chresto" (cioè buono), mentre furono i seguaci della chiesa "cattolica apostolica romana" (fondata a Roma nel 142 d.C.) ad essere stati chiamati "christiani", in quanto i falsari che fondarono il culto catto-cristiano proposero ai loro creduli devoti la figura di Gesù come quella del Messia atteso (cioè "Christos") dal popolino della Palestina del tempo. [...] Non è assolutamente pensabile che gli antichi autori latini che ne*

---

e che non conosceva nulla del significato nascosto di Christos, insisteva, come fecero Lattanzio e Giustino Martire, per essere chiamato Chrestiano anziché Christiano. Ogni individuo buono, dunque, può trovare Cristo nel suo "uomo interiore" come lo espresse Paolo (Efeso, III, 16-17), sia egli Ebreo, Mussulmano, Indiano o Cristiano. Pare che Kenneth Mackenzie pensasse che la parola Chrestos fosse un sinonimo di Soter, "un appellativo assegnato alle divinità, ai grandi re ed eroi", che indica con "Salvatore", - ed aveva ragione. Perchè, come egli aggiunge, "questa parola è stata abbondantemente applicata a Gesù Cristo, il cui nome Jesus o Joshua, porta alla stessa interpretazione. Il nome Jesus, infatti, è piuttosto un titolo d'onore che un nome, dato che il vero nome del Soter della Cristianità era Emmanuelle o "Dio con noi" (Matteo, I, 23). In tutte le nazioni, le grandi divinità rappresentate come espiatorie o autosacrificantisi, hanno avuto attribuito lo stesso titolo". (R.M.Cycl.). L'Asklepios (o Esculapio) dei greci aveva il titolo di Soter.
[Tratto da: http://www.spiritual.it/it/glossario-de-la-dottrina-segreta/chrestos,10,1743].

parlano, abbiano fatto confusione tra i due termini, di significato così diverso. [...] Né tantomeno c'entra in alcun modo la pretestuosa giustificazione falsaria che parla di fenomeno dell'"itacismo" [...]. Svetonio cita il giusto quando parla di "impulsore Chresto", in quanto fu con tale attributo che Gesù divenne noto tra i romani, oltre che con un falso nome. Per contro, i romani ignoravano l'attributo greco-ionico Iesous (guaritore), in quanto esso gli venne applicato durante la sua permanenza in Asia Minore (probabilmente come "parallelo" con Asclepio, il guaritore per antonomasia). Il principale motivo per cui i padri fondatori non tradussero l'ebraico Mashiah con il corrispondente latino "Unctus", così come avevano fatto gli autori greci con Christos, esatta traduzione dell'ebraico Mashiah/Meshiah, risiede proprio nella necessità falsaria di far credere agli sprovveduti "poveri di spirito" (o creduli devoti) che gli eruditi pagani ed il popolo romano si sbagliavano e "storpiavano" l'attributo christiani con chrestiani: un'assoluta menzogna! In realtà, dietro all'attributo Chresto si celava una verità inconfessabile. I romani cominciarono a fare la conoscenza dell"attributo Christos (riferito a Gesù) solo dopo il 140 d.C., quando venne fondato il culto cristiano nella sua matrice cattolica. Sino alla fine del XVIII secolo, in Francia si parlava di "chrestiens". Vi sono testi di quell'epoca in cui si cita ciò. Successivamente il termine divenne "chrétiens" (l'accento acuto sulla "e" sta appunto a significare che la consonante "s" era stata soppressa). Il fatto che in Gallia e, successivamente in Francia, si parlasse di "crestiani" (crestiens), anziché di cristiani, non deve stupire, dal momento che i primi a far conoscere la figura di Gesù in Gallia, furono i suoi famigliari, emigrati nella Gallia meridionale [...]>>[210].

Pertanto, appare logico e corretto da un punto di vista etimologico e storico, pensare che:

a) "*Cristo*" sia derivante dal greco "*Christos*" (v. *chrio*, ungere);

b) "*Christos*", come sostantivo dato negli ambienti guidaici, rappresenti proprio l'unto, mentre "*Chrestos*", come aggettivo assegnato

---

[210] Tratto da: http://www.mednat.org/religione/cristiani_cattolici.htm.

negli ambienti romani, rappresenti il concetto di buono (inteso come persone protese al bene, disponibili nei confronti degli altri e non violenti, quindi facilmente identificabili dall'aggettivo *chrestos*). Se ne deduce, quindi, che il termine derivi sicuramente da *"Christos"* e che la forma *"Chrestos"*, non sia frutto di itacismo o confusione o errata traduzione o assimilamento concettuale, ma bensì di un'assegnazione della caratteristica di "buono", inteso come aggettivo/appellativo (dato dai Romani a Gesù)[211].

La posizione del saggista **De Angelis** comunque non appare errata, nel momento in cui afferma che i due termini si riferiscono comunque a Cristo o alla sua cerchia di fedeli.

b) continuiamo con la madre di Gesù Cristo *"Maria"* e le relazioni parentali con i rami egizi e romani.

Attingendo a diverse fonti, il **De Angelis**, dopo alcuni "errori interpretativi"[212] da lui stesso ammessi con onestà intellettuale nei precedenti volumi pubblicati, arriva ad intuire che la stessa (Maria, madre di Gesù) altra non era che **Mariamne**, terza moglie di Re **Erode il Grande**.

Qui però la storia si complica parecchio, in quanto lo scrittore risale a tutta la discendenza e l'ascendenza di sangue, ricostruendo i rapporti famigliari tra i personaggi citati nelle Sacre Scritture e in *Antichità Giudaica* di **Giuseppe Flavio**.

Provando a riassumere, troviamo che (sempre secondo lo studioso): **Cleopatra d'Egitto** ebbe due figli con Marco Antonio, di nome

---

[211] Da come si può evincere, dunque, se un solo "termine" è in grado di creare tutta questa confusione (e comunque di non lasciare la certezza assoluta rispetto al suo significato originario), immaginiamo cosa possa accadere quando l'analisi tocca uno o più testi "per intero" (come le Sacre Scritture guidaico-cristiane), che tra l'altro riprende culti e tradizioni precedenti, tradotte da centinaia di copisti,con tutti i possibili errori commessi e annessi, dalla buona fede alla manipolazione vera e propria.

[212] Nei testi precedenti, il De Angelis ha tentato di sostenere prima la non esistenza di Gesù così come costruito dal culto cristiano, per poi modificare la versione, in base alle prove presentate, sostenendo che egli fosse uno zelota antiromano appartenente alla famiglia di Giuda di Gamala. Errori che possono accadere quando i testi analizzati devono essere interpretati in quadro sistematico più generale, a riprova del fatto che verità oggettive e sicure, in questo campo, non esistono, ma che occorre parlare di "ipotesi ricostruttive".

Cleopatra Selene e **Alessandro Helios**; sempre **Cleopatra d'Egitto** ebbe anche una figlia con **Simone Boeto**, di nome **Mariamne** (quella che poi diventerà la terza moglie di Re **Erode il Grande**).

Il punto che ci interessa arriva ora: **Alessandro Helios** si unirà con **Ottavia minore** (sorella dell'Imperatore **Cesare Augusto**), per dare vita a **Giuseppe**, detto *Panthera,* nei panni del soldato romano. Di fatto, quest'ultimo altri non è che il figlio del fratellastro di **Mariamne** (o Miriam).

E nonostante questa parentela, i due si uniranno carnalmente, di nascosto al Re **Erode il Grande**, per dare alla luce due figli: il primo, **Gesù** (quello che diventerà poi il figlio di Dio) e **Giacomo il Giusto**. Questo per sommi capi è il quadro generale, che viene riproposto qui di seguito come da grafico:

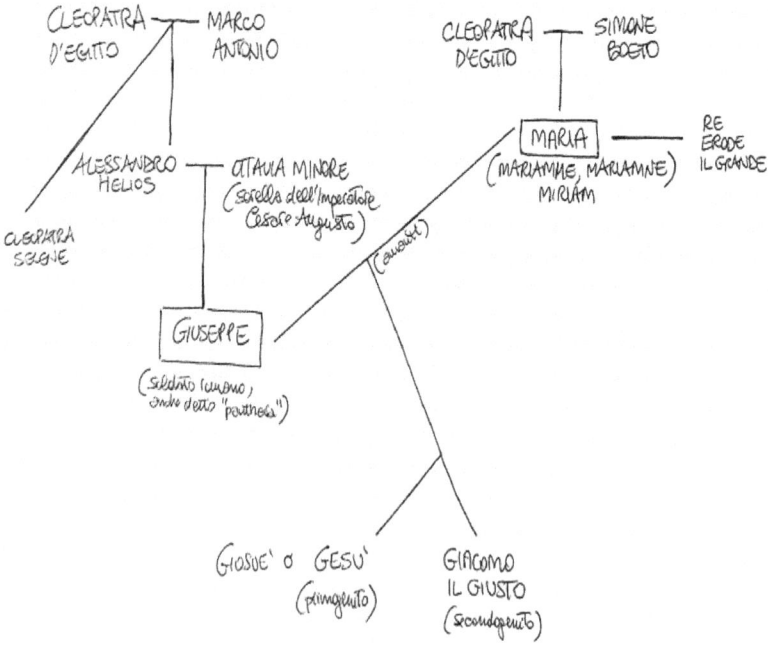

Fig. 29. Ricostruzione secondo le tesi di Alessandro De Angelis.

Ricostruendo minuziosamente gli eventi, il **De Angelis** è arrivato alla conclusione che **Antipatro**, primo figlio di **Erode** (con la prima moglie), avendo appreso che i suoi figli non sarebbero stati i suoi eredi, in quanto scavalcati da un testamento del Re che nominava **Gesù**, primo figlio di **Mariamne** con lo stesso regnante, decise di uccidere il padre Re **Erode il Grande con un veleno proveniente dall'Egitto**.

Avendo scoperto che i due figli dell'ultima moglie del Re, **Gesù** e **Giacomo il Giusto**, erano frutto di ripetuti tradimenti della stessa con **Giuseppe**, figlio di **Alessandro Helios**, decise di coinvolgerla nella congiura, obbligandola a partecipare, pena la confessione dei suoi segreti. **Mariamne**, vedendosi costretta ad accettare l'accordo, si fece convincere da **Antipatro**; tuttavia, qualcosa andò storto e i segreti vennero svelati dai **fratelli di Mariamne** che sotto tortura non furono nelle condizioni di negare quanto ormai sembrava evidente.

Da qui cominciò l'avventura di **Mariamne**, con **Giuseppe** e i bambini (c.d. *sacra famiglia*), costretti a scappare in Egitto, prima della furia omicida del Re.

Le fonti utilizzate dal saggista sono diverse:

1) nei *Vangeli* troviamo conferma del fatto che **Erode** cercava **Maria** in fuga per l'Egitto con **Gesù** e **Giuseppe** (anche se non abbiamo alcun riferimento al secondo figlio Giacomo il Giusto, ancora nel grembo materno);

2) in *Guerra Giudaica* dello scrittore **Giuseppe Flavio** si trovano i riferimenti relativi a **Mariamne**, figlia di **Simone Boeto**, sacerdote ad Alessandria sotto **Cleopatra** e terza moglie del Re **Erode**, che cerca di avvelenarlo con una sostanza venuta dall'Egitto. Il **De Angelis** ricolle **Mariamne** da una serie di indizi, quali l'assonanza del nome, il periodo storico e gli eventi narrati da **Giuseppe Flavio**, mentre elementi altrettanto suggestivi sono rappresentati dal fatto che **Mariamne**, che proveniva dalla famiglia Boeto, aveva come parenti **Simone** (padre) e **Eleazar** (figlio di Boeto, traslato in Lazzaro), figlio di Boeto, che li ritroviamo nei

Vangeli [213]. Infine, facendo riferimento al *Vangelo di Luca* e agli *apocrifi di Giacomo e Pseudo Matteo*, il **De Angelis** ricollega l'**Elisabetta** e l'**Anna** alle cugine di **Mariamne**, le figlie del fratello di **Simone Boeto, Phabet Boeto**.
3) tutte le fonti possibili che riprendono i fatti dell'epoca, compresi **Cassio Dione, Plutarco** e **Appiano**.

De Angelis chiude il suo lavoro, sostenendo anche che:
a) **Yahweh**, considerato Dio dal culto giudaico-cristiano, altro non è che il Dio "**Ammon**" [214] egizio, anche se fino ad un paio di anni fa

---

[213] In ordine a Lazzaro, giova citare l'episodio egiziano, incredibilmente simile, che vede come protagonista *El-Azar-Us*, uomo resuscitato da Horus, figlio di Osiride (del culto egizio). Notare l'incredibile somiglianza tra "Lazzaro" e "El-Azar-Us", a riprova che l'influenza della cultura egizia nella stesura dei testi sacri giudaico-cristiani fu davvero imponente.
[214] I motivi sono molteplici per cui il **De Angelis** sostiene questa tesi.
Lo scrivente, sul punto, gradisce aggiungere un aspetto che potrebbe in qualche modo dare conferma ulteriori di tale posizione, facendo riferimento al termine "*Amen*", utilizzato nella liturgia cristiana
<<[...] *Amen è una parola ebraica: in ebraico tiberiense si scrive* אָמֵן *('Āmēn), in ebraico standard* אמן *(Amen), in arabo ('Āmīn): è una dichiarazione o affermazione che si trova nell'ebraico biblico e nel Corano. È sempre stata usata nel giudaismo, e da lì è stata adottata nella liturgia cristiana come formula conclusiva per preghiere e inni. L'avverbio ebraico* אמן *ámén significa soprattutto "certamente", "in verità" o meglio "così sia". Etimologicamente è connesso con il verbo* אמן *ámán, che significa (in forma base, cioè qal) "educare". Importanti sono però i significati derivati: nel nifal significa "esser certo, sicuro", "esser veritiero, vero", per cui anche "resistere", nella forma di hifil credere. Il sostantivo derivato* אמת *emet significa "ciò che è stabile e fermo", quindi "verità". In questo senso appare per esempio nel Nuovo Testamento, quando Gesù enuncia principi fondamentali, che introduce con questa parola "amen": "Amen, amen, dico a voi" - con il significato: "In verità vi dico", "Ciò che dico, è vero e certo". Nell'Islam è la chiosa della prima sura del Corano detta al-Fatiha ("colei, che apre"). Nella liturgia cristiana è usata come risposta dell'assemblea alla fine delle preghiere liturgiche: ha il significato di esprimere l'assentimento per ciò che si è detto e per augurio che la preghiera sia esaudita. Il suo significato si lega al concetto di affidamento* [...]>>.
[Tratto da: https://it.wikipedia.org/wiki/Amen]
<<[...] *In Ebraico è formato dalle lettere A M N = 1, 40, 50 = 91 e così è un simile di 'Jehovah Adonai' = 10, 5, 6, 5, e 1, 4, 50, 10 = 91, nell'insieme; è una forma della parola Ebraica 'verità'. Nella lingua parlata comune si dice che Amen significhi 'Così sia'. Questa voce ebraica era all'origine un aggettivo con il significato di 'fermo, sicuro', poi avverbio nel senso di 'certamente', sempre usati a modo di esclamazione o acclamazione, con il valore di 'così sia'. Ricorre spesso nel Vecchio Testamento, più ancora nel Nuovo, mentre è frequente nella liturgia. È forse la parola più diffusa nel mondo, poiché la troviamo sulle labbra dei Cristiani, dei Giudei, dei Musulmani. Notevole l'uso che ne fanno i Cristiani alla fine del*

sosteneva che fosse la riproposizione di una divinità sumera[215];

b) **Gesù** (di sangue materno Boeto, in quanto figlio di Mariamne Boeto) fu sposo di **Erodiade** (poi compagna di Antipa) ed ebbero quattro figli, di nome: **Salomè** (che ritroveremo sotto la croce del padre), **Shaul/Paolo** (di Tarso), **Costobar** e **Rufo**. Solo in età avanzata si unì a **Marta**, sorella di Maria e zia a tutti gli effetti.

c) **Gesù** e l'Imperatore **Nerone** furono cugini di II grado, in quanto:

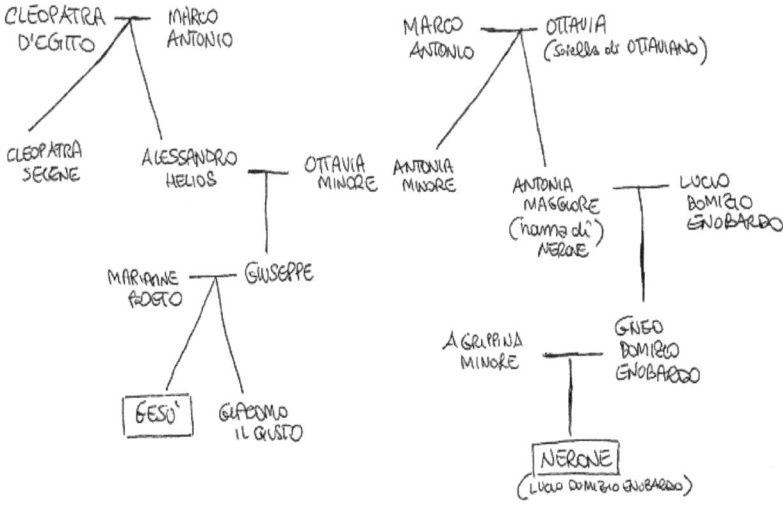

Fig. 30. Ricostruzione secondo le tesi di Alessandro De Angelis.

Pater Noster e del Credo. Ma nel linguaggio esoterico Amen significa 'il celato'. Manetho Sebennita dice che la parola significa ciò che è celato e sappiamo tramite Ecateo ed altri che gli egiziani usavano il termine per invocare il grande Dio dei Misteri, Ammon (a 'Ammas, il dio celato') affinchè si rivelasse e manifestasse. Bonomi, il famoso studioso di geroglifici, chiama molto appropriatamente i suoi adoratori gli 'Amenof, e Mr. Bonwick cita uno scrittore che dice: 'Ammon, il dio invisibile, resterà per sempre celato finchè non sarà antropomorficamente rivelato; gli dei lontani da noi sono inutili'. Amen è definito 'Signore della festività della luna nuova'. Jehovah-Adonai è un nuovo aspetto del dio dalla testa di ariete, Amoun o Ammon che era invocato dai sacerdoti Egiziani con il nome di Amen. Per gli Egiziani, Amen è la prima emanazione della Divinità Suprema, la sorgente primordiale della Luce [...]>>.
[Tratto da: http://www.spiritual.it/it/glossario-de-la-dottrina-segreta/amen,10,338]
[215] Tratto da: http://ningizhzidda.blogspot.it/2012/05/yahweh-e-un-dio-sumero.html.

d) facendo riferimento a **Giuseppe Flavio** in *Guerra Giudaica* (*GG, IV, 238-325*), **Gesù** morì [216] non nel 28/30/31/ o 33 d.C. -come sostenuto dagli storici-, ma nel 68 d.C.. Nacque dunque nel 7 a.c. e morì nel 68 d.c., all'età di 75 anni, assassinato dagli Idumei per colpa di un procuratore romano, **Gessio Floro**. Apparentemente, non ci sarebbe, quindi, nessuna analogia tra la morte di Gesù, come ci viene raccontata dai vangeli e quella narrata da G. Flavio; tuttavia, l'evangelista Matteo descrive ben tre eventi che avvennero quando Gesù morì nel 68 d.C., retrodatandoli al 33 d.C..

Per ragioni di completezza argomentativa si riportano qui di seguito i passi "flaviani" [217], ai quali il saggista fa riferimento, lasciando al lettore ogni giudizio:

Libro IV:238 Perciò Gesù, il più anziano dei sommi sacerdoti dopo Anano, montò sulla torre che fronteggiava gli Idumei e si rivolse a loro dicendo che fra i molti e svariati mali che opprimevano la città nessuno l'aveva tanto colpito quanto i voleri della fortuna per cui anche gli eventi più inaspettati favorivano i piani dei farabutti.

Libro IV:239 "A sostenere contro di noi degli individui perversi voi vi siete precipitati con un ardore che non si sarebbe capito nemmeno se la metropoli avesse invocato il vostro aiuto a difesa dai barbari.

Libro IV:240 Se io vedessi nelle vostre file gente simile a quella che vi ha chiamato, non troverei nulla di strano nel vostro impeto, perché niente concilia tanto le simpatie quanto l'aver caratteri uguali; ma sta di fatto che se quelli venissero presi in esame ad uno ad uno, risulterebbe che ognuno merita mille volte la morte.

Libro IV:241 Sono la feccia e il rifiuto di tutto il paese, che dopo aver divorato ciò che avevano ed esercitato il loro furore nei villaggi e nelle città vicine, alla fine si sono furtivamente introdotti nella città santa;

Libro IV:242 briganti che nella loro insuperabile empietà profanano finanche il pavimento sacro, che ognuno può vedere aggirarsi senz'alcun timore ubriachi nei luoghi santi e intenti a digerire nel loro ventre insaziabile le spoglie delle loro vittime.

Libro IV:243 Invece lo spettacolo delle vostre schiere e delle vostre fulgide armi è tale, quale avrebbe dovuto essere se la città vi avesse chiamato per

---

[216] **Alessandro De Angelis**, *Cristo il Romano*, Altera Veritas, I. ed., 2016, pp. 109-118.
[217] Tratto da: http://digidownload.libero.it/Hard_Rain/Guerra%20Giudaica.pdf

pubblica deliberazione a soccorrerla contro lo straniero. Come definire una cosa simile se non un insulto della fortuna, quando si vede un'intera nazione prendere le armi a sostegno di una banda di delinquenti?

Libro IV:244 Mi sono a lungo domandato che cosa vi abbia indotto a muovervi con tanta precipitazione, perché senza un grave motivo non avreste impugnato le armi per difendere dei banditi e per attaccare un popolo fratello.

Libro IV:245 Ma poiché abbiamo sentito parlare di romani e di tradimento - così infatti hanno or ora gridato alcuni di voi, e di esser qui per liberare la metropoli - è una tale diabolica menzogna di quei farabutti quello che ci ha colpito più di tutti gli altri audaci misfatti.

Libro IV:246 Degli individui per loro natura amanti della libertà come voi siete, e perciò sempre pronti a battersi contro un nemico esterno, non v'era altro modo di aizzarli contro di noi che accusandoci falsamente di tradire la loro cara libertà.

Libro IV:247 Ma voi dovete riflettere chi sono gli accusatori, chi gli accusati, e ricavare la verità non da discorsi menzogneri, ma dalla situazione generale.

Libro IV:248 Perché ci dovremmo ora vendere ai romani, mentre potevamo in primo luogo non ribellarci o, dopo la ribellione, venire presto a un accordo, prima che il paese all'intorno venisse devastato?

Libro IV:249 Ora nemmeno se lo volessimo sarebbe facile un'intesa, dal momento che la conquista della Galilea ha infuso superbia nei romani, e il blandirli ora che sono vicini ci procurerebbe una vergogna peggiore della morte.

Libro IV:250 Anch'io, per mio conto, preferirei la pace alla morte, ma una volta entrato in guerra preferisco una morte gloriosa al vivere in prigionia.

Libro IV:251 Si dice che noi, i capi del popolo, abbiamo inviato nascostamente messi ai romani, o che l'ha fatto il popolo per pubblica deliberazione?

Libro IV:252 Se noi, si dicano i nomi degli amici inviati ai romani, degli schiavi che si prestarono a consumare il tradimento. Fu scoperto qualcuno che partiva? Fu catturato qualcuno che tornava? Sono state intercettate delle lettere?

Libro IV:253 Come avremmo noi potuto eludere tanti cittadini, con cui stiamo insieme ogni momento, mentre quei pochi, che per di più erano assediati e non potevano nemmeno scendere dal tempio nella città, sarebbero venuti a sapere ciò che si preparava segretamente nel paese?

Libro IV:254 E son venuti a saperlo ora che debbono pagare il fio dei loro misfatti, mentre finché si sentivano sicuri nessuno di noi fu sospettato di tradimento?

Libro IV:255 Se poi è contro il popolo che essi lanciano le loro accuse, la deliberazione popolare dové certamente essere pubblica e nessuno mancare all'assemblea, sì che a voi la notizia doveva pervenire più rapida e più chiara della loro segreta denuncia. E poi?

Libro IV:256 Non bisognava anche mandare ambasciatori dopo aver deciso la resa? E chi ebbe tale incarico? Lo dicano!

Libro IV:257 Ma questo non è che un espediente di gente dura a morire che cerca di stornare gli imminenti castighi. Ammesso pure che è destino di questa città di essere tradita, gli unici capaci di fare anche questo sarebbero i nostri accusatori, ai cui misfatti manca soltanto uno, il tradimento.

Libro IV:258 Quanto a voi, poiché siete qui in armi, dovete assolvere a questo altissimo dovere di giustizia, difendere la metropoli e contribuire ad abbattere questi oppressori che hanno tolto di mezzo i tribunali e, calpestando le leggi, fanno emanare le sentenze dalle loro spade.

Libro IV:259 I più galantuomini fra i notabili li hanno trascinati per la piazza, li hanno gettati ignominiosamente in prigione e, senza ascoltare una loro parola o una loro supplica, li hanno messi a morte.

Libro IV:260 Se voi entrerete in città, non come nemici vincitori, potrete vedere le prove di ciò che dico: case svuotate dalle loro ruberie, mogli e figli degli uccisi in lutto, gemiti e lamenti per tutta la città; infatti non v'è nessuno che non abbia subito le scorrerie di quegli empi.

Libro IV:261 Essi sono giunti a tal punto di follia, che non solo hanno trasferito la loro audacia brigantesca dal contado e dalle altre città su questa, che è il volto e la testa di tutta la nazione, ma anche dalla città sul tempio.

Libro IV:262 Questo è diventato la loro base, il loro rifugio, la fucina dei loro preparativi contro di noi, e il luogo venerato da tutto il mondo e rispettato per fama dagli stranieri dei paesi più lontani è ora calpestato da questi mostri nati proprio fra noi.

Libro IV:263 Presi dalla disperazione, ormai si studiano stoltamente di aizzare un popolo contro l'altro, una città contro l'altra, e di armare la nazione contro il suo stesso centro vitale.

Libro IV:264 Sicché per voi la cosa più bella e più conveniente, come ho detto, è quella di contribuire a togliere di mezzo questi profanatori, *punendoli anche dell'inganno per aver osato chiamare in aiuto quelli che dovevano temere come punitori.*

Libro IV:265 Ma se provate imbarazzo perché essi vi hanno rivolto una preghiera, potrete deporre le armi, entrare in città come consanguinei e assumervi una parte a metà fra quella degli alleati e quella dei nemici facendovi arbitri.

Libro IV:266 E considerate anche quale vantaggio avranno ad essere giudicati da voi per colpe così manifeste e così gravi, essi che a persone innocentissime non concessero nemmeno di parlare; ricevano dunque questo beneficio dal vostro arrivo!

Libro IV:267 Se poi non volete né condividere il nostro rancore né far da giudici, c'è una terza possibilità, quella di abbandonare a sé stesse le due parti senza né accrescere le nostre pene, né collaborare con i nemici della metropoli.

Libro IV:268 Se proprio avete un fortissimo sospetto che alcuni di noi si siano messi in contatto con i romani, è in vostra facoltà di tener sotto controllo le strade di accesso, e se si scoprirà che è vera qualcuna delle accuse, potrete venire a presidiare la metropoli e a punire i colpevoli: i nemici non potrebbero prevenirvi essendo voi accampati nei pressi della città.

Libro IV:269 Se, infine, nessuna di queste proposte vi sembra ragionevole o equilibrata, non vi stupite se le porte rimarranno chiuse fino a che sarete in armi".

Libro IV:270 - 4, 4. Così parlò Gesù, ma la massa degli Idumei non gli dette ascolto, anzi era infuriata di non poter entrare immediatamente, mentre i capi fremevano all'idea di deporre le armi: a farlo per ingiunzione di altri pareva loro come di esser caduti prigionieri.

Libro IV:271 Simone figlio di Caatha, uno dei comandanti, sedati a stento gli schiamazzi dei suoi e collocatosi in un luogo donde poteva essere udito dai sommi sacerdoti,

Libro IV:272 rispose che non si meravigliava più che fossero assediati nel tempio i paladini della libertà dal momento che s'impediva ai connazionali di entrare nella città comune;

Libro IV:273 non si meravigliava che essi si apprestassero ad accogliere i romani, magari adornando di corone le porte, mentre con gli Idumei parlavano dall'alto delle torri e ordinavano loro di gettare le armi impugnate per difendere la libertà; non si meravigliava che essi, pur non volendo affidare la difesa della metropoli a consanguinei, li scegliessero poi ad arbitri dei loro contrasti;

Libro IV:274 non si meravigliava che essi, mentre accusavano taluni di aver condannato a morte senza processi, alla lor volta condannavano l'intera nazione alla vergogna.

Libro IV:275 E la città, normalmente aperta per il culto divino a tutti gli stranieri, adesso era preclusa ai suoi stessi cittadini.

Libro IV:276 "Proprio a far stragi e combattere contro i connazionali ci siamo precipitati noi che invece siamo accorsi al solo scopo di preservare la vostra indipendenza!

Libro IV:277 Tali saranno stati anche i torti che avete subito dagli assediati, e altrettanto fondati io penso che siano i sospetti da voi raccolti contro di loro!

Libro IV:278 E poi, mentre tenete rinchiusi i cittadini che si preoccupano del bene comune, e impedite di entrare in città a un intero popolo fratello con un'ingiunzione così offensiva, affermate di essere oppressi, e date il nome di tiranni a chi è invece calpestato da voi.

Libro IV:279 Chi potrebbe tollerare l'ironia di tali parole considerando che i fatti stanno tutt'al contrario? A meno che anche in questo caso non siano gli Idumei a impedirvi di entrare nella metropoli, quegli Idumei cui in realtà voi precludete l'accesso ai sacri riti tradizionali.

Libro IV:280 Se veramente un rimprovero meritano gli assediati nel tempio è che essi, pur avendo avuto il coraggio di punire i traditori, quelli che voi chiamate galantuomini e innocentissimi perché ne eravate i complici, non hanno cominciato da voi mozzando le membra più importanti del tradimento.

Libro IV:281 Ma se quelli furono troppo clementi, penseremo noi Idumei a preservare la casa di Dio e a batterci per la patria comune, affrontando sia i nemici che avanzano dall'esterno, sia quelli che la tradiscono all'interno.

Libro IV:282 Qui dinanzi alle mura noi resteremo in armi, finché i romani non si stanchino di darvi retta o voi non vi convertiate alla causa della libertà".

Libro IV:283 - 4, 5. A questo discorso la massa degli Idumei gridò il suo assenso, mentre Gesù si ritirava scoraggiato al vedere che fra gli Idumei non v'era alcun proposito di moderazione e che la città si trovava ad esser combattuta da due parti.

Libro IV:284 Ma nemmeno gli Idumei erano sereni: li bruciava l'affronto di esser stati esclusi dalla città, e poi credevano che gli Zeloti fossero forti, ma quando videro che nessuno accorreva in loro sostegno restarono perplessi e molti si pentirono di aver intrapreso la spedizione.

Libro IV:285 Ma la vergogna di tornare indietro senza aver concluso proprio nulla fu più forte del pentimento, sì che essi rimasero lì accampati alla peggio dinanzi alle mura.

Libro IV:286 Durante la notte scoppiò un violento temporale con venti impetuosi, piogge torrenziali, un terrificante susseguirsi di fulmini e tuoni e spaventosi boati di terremoto.

Libro IV:287 Sembrava la rovina dell'universo per la distruzione del genere umano, e vi si potevano riconoscere i segni di un'immane catastrofe.

Libro IV:288 - 4, 6. Gli Idumei e quelli nella città ebbero uno stesso pensiero: gli uni che il Dio fosse offeso per la spedizione e che non sarebbero sfuggiti al suo castigo per aver portato le armi contro la metropoli, gli uomini del seguito di Anano ritennero di aver in pugno la vittoria senza combattere e che il Dio si fosse posto alla loro testa.

Libro IV:289 Ma furono cattivi indovini del futuro, e la rovina che presagivano ai nemici stava per abbattersi sui loro compagni.

Libro IV:290 Gli Idumei raccogliendosi in gruppi si scaldarono a vicenda e, riuniti gli scudi al di sopra delle teste, ridussero i danni della pioggia;

Libro IV:291 nel frattempo gli Zeloti, preoccupati più per gli Idumei che per la loro critica situazione, si radunarono per vedere se si poteva trovare il mezzo per soccorrerli.

Libro IV:292 Le teste più calde proponevano di aprirsi con le armi la strada attraverso gli assedianti e poi, piombati nel mezzo della città, correre senza esitazione a spalancare le porte agli alleati;

Libro IV:293 i nemici di guardia, sconvolti dalla loro improvvisa apparizione, avrebbero ceduto, anche perché erano per lo più disarmati e inesperti del combattimento, mentre la massa dei cittadini difficilmente si sarebbe potuta radunare essendo stata costretta in casa dalla bufera.

Libro IV:294 E se anche si fosse presentato qualche pericolo, avevano il dovere di affrontare qualunque prova pur di non lasciar perire miseramente per colpa loro una così grande moltitudine.

Libro IV:295 Gli elementi più cauti però sconsigliarono questa prova di forza, vedendo che non solo erano pieni di nemici i posti di blocco sistemati contro di loro, ma che anche le mura della città erano sottoposte ad attenta vigilanza a causa degli Idumei;

Libro IV:296 inoltre essi ritenevano che Anano si presentasse dappertutto e ispezionasse continuamente le sentinelle.

Libro IV:297 E in realtà così era stato nelle notti precedenti, ma il controllo venne allentato proprio in quella, e non per negligenza di Anano, ma perché fu volere del destino che perissero lui e la moltitudine degli uomini di guardia.

Libro IV:298 Fu il destino che allora, mentre avanzava la notte e il temporale raggiungeva il massimo della furia, fece addormentare gli uomini di guardia ai portici e suggerì agli Zeloti di prendere le seghe che stavano nel tempio per tagliare le sbarre che tenevano chiuse le porte.

Libro IV:299 A non far sentire il rumore che facevano contribuì il sibilare dei venti e il continuo rimbombo dei tuoni.

Libro IV:300 - 4, 7. Senza che nessuno se n'accorgesse, quegli uomini arrivarono dal tempio alle porte e, usando le stesse seghe, aprirono la porta dirimpetto agli Idumei.

Libro IV:301 Questi dapprima ne furono scompigliati credendo di essere assaliti dagli uomini di Anano, e tutti misero mano alle spade per difendersi; ma ben presto riconobbero chi erano ed entrarono nella città.

Libro IV:302 Se si fossero scatenati per la città, niente avrebbe potuto impedire che il popolo fosse sterminato fino all'ultimo uomo, tanto erano inferociti; invece per prima cosa si affrettarono a liberare gli Zeloti dal blocco, anche per le molte insistenza di quelli che li avevano fatti entrare, che li pregavano di non dimenticarsi nel momento del pericolo di coloro in cui aiuto erano venuti e di non esporre sé stessi a rischi più gravi.

Libro IV:303 Infatti, una volta eliminati gli uomini di guardia, più facilmente avrebbero potuto rivolgersi contro la città, mentre se avessero cominciato da questa non sarebbero più riusciti ad aver ragione di quelli,

Libro IV:304 che al primo sentore si sarebbero raccolti a battaglia sbarrando ogni via di accesso.

LIBRO IV CAPITOLO QUINTO

Libro IV:305 - 5, 1. Gli Idumei furono d'accordo e attraversando la città salirono al tempio. Gli Zeloti aspettavano ansiosamente il loro arrivo e, quando essi entrarono nel recinto, si fecero loro incontro baldanzosamente dall'interno del tempio.

Libro IV:306 Unitisi agli Idumei si scagliarono sugli assedianti e ne uccisero alcuni dei più vicini immersi nel sonno; alle gridi di chi si *svegliava balzarono tutti in piedi atterriti e, afferrate le armi, s'avanzarono a battaglia.*

Libro IV:307 Fino a che credettero che ad assalirli fossero i soli Zeloti, si batterono coraggiosamente confidando di aver la meglio per il loro gran numero, ma quando videro che altri irrompevano dal di fuori capirono che gli Idumei erano penetrati nella città.

Libro IV:308 Allora i più furono presi dallo sconforto e, gettate le armi, scoppiarono in lamenti; soltanto pochi fra i giovani, strettisi insieme, opposero un'animosa resistenza agli Idumei e per parecchio tempo protessero la moltitudine inerte.

Libro IV:309 Questa con le sue grida rivelò ai cittadini la tragica situazione che s'era creata, ma nessuno di quelli ebbe l'ardire di venire al soccorso quando seppero che gli Idumei erano entrati in città, e si limitarono a rispondere con inutili grida e lamenti, mentre si levava un coro di gemiti da tutte le donne in ansia per qualcuno degli uomini di guardia.

Libro IV:310 Dall'altra parte gli Zeloti facevano eco al grido di guerra degli Idumei, e i loro clamori riuniti erano resi ancora più terrificanti dal frastuono della tempesta. Gli Idumei non risparmiarono nessuno, sia perché erano per natura feroci e sanguinari, sia perché, ridotti a mal partito dal temporale, si sfogarono contro chi li aveva tenuti fuori delle mura;

Libro IV:311 trattarono con uguale spietatezza tanto chi li implorava quanto chi opponeva resistenza, e passarono a fil di spada anche molti che si appellavano ai legami di parentela o li supplicavano di aver rispetto per il loro santuario comune.

Libro IV:312 Non v'era alcuna via di scampo né speranza di salvezza, ma risospinti l'uno sull'altro venivano trucidati, e i più, incalzati dove non c'era più spazio per indietreggiare mentre i loro carnefici avanzavano, presi dalla disperazione si precipitavano a capo fitto sulla città, affrontando volontariamente una morte a mio parere più dolorosa di quella cui si sottraevano.

Libro IV:313 Il piazzale antistante al tempio fu tutto un lago di sangue, e il giorno spuntò su ottomila e cinquecento cadaveri.

Libro IV:314 - 5, 2. Costoro non bastarono però ad appagare il furore degli Idumei, che, rovesciatisi sulla città, depredavano ogni casa e uccidevano chiunque capitava.

Libro IV:315 Ma a sfogarsi sulla gente comune sembrava loro di perdere il tempo, e diedero la caccia ai sommi sacerdoti sguinzagliandosi per la maggior parte contro di loro.

Libro IV:316 In breve li presero e li uccisero; poi, accalcandosi presso i loro cadaveri, beffeggiavano Anano per il suo amor di patria e Gesù per il suo discorso dalle mura.

Libro IV:317 Giunsero a tal punto di empietà, da gettarli via insepolti, mentre i giudei si danno tanta cura di seppellire i morti, che finanche i condannati alla crocifissione vengono deposti e sepolti prima del calar del sole.

Libro IV:318 Non credo di sbagliare dicendo che la morte di Anano segnò l'inizio della distruzione della città, e che le sue mura caddero e lo stato dei giudei andò in rovina a cominciare dal giorno in cui essi videro scannato in mezzo alla città il loro sommo sacerdote e il capo della loro salvezza.

Libro IV:319 Era stato un uomo venerando sotto ogni rispetto e di assoluta integrità, che pur dall'alto della sua nobiltà, del suo rango e della sua onorifica posizione si era sempre compiaciuto di trattare alla pari anche le persone più umili, un uomo straordinariamente attaccato alla libertà e alla democrazia,

Libro IV:320 che all'interesse privato aveva sempre anteposto il bene comune. Quello di salvare la pace fu il primo dei suoi pensieri, perché sapeva che non sarebbe stato possibile battere i romani, ma, costretto dalla necessità, si preparò anche alla guerra in modo che, se i giudei non fossero riusciti a raggiungere un accordo, potessero almeno scendere in campo in condizioni favorevoli.

Libro IV:321 Insomma, se Anano fosse sopravvissuto, certamente i giudei sarebbero venuti a un'intesa, perché egli era un abile parlatore, capace di convincere il popolo, e già aveva preso il sopravvento sugli avversari; altrimenti, in caso di guerra, avrebbero dato molto filo da torcere ai romani sotto un simile comandante.

Libro IV:322 A lui si affiancava degnamente Gesù, inferiore rispetto ad Anano, ma superiore agli altri.

Libro IV:323 Debbo ritenere che Dio, avendo condannato alla distruzione la città contaminata e volendo purificare col fuoco i luoghi santi, eliminò coloro che vi erano attaccati con tanto amore.

Libro IV:324 E quelli che poco prima, avvolti nei sacri paramenti, avevano presieduto a cerimonie di culto di portata universale ed erano stati oggetto di venerazione da gente venuta nella città da ogni paese, era dato ora di vederli gettati ignudi in pasto ai cani e alle fiere.

Libro IV:325 Su uomini siffatti io credo che la stessa virtù abbia lacrimato, lamentando di esser stata così calpestata dalla malvagità: tale fu la fine di Anano e di Gesù.

La storia che tutti noi conosciamo, però, ci consegna una versione diversa, parecchio diversa, soprattutto in relazione a **Mariamne**: <<[...] *Mariamne era la figlia di Simone Boeto, un sacerdote ebreo di Gerusalemme ma nativo di Alessandria d'Egitto. Aveva fama di essere una bellissima donna, «la più bella donna dell'epoca», riferisce lo scrittore Flavio Giuseppe. La fama di Mariamne raggiunse Erode il Grande, che conobbe la ragazza innamorandosene, e decise che sarebbe stato opportuno sposarla. Il problema era che Simone era un semplice sacerdote e non sarebbe stato opportuno imparentarsi con lui; Erode, allora, tolse l'onore del sommo sacerdozio a Gesù figlio di Phiabet e lo conferì a Simone (25 a.C.), rimuovendo tale ostacolo al matrimonio con Mariamne. Dal matrimonio tra Mariamne ed Erode nacque Erode Filippo I (anche noto come Erode Boeto), marito di Erodiade e padre di Salomè. Filippo era il quarto figlio maschio di Erode, dopo Antipatro (figlio della prima moglie Doride) e Alessandro e Alessandro e Aristobulo (figli di Mariamne); nel 7 a.C. Erode fece giustiziare per tradimento Alessandro e Aristobulo, e Filippo divenne secondo nella linea di successione. Nel 4 a.C. Erode scoprì il tradimento di Antipatro, che fu messo a morte. Filippo divenne primo nella linea di successione, ma per breve tempo: Erode, infatti, scoprì che Mariamne era venuta a conoscenza del complotto ma non ne aveva avvertito il marito. Erode allora divorziò dalla moglie, depose Simone Boeto ed eliminò Filippo dalla linea di successione* [...]>>[218].

Dunque: *"Chi ha ragione"*?

La storia, narrata dai libri, ci racconta le vicende di un personaggio (*Gesù*) nato da una vergine in una grotta, figlio terrestre di un pastore e della sua compagna, ma di spirito "divino", perché concepito senza peccato (sesso); adoratore di un Dio di amore che

---

[218] Tratto da: https://it.wikipedia.org/wiki/Mariamne_(terza_moglie_di_Erode_il_Grande).

vuole salvare la razza umana dal male, suggerendo la strada da percorrere, anche se poi il Dio richiamato nel Nuovo Testamento dovrebbe essere quello dell'Antico Testamento, ovvero *Yahweh*, colui che conquistava terre e sterminava popoli, imponendo la propria presenza con la forza e il terrore. Ma questo la dottrina non lo dice, anzi consiglia ai sacerdoti di non utilizzare più il termine "*Yahweh*", sostituendolo alla traduzione "Dio" o "Signore".

Biglino, invece, riprendendo i percorsi battuti da **Sitchin** e altri autori, propugna la tesi del "Dio Alieno", dimostrando che:

a) *Elohim*, termine plurale che non può essere tradotto con "Dio", è erroneamente tradotto al singolare, per giustificare la prospettiva monoteista del culto guidaico-cristiano;

b) le traduzioni ufficiali disegnano un quadro totalmente diverso dal contesto biblico reale, ovvero quello che gli antichi autori volevano rappresentare;

c) il monopolio culturale monoteista è destinato a crollare, lasciando spazio agli approfondimenti tematici che riportano alla luce le ipotesi più vicine alla realtà "oggettiva";

d) in **Luca 23, 32** viene descritto il momento della crocifissione di Gesù, e nei testi canonici si legge che venne messo in croce insieme a due malfattori (intesi non nell'accezione moderna ma nel senso di "ribelli zeloti", ovvero rivoluzionari antiromani). Il problema in questo passo sorge nel momento in cui si altera la reale traduzione, in quanto nelle Bibbie ufficiali si legge "anche due malfattori", mentre la traduzione corretta dovrebbe essere "altri due malfattori". In buona sostanza, Luca scriveva che Gesù era stato messo in croce con anche due ribelli zeloti, a far intendere che lo stesso Gesù fosse come loro, dello stesso gruppo[219], in quanto seicento uomini romani si erano distaccati dalla legione per sedare una rivolta in quell'area, dove Gesù venne identificato dagli stessi come appartenente al gruppo zelota[220].

---

[219] Tratto da: https://www.youtube.com/watch?v=w9RUW911m_s.
[220] Al di là, dunque, della probabilità che si possa dimostrare la componente "aliena" nell'origine della razza umana e l'appartenenza zelota di Gesù, le posizioni bigliniane riprendono i concetti che la dottrina tradizionale ha cercato per secoli di occultare (es. la

e) nei confronti del **De Angelis** si pone piuttosto dubitante: <<[...] *De Angelis ha scritto tre libri su Gesù e in ciascuno dei tre ha presentato le prove – che spesso ha definito inconfutabili e inoppugnabili – su tre tesi diverse: 1) Gesù non è mai esistito; 2) Gesù è esistito e apparteneva alla famiglia di Giuda di Gamala, noto zelota antiromano; 3) Gesù è esistito ed era un romano. Ho concrete difficoltà ad esprimere un parere su queste tre "scoperte inoppugnabili e inconfutabili" perché è evidente che si confutano l'una con l'altra essendo tutte e tre inoppugnabilmente suffragate da prove documentali, storiche, filologiche. Quindi preferisco non pensare nulla* [...]>>[221].

De Angelis, invece, pur confermando diverse posizioni della teoria bigliniana da un punto di vista filologico (es. la pluralità del termine *Elohim*), si discosta totalmente dall'ipotesi "aliena", preferendo un approccio più legato ai profili politici e sociali, raccontati nei testi sacri nelle fonti extrabibliche: su questo orientamento, risale alla vera discendenza di Gesù, ovvero un uomo per niente divino, frutto di una sapiente fusione del sangue egiziano e romano.

La risposta dunque al quesito suindicato (*"Chi ha ragione"?*) merita necessariamente un'attenzione particolare: uno studio che non può prescindere dalle fonti, in grado di fare la differenza e confermare le tesi elencate, pur essendo l'una (quasi completamente) l'antitesi dell'altra.

Con tutti i limiti conoscitivi del caso, si è operata una valutazione delle fonti utilizzate dal **De Angelis**, tenendo anche conto dei dubbi posti da altri studiosi.

Provando a fare l' "avvocato del diavolo", si potrebbe contestare al saggista quanto segue:

---

pluralità del termine Elohim, l'assenza del Dio unico nelle Sacre Scritture, la ferocia e la crudeltà del Dio considerato dagli ebrei e dai cristiani buono e giusto, ...) e pertanto, in qualunque modo si voglia guardare l'oggetto in esame, le ipotesi del saggista hanno trovato già un parziale riscontro.
[221] Tratto da: Tratto da: http://www.laltrapagina.it/mag/intervista-esclusiva-a-mauro-biglino-le-prove-che-lantico-testamento-parla-di-una-pluralita-di-soggetti-e-non-di-dio/..

1) *in primis*, **De Angelis** postula tutta una serie di relazioni parentali partendo dall'assonanza dei nomi (Mariamne-Miriam-Maria) derivanti dallo studio filologico, confrontandoli con tutta una serie di date e località geografiche, risalendo all'albero genealogico del Gesù dei Vangeli, utilizzando un metodo che lascia parecchie perplessità in ordine all'effettiva ricostruzione storica e filologica, anche se a tratti pare suggestiva e rappresentativa di una certa "logicità pratica".

Tra l'altro, si gioca sul piano delle probabilità, in quanto molti nomi erano del tutto comuni in quegli anni e in quelle regioni geografiche specifiche; infine, le fonti utilizzate dal saggista riguardano soprattutto (ma non solo) testi apocrifi ed opere di rilievo letterario scritte da storici dell'epoca, spesso coinvolti direttamente sotto il profilo sociale e politico [222] e quindi potenzialmente condizionati, senza tenere conto che la narrazione compiuta da uno storico non presuppone in qualunque caso la perfetta coerenza e compatibilità con i fatti storici realmente accaduti.

Opposizione bocciata:

E' generica e non tiene conto del materiale bibliografico rielaborato dal saggista; tra l'altro, tale espressione non confuta una specifica ipotesi ricostruttiva ma critica principalmente il metodo "scientifico" [223] utilizzato, dando per scontato che il mancato rispetto delle proce-

---

[222] Emblematico è il caso dell'Imperatore **Caligola** e del suo cavallo di nome **Incitatus**. Per secoli si è raccontato, grazie agli scritti di **Svetonio** e **Cassio Dione**, una storia assai bizzarra: la follia dell'Imperatore che nominò "senatore" il suo cavallo, di nome appunto **Incitatus**. Per secoli si tramanda questa storia, anche grazie al fatto che l'Imperatore per motli anni soffrì di unaa malattia grave che lo costrinse a vivere con insonna ed allucinazioni; tuttavia, recentemente, la verità sembra essere altra. E la scoperta è avvenuta grazie all'analisi del contesto storico e politico dell'epoca. In buona sostanza, **Caligola** -*Imperatore di Roma*-, stanco del Senato e delle sue continue pressioni, decise di riformarlo e durante un discorso pronunciò davanti ai senatori l'affermazione (di scherno) che la loro inutilità era paragonabile alla nomina a Senatore del suo cavallo (**Incitatus**). Da lì, i due storici, successivi a **Caligola**, per delegittimare il suo intervento e confermare il potere senatoriale, **Svetonio** e **Cassio Dione**, l'uno incaricato dal Senato e l'altro Senatore al soldo del potere politico, misero nero su bianco, a distanza di parecchi decenni l'uno dall'altro, la storiella suindicata, al fine di far passare l'Imperatore come un "mentecatto", pericoloso per la stabilità del Governo senatoriale.
[223] <<[...] Il metodo scientifico è la modalità tipica con cui la scienza procede per raggiungere una conoscenza della realtà oggettiva, affidabile, verificabile e condivisibile. Esso consiste, da una parte, nella raccolta di dati empirici sotto la guida delle ipotesi e teorie da vagliare;

dure di valutazione accademica diano automaticamente la negazione alla teoria proposta.

2) *in secundis*, le relazioni amorose che determinano la nascita di tutta una serie di personaggi, poi protagonisti (a dire del **De Angelis**) nel Nuovo Testamento, non sono suffragate da alcuna fonte, ma desunte dagli elementi di cui al punto a). Difatti, il saggista sostiene che Alessandro Heli, figlio di Marco Antonio e Cleopatra VII d'Egitto, si unì carnalmente a Ottavia minore (sorella di Ottaviano e moglie di Marco Antonio), generando Giuseppe, ovvero Panthera, il Giuseppe padre di Gesù per il Nuovo Testamento. Bene: questa ipotesi non è sostenuta da alcuna fonte documentale "certa" ma solo da deduzioni dell'autore suffragate da correlazioni documentali fragili; questo, sulla base che **Celso** sosteneva la paternità di Gesù Cristo in capo a Panthera, il soldato romano identificato dal **De Angelis** come Giuseppe. Ancora, lo stesso sostiene che Mariamne, figlia di Simone Boeto e terza moglie del Re Erode il Grande (versione storica corretta) fosse in realtà la figlia (dalla parte materna) di Cleopatra VII d'Egitto, sempre senza alcuna fonte documentale "certa".

Opposizione bocciata:

Le fonti che utilizza il saggista sono proprio i Vangeli, le Lettere e gli scritti di storici dell'epoca, come **Giuseppe Flavio, Cassio Dione, Plutarco** e **Appiano**; inoltre, ogni tesi è sostenuta da prove documentali precise ch riprendono le posizioni classiche, riformulando le ricostruzioni in maniera quanto meno realistica (essendo impossibile ottenere al cento per cento la certezza assoluta e ogget-

---

dall'altra, nell'analisi matematica e rigorosa di questi dati, associando cioè, come enunciato per la prima volta da Galileo Galilei, le «sensate esperienze» alle «dimostrazioni necessarie», ossia lasperimentazione alla matematica. Nel dibattito epistemologico si assiste in proposito alla contrapposizione tra i sostenitori del metodo induttivo e quelli del metodo deduttivo. L'approccio scientifico è valutato diversamente anche in base al suo campo di applicazione, ossia se si riferisce alle scienze naturali, o viceversa a quelle umanistiche (nel primo caso si parla di «scienze dure», nel secondo di «scienze molli»). Sebbene la paternità ufficiale del metodo scientifico, nella forma rigorosa sopra definita, sia attribuita storicamente a Galileo Galilei, studi sperimentali e riflessioni filosofiche in merito hanno radici anche nell'antichità, nel Medioevo e nel Rinascimento. [...]>>.
[Tratto da: https://it.wikipedia.org/wiki/Metodo_scientifico]

tiva della ricostruzione).

3) *in terzis*, la ricostruzione storica del saggista, nonostante sia affascinante, suggestiva e sensazionalistica, appare per molti versi assai fumosa e a tratti inconsistente, per le ragioni che seguono:

a) per **De Angelis**, Alessandro Heli (40 a.c. - 25 a.C.) e Ottavia Minore (69 a.c. - 11 a.c.) furono i genitori di Giuseppe (di cui non conosciamo la data di vita e di morte con certezza). Ma l'autore dichiara di essere sicuro che il buon Giuseppe altro non fosse che Panthera (22 a.c. - 40 d.C.), il soldato romano indicato da Celso come padre biologico di Gesù. Ora, tenuto conto delle date di nascita e morte, il lettore non può non notare un dettaglio davvero macroscopico: Giuseppe/Panthera non potrebbe mai essere il figlio di Alessandro Heli, essendo questo morto tre anni prima.

Pertanto, Alessandro Heli non può essere il padre di Giuseppe/Panthera, facendo già cadere tutta la discendenza romana di sangue. Inoltre, a quel tempo, vigeva il diritto romano e se Gesù si fosse dichiarato romano, si sarebbe evitato tutto il martirio subito, essendo di fatto cittadino dell'Impero e di sangue diretto.

b) **De Angelis** dichiara che Cleopatra VII d'Egitto (69 a.C. - 30 a.C.) fu la madre naturale di Mariamne (30 a.C. - 4 a.C.), figlia di Simone Boeto e terza moglie di Erode il Grande. Ora, tenuto conto delle date di nascita e morte è facile notate che: Mariamne non potrebbe mai essere la figlia di Cleopatra VII d'Egitto, essendo quest'ultima morta suicida lo stesso anno di nascita di Mariamne.

Pertanto, Cleopatra VII d'Egitto non può essere la madre di Mariamne, facendo già cadere tutta la discendenza egizia di sangue.

c) **De Angelis** dichiara che Mariamne (30 a.C. - 4 a.C.), figlia di Simone Boeto e terza moglie di Erode il Grande, altra non fu che la madre di Gesù Cristo (6 a.C. - 28/29/30/31/33 d.C.) e Giacomo il Giusto (4/5/6 d.C. - 62 d.C.). Inoltre, la Maria Maddalena dei racconti biblici, spesso accostata a Gesù per essere la sua compagna, altra non è che la stessa madre di Gesù, ovvero Mariamne di cui sopra.

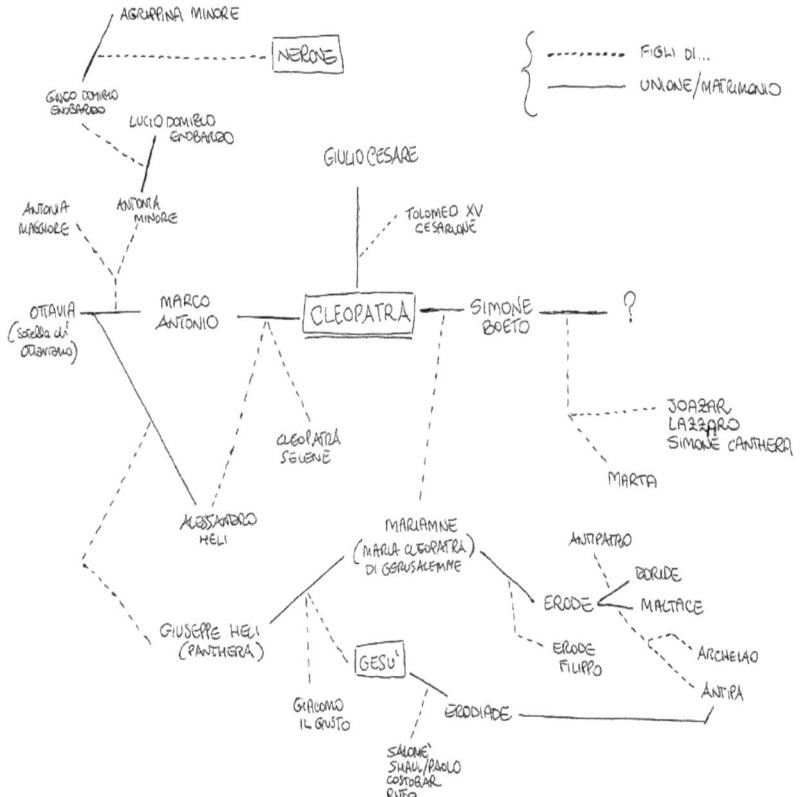

Fig. 30. Ricostruzione secondo le tesi di Alessandro De Angelis.

Ora, tenuto conto delle date di nascita e morte, il saggista afferma che:
- Mariamne/Maria, quando concepì Giacomo il Giusto (*e nel Nuovo Testamento, durante la traversata per raggiungere l'Egitto da parte della Sacra Famiglia non ne troviamo alcuna menzione*), aveva avuto già Gesù da due anni, quindi considerando che **De Angelis** sostiene come data di nascita di Gesù il 7 a.C., la data di nascita di Giacomo dovrebbe essere il 5 a.C. e non il 4/5/6 d.C., ovvero otto/nove/dieci anni dopo la data effettiva di nascita;

- Mariamne (30 a.C. - 4 a.C.) è la madre di Gesù e anche la Maria Maddalena. Tenuto conto però che Mariamne è deceduta nel 4 a.C.: allora, perché nei Vangeli (es. **Luca 2, 41-50**) si legge che la madre di Gesù era in vita quando Gesù aveva dodici anni al Tempio (ovvero il 6 d.C. circa) ed era presente anche sotto la croce durante la sua crocifissione (ovvero il 28-33 d.C.)?

Pertanto, Mariamne non può essere la madre di Gesù e di Giacomo il Giusto.

Opposizione bocciata:

La vera data di morte di Alessandro Heli, figlio di Marco Antonio e Cleopatra non può essere mai il 25 d.C., in quanto nel 5 a.C. era presente, vivo e vegeto, così come ci viene narrato nel **Vangelo arabo dell'Infanzia**, e dunque incrociando altri dati contenuti nel suo saggio è possibile ricavare che la data del 30 a.C. sia un falso storico. Inoltre, Mariamne non nacque nel 30 a.C., in quanto si sposò nel 23-22 a.c., come riportato da **Giuseppe Flavio** che parlava della nomina del padre Simone Boeto a sacerdote e della costruzione da parte del Re Erode il Grande della torre con l'oro, impropriamente dedicata dagli storici alla moglie defunta precedentemente, mentre era una regalia alla nuova moglie, proprio Mariamne. Da qui se ne deduce che ella possa essere nata nel 38-37 a.c., oltre ad alcuni riferimenti presi in ordine alla guerra contro gli Armeni da parte di **Marco Antonio**. Infine, Erode divorziò da Mariamne e lei non morì nel 4 a.c.; semplicemente cessò dalla carica di sovrana della Giudea.

Se dovessimo però "fare le pulci", si potrebbe continuare a sostenere il fatto che:

a) il presunto secondogenito di Mariamne, **Giacomo il Giusto** viene collocato dagli storici, come data di nascita, nel 4/5/6 d.C., ovvero una decina di anni dopo dalla collocazione deangelisiana, che si affida all'apocrifo **Pseudo Matteo**, che indica chiaramente la data di nascita di Giacomo nel 5 a.C..

Opposizione bocciata:

La valutazione scientifica del testo preso in esame passa per il criterio della minima attestazione; pertanto, l'estrapolazione testuale è fatta sulla base dei dati che vengono riscontrati su altre fonti. Anche gli apocrifi presentano delle criticità perché "esagerati" rispetto ai testi canonici, hanno egual dignità e il fatto di stesso di essere apocrifo non è sinonimo di falsità dell'informazione. Pertanto, la confutazione deve passare per altre documentazione e non soltanto sulla scelta del criterio, largamente condiviso nel mondo accademico.

b) il **Vangelo arabo dell'Infanzia**, preso in considerazione dal saggista, presenta un: <<[…] carattere abbondantemente e gratuitamente miracolistico, che contrasta con la sobrietà dei quattro vangeli canonici, col fine di illustrare i dettagli relativi alla vita preministeriale di Gesù altrimenti ignoti. Tale letteratura è caratterizzata da una assente o imprecisa conoscenza degli usi e costumi giudaici o da altre imprecisioni di natura storica o geografica, che ne inficiano il valore storico degli eventi narrati. Inoltre, nessuna di tali opere compare in qualche manoscritto biblico o in antichi elenchi dei testi canonici ritenuti ispirati […]>>[224]. Inoltre, l'opera in questione è stata redatta molti secoli dopo la morte di Gesù (pare intorno al IX secolo d.C., anche se la datazione è dubbia e oscilla tra il V secolo d.C. e il XIII secolo d.C.) e: <<[…] Molti dei miracoli in esso contenuti avvengono grazie a oggetti (bende di Gesù, acqua del suo bagno), accostandoli più a incantesimi magici che a miracoli religiosi veri e propri. Anche la trasmutazione di persone in animali e viceversa è un elemento magico tipico delle fiabe popolari […]>>[225].

Opposizione bocciata:
Quanto detto per il punto a) vale anche in questo caso.

c) la data di nascita di Mariamne (il 37 a.C., per il **De Angelis**) è solo frutto di una deduzione, che non trova riscontro storico o fonti ritenute attendibili dalla comunità accademica.

Opposizione bocciata:
La data relativa alla nascita di Mariamne Boeto, terza moglie di

---

[224] Tratto da: https://it.wikipedia.org/wiki/Vangelo_arabo_dell%27infanzia.
[225] *Ibidem*.

Erode, è dedotta secondo una valutazione incrociata di più fonti, dal ritorno di Marco Antonio da Cleopatra VII nel 36 a.c. al matrimonio con Erode stesso nel 23-22 a.c., vicino alla nomina del padre Simone Boeto. Come in ogni studio accademico, le deduzioni sono fondamentali per risalire alla storicità di un fatto e senza questi tentativi non si potrebbero stabilire gli errori, che poi portano alla verità, comunque diversa quasi sempre dalla certezza, che appartiene ad una sfera diversa dal contesto storico antico, che soffre necessariamente di tutta una serie di limitazioni conoscitive.

Chi ha ragione allora?

Insomma, il mistero si infittisce, in quanto ogni riferimento riportato dal saggista, anche se in parte frutto di deduzione, è comunque contestualizzato, con un uso delle fonti davvero impressionante.

Al di là delle specifiche contestazioni suindicate al lavoro del **De Angelis**, da parte degli accademici e studiosi di religione, lo stesso merita a parere dello scrivente il plauso per aver elaborato una possibile spiegazione, e pertanto si suggerisce la lettura del suo saggio, anche solo per approfondire le tematiche discusse, così da poter giudicare in prima persona i contenuti e la ricostruzione storica. E anche le contestazioni in ordine al fatto che alcune sue posizioni sono frutto di deduzioni, magari corrette, ma su date ed eventi storici non databili con precisione (e dunque interpretabili sia in un modo che nell'altro, senza alcuna possibilità di capire dove sia la verità) cadono, in quanto anche gli storici e gli studiosi non di rado utilizzano la stessa tecnica per datare un evento altrimenti non contestualizzabile, non tralasciando mai il "metodo scientifico". Appare quindi necessario che le eventuali critiche al lavoro del saggista debbano essere coerenti con l'uso delle fonti; il rischio, altrimenti, sarebbe quello di dare l'impressione di muovere un giudizio soggettivo e non una valutazione oggettiva precisa, che lo scrivente non può sostenere, non avendo alle spalle un percorso accademico sufficientemente ampio nella materia che l'autore tratta.

Comunque, tra le tante perplessità che possono insorgere nello studio della vita di **Gesù**, lo scrivente trova curiose anche altre tre

circostanze in particolare, spesso sottovalutate dagli studiosi:
A) sappiamo che **Gesù** era di origini umili, figlio di un falegname e di Maria [226], anch'essa di bassa estrazione sociale, eppure, ebbe una formazione specifica in materia storica e religiosa, sapeva leggere e conosceva la *Torah* a memoria, a tal punto da saper controbattere a qualunque allusione che riguardasse argomenti contenuti nei testi sacri guidaici, come riportato nei Vangeli.

Era un grande oratore e dimostrava un grande carisma, trascinando folle e convertendo anche i sostenitori dei culti non cristiani.

Il quesito che sorge spontaneo a questo punto è dunque il seguente: *Com'è possibile che sia avvenuto ciò?*

Ai tempi di Gesù, diciamo tra il 6 a.c. (data della presunta nascita) e il 28/29/30/33 d.C. (date della presunta morte), la cultura e la scolarizzazione erano ad appannaggio soltanto della classe borghese (medio-alta), impensabile per un figlio di un falegname.

E la padronanza che dimostrava con i contenuti della Torah, farebbero di lui un maestro o un sacerdote.

---

[226] La Maria, madre di Gesù nei vangeli, è una figura ancora più complessa e controversa di Gesù stesso. E' un fatto notorio che la sua gestazione "angelica" fosse una riproposizione di molti altri culti che vedevano nella vergine e nella verginità della madre il contesto perfetto da cui far nascere un futuro "Dio" (o semi-Dio). Ma non è tutto.
<<[...] La figura di Maria nel I millennio del cristianesimo fu oggetto di alcune definizioni dogmatiche, comuni quindi alle Chiese orientali e occidentali, ad esempio:
a) la Nascita verginale;
b) la Theotokos ("Madre di Dio"), ovvero il titolo dato nel 431 d.C. dal concilio di Efeso che affermava l'unicità della persona di Cristo nelle due nature, umana e divina;
c) la Verginità perpetua, ovvero dopo la nascita di Gesù, Maria non ebbe più altri figli, rimanendo sempre vergine prima, dopo e durante il parto. Peccato che questo aspetta non sia altro che una soluzione proposta ed accettata tra i Vescovi facenti parte del secondo concilio di Costantinopoli, nel 553 d.C. [...]>>.
<<[...] Dal punto di vista teologico, la sua opera di mediazione tra Dio e l'umanità si spiega con l'investitura che ricevette da Gesù sulla croce, quando venne "donata" agli uomini per farli sentire più vicini a Lui. Soprattutto dopo l'ascensione di Gesù, Maria rimase il punto di riferimento per la comunità dei credenti appena sorta, preservandone l'unità di fronte alle nuove sfide e alle potenziali discordie che caratterizzarono la primissima era cristiana. Il culto verso la Beata Vergine andò poi aumentando fino a quando si arrivò a una notevole diffusione dopo il Concilio di Efeso (431 d.C.), che la riconobbe ufficialmente come "Madre di Dio" [...]>>.
Tratto da: https://it.wikipedia.org/wiki/Maria_(madre_di_Ges%C3%B9)

Questo profilo, sicuramente, merita un'attenzione "speciale", perché potrebbe gettare nuova luce sulle reali origini di questo personaggio biblico, contestualizzato nel basso ceto sociale, anche per far risultare il culto cristiano una corrente religiosa vicina alle persone povere e sofferenti, come speranza per un futuro migliore. Studi approfonditi in ambito accademico potrebbero dimostrare, invece, l'origine famigliare reale di Gesù collocandolo in un ceto borghese medio-alto, distruggendo l'ipotesi della "famigliola" povera e del padre falegname.

Biglino, sul punto, è molto chiaro: Gesù, con molta probabilità, apparteneva ad una scuola di predicatori messianici del tempo, che si era preparato come molti suoi colleghi alla *scuola farisaica Hillel* (in opposizione alla scuola *Shammai*), leggendo attentamente la sua predicazione.

Pertanto, Gesù non ha portato nulla di innovativo o di unico; in fondo, ripeteva solo gli insegnamenti appresi, convincendosi tra l'altro di essere il Messia tanto invocato in passato, che avrebbe liberato Israele dai potenti [227].

E anche l'obiezione *"Gesù sapeva la Torah perché è figlio di Dio e quindi conosce tutto perché conosce le parole del Padre"* crolla miseramente dinanzi a quanto segue:

1) Gesù è diventato figlio di Dio e poi componente della Trinità padre-figlio-spirito santo solo dopo gli scritti di Paolo di Tarso e l'intervento conciliare, che confermava questa tesi senza alcun fondamento biblico. Prima di allora, il carattere divino era dato solo dal concetto che lo stesso si riteneva tale in virtù dell'idea di Messia che già circolava decenni prima della sua nascita, come dimostrato nei primi due capitoli del presente lavoro;

2) la conoscenza della Torah da parte di Gesù è stata dimostrata a seguito della sua appartenenza ad una delle due scuole rabbiniche dell'epoca e non a seguito di innesto divino, come già dimostrato dall'esegesi ebraica e da diversi studi accademici sulla vita di Gesù nei primi anni, elaborando anche delle ipotesi da confermare sulla

---

[227] Tratto da: https://www.youtube.com/watch?v=lHK2ExhA1XM

sua concreta appartenenza non ad una famiglia povera ma ad una borghese medio-alta;

3) l'idea che Gesù conosce tutto in quanto figlio di Dio è un prodotto della dottrina cristiana (e soprattutto cattolica) che spiega tutto con la fede, evitando di affrontare il tema della natura umana del Cristo, altra decisione presa a tavolino in uno dei Concili ecumenici analizzati nel quarto capitolo del presente lavoro.

B) sappiamo che **Gesù** era davvero buono e giusto, non ricorreva mai alla violenza e amava tutti indistintamente. Questa è la versione teologica classica, che tutta la dottrina vuole trasmettere.

Eppure in alcuni passi del Nuovo Testamento, ritroviamo degli aspetti di **Gesù** davvero particolari e ben lontani da questa visione così pura ed "angelica"; Gesù Cristo, in **Apocalisse 2, 20-23** apparve a Giovanni dicendogli di scrivere all'angelo della Chiesa di Tiatiri: <<[…] *"Ma ho questo contro a te: che tu tolleri quella donna Jezabel, che si dice profetessa e insegna e seduce i miei servitori perché commettano fornicazione e mangino cose sacrificate agl'idoli. E io le ho dato tempo per ravvedersi, ed ella non vuol ravvedersi della sua fornicazione. Ecco, io getto lei sopra un letto di dolore, e quelli che commettono adulterio con lei in una gran tribolazione, se non si ravvedono delle opere d'essa. E metterò a morte i suoi figliuoli; e tutte le chiese conosceranno che io son colui che investigo le reni ed i cuori; e darò a ciascun di voi secondo le opere vostre"* […]>>.

E anche **Matteo 10, 34-36**: <<[…] *Non crediate che io sia venuto a portare pace sulla terra; sono venuto a portare non pace, ma spada. Sono infatti venuto a separare l'uomo da suo padre e la figlia da sua madre e la nuora da sua suocera; e nemici dell'uomo saranno quelli della sua casa* […]>>.

Cosa dobbiamo pensare allora? Che Gesù perdona e lascia il tempo di ravvedersi fino ad un certo punto? E quanto tempo serve di preciso per meritare la salvezza?

C) la celebre frase pronunciata da Gesù mentre era in croce: <<[…] *"Dio mio, Dio mio, perché mi hai abbandonato?"* […]>>

(**Salmo 22**), sappiamo essere con certezza un falso storico preciso. La vera traduzione dall'antico testo è: <<[...] *Dio mio, Dio mio, perché mi hai giustiziato?* [...]>>.

La teologia successiva ha cambiato il termine da "giustiziato" ad "abbandonato" per motivare il fatto che Gesù, nel primo sconforto, trova poi la fiducia in Dio nella conclusione del Salmo.

Quindi, una traduzione del tutto inventata per giustificare una vera e propria rappresentazione di un uomo, falsa incarnazione di quel Dio descritto nell'Antico Testamento come geloso e iracondo, quando invece era con tutta probabilità un sacerdote della *scuola farisaica Hillel*, ingiustamente giustiziato [228] a seguito di una rivolta zelota.

A questo punto, perché non rivedere correttamente tutte le traduzioni per donare ai credenti la versione originaria e depurata dalla teologia classica?

D'altronde è un dato di fatto che i Vangeli siano stati scritti sulla base degli atti di **San Paolo**, il vero e primo predicatore del Cristianesimo delle origini.

Nulla di strano dunque che l'adattamento abbia prodotto delle distorsioni per favorire l'impostazione data dal primo padre della religione, lo stesso misogino che nella **Prima Lettera ai Corinzi 11, 3-16**, scriveva: <<[...] *Voglio però che sappiate che di ogni uomo il capo è Cristo, e capo della donna è l'uomo, e capo di Cristo è Dio. Ogni uomo che prega o profetizza con il capo coperto, manca di riguardo al proprio capo. Ma ogni donna che prega o profetizza senza velo sul capo, manca di riguardo al proprio capo, poiché è lo stesso che se fosse rasata. Se dunque una donna non vuol mettersi il velo, si tagli anche i capelli! Ma se è vergogna per una donna tagliarsi i capelli o radersi, allora si copra. L'uomo non deve coprirsi il capo, poiché egli è immagine e gloria di Dio; <u>la donna invece è gloria dell'uomo</u>. <u>E infatti non l'uomo deriva dalla donna, ma la donna dall'uomo; né l'uomo fu creato per la donna, ma la donna per l'uomo. Per questo la donna deve portare sul capo un segno della sua dipendenza</u> a motivo degli angeli. Tuttavia, nel*

---

[228] Tratto da: https://www.youtube.com/watch?v=lHK2ExhA1XM

Signore, né la donna è senza l'uomo, né l'uomo è senza la donna; come infatti la donna deriva dall'uomo, così l'uomo ha vita dalla donna; tutto poi proviene da Dio. Giudicate voi stessi: è conveniente che una donna faccia preghiera a Dio col capo scoperto? Non è forse la natura stessa a insegnarci che è indecoroso per l'uomo lasciarsi crescere i capelli, mentre è una gloria per la donna lasciarseli crescere? La chioma le è stata data a guisa di velo. Se poi qualcuno ha il gusto della contestazione, noi non abbiamo questa consuetudine e neanche le Chiese di Dio [...]>>.

Capitolo 8:
Chi era veramente Mosé?

Abbiamo già avuto occasione in questo lavoro di affrontare la vita e le opere di **Mosé**, narrate soprattutto nell'Esodo (ma non solo). In questo capitolo ci occuperemo di contestualizzarlo meglio, provando a mettere a confronto la figura dipinta dalla teologia classica con l'immagine uscente dall'analisi della saggista **Stefania Tosi**. Il risultato anche in questo caso mostrerà divergenze non indifferenti.

Sappiamo della vita di **Mosé** che: <<[...] *nacque dalla stirpe di Levi durante il tempo della persecuzione ebraica in Egitto. A quel tempo, il faraone ordinò l'uccisione dei neonati maschi per impedire che la popolazione ebraica crescesse e così la madre lo nascose dentro un cesto presso la riva del fiume Nilo, dove fu trovato dalla figlia del faraone che lo raccolse e lo allevò come suo figlio e gli diede anche il nome Mosè che significa "tratto dall'acqua"* [...]>>[229] (storia che abbiamo visto essere identica a molti altri racconti epici).

<<[...] *Fino a quarant'anni Mosè visse alla corte del Faraone ma rimase sempre ebreo. In seguito all'uccisione di un egiziano in difesa di un ebreo fu costretto ad abbandonare la corte del faraone, per rifugiarsi nel deserto, dove Dio si rivelò a lui e gli affidò la missione di liberare il suo popolo. Dopo il rifiuto del Faraone di liberare gli ebrei, Dio mandò dieci flagelli o piaghe* [...] *al termine delle quali Mosè ottenne il permesso di partire col suo popolo. Gli ebrei inseguiti dall'esercito faraonico, furono però raggiunti; alla preghiera di Mosè le acque del mare si aprirono per lasciar passare gli ebrei e si richiusero sopra gli inseguitori. Dopo aver attraversato il mare, Mosè si ritirò sul monte Sinai, dove ricevette da Dio le tavole della Legge, ma al ritorno trovò il suo popolo in adorazione di un falso dio, un idolo, il vitello d'oro, e vinto dall'ira spezzò le tavole, ma che gli furono dettate da Dio una seconda volta.*

---

[229] Tratto da: http://www.biblistica.org/wordpress/wp-content/uploads/2013/04/La-storia-di-Mos%C3%A8-%E2%80%93-Articolo-di-Giuseppina-Floriddia.pdf.

Per questa disubbidienza il viaggio nel deserto si protrasse per quarant'anni. Ormai, in vista della Terra Promessa, Mosè non vi poté entrare per non aver non aver dato testimonianza della santità di Dio quando aveva provveduto miracolosamente dell'acqua. Ma prima di morire Mosè salì sul monte Nebo da dove poté vedere la Terra Promessa [...]; poi scese dal monte e benedì le dodici tribù di Israele. Dopo la morte di Mosè, il comando fu preso da Giosuè. [...]>>[230].

Per i teologi, Mosé possedeva grandi qualità spirituali, riconoscendogli una spiccata e assoluta fede in Dio, unita ad un alto grado di coraggio, ubbidienza e umiltà (nonostante la sua autorità).

Stefania Tosi, sul punto, ha invece un'opinione alquanto diversa e per spiegarla fa riferimento ai passi biblici toccando **Yahweh** e lo stesso **Mosé**:

<<[...] *Il testo più amato dai cristiani è prima di tutto una grande antologia di guerra in cui sono celebrate le gesta spietate dei patriarchi -Mosè, Giosuè, Davide- e le battaglie compiute nel secolare tentativo, sotto l'egida di Yahweh, di accaparrarsi la fantomatica 'terra promessa'. Nel Libro della Genesi, del Deuteronomio e di Giosuè, il dio degli Israeliti pronuncia queste parole: "Alla tua discendenza io do questa terra, dal fiume d'Egitto al grande fiume, il fiume Eufrate." E' la promessa che non verrà mai neanche lontanamente mantenuta e che costerà la vita a decine di migliaia di uomini, donne e bambini. La marcia di Yahweh è infatti arrossata dal sangue dei popoli che pretende di sterminare per insediare la sua tribù seminomade. L'esortazione divina è chiara: gli abitanti di villaggi e città devono essere tutti sterminati, passati a fil di spada e nei loro confronti non deve trovare spazio la compassione. Ogni popolazione è da schiacciare, e gli Ittiti, gli Amorrei e i Cananei devono essere trattati come nemici e votati allo sterminio. Il disprezzo di Yahweh nei confronti della vita umana è freddo come il ferro delle spade. Non è un caso se l'epiteto di*

---

[230] Tratto da: http://www.biblistica.org/wordpress/wp-content/uploads/2013/04/La-storia-di-Mos%C3%A8-%E2%80%93-Articolo-di-Giuseppina-Floriddia.pdf.

Yahweh più frequente nell'Antico testamento è proprio 'Signore degli eserciti'. Questo attributo è attestato da alcune fonti scritte: un graffito della seconda metà dell'VIII secolo presso Khirbet el-Qom, località vicina ad Ebron, reca la scritta "Maledetto sia Harif/Hagaf figlio di Hagab da Yahweh degli eserciti" e alcuni ostraca aramaici della comunità giudea di Elefantina del V secolo a.C. riportano il medesimo appellativo ripetuto tre volte. Il Dio d'Israele è prima di tutto un combattente, a dispetto dell'esegesi biblica che pretende di minimizzare il soprannome con un'edulcorata metafora cosmologico- creaturale secondo la quale il 'Signore degli eserciti' sarebbe da intendersi come un generico 'dio dell'universo'. Tuttavia le schiere sotto il comando di Yahweh non sono angioletti innocui e paffuti ma almeno 650.000 uomini ben addestrati e armati, pronti a tutto pur di compiacere l'iracondo Comandante supremo che sgomita per emergere e guadagnarsi un posto d'eccellenza tra i grandi dell'epoca, gli Egizi e i Babilonesi. Brama di fama e potere accentuano l'indole vendicativa e nevrotica di Yahweh che riesce ad imporre il suo comando solo con metodi brutali; in Esodo 15:3 viene così descritto: "La tua destra annienta il nemico, tu scateni la tua ira, spavento e terrore piomberà su di loro [i nemici, nda]." L'irascibile divinità colpisce anche il suo stesso popolo: il fuoco di Yahweh divorò i duecentocinquanta uomini che avevano offerto incenso (Numeri 16:35). Yahweh sterminò con un morbo quattordicimilasettecento dissidenti israeliti (Numeri 17:14) e «mandò dei serpenti fra il popolo serpenti brucianti i quali mordevano la gente, e un gran numero d'Israeliti morì.» (Numeri 21:6). E sempre una pestilenza divina sterminò ventiquattromila persone (Numeri 25:9). Tutto ciò è scritto in modo chiaro nel testo biblico e non sono necessari interpretazioni di ispirazione divina o medianiche illuminazioni, è sufficiente un'attenta lettura critica che la dottrina osteggia in modo sempre più energico. E infatti viene detto che leggere la Bibbia "alla lettera", senza la giusta guida, espone ai rischi di una cattiva comprensione della Parola di Dio e alla caduta in pericolose riflessioni autonome. L'immagine rassicurante veicolata dalla tradizione canonica del Dio Padre buono e compassionevole stride con il profilo del brutale assassino protagonista del racconto veterotestamentario. Eppure gli episodi terrificanti e reiterati sono incontestabili. Anche se la verità dei fatti non piace, la soluzione non è negarla o chiudere gli occhi. Eppure la Chiesa ribadisce che la Bibbia è un testo giusto e santo, sebbene a tratti forte e difficile; non tutti possono leggerlo e soltanto pochi sono in grado di accostarsi alle grandi verità contenute e riuscire a comprenderle. In realtà sotto l'ombra dell'amorevole preoccupazione per il destino delle anime dei peccatori, si cela la censura preventiva del sapere. E già, perché i lettori potrebbero "equivocare" e scorgere la verità: la Bibbia è un libro violento e sanguinario, altro che testo d'amore! Questo contrasta con il falso messaggio buonista da secoli veicolato dalla Chiesa. Davvero si vuole far creder che gli autori biblici abbiano volutamente scelto di nascondere il messaggio salvifico dentro una selva di oscure immagini sanguinose? Le migliaia di morti della città di Sicon, di Og, di Libna, di Lachis e di Ai non sono interpretabili secondo visioni allegoriche ma dati di fatto che testimoniano tutta la ferocia del Signore degli eserciti. Le imprese di Mosè e Giosuè sono emblematiche: a) sotto la guida di Yahweh e con spada di Mosè, gli Israeliti votarono allo sterminio ogni città, uomini, donne e bambini della città di Sicon e non vi lasciarono alcun superstite; b) sotto la direzione di Yahweh, Giosuè distrusse l'intera città di Gerico e votò allo sterminio tutto quanto c'era in città: uomini e donne, giovani e vecchi, buoi, pecore e asini. Gli Israeliti passarono a fil di spada ogni creatura che respirasse, saccheggiarono poi la città, destinando però l'argento, l'oro e gli oggetti di bronzo e di ferro a Yahweh e, infine, diedero fuoco alla città. Questi sono i racconti biblici di herem - distruzione totale- che ritornano diverse volte a danno di Gerico, Makkedà, Lakish, Gezer, Eglon, Ebron, Debir e Hazor. E' la dura legge del Dio di Israele. Non pace e amore, ma guerra e morte per tutti coloro che si oppongono al suo disegno megalomane. Egli scende in battaglia e combatte, sprona e incita, scaglia frecce e folgori. In tutto l'Antico testamento Yahweh è percepito come un potente guerriero, ma non è invincibile infatti da solo non può sconfiggere i nemici che gli ostacolano la strada verso il successo e la gloria. Per questo alfine di portare avanti il suo piano di conquista necessita di un esercito umano e di un valoroso generale. Il suo generale è dunque Mosè. Ma chi è davvero? Lo storico delle religioni Mircea Eliade ammetteva che «i tratti della sua personalità ci sfuggono completamente. Per il semplice fatto che egli è divenuto una figura carismatica e leggendaria, la sua vita si uniforma al modello di tanti eroi». In effetti siamo abituati a immaginarlo mentre divide le acque del Mar Rosso per fuggire dai crudeli egiziani o mentre regge le Tavole della Legge. È un anziano con il bastone, mite, quasi fragile. Questa è l'immagine che la tradizione biblica ci ha trasmesso. Mosè, invece, è prima di tutto un soldato, di più, è il generale di Yahweh. A lui è affidata la masnada eterogenea, fuoriuscita dall'Egitto, affinché sia civilizzata e militarizzata, per diventare una schiera di combattenti in grado di compiere la conquista della Terra promessa, posta a nord del territorio di Madian. Il popolo eletto deve essere riformato e addestrato. Yahweh sceglie un uomo di polso, con il quale, a modo suo, arriva a stringere una sorta di amicizia e una salda collaborazione. Mosè è il primo vero braccio armato di Yahweh, inflessibile e determinato, e insieme al fratello Aronne, forgerà l'armata di Dio. Yahweh fece uscire dalla terra d'Egitto una grande massa di gente promiscua parte con loro, con greggi e armenti in mandrie molto grandi, e affidò a Mosè l'addestramento dei soldati. La formazione di un esercito segue norme rigide di obbedienza incondizionata, disciplina e sottomissione. Chi si oppone verrà divorato dal fuoco o inghiottito dalla terra. Nell'accampamento presso il monte Sinai Mosè si adopera per compiere la grande opera e forgiare le truppe. Le tende delle tribù sono disposte in modo ordinato secondo uno schema che preciso; al centro, la tenda del Convegno o Tabernacolo dove Yahweh incontra i fedelissimi e dispensa ordini e punizioni. Non cerca l'approvazione né del popolo, né del suo generale, esige ubbidienza. Meglio essere temuti che amati, sentenzierà Machiavelli. Presso il Tabernacolo il dio consulta i suoi generali (come Mosè o Davide) e decide la strategia prima della battaglia (1 Samuele 23,2; 2 Samuele 2,1: 5,19. Altre volte, invece, vi è l'intermediazione dei sacerdoti (Ahimelek, 1 Samuele 22,10; Abiatar, 1 Samuele 23, 9-12: 30, 7-8) che per mezzo di stru-

menti speciali come l'ephod (1Samuele 23,6-9; 30-7) o l'arca dell'Alleanza interloquiscono con il dio e ne ricevono le indicazioni. Nello spazio fra le ali dei due cherubini, il propiziatorio, Yahweh ivi appariva nella nube e parlava (Esodo 25, 22; Levitico 16,2). [...]>>[231].

Se poi poniamo a confronto ironicamente *Yahweh* con le conquiste fatte dai grandi della storia, scopriremo come[232]:

Impero	
Romano (Roma)	Con 6,5 milioni di km^2, nel 117 d.C. occupava il 5,76% della superficie mondiale, con una popo-lazione tra i 65 e gli 88 milioni di persone nel II secolo d.C., ovvero il 21% della popolazione mondiale
Unno (Attila)	Nel 441 d.C. occupava ben 4 milioni di km^2
Mongolo (G. Khan)	Nel 1206-1368 d.C. contava 24 milioni di km^2 e una popolazione di 100 milioni di persone, tra l'Asia e l'Europa centrale
Sacro Romano Impero (Alessandro Magno)	Nell'800 d.C. occupava 1,5 milioni di km^2
Yahweh	Le sue conquiste equivalgono allo 0,3% dell'Impero mongolo, all'1,4% del Sacro Romano Impero e all'1,7% dell'Impero Romano.

Un bottino un po' misero per un Dio e il suo generale!

Non v'è dubbio alcuno: per l'ennesima volta il racconto teologico e pastorale dipinge un personaggio completamente diverso dalla realtà storica o comunque la realtà descritta negli antichi testi che

---

[231] Tratto dall'intervista a **Stefania Tosi**: http://www.laltrapagina.it/mag/yahweh-dio-della-guerra-intervista-esclusiva-alla-ricercatrice-stefania-tosi .
[232] **Stefania Tosi**,*Yahweh, Dio della guerra*, Uno Editori, 2016, pp. 98-99.

consideriamo "storici" e ispirati da Dio. C'è poco da stare allegri: aprendo le nostre bibbie, troveremo, con i riferimenti presenti in questo lavoro, tutte le prove di cui abbiamo bisogno.

E la domanda sorge spontanea: *Un conto è cadere nel tranello di una falsa traduzione, credendola in buona fede corretta; un altro contro è credere in "qualcosa" sulla base di un testo che pure nella traduzione vigilata dalla CEI presenta tutti gli elementi contrari alla figura pastorale. Perché ci si professa cristiani o cattolici se poi la Bibbia, quale testo sacro di riferimento, non lo apriamo nemmeno per leggerlo? Cos'altro serve per aprire gli occhi?*

Tra i nuovi studi di **De Angelis**[233] troviamo anche una ricostruzione di Mosé che ribalterebbe completamente la sua figura: in particolare, per il saggista, oltre a sostenere che il dio della Bibbia era il dio egizio Amon Ra e che gli Elohim della Bibbia erano gli dei egizi, è arrivato a dedurre che Mosé altro non era che il generale faraone Mosè/Horemheb, incrociando il resoconto della Bibbia e gli scritti di Giuseppe Flavio. Vedremo nel suo prossimo lavoro come giustificherà questa rielaborazione storica

---

[233] Tratto da: http://apocalisselaica.net/il-segreto-dellesodo-mose-ovvero-il-generale-faraone-horemheb/

Capitolo 9:
"Lucifero", "Satana", gli "Angeli" e il "666":
Origini e mistificazioni

9.1. "Lucifero" e "Satana"

L'esegesi ebraica è chiara: **Satana** non esiste e **Lucifero** è un'invenzione della teologia cristiana. Vediamo di capire nel dettaglio i motivi di tale presa di posizione così netta e categorica.

Il saggista e studioso **Mauro Biglino**[234] rielabora gli studi accademici e dell'esegesi ebraica e cristiana, per giungere alla conclusione che il termine "Satana", presente diciotto volte nell'Antico Testamento, significa letteralmente "avversario", "colui che si oppone" o "accusatore" e deriva dall'ebraico שָׂטָן (Satàn), dove diventa in greco Σατανᾶς (Satanâs), in latino (Satanas), in aramaico סאטנא (Ṣaṭana) e in arabo ناطيش (Šaiṭān).

Dunque, il *satàn* svolge una funzione precisa: quella dell' "antagonista" (quello che oggi è per noi il Pubblico Ministero in un processo), al pari di *malàkh* (angelo), che identifica la funzione di "messaggero".

Non si tratta quindi di un "nome proprio" di un'entità spirituale ma bensì di uno status o di un compito, anche temporaneo, in capo ad un essere in carne ed ossa, che di spirituale non ha niente.

Alcuni esempi pratici di passi biblici possono chiarirci questo arcano, così come li enuncia lo stesso autore:

a) in **1Samuele 29, 4**, l'israelita Davide è schierato a fianco dell'esercito dei Filistei, in qualità di alleato, ma i capi ritengono di non potergli accordare la fiducia necessaria e decidono di rinunciare al suo aiuto, allontanandolo: <<[...] Ma i capi dei Filistei si adirarono contro di lui e gli dissero: «Rimanda costui, perché ritorni

---
[234] **Mauro Biglino**, *Il Dio Alieno della Bibbia*, I ed., Uno Editori, 2014, 229-242.

al luogo che gli hai assegnato. Non venga con noi a combattere, perché non diventi nostro avversario (*satàn*) in battaglia. [...]>>

b) in **1Re 11, 14**, si parla di un Idumeo di nome Adàd che, dopo la morte di Davide, si pose contro Salomone: <<[...] L'Eterno suscitò contro Salomone un avversario (*satàn*), Hadad, l'Idumeo, che era un discendente del re di Edom [...]>>.

c) in **1Re 11, 23**, si dice che Dio suscitò un certo Razòn, figlio di Eliada: <<[...] Dio suscitò contro Salomone un altro avversario (*satàn*), Rezon, figlio di Eliadah, che era fuggito dal suo signore Hadadezer, re di Tsobah [...]>>.

d) in **2Samuele 19, 22**, Davide sta cercando di salvare la vita a Shimì, che altri vorrebbero condannare a morte, e rivolgendosi a questi li invita a desistere: <<[...] Davide disse: «Che ho io da fare con voi, o figli di Tseruiah, che vi mostrate oggi miei avversari? [...]>>.

e) in **Giobbe 2, 1-10**, si narra quanto segue: <<[...] Quando un giorno i figli di Dio andarono a presentarsi al Signore, anche l'avversario andò in mezzo a loro a presentarsi al Signore. Il Signore disse a lui: «Da dove vieni?». L'avversario rispose al Signore: «Da un giro sulla terra che ho percorsa». Il Signore disse all'avversario: «Hai posto attenzione al mio servo Giobbe? Nessuno è come lui sulla terra: uomo integro e retto, teme Dio ed è alieno dal male. Egli è ancor saldo nella sua integrità; tu mi hai spinto contro di lui, senza ragione, per rovinarlo». L'avversario rispose al Signore: «Pelle per pelle; tutto quanto ha, l'uomo è pronto a darlo per la sua vita. Ma stendi un poco la mano e toccalo nell'osso e nella carne e vedrai come ti benedirà in faccia!». Il Signore disse all'avversario: «Eccolo nelle tue mani! Soltanto risparmia la sua vita». L'avversario si allontanò dal Signore e colpì Giobbe con una piaga maligna, dalla pianta dei piedi alla cima del capo. Giobbe prese un coccio per grattarsi e stava seduto in mezzo alla cenere. Allora sua moglie disse: «Rimani ancor fermo nella tua integrità? Benedici Dio e muori!». Ma egli le rispose: «Come parlerebbe una stolta tu hai parlato! Se da Dio accettiamo il bene, perché non dovremo accettare il male?» [...]>>[235].

f) in 1Cronache 21, 1-6, l'avversario si comporta da nemico tentatore e mette in difficoltà Davide: <<[...] L'avversario insorse contro Israele. Egli spinse Davide a censire gli Israeliti. Davide disse a Ioab e ai capi del popolo: «Andate, contate gli Israeliti da Bersabea a Dan; quindi portatemene il conto sì che io conosca il loro numero». Ioab disse a Davide: «Il Signore aumenti il suo popolo sì da renderlo cento volte tanto! Ma, mio signore, essi non sono tutti sudditi del mio signore? Perché il mio signore vuole questa inchiesta? Perché dovrebbe cadere tale colpa su Israele?». Ma l'opinione del re si impose a Ioab. Questi percorse tutto Israele, quindi tornò a Gerusalemme. Ioab consegnò a Davide il numero del censimento del popolo. In tutto Israele risultarono un milione e centomila uomini atti alle armi; in Giuda risultarono quattrocentosettantamila uomini atti alle armi. Fra costoro Ioab non censì i leviti né la tribù di Beniamino, perché l'ordine del re gli appariva un abominio [...]>>.

Riassumendo, dunque:

1) la figura di *Satana* non esiste come singolo attore che agisce come individuo singolo a sé stante, ma come status, funzione o posizione;

2) *Satana*, nell'Antico Testamento, non è un antagonista di Dio, anzi spesso è incaricato da lui per svolgere la sua funzione di accusatore;

3) *Satana* non è mai identificato come capo dei demoni, svolgendo tra l'altro il ruolo di esecutore fedele degli ordini di Yahweh.

Lucifero, sulla falsa riga di *Satana*, è poi frutto di un'invenzione

---

[235] In particolare, in questo passo, sostituendo il termine "satàn" con "avversario", ovvero la sua esatta traduzione, si comprende meglio come lo stesso rappresenti un ruolo, uno status in capo ad un soggetto che svolge in quella circostanza una precisa funzione. Nel dettaglio, questo individuo sta svolgendo un compito sgradevole e non benevolo nei confronti di Giobbe, ma in ogni caso autorizzato da Yahweh. Non c'è alcun riferimento demoniaco quindi ma solo un incarico ufficiale di mettere alla prova il grado di fiducia di un uomo, secondo i dettati del suo superiore, che lo invita però a non spingersi troppo oltre, colpendolo a morte.
N.B.: A titolo di cronaca si riporta che la "Sindrome di Giobbe", in medicina, è una sindrome autoimmune determinata da un livello di IGE-Totali superiore alle 2.500 UI/ml, tenuto conto che il massimo livello è 90-100 UI/ml.

ancora più sorprendente.

<<[...] La tradizione religiosa ha di fatto realizzato una fusione tra Satana e un'altra figura angelica, conosciuta con il nome di "Lucifero". Questo termine significa "Portatore di Luce", e deriva dal latino *lucifer* (composto da *lux*, "luce", e *ferre*, "portare") e dal greco *phosphoros* phosphoros (*phos*, "luce" e *pherein*, "portare"; viene spesso usato per definire il pianeta Venere, che compare all'alba anticipando così la luce del giorno. In realtà, questo abbinamento è giustificato solo quando è inserito nella definizione di "Astro del Mattino", perché negli altri casi il termine richiama un non meglio identificato corpo celeste splendente. [...] Nella tradizione popolare [...] viene addirittura spesso indicato come capo dei demoni, il Signore degli Inferi in cui giacciono i dannati [...] ed è in questa accezione che in parte del Giudaismo e del Cristianesimo viene assimilato alla figura di Satana. [...] I principali fautore di quest'ultima interpretazione sono stati **Girolamo, Tertulliano, Origene, San Gregorio Magno, San Cipriano di Cartagine, San Bernardo di Chiaravalle** e **Agostino di Canterbury**. [...] Possiamo dunque affermare che questi Padri del Cristianesimo stabilirono l'identità fra il Lucifero di Isaia e il Satana di Giobbe, operando una saldatura che è entrata nella tradizione religiosa e popolare [...]>>.

Vediamo allora, nel dettaglio, cosa vuole intende il saggista:

<u>Lucifero di Ezechiele</u>.
Ezechiele 28, 11-19:
Ezechiele si rivolge al Re di Tiro per trasmettergli le parole di Yahweh, riprendendolo aspramente per la sua superbia e per essersi paragonato agli Elohim, anticipandogli così l'inevitabile caduta:

<<[...] Mi fu rivolta questa parola del Signore: «Figlio dell'uomo, intona un lamento sul principe di Tiro e digli: Così dice il Signore Dio: Tu eri un modello di perfezione, pieno di sapienza, perfetto in bellezza; in Eden, giardino di Dio, tu eri coperto d'ogni pietra preziosa: rubini, topazi, diamanti, crisòliti, ònici e diaspri, zaffìri,

carbonchi e smeraldi; e d'oro era il lavoro dei tuoi castoni e delle tue legature, preparato nel giorno in cui fosti creato. Eri come un cherubino ad ali spiegate a difesa; io ti posi sul monte santo di Dio e camminavi in mezzo a pietre di fuoco. Perfetto tu eri nella tua condotta, da quando sei stato creato, finché fu trovata in te l'iniquità. Crescendo i tuoi commerci ti sei riempito di violenza e di peccati; io ti ho scacciato dal monte di Dio e ti ho fatto perire, cherubino protettore, in mezzo alle pietre di fuoco. Il tuo cuore si era inorgoglito per la tua bellezza, la tua saggezza si era corrotta a causa del tuo splendore: ti ho gettato a terra e ti ho posto davanti ai re che ti vedano. Con la gravità dei tuoi delitti, con la disonestà del tuo commercio hai profanato i tuoi santuari; perciò in mezzo a te ho fatto sprigionare un fuoco per divorarti. Ti ho ridotto in cenere sulla terra sotto gli occhi di quanti ti guardano. Quanti fra i popoli ti hanno conosciuto sono rimasti attoniti per te, sei divenuto oggetto di terrore, finito per sempre». [...]>>.

I passi sono chiarissimi e sono riferiti non ad un ipotetica arcangelo di nome Lucifero ma al Re di Tiro.

Lucifero di Isaia.
Isaia 14, 3-21:

Quanto segue è l'invettiva diretta a Nabonedo (Re di Babilonia) o al secondo successore di Ciro, Serse (che pose fine al periodo di buona convivenza tra la dinastia achemenide e la classe dirigente gerosolimitana), che credeva di essere come l'Altissimo (Elyon). E' dunque un componimento sarcastico diretto contro un potente della Terra:

<<[...] *In quel giorno il Signore ti libererà dalle tue pene e dal tuo affanno e dalla dura schiavitù con la quale eri stato asservito. Allora intonerai questa canzone sul re di Babilonia e dirai: «Ah, come è finito l'aguzzino, è finita l'arroganza! Il Signore ha spezzato la verga degli iniqui, il bastone dei dominatori, di colui che percuoteva i popoli nel suo furore, con colpi senza fine, che dominava con furia le genti con una tirannia senza respiro. Riposa ora tranquilla tutta la terra ed erompe in grida di gioia. Persino i*

cipressi gioiscono riguardo a te e anche i cedri del Libano: Da quando tu sei prostrato, non salgono più i tagliaboschi contro di noi. Gli inferi di sotto si agitano per te, per venirti incontro al tuo arrivo; per te essi svegliano le ombre, tutti i dominatori della terra, e fanno sorgere dai loro troni tutti i re delle nazioni. Tutti prendono la parola per dirti: Anche tu sei stato abbattuto come noi, sei diventato uguale a noi. Negli inferi è precipitato il tuo fasto, la musica delle tue arpe; sotto di te v'è uno strato di marciume, tua coltre sono i vermi. <u>Come mai sei caduto dal cielo, Lucifero, figlio dell'aurora?</u> Come mai sei stato steso a terra, signore di popoli? Eppure tu pensavi: Salirò in cielo, sulle stelle di Dio innalzerò il trono, dimorerò sul monte dell'assemblea, nelle parti più remote del settentrione. Salirò sulle regioni superiori delle nubi, mi farò uguale all'Altissimo. E invece sei stato precipitato negli inferi, nelle profondità dell'abisso! Quanti ti vedono ti guardano fisso, ti osservano attentamente. E' questo l'individuo che sconvolgeva la terra, che faceva tremare i regni, che riduceva il mondo a un deserto, che ne distruggeva le città, che non apriva ai suoi prigionieri la prigione? Tutti i re dei popoli, tutti riposano con onore, ognuno nella sua tomba. Tu, invece, sei stato gettato fuori del tuo sepolcro, come un virgulto spregevole; sei circondato da uccisi trafitti da spada, come una carogna calpestata. A coloro che sono scesi in una tomba di pietre tu non sarai unito nella sepoltura, perché hai rovinato il tuo paese, hai assassinato il tuo popolo; non sarà più nominata la discendenza dell'iniquo. Preparate il massacro dei suoi figli a causa dell'iniquità del loro padre e non sorgano più a conquistare la terra e a riempire il mondo di rovine». [...]>>.

I passi anche qui sono chiarissimi e fanno riferimento ad un'invettiva contro un sovrano superbo. Successivamente, i Padri del Cristianesimo applicarono il passo in esame alla lettera di **Luca 10, 17-20** dove si legge <<[...] I settantadue tornarono pieni di gioia dicendo: «Signore, anche i demòni si sottomettono a noi nel tuo nome». Egli disse: «<u>Io vedevo satana cadere dal cielo come la folgore</u>. Ecco, io vi ho dato il potere di camminare sopra i serpenti e gli scorpioni e sopra ogni potenza del nemico; nulla vi potrà danneggiare. Non rallegratevi però perché i demòni si sottomettono

a voi; rallegratevi piuttosto che i vostri nomi sono scritti nei cieli».
[…]>>, per arrivare all'abbinamento tra Satana e Lucifero.

Il *Lucifero* di **Isaia**, dunque, non ha niente a che vedere con il *Satàn* biblico, in quanto non c'è nei testi alcun passo che possa espressamente consentire questo approccio interpretativo.

<<[…] Nel Medioevo, *Satana* è diventata la fiaba gotica e sempre in quel periodo si presentò l'Inferno come un luogo in cui le anime bruciavano nel fuoco, rimembrando implicitamente il fuoco sacro in cui erano stati immolati gli uomini e le donne offerti in sacrificio a *Baal-Moloch*. Tale iconografia trae origine da antiche pitture murali egizie, in cui però non viene data alcuna enfasi sul c.d. "castigo eterno". *Seth* fu una delle maggiori divinità dell'Alto Egitto del periodo predinastico, con la funzione di positiva divinità dei defunti, ma la sua importanza diminuì con i Re dell'Alto Egitto che unificando le due torri imposero com divinità principale Horus. Durante il regno del popolo invasore degli *Hyksos* si sviluppò un culto enoteista in cui *Seth* (chiamato Dio delle tempeste) divenne il Dio dinastico associato a *Teshub* (Dio della tempesta nella mitologia urrita) e raffigurato a prua dell'imbarcazione notturna di Ra impegnata nella cattura di una malvagia divinità dalle fattezze di serpente di nome *Apophis*. Questo scontro tra il bene e il male si rappresenta nella mitologia ittita con la battaglia del Dio *Teshub* contro il serpente-dragone *Illuyanka*, mentre i Greci con *Zeus* e il demone serpentiforme *Tifone*. […] Dalla 22° dinastia, *Seth* fu identificato con *Apophis*, e verso la 26° dinastica, venne identificato con la personificazione del male. […] I Greci identificarono *Seth-Apophis* come *Tifone*, perché entrambi incarnavano il caos. […] Le religioni abramitiche, poi, hanno adattato l'iconografia del serpente tentatore dell'Eden […]>>[236].

Lo stesso discorso va fatto in merito alle elaborazioni dottrinali in ordine alle figure diaboliche dei *"demoni"*, che altro non sono che rivali Elohim di Yahweh: uno di quelli era chiamato *Baal-peor*, l'El dei Madianiti, che significa in sostanza "signore della

---

[236] **Riccardo Tristano Tuis**, *L'Aristocrazia Nera*, Uno Editori, I ed., 2016, pp. 170-171.

esposizione degli organi sessuali". Costui invitava i suoi a praticare sesso anche in forma rituale e spesso capitava che gli Israeliti abbandonassero Yahweh per rivolgersi al più gradito Baal-peor, che traslitterato diventa "Belphofor". Ancora, abbiamo *Baal-zabub*, l'El dei Filistei, che traslitterato diventa "Belzebub", ovvero il "signore delle mosche". Ma anche altri, come: *Melqart*, l'El dei Tiri; *Shadrapa*, l'El dei Fenici; *Kemosh*, l'El dei Moabiti; *Astarte*, l'El femmina dei Cananei; *Milkom*, l'El degli Ammoniti; *Hadad*, l'El degli Aramei.

Tra tutti, **1Re 11, 1-13**:

<<[...] *Ma il re Salomone amò donne straniere, moabite, ammonite, idumee, di Sidòne e hittite, appartenenti a popoli, di cui aveva detto il Signore agli Israeliti: «<u>Non andate da loro ed essi non vengano da voi: perché certo faranno deviare i vostri cuori dietro i loro dei</u>». Salomone si legò a loro per amore. Aveva settecento principesse per mogli e trecento concubine; le sue donne gli pervertirono il cuore. Quando Salomone fu vecchio, le sue donne l'attirarono verso dei stranieri e il suo cuore non restò più tutto con il Signore suo Dio come il cuore di Davide suo padre. Salomone seguì Astàrte, dea di quelli di Sidòne, e Milcom, obbrobrio degli Ammoniti. Salomone commise quanto è male agli occhi del Signore e non fu fedele al Signore come lo era stato Davide suo padre. Salomone costruì un'altura in onore di Camos, obbrobrio dei Moabiti, sul monte che è di fronte a Gerusalemme, e anche in onore di Milcom, obbrobrio degli Ammoniti. Allo stesso modo fece per tutte le sue donne straniere, che offrivano incenso e sacrifici ai loro dei. Il Signore, perciò, si sdegnò con Salomone, perché aveva distolto il cuore dal Signore Dio d'Israele, che gli era apparso due volte e gli aveva comandato di non seguire altri dei, ma Salomone non osservò quanto gli aveva comandato il Signore. Allora disse a Salomone: «Poiché ti sei comportato così e non hai osservato la mia alleanza né i decreti che ti avevo impartiti, ti strapperò via il regno e lo consegnerò a un tuo suddito. Tuttavia non farò ciò durante la tua vita per amore di Davide tuo padre; lo strapperò dalla mano di tuo figlio. Ma non tutto il regno gli strapperò; una tribù la darò a tuo*

figlio per amore di Davide mio servo e per amore di Gerusalemme, città da me eletta» [...]>>.

Il saggista **Riccardo Tristano Tuis** afferma: <<[...] *In ambito giudaico, tutte le divinità pagane furono indistintamente considerate demoni oppositori* [...]>>[237].

Lo stesso **Biglino** sul punto si espresse chiaramente: <<[...] *Le figure dei diavoli sono frutto della stessa elaborazione teologica spiritualista che ha letteralmente 'inventato' il Dio anticotestamentario. Come scritto in precedenza esistevano molti elohim, avevano nomi precisi ed epiteti che ne indicavano caratteristiche, funzioni e attitudini comportamentali. Uno di quelli era chiamato Baal-peor che significa in sostanza 'signore della esposizione degli organi sessuali'. Questo elohim invitava i suoi a praticare sesso anche in forma rituale e va detto che, spesso con piacere, gli Israeliti abbandonavano il loro elohim Yahweh per rivolgersi al molto più gradito Baal-peor. Un altro elohim era indicato con l'epiteto di Baal-zabub che tradizionalmente si dice significhi 'signore delle mosche'. Quando la teologia ha trasformato Yahweh nel dio spirituale, trascendente, onnipotente, ha operato anche nel senso opposto: come ha inventato il mondo del bene ha inventato il suo contrario il mondo del male, popolandolo di demoni. Da dove ha tratto le figure demoniache? Dagli avversari con cui Yahweh si doveva scontrare concretamente nella quotidianità, cioè gli elohim suoi rivali sul territorio. Anche i nomi dei demoni derivano da quell'ambito. Baal-peor è stato traslitterato in greco in Balfegor da cui è poi derivato Belfagor; Baal-zabub è diventato Belzebù. In sostanza: inventato il dio biblico si sono inventati anche i suoi rivali, i diavoli.* [...]>>[238].

Insomma, appare chiaro adesso chi fossero veramente queste figure, che oggi consideriamo "demoniache".

---

[237] **Riccardo Tristano Tuis**, *L'Aristocrazia Nera*, Uno Editori, I ed., 2016, p. 175.
[238] **Giulio Perrotta**, *Manuale di Criminologia Esoterica*, II ed., 2016, Primiceri Editore, pp. 490-491.

9.2. Gli "Angeli"

<<[...] Come la Bibbia non parla di Dio, così non parla mai di angeli intesi come entità spirituali. Il termine angelo deriva dal greco *"anghelos"* che indica un individuo che porta un messaggio. Il termine greco traduce l'ebraico *'malach'* che ha esattamente lo stesso significato: i malakim biblici rappresentavano un preciso grado nella gerarchia militare degli Elohim. Erano i loro porta ordini, i controllori, i vigilanti che dovevano garantire la perfetta e compiuta realizzazione delle volontà dei comandanti. Come si evince bene anche solo da **Genesi 18 e 19**, erano *'anashim'*, cioè individui maschi in carne ed ossa che camminavano, si stancavano, si sporcavano dovevano riposare, lavarsi, mangiare, bere e potevano addirittura essere aggrediti. Nulla a che vedere, dunque, con le eteree figure elaborate dalla teologia successiva che ha attinto a piene mani dal pensiero greco-ellenistico, utilizzandolo per costruire ciò che nella Bibbia è totalmente assente. Nel libro di **Daniele** si ha poi il racconto dell'incontro del c.d. profeta con uno di quegli individui: Daniele dice chiaramente che vide avvicinarsi un *'ish'*, cioè un uomo, un individuo maschio che, scrive senza alcuna remora la Bibbia ebraica, arriva "essente affaticato di fatica". [...]>>[239].

Qui **Mauro Biglino** è chiarissimo e smonta alla radice tutta la tradizione dottrinale cristiana che parla di esseri spirituali, incarnazioni del divino sotto forma di luce: tra tutti, l'episodio che abbiamo già analizzato della distruzione di Sodoma (**Genesi 18**), ma anche **Genesi 16, 19, 22, 28 e 32**, oltre a **Esodo 23, 1Cronache 21, Giudici 6, Ezechiele 8, Daniele 4, 9 e 10**, che per ragioni di brevità, non si riporteranno.

E nelle opere del saggista troviamo tantissimi altri riferimenti che ci spiegano come questi "esseri" fossero incredibilmente umani[240].

---

[239] **Giulio Perrotta**, *Manuale di Criminologia Esoterica*, II ed., 2016, Primiceri Ed., p. 487.
[240] **Mauro Biglino**, *Il Dio Alieno della Bibbia*, Uno Editori, I ed., 2014, pp. 197-226, 243-296. **Mauro Biglino**, *Non c'è creazione nella Bibbia*, Uno Editori, I ed., 2014, pp. 129-155.

Difatti, l'incontro con quegli individui non era per niente piacevole, anzi risultava sgradevole e spesso pericoloso: nel *"Trattato sulle berachot"* e nel *"De virginibus velandis"* di **Tertulliano**, si raccomandava alle ragazze che partecipano alle assemblee pubbliche dove erano presenti quegli individui (che oggi consideriamo "angeli"), di coprirsi, il capo onde evitare di eccitarli sessualmente.

Lo stesso **Paolo**, Padre del Cristianesimo, nella sua *Prima lettera ai Corinzi*, raccomanda alle donne di avere una copertura sul capo "a motivo" cioè" a causa degli angeli" e non certo per rispetto verso dio, come invece viene lasciato passare dalla dottrina per garantire l'aspetto spirituale di questi individui.

Biglino[241] inoltre si concentra sulla figura dell'*Arcangelo Gabriele*, rivelando particolari davvero interessanti. Sappiamo che Gabriele deriva da *Gavriel* (potere di *El*) e dunque, nonostante venga usato come nome proprio, risulta essere anch'esso uno status come *"satàn"*, inteso come uomo forte di *El* (Dio). Da **Daniele 9, 20-22** veniamo a conoscenza che un uomo (*ish*) raggiunge *Maria* affaticato (e non volando velocemente come le traduzioni vorrebbero, in quanto il termine è rappresentativo di "sforzarsi nel salire"); in **Luca 1, 28** leggiamo invece che costui la saluta dicendo "Ave Maria piena di grazia", quando invece la traduzione letterale corretta sarebbe "Gioisci del fatto che sei graziosa/gradevole".

Poi sappiamo che Maria resterà incinta come la sua parente Elisabetta, nell'episodio con Zaccaria (**Luca 5**).

Tenuto conto però delle abitudini degli Elohim e dei loro emissari, nulla di strano se l'evento "miracoloso" fosse in realtà molto più terreno, tenuto anche conto che Giuseppe mostra perplessità circa l'accadimento (**Papiri Bodomer** e **Protovangelo di Giacomo**), se non addirittura pensa che la gravidanza sia frutto di una menzogna ai danni di Maria ad opera di chi si è presentato fintamente come

---

Mauro Biglino, *Il libro che cambierà per sempre le nostre idee sulla Bibbia*, Uno Editori, I ed., 2014, pp. 74-89.
[241] **Mauro Biglino**, *Antico e Nuovo Testamento. Libri senza Dio*, I ed., 2016, Uno Editori, pp. 137-151.

Angelo del Signore (**Codice Arundel 404**).

Insomma, questi "angeli" hanno aspetto umano, sono in carne ed ossa, sono messaggeri degli *Elohim*, si devono nutrire e vestire, camminano, si stancano e si eccitano sessualmente se vedono le chiome folte delle donne terrestri.

Direi che di spirituale c'è ben poco.

9.3. Il 666

Il *"Numero della Bestia"*, indicato anche con il numero 666 è un concetto che nel Cristianesimo si riferisce a Satana, inteso come Principe delle Tenebre. Appare in:

a) un solo passo del *Nuovo Testamento*, in **Apocalisse 13, 16-18**, riferito a una bestia che sale dal mare e devasta la terra:
«Faceva sì che tutti, piccoli e grandi, ricchi e poveri, liberi e schiavi ricevessero un marchio sulla mano destra e sulla fronte; e che nessuno potesse comprare o vendere senza avere tale marchio, cioè il nome della bestia o il numero del suo nome. Qui sta la sapienza. Chi ha intelligenza calcoli il numero della bestia: infatti è numero d'uomo, e il suo numero è seicentosessantasei».

b) due passi dell'Antico Testamento:
«Il re Salomone diede alla regina di Saba quanto essa desiderava e aveva domandato, oltre quanto le aveva dato con mano regale. Quindi essa tornò nel suo paese con i suoi servi. La quantità d'oro che affluiva nelle casse di Salomone ogni anno era di seicentosessantasei talenti, senza contare quanto ne proveniva dai trafficanti e dai commercianti, da tutti i re dell'Arabia e dai governatori del paese. Il re Salomone fece duecento scudi grandi d'oro battuto, per ciascuno dei quali adoperò seicento sicli d'oro, e trecento scudi piccoli d'oro battuto, per ciascuno dei quali adoperò tre mine d'oro, e il re li collocò nel palazzo della Foresta del Libano» (**1 Re 10, 13-16**)

«Ora il peso dell'oro che giungeva ogni anno a Salomone, era di seicentosessantasei talenti, oltre quello che percepiva dai trafficanti e dai negozianti che gliene portavano, da tutti i re d'Arabia e dai governatori del paese che recavano a Salomone dell'oro e dell'argento. E il re Salomone fece fare duecento scudi grandi d'oro battuto, per ognuno dei quali impiegò seicento sicli d'oro battuto, trecento altri scudi d'oro battuto, per ognuno dei quali impiegò trecento sicli d'oro; e il re li mise nella casa della "Foresta del Libano"» (**2 Cronache 9, 13-14**)

Sono state proposte numerose interpretazioni simboliche[242]:

1) *Interpretazione storica*
L'apocalisse del Nuovo Testamento, attribuibile alla scuola evangelica giovannea (cioè associata a Giovanni) fu ipoteticamente scritta in esilio, nell'isola greca di Patmos, intorno al 95-100 d.c. durante una delle persecuzioni dei cristiani, probabilmente quella di Domiziano o, meno probabilmente, quella precedente di Nerone. Secondo molti studiosi, infatti, la persona rappresentata dal citato "numero della bestia" altri non è che il multigramma di cabala ebraica attribuibile all'imperatore Nerone, autore della persecuzione nella quale morirono sia Pietro che Paolo. Se quindi si utilizzano le consonanti ebraiche del nome QeSaR NeRON (נרון קסר) uscirebbe il numero 666. Una sola nota merita la vocale O che è in realtà legata alla consonante W che è una mater lectionis, cioè una consonante che serviva a evitare equivoci nella lettura. Tesi sicuramente da scartata: tutti gli scritti di Giovanni sono in greco antico, non in ebraico e notoriamente in questa lingua si scrivono solo le consonanti, mentre le vocali vengono solo pronunciate: la somma darebbe dunque 900.

2) *Interpretazione secondo la Qabbalah*
Il numero corrisponderebbe al nome Sorat - un demone di tipo solare - contrapposto allo spirito solare di "Cristo" e quindi Anti-Cristo. Secondo uno studio basato sulla Qabbalah (cabala), è l'espressione in parole del numero 666.

3) *Interpretazione allegorica e numerologica*
Sulla base del fatto che i numeri della Bibbia hanno sempre un valore simbolico, in numerologia, il 6 è l'ìmperfezione, rispetto al 7 che è la completezza e l'8 è la perfezione e l'infinito. Pertanto, il 666 rappresenterebbe la trinità dell'imperfezione. Altra tesi sempre di questa scuola di pensiero è derivata dalla numerologia cristiana pitagorica, che vede il 3 come numero perfetto, legato al concetto della Trinità. Tre volte tre fa 9, quindi il nove era la quintessenza di

---

[242] Tratto da: https://it.wikipedia.org/wiki/Numero_della_bestia.

questa perfezione, a maggior ragione se ripetuto tre volte, 999. Il nove rovesciato è il 6, numero dell'anti-dio, quindi di Satana, e il sei ripetuto tre volte ne è l'emblema. Tuttavia questa seconda interpretazione è da scartare poiché presuppone l'adozione dei numeri arabi in occidente, che avvenne solo nel X secolo ed è quindi impensabile per l'Apocalisse, scritta nel 95 d.C. da Giovanni.

4) *Interpretazione letterale*
Dato che in greco antico, cioè nella lingua con cui ha scritto Giovanni, prima dell'introduzione dei numeri arabi, venivano usate le lettere dell'alfabeto, il numero 666 (hexakosioi hexekonta hex) apparirebbe come $\chi\xi F'$ chi xi digamma oppure $\chi\xi\varsigma'$ chi xi stigma (in caratteri latini Ch X V oppure Ch X ST), che potrebbero corrispondere alle iniziali di un personaggio noto. Considerando poi che la prima e terza lettera sono tradizionalmente delle abbreviazioni di Christos mentre la lettera di mezzo somiglia ad un serpente, altri hanno scorto nella forma greca del numero 666 una raffigurazione dell'assalto del dragone a Cristo.

Nel panorama interpretativo non mancano poi anche le varianti date dal 616 e 665. Nei manoscritti che riportano il testo dell'Apocalisse si possono trovare due varianti per il numero della Bestia, il 616 (con attestazioni significative) e il 665. Mentre, nel Papiro 115 (uno dei papiri di Ossirinco) e nel codice C (Codex Ephraemi Rescriptus) compare il numero 616 al posto del 666. Alcuni studiosi hanno proposto la teoria secondo cui il numero della bestia, il 616, corrisponderebbe al "Paraclito", ovvero avvocato difensore, consolatore, Spirito di Verità. Nel Nuovo Testamento il paraclito corrisponde allo Spirito Santo. Il termine 'paraclito' in greco risulta παράκλητος: sommando i valori alle lettere, si ottiene appunto il numero 616. In greco il numero 616 si scriveva ΧΙϹ (chi + iota + stigma). Nel codice 2344 (datato all'XI secolo), infine, il Numero della Bestia è indicato come 665.

E dunque: *qual è la verità?*

QUINTA PARTE:

CONCLUSIONI. VIAGGIO NELLA MISTIFICAZIONE

Capitolo 10:
Conclusioni. Viaggio nella mistificazione

Nel *primo capitolo* abbiamo compreso come la religione sia una necessità per l'uomo, al fine di spiegarsi i grandi misteri della vita e dell'Universo, probabilmente per sentirsi più in armonia con i suoi simili. Non sappiamo esattamente l'etimologia del termine "religione", ma sappiamo con certezza che il termine "Monoteismo" favorisce l'arroganza e la prevaricazione e che in ogni cultura religiosa successiva ritroviamo elementi di quella precedente, per il fenomeno della comorbidità.

Nel *secondo, terzo e quarto capitolo* siamo andati a ricercare i fondamenti storici e culturali del Cristianesimo, risalendo ai primi secoli fino ai giorni nostri, passando per i vari Concili, dimostrando il percorso utilizzato da questa religiose per imporsi con la forza e il potere, mascherando la verità delle sacre scritture e adoperando la violenza come mezzo di repressione delle diversità (Guerre Sante ed Inquisizione), proprio quello che subirono i primi cristiani dopo la morte di Gesù. Si sono analizzati tutti i libri dell'Antico e Nuovo Testamento, ponendo l'accento sugli apocrifi più importanti, arrivando a concludere che gli autori, le date di stesura e le traduzioni non sono in alcun caso certe e non mostrano affatto (anzi, spesso smentiscono) la prova della c.d. ispirazione divina.

Nel *quinto capitolo* abbiamo affrontato l'origine e la storicità della Bibbia, ponendo l'accento sulle prove che dimostrerebbero l'origine più che umana delle ispirazioni letterarie. Abbiamo ripercorso gli studi di diversi saggisti, dimostrando che: le tradizioni moderne sono del tutto falsate per mantenere l'ombra del Monoteismo in un culto che alla meglio è Enoteista; la traduzione allegorica e metaforica favorisce la lettura che il potere politico e religioso gradisce di più; Yahweh non è un Dio di pace ma di guerra; Elohim non è singolare ma plurale e indica un gruppo di individui che si sono spartiti i territori su comando di Elyon, forse il vero unico Dio, se così vogliamo intenderlo; i concetti di Spirito e Gloria sono del tutto diversi da quelli che immaginiamo, avendo caratteri molto precisi e poco spirituali; i testi sacri guideo-cristiani sono riproposizioni di testi sacri di altri culti, limitrofi in quell'area; gli studi di Sitchin sono in parte non corretti; i giganti sono esistiti veramente sulla Terra; i testi ritenuti sacri sembrano parlare di esseri extraterrestri e di esperimenti genetici per costituire la vita e l'uomo come oggi li conosciamo; gli angeli e i demoni non sono altro che invenzioni, così come Satana e Lucifero; la teoria degli antichi astronauti ricollega eventi accaduti in passato che altrimenti non hanno una spiegazione nemmeno per la scienza ufficiale.

Nel *sesto capitolo* abbiamo affrontato il tema della mitologia terrestre, confrontando le diverse culture. In particolare, è emerso un filo conduttore comune, per epoche e profili geografici.

Nel *settimo e ottavo capitolo* abbiamo intrapreso un viaggio finalizzato alla scoperta dei personaggi più importanti del Nuovo Testamento, come Gesù, Maria madre di Gesù, Mosé e le figure angeliche, dimostrando che le tante teorie proposte non sono altro che prove del fatto che la verità assoluta non esiste. Quindi, sia che Gesù fosse un zelota antiromano crocifisso a seguito di un tentativo eversivo o un sacerdote o un uomo di sangue egizio e romano, o una combinazione di queste tesi, la verità è che ancora si sa veramente poco e poco può essere detto con certezza.

Nel *nono capitolo* abbiamo, infine, indagato l'intricato mistero che si cela dietro Lucifero, Satana, gli Angeli e il 666, dimostrando le mistificazioni operate dalla dottrina religiosa cristiana.

Cosa resta, allora, se le fondamenta crollano, se Dio non è Dio ma "uno di quelli", se Gesù non è il Salvatore che tutti pensano e se la traduzione delle nostre bibbie sono piene di errori (volontari o meno), magari frutto di un artificioso stratagemma per assoggettare la volontà del mondo al timore reverenziale di un Dio invisibile e alla paura della dannazione eterna? Credo proprio che possa restare il messaggio d'amore dei Vangeli; resta la grande forza spirituale ed energetica di un testo che è sopravvissuto per due millenni; resta la speranza che un giorno, gli esseri umani arrivino a capire che siamo tutti figli della stessa madre e che sono l'amore può salvarci. Questo resta: un messaggio di speranza e amore universale, che travalica le differenze e sgretola le certezze di chi utilizza l'astuzia per raggirare questi sentimenti. E forse non era proprio questo che voleva farci sapere Dio (il vero Dio, ammesso che esista)? Il segreto della vita è probabilmente "vivere", trovando l'armonia dentro e fuori di noi, per convivere tra fratelli, per trovare la giusta evoluzione, prima di tutta personale e soggettiva, poi universale e oggettiva.

Biglino[243], riprendendo gli studi di **Sitchin**, propone la cronostoria della vita sulla Terra e della razza umana. Un viaggio affascinante anche se storicamente non preciso, come lo stesso **Biglino** sottolinea riprendendo le analisi del sumerologo; lasciamo però che sia questa la favola di chiusura di questo lavoro, nato per fare "il punto" della situazione e per rivivere le esperienze letterarie più significative:

4 miliardi di anni fa:

Scontro tra *Tiamat* (Terra) e *Nibiru*: ne deriva la Terra nella sua forma attuale e la formazione della fascia di asteroidi tra Marte e Giove;

14-12 milioni di anni fa:

Compaiono i primi caratteri degli ominidi, distinguendosi dal ramo comune delle scimmie i vari gorilla, scimpanzé e uomini. Appaiono in successione il *Ramapithecus, Australopithecus anamensis* e *Australophitecus afarensis*.

2,5 milioni di anni fa:

Compare il primo vero ominide: *Homo erectus*. Emigra dall'Africa attraverso il Sinai in Asia sud-orientale e in Europa meridionale.

450mila anni fa:

Gli *Annunaki* (forse gli *Anakim* dell'Antico Testamento), che provengono da *Nibiru*, scendono sulla Terra. Sono 50 e sono guidati da *Enki*. Atterrano nel Golfo Arabico, dove realizzano il primo

---

[243] **Mauro Biglino**, *Il libro che cambierà per sempre le nostre idee sulla Bibbia*, I ed., Uno Editori, 2014, pp. 199-251.

stanziamento (*Eridu* - casa del mondo lontano). In quell'epoca, 1/3 della Terra era ghiacciai e la Valle del Nilo, dell'Indo e dell'Eufrate erano colonizzabili.

430-400mila anni fa:
L'Oriente è più ospitale e arriva il fratello e la sorella di *Enki*, *Enlil* e *Ninhursag*, fondando *Nippur*. Gli *Annunaki* sulla Terra arrivano a 600, mentre 300 (chiamati *Igigi*) restano in orbita. Enki viene messo in secondo piano, ottenendo il controllo dell'Africa, mentre *Enlil* ottiene il controllo dell'intera missione Terra. I figli di Enki sono Marduk, Dumuzi e Nergal, mentre Enlil ha Ninurta, Nassar/Sin e Adad.

400-360mila anni fa:
Si combatte la prima guerra per il potere tra gli antichi Déi (la "guerra dei Titani" citata dai Greci, tenuto conto che *Titaan* in sumero vuol dire "coloro che vivono nel cielo", ovvero gli *Igigi*, e coloro che erano scesi, ovvero gli *Annunaki*).

300mila anni fa:
Gli Annunaki che lavorano in miniera per l'estrazione dell'oro (utile per ripristinare l'atmosfera su *Nibiru*, pianeta degli Annunaki) si ribellano e per sostituili vengono creati degli ibridi partendo dall'ominide presente sulla Terra: *Homo erectus* o *habilis*.

300-250mila anni fa:
Si registra il secondo periodo di manipolazione genetica per creare l'ominide necessario a sostituire gli *Annunaki* ribelli.

230-180mila anni fa:
Scompare rapidamente l'*erectus* e appare sulla scena il *Sapiens*, tenuto conto che gli scimpanzé sono uguali da 5 milioni di anni. Il primo tentivo fruttivero arriva con *Adamo* ed *Eva*.

150mila anni fa:
Nasce *Enos*, figlio di *Set*, terzo figlio di *Adamo* ed *Eva*, e si comincia ad invocare il nome del Signore. Da quel momento, gli uomini

cominciano a spostarsi dall'Africa all'Asia mediorientale (Mesopotamia).

115-80 mila anni fa:
Caino (agricoltore), primo figlio di *Adamo* ed *Eva*, uccide *Abele* (pastore), fratello e secondogenito. I *"figli di Dio"* camminano sulla Terra e si uniscono alle femmine umane. Dal *Sapiens* nasce il *Sapiens Sapiens*.

80-40mila anni fa:
Sul trono di Shuruppak regna Lamech/Ubartutu, uomo di discendenza divina, contro la volontà di Enlil che minaccia il genere umano. Si scindono le grandi razze umane: Negroidi, Mongoloidi, Europoidi e Australoidi. Comincia il Regno del sumero Ziusudra, ovvero il Noé biblico, fedele servitore di Enki.

40-13 mila anni fa:
Le condizioni climatiche della Terra sono difficili ed Enlil utilizza il Diluvio Universale per eliminare il genere umano. Gli Annunaki, per salvarsi, abbandonano la Terra. In questo stesso periodo, Noé genera 3 figli con 3 donne di razze diverse: Sem, Cam e Jafet. Intanto, 21mila anni fa, in Egitto, inizia il Regno di Ptah/Enki e dopo il Diluvio bonifica i territori e molti dei patriarchi biblici sono corrispondenti ai nomi del mondo sumero-babilonese: Adamu (Adamo); Kiyan (Caino); Hanok (Enoch); Kit-lamu (Lamech); Mazuuzlaha/Methsushael (Matusalem).

11mila anni fa:
Dopo il Diluvio e la bonifica dei territori, gli Annunaki si spartiscono i territori.

Il resto è "storia sitchiniana", assai discutibile. Il resto è "storia dei popoli". E, forse, è anche un pò la nostra storia.

Indice

Prefazione: di **Mauro Biglino**	5

Introduzione: *Exorcizamus Te.* (**Giulio Perrotta**)	9

Capitolo 1: *Il concetto di "religione" e il fondamento del Monoteismo.*

1.1. Il concetto di "religione"	19
1.2. Il fondamento del Monoteismo	27

Capitolo 2: *Il culto cristiano: origini, storicità e nuove evoluzioni religiose*

2.1. Il Cristianesimo, un viaggio tra Antico e Nuovo Testamento	
2.1.1. Il Cristianesimo e le sue correnti principali	31
2.1.2. La sorgente comune tra tutte le correnti cristiane principali: l'Antico Testamento	40
2.1.3. La Bibbia "moderna": il Nuovo Testamento	67
2.2. Il Cristianesimo delle origini: da Gesù al IV secolo d.C.	74

2.3. Dal Paganesimo al Cristianesimo, passando per le Crociate: dal 391 al 1386 d.C. Come l'Europa venne convertita	92
2.4. Il Cristianesimo nel periodo delle riforme protestanti	104
2.5. Il Cristianesimo, dal Concilio di Trento all'età napoleonica	108
2.6. Il Cristianesimo, dalla Rivoluzione francese ai giorni nostri	111
2.7. I Concili Ecumenici	115

Capitolo 3:
Le nuove evoluzioni religiose e il bisogno di credere in qualcosa di trascendente

3.1. "Sette" e "Movimenti": origini, classificazioni e distinzioni	127
3.2. I culti religiosi più diffusi tra passato e presente	134

Capitolo 4:
I testi apocrifi

4.1. Premessa	139
4.2. I testi apocrifi	141

Capitolo 5:
La Bibbia e la sua "presunta" sacralità: origini e struttura di un'opera "umana".

5.1. Fondamenti e storicità della Bibbia	153
5.2. Analizzando l'Antico Testamento è preferibile l'approccio interpretativo letterale o quello allegorico e metaforico?	164
5.3. L'inesistenza nella lingua ebraica di Dio e Creazione	167
5.4. I Giganti nell'Antico Testamento	175
5.5. Elyon, gli Elohim e Yahweh nell'Antico Testamento	182
5.6. Elohim: singolare o plurale?	221
5.7. Le macchine volanti nell'Antico Testamento e le posizioni ufficali in ordine agli "oopart"	236
5.8. Adamo, Eva e il Gan be-Eden	267
5.9. Il Peccato originale, la "tentazione", il Serpente, l'Arca dell'Alleanza e il Diluvio Universale	280
5.10. Le nuove teorie sulla creazione della razza umana. L'anello mancante e i geni manipolati nell'ipotesi extraterrestre	295
5.11. La biochimica degli Elohim	302
5.12. Le incongruenze più eclatanti e divertenti tra Antico e Nuovo Testamento	308
5.13. La resurrezione e la reincarnazione	323

Capitolo 6: La mitologia terrestre	333

Capitolo 7: Gesù Cristo e la sua controversa figura, tra storia e mito	359

Capitolo 8: Chi era veramente Mosé?	407

Capitolo 9:
Lucifero, Satana, gli Angeli e il 666: origini e mistificazioni

9.1. Lucifero e Satana	415
9.2. Gli Angeli	424
9.3. Il 666	427

Capitolo 10:
Conclusioni. Viaggio nella mistificazione — 433

Indice — 439

Lightning Source UK Ltd.
Milton Keynes UK
UKHW020612250220
359289UK00014B/1084